AF570632

Eckhard Kruse

Der Geist in der Materie

Die Begegnung von Wissenschaft und Spiritualität

Eckhard Kruse

Der Geist in der Materie

Die Begegnung von Wissenschaft und Spiritualität

Crotona

Deutsche Originalausgabe:
1. Auflage 2013

Kammer 11
83123 Amerang
www.crotona.de

Umschlaggestaltung: Annette Wagner
unter Verwendung von © Sergey Nivenss 110866550 – shutterstock.com

Druck: C.H. Beck • Nördlingen

ISBN 978-3-86191-042-8

INHALT

VORWORT

Was haben ein Neurowissenschaftler, der mit Kernspintomographie Gehirnaktivitäten seiner Versuchspersonen misst, und ein „Esoteriker", der sich für Geistheilung, Bewusstseinserweiterung und Spiritualität interessiert, gemeinsam? Beide wollen die Welt verstehen, wollen, dass wir Menschen dazulernen und letztlich handlungsfähiger werden.

Damit hören die Gemeinsamkeiten zumeist auf. Der Gehirnforscher betreibt seine Suche mit teuren Messgeräten, einer ausgefeilten Methodik und dem Ziel, möglichst viele präzise Details zusammenzutragen, um so auf das Ganze zu schließen. Der Esoteriker richtet seinen Blick auf übergeordnete, vielleicht auch „jenseitige" Zusammenhänge, und seine Suche wird eher vom Herzen als vom Verstand geleitet. Was sich gut und richtig anfühlt, ist das Wahre. Der Gehirnforscher genießt größtes Ansehen in Medien, Politik und Gesellschaft. Der Esoteriker wird meist als abergläubisch und zu einer Randgruppe gehörend abgestempelt.

Wer von beiden darf Ihnen, liebe Leserin, lieber Leser, die Welt erklären und Tipps geben, wie Sie als Menschen Ihr Leben gestalten können? Durch Schule und Gesellschaft haben wir gelernt, auf den Wissenschaftler zu hören. Doch wenn der die Erde als kosmischen Zufall bezeichnet und uns zu biologischen Robotern ohne freien Willen macht, fühlt sich das wirklich richtig und hilfreich an?

Vielleicht haben sowohl Wissenschaft als auch Esoterik und Spiritualität Wichtiges zum Ganzen beizutragen. Und natürlich reden auch die Religionen mit, allerdings mit einigen alten Angewohnheiten, die den Dialog nicht immer einfach machen. Auch wenn der Austausch oft schwierig scheint, so bin ich sicher, vieles kann voneinander gelernt werden, und wir alle können profitieren.

Ich sage das nicht als verträumter Realitätsflüchtling, der auf den nächsten „kosmischen Bewusstseinssprung" wartet, sondern als Professor für Angewandte Informatik mit Promotion im Bereich der Robotik und Bildverarbeitung. Ich komme aus einem Forschungsbereich, der das Zerlegen der Welt in kleinste Einzelteile ins Extrem treibt. In der Informatik gründet sich alles auf die binäre Darstellung – Null und Eins. Damit hofft man, die Welt abbilden und steuern zu können. Der Erfolg scheint diesem Ansatz recht zu geben. Die Informatik ist Partner vieler Wissenschaften, in ihrem Umfeld sind Technologien entstanden, die unseren Alltag grundlegend prägen und verändern. Das macht selbstbewusst und manchmal überheblich. Schon in den Sechzigerjahren schwärmten die Forscher von „künstlicher Intelligenz", der Nachbildung menschlichen Denkens. Dabei ist bis heute nicht einmal klar, wie das Denken überhaupt funktioniert. Man hat versucht, die Evolution mit „genetischen Algorithmen" nachzuahmen und das Gehirn durch „neuronale Netze" zu simulieren. Manche Forscher haben gar Roboter mit Gesichtern gebastelt, die ihre Mundwinkel mit Motoren bewegen, und behauptet, man könne so Gefühle nachbilden. Für so etwas gibt es Forschungsgelder!

Wer alles in Einzelteile zerlegt, wird das Ganze nicht mehr erkennen. Es scheint, viele stolze Wissenschaftler sind derart in ihre „Bäume" vertieft, dass sie den Wald und die Welt kaum mehr sehen.

Wissenschaft ist etwas Großartiges. Sie überwindet Grenzen, ist eine lebendige, globale Gemeinschaft, flexibel, offen und auf Weiterentwicklung ausgerichtet. Doch Wissenschaft wird von Menschen gemacht und leidet daher auch unter Denkblockaden, Vorurteilen und Egoismen. Ein echter Wissenschaftler sollte niemals sagen: „Das kann nicht sein, solchen Aberglauben müssen wir nicht erforschen." Und doch geschieht dies in vielen Bereichen, gerade dort, wo es für uns Menschen interessant wird, wo es um das Ganze und um das Geistige geht.

Mit Forschern ist es ein bisschen wie mit Politikern: Was sie machen, hängt auch davon ab, was wir, die Gesellschaft, für wertvoll erachten. Dorthin wandern Fördergelder und die Aufmerksamkeit der Medien. Wenn wir ein umfassenderes Verständnis der Welt und unseres Menschseins wollen, sollten wir auch von unseren Welterklärern fordern, sich zu öffnen und über den Tellerrand der Materie zu blicken. Für mich war es ein weiter Weg, mich von einem schulwissenschaftlichen Weltbild zu lösen, esoterische und spirituelle Sichtweisen wertzuschätzen und durch Schule, Studium und Medien vermittelte Dogmen zu hinterfragen. Wo habe ich wirklich etwas über uns Menschen, Bewusstsein, Gefühle und Sinn gelernt? Nicht in der Wissenschaft, sondern im Austausch mit spirituellen Menschen, Heilern, Therapeuten oder modernen Schamanen – und durch unmittelbare eigene Erfahrungen.

Für weise Wegbegleitung und langjährige Verbindung möchte ich besonders

Heinz Peter Halft, Birgit Lenz[1] und Wiltrud Walter[2] danken. Wie wertvoll auch kürzere Begegnungen und intensive Seminartage sein können, durfte ich unter anderem durch Stephanie Krenn, Rosalyn Bruyere, Jaime Delgado Orea und Eckhart Tolle erfahren. Vielen Dank an dieser Stelle auch Stefanie Schreiner für ihre guten Anregungen zum Manuskript und meinen Verlegern Peter Michel und Annette Wagner für schnelles Entschließen und nachhaltiges Unterstützen. Das Wichtigste zum Schluss: Meiner Frau Heike Bauder danke ich für Begleitung, Unterstützung, Inspiration und vieles mehr. Man sagt ja, der Partner sei Herausforderung zum lebenslangen Lernen miteinander. Wie schön, wenn er zugleich auch Lebensbelohnung ist!

Liebe Leserin, lieber Leser, auch Ihnen möchte ich danken: Dafür, dass Sie dieses Buch zur Hand genommen haben! Es ist mir ein wichtiges Anliegen. Die Wissenschaft ist geprägt von einem materialistischen, reduktionistischen Bild der Welt, in dem wenig Platz für das Geistige ist. In Gesellschaft und Politik sieht es genauso aus, das Materielle (Geld) ist das Maß aller Dinge. Beide Seiten bedingen und bestätigen einander. Wenn wir unsere Vorstellungen von der Welt erweitern, entstehen Chancen zum Umdenken und für Veränderungen. Das geht vielleicht am besten, wenn jeder an sich selbst arbeitet und dann andere inspiriert. Ich lade Sie ein, sich zu beteiligen und vielleicht auch neuen Sichtweisen zu öffnen. Ich wünsche mir eine freundschaftliche Begegnung von Wissenschaftlern, Spirituellen, Esoterikern und den vielen Menschen irgendwo dazwischen. Nutzen wir unseren Geist und gestalten wir die Materie zu unser aller Wohl!

Heidelberg, im Juni 2013

---

1 www.lifework-b-lenz.de.

2 www.sefuchamma.de.

1

VERSTEHE EINER DIE WELT!

Warum lesen Sie diesen Satz? Warum tun Sie das eine and lassen das andere? Versuchen Sie, ein erfülltes, glückliches Leben zu führen? Wie prägt Ihre Vorstellung von der Welt Ihr Handeln?

Wohl die meisten Menschen versuchen, ihr Leben angenehm, glücklich und erfüllt zu gestalten. Doch ihr konkretes Verhalten sieht sehr unterschiedlich aus, es ist durch das persönliche Weltbild geprägt. Wer die Welt für eine Kampfarena hält, kann ein Leben als Verbrecher oder Menschen- und Umweltausbeuter für sinnvoll erachten. Wer sie als Ort zum Erschaffen liebevoller Gemeinschaft versteht, wird Mensch, Tier und Natur in ganz anderer Weise begegnen. Doch wie entsteht unser Bild von der Welt?

„Wieso, weshalb, warum – wer nicht fragt, bleibt dumm!" So heißt es schon in der Sesamstraße. Menschen haben ein tiefes Bedürfnis, die Welt zu verstehen. Wer versteht, kann wirksam handeln, egal, ob es um die Bedienung des Handys geht oder darum, wie das eigene Leben „zu bedienen" ist. Verstehen ist Voraussetzung für Verwirklichung. Schon beim Kleinkind beginnt das Forschen und Fragen, und eigentlich sollte es ein Leben lang nicht enden. Das zeichnet uns Menschen aus. Als Kind wollen wir vielleicht nur wissen. Wie geht das? Warum ist das so? Was macht der da? Meistens ist die Antwort der Eltern ausreichend. Doch die Fragen werden tiefer.

Die großen Fragen

Warum ist die Welt so, wie sie ist? Ist das Leben gerecht? Warum fühle ich mich gut oder schlecht? Was bringt die Zukunft? Was geschieht, wenn ich sterbe? Wie kann ich glücklich werden? Was ist der Sinn des Lebens? Ist das alles?

Hier gibt es keine schnellen Antworten mehr, und so legen die meisten Menschen diese Fragen zur Seite, oft auch, weil sie bei der Bewältigung des Alltags eher zu stören scheinen als zu helfen. Doch dann sitzt man in gemütlicher

Abbildung 1.1: Ich erkläre dir die Welt!

Runde bei Freunden und hat etwas mehr Wein getrunken, oder da ist dieser magische Sonnenuntergang im Urlaub. Es kann auch eine Kündigung, Trennung, Beerdigung sein: Plötzlich sind die Fragen wieder da.

Manche Menschen machen die Fragen zu einem Teil ihres Lebens und werden vielleicht Wissenschaftler, Theologe, Philosoph, Schriftsteller, Künstler oder „Esoteriker". Wir ahnen es, diejenigen, die uns gute Antworten geben, haben große Macht. Je nach eigener Neigung werden wir dabei mehr auf den einen oder die andere hören. Heute wird wohl vor allem auf Wissenschaftler gehört, auf Theologen kaum noch, Philosophen und Künstler hat man seit jeher selten verstanden, und Schriftsteller machen doch nur Unterhaltung und erzählen Ausgedachtes, oder? Und dann gibt es noch die Esoteriker, bei denen vieles verdächtig einfach und rosig daherkommt: Wünsch' dir was!

Wer erklärt uns die Welt?

Da jeder der Experten mehr oder weniger die Hoheit beansprucht, uns die Welt zu erklären (Abb. 1.1), mögen sich diese Gruppen nicht besonders, und wir müssen daher selbst das Beste für uns zusammenbasteln. Wenn wir mit dem Esoteriker reden, rümpft der Wissenschaftler die Nase und schimpft über modernen Aberglauben. Esoteriker wiederum ignorieren oft grundlegendes naturwissenschaftliches Wissen. Zwischen Wissenschaft und Kirche herrscht schon länger Waffenstillstand. Meistens gehen sich beide aus dem Weg, nur gelegentlich gibt es Scharmützel, wie die Diskussionen um Evolutionslehre und Schöpfungsgeschichte zeigen. Dass auch Philosophen, Künstler und Schriftsteller etwas Bedeutungsvolles zu unserer Welt sagen können, scheint oft nur Philosophen, Künstlern und Schriftstellern bewusst zu sein.

Wer nicht zwischen den Fronten in völlige Verwirrung geraten will, ergreift meist Partei für eine Seite. Für welche Seite, das ist vor allem durch das Umfeld geprägt: Nüchtern schulwissenschaftlich überzeugte Eltern haben entsprechend denkende Kinder. Esoterisch oder spirituell orientierte Eltern erziehen ihre Kinder zu einer Ahnung, dass da mehr ist, als in der Schule gesagt wird. Und wenn Eltern ihre Kinder streng religiös erziehen, dann werden die Kinder als Erwachsene später sehr häufig *überhaupt nicht* religiös sein.

Wo wir unsere Heimat finden, hängt anscheinend wenig davon ab, wie gut die Argumente der verschiedenen Seiten sind. Intelligente Vertreter gibt es für jeden Standpunkt, doch wir hören meistens nur eine Seite. In Schule, Fernsehen, Radio und Zeitung ist das fast ausschließlich die (Schul-)Wissenschaft; und die jeweiligen Weltanschauungsvermittler haben selten Interesse daran, andere Sichtweisen objektiv darzustellen oder kennen diese überhaupt nicht.

Angst vor dem Fremden

Stellen Sie sich vor, Sie leben im Wissenschaftsland und hören die ganze Zeit von Ihrer Regierung, dass die Nachbarländer Esoterikland und Religionsland keinen Besuch wert seien, dass man dort geistig umnachtet werde, verlorengehe und das Gehirn zu Brei zerlaufe. Wollen sie einmal dorthin reisen? Lieber nicht.

Natürlich haben auch die Machthaber in den anderen Ländern ihre Interessen (Abb. 1.2). Die Herrscher des Esoteriklands warnen vor der Herzlosigkeit des Wissenschaftslandes, in dem fühlende Menschen auf Moleküle und Gehirnströme reduziert werden. Religionsland wirbt mit dem Versprechen von Mitgefühl und Sinn um Besucher aus dem Wissenschaftsland, aber zieht zur unerwünschten Esoterik-Konkurrenz hohe Zäune. Oft kennen die jeweiligen Machthaber ihre Nachbarn kaum. Geistige Führer, wie der Dalai Lama, der gezielt das Gespräch mit den Wissenschaften sucht, sind selten.

Wenn wir als Wissenschaftsland-Bewohner nicht zufällig ins Esoterikland katapultiert werden (etwa durch eine „Wunderheilung", telepathische Erlebnisse oder gar eine außerkörperliche Erfahrung), werden wir dort wohnen bleiben. Damit der Esoterikland-Bewohner seiner Heimat den Rücken kehrt, bedarf es vielleicht einer großen spirituellen Enttäuschung, oder der x-te Rat-

Abbildung 1.2: Fremde Länder und Weltanschauungen

geber zu Heilung und Erleuchtung hat wieder nicht funktioniert. Aus dem Religionsland wurde schon mancher durch übertriebene Strenge der dortigen Regeln vertrieben oder ist nach einem Besuch der Nachbarländer einfach nicht zurückgekehrt. Solange wir aber unser Land niemals verlassen, werden wir von den Argumenten der anderen Länder, von ihrer Schönheit und Wahrheit, kaum etwas mitbekommen.

Anregung

Betrachten Sie die Landkarte in Abbildung 1.2. Durch welche Länder sind Sie schon gereist? Welche Sehenswürdigkeiten gefallen Ihnen? Wo ist Ihre Heimat?

Reisen bildet

Letztlich haben wir alle das gleiche Ziel: Wir wollen die Welt verstehen, unser Menschsein, die großen Fragen des Lebens. Wir starten jedoch mit verschiedenen Annahmen, bevorzugen verschiedene Wege und verschiedene Aussichten locken uns zum Weitergehen. Doch vielleicht werden die Wege in der Nähe des Gipfels wieder zusammenlaufen.

Reisen bildet. Egal in welchem dieser Länder Sie gerade leben, ich möchte Sie mit diesem Buch einladen, nicht blind Ihren Herrschern zu trauen, sondern selbst auf die Reise zu gehen. Schauen Sie sich in der Vielfalt der Welterklärungen um und überlegen Sie dann, wo Sie sich niederlassen möchten. Vielleicht in einem Grenzgebiet, um von allem die Vorzüge zu genießen. Wenn genügend Menschen dies tun, werden sich vielleicht auch die Herrschenden auf Neues einlassen und die Grenzkontrollen lockern.

Wissenschaft

Die Wissenschaft ist in den westlichen Ländern für die meisten Menschen ihre weltanschauliche Heimat. Hier wird gedacht, gemessen, gezählt, gerechnet und begründet. Man handelt rational, denn die lateinische *Ratio* ist die Vernunft und die Berechnung. Auf den Verstand zu hören, ist vernünftig, auf das Gefühl zu hören, eher verdächtig. Diese Regeln sind so verinnerlicht, dass oft vergessen wird: Es ist auch ein anderes Herangehen an die Welt möglich.

Wir wachsen ganz natürlich hier hinein. In der Schule lernen wir Physik, Chemie, Biologie, Mathematik. In Zeitschriften lesen wir populärwissenschaftliche Artikel, die große Wissenschaftler und ihre aktuellen Erkenntnisse zitieren. Im Fernsehen gibt es wissenschaftliche Berichte und Shows, und wir lernen, wie intelligent und allwissend unsere Forscherelite ist. Hin und wieder gibt es zwar auch Sendungen, die sich mit Telepathie, Geistheilung, Ufos und anderem „Paranormalen"[3] beschäftigen, aber wollen diese uns ernsthaft ein anderes Weltbild vermitteln oder geht es nur um Unterhaltung, ein bisschen Gruseln und dann bleiben wir zufrieden im vertrauten, sicheren Wissenschaftsland?

Die Wissenschaft ist eine erfolgreiche Großmacht. Sie profitiert von nachvollziehbaren Methoden, hartnäckigem Nachfragen und der Bereitschaft, Erklärungen weiterzuentwickeln und Altes über Bord zu werfen. Wissenschaft kann stolz auf sich sein. Früher wurden Seuchen, Gewitterblitze oder Sonnenfinsternisse als göttliche Eingriffe gedeutet, heute haben wir die Ursachen verstanden und können besser damit umgehen. Doch Erfolg macht überheblich. Wer glaubt, alles erklären zu können, wird Unerklärliches vielleicht als Lüge oder Täuschung abstempeln, anstatt es ernsthaft zu untersuchen. Eine solche Haltung macht die Wissenschaft nicht stärker, sondern schwächer.

3 para = „neben" bzw. „jenseits" des Normalen

Der Glaube an die Wissenschaft

Wie preist uns die Werbung Zahnpasta, Hautcremes oder Lebensmittel am liebsten an? Indem sie sagt: „Die Wirkung ist wissenschaftlich bestätigt." Dass man Werbeleuten nicht trauen kann, weiß jeder, aber der Wissenschaft vertrauen wir. Ähnlich wie die Menschen früher an die Lehren der Kirche glaubten, so glauben wir heute an die Wissenschaft. Ihre Theorien und Erklärungen werden oft als selbstverständliche, ewig gültige Wahrheiten missverstanden.

Haben Sie schon einmal ein Atom gesehen, die Entfernung zur Sonne gemessen oder Bakterienwachstum untersucht? Wahrscheinlich nicht. Wer hat gar die Chance, auch nur ein Detail aktueller Forschungen selbst zu überprüfen? Vertrauen ist gut, Kontrolle ist – unmöglich. Das gilt für die Wissenschaftler selbst fast genauso, denn ihr jeweiliges Fachgebiet ist auch nur ein winziger Ausschnitt der weiten Welt der Forschung. Man braucht also die Arbeitsannahme: Das wissenschaftliche System funktioniert, unsere Experten leisten meistens ehrliche, gute Arbeit, Irrtümer oder gar Lügen werden früher oder später bekannt und können korrigiert werden.

Ich halte dies durchaus für eine vernünftige Annahme, vor allem für vernünftiger als überall Verschwörungen böser Wissenschaftler zu vermuten, die uns wegen Geldgier oder Machtstreben belügen. Das bedeutet aber nicht, alle heutigen wissenschaftlichen Theorien seien vollständig und korrekt. Das waren sie noch nie. Was heute als akzeptierte Wahrheit daherkommt, kann morgen ein absurder Aberglaube sein. Dass es überhaupt Wissenschaftler gibt, ist ja gerade ein Beleg unseres Unwissens.

Schulwissenschaft

Ich spreche in diesem Buch häufig von *Schulwissenschaft* im Sinne des wissenschaftlichen Weltbildes, welches heute (ausschnittsweise) in den Schulen vermittelt wird und von Gesellschaft, Medien und Politikern als wahr und vernünftig betrachtet wird. Das ist ein konservatives Bild der Wissenschaft, denn naturgemäß dauert es seine Zeit, bis Erkenntnisse in den Lehrkanon durchsickern. Da sich einfache Wahrheiten am besten vermitteln lassen, werden hier oft auch die Unvollkommenheiten und Widersprüche aktueller Forschung ausgeblendet.

Die Schulwissenschaft hat keinen Platz für Gedankenübertragung, außerkörperliche Erfahrungen, Geistheilung, Nahtoderlebnisse oder Spiritualität. Auch manches, was Quantenphysik oder Relativitätstheorie an anerkannten Ungeheuerlichkeiten enthüllen, ist hier noch nicht verinnerlicht. Es dominiert ein Verständnis, welches die Welt auf Materie und Kräfte reduziert und weit-

Abbildung 1.3: Der Glaube an die Wissenschaft

gehend deterministisch ist. Der aktuelle Zustand eines Systems bestimmt also dessen Zukunft vorher. Menschliche Gehirne sind Bio-Computer, ohne Raum für freien Willen. Die Evolution des Kosmos und des Lebens auf der Erde ist ein Zufallsprozess mit Versuch und Irrtum. Insgesamt ist man sich sicher, dass keine besonderen Überraschungen mehr zu erwarten sind.

Für Dinge, die nicht in ihr Weltbild passen, hat sich die Schulwissenschaft auch einen Begriff ausgedacht: *Grenzwissenschaft*. Das ist also irgendwo am Rande der Wissenschaft oder wird manchmal auch gleich jenseits oder neben der Wissenschaft verortet und dann *Parawissenschaft* genannt. Dabei sind diese Begriffe gerade Zeichen eines verzerrten Wissenschaftsbildes, denn Wissenschaft sollte sich *immer* an Grenzen bewegen, dort wo Wissen, Vermuten und Nichtwissen eng beieinander liegen.

Religion

Früher gab es eine Großmacht, die den alleinigen Anspruch hatte, uns die Welt zu erklären und zugleich mit Sinn zu füllen – die Religion. Darin ist alles Unerklärliche und Unverstandene, von Blitzschlag bis Sonnenfinsternissen, ein Eingriff von Gott in die Welt (und oft auch eine Strafe). Mit jeder neuen wissenschaftlichen Erklärung schrumpfte Gottes Handlungsspielraum, bis sich schließlich, dank zahlreicher Naturgesetze, die Vorstellung vom Universum als gigantischem Uhrwerk durchsetzte. Für Gott blieb nur die Aufgabe als Uhrmacher, nämlich die Welt und die Naturgesetze zu erschaffen und in Gang zu setzen, um sie dann sich selbst zu überlassen. Den Lebewesen gab er einen freien Willen und eine gewisse Unberechenbarkeit – vielleicht damit ihm beim Betrachten des Weltautomaten nicht langweilig wird?

Wo die Wissenschaft an ihre Grenzen stößt, bleibt weiter Platz für Gott: Was war vor dem Urknall? Warum gibt es das Weltall und das Leben? Was ist der Sinn unseres Daseins? Wie soll sich der Mensch „gut“ verhalten? Die Versuche der Wissenschaftler, auch diese Themen dem Religionsland zu entreißen, sind bislang wenig überzeugend.

Offenbarung und Absolutheit

Egal ob Christentum, Islam oder Hinduismus, die Religionen bieten gerade hier Antworten an und versuchen, ihr Weltdeutungsmonopol zu behaupten. Es sind Antworten ohne Zweifel oder Zurückhaltung, Antworten, die seit Jahrtausenden unverändert sind und sich weder beweisen noch widerlegen lassen. Sie gründen nicht, wie es die Wissenschaft fordert, auf Beobachtungen und Experimenten, sondern auf *Offenbarungen*, die letztlich direkt von Gott kommen und sich somit jeder Diskussion entziehen.

Hat man sich für den Glauben daran entschieden, so kann man das Forschen und Suchen einstellen. Das kann durchaus bequem sein, und ich vermute, diese vermeintliche Sicherheit ist nach wie vor ein attraktives Angebot von Religion, ein Alleinstellungsmerkmal in einer Zeit ohne Gewissheiten und absolute Wahrheiten. So scheint es vom Marketing her jedoch konsequent, wenn Papst Benedikt XVI. Religion einem allgegenwärtigen „Relativismus“ gegenüberstellte. Oft wird Relativismus dabei absichtlich oder versehentlich missverstanden, nach dem Motto: Wenn alles relativ ist, dann ist alles „gleich gültig“ oder gar „gleichgültig“. Dabei sind Relationen zunächst einmal Beziehungen, einschließlich von Ordnungen wie „ist größer als“ oder auch „ist nützlicher als“. Auch in einer Welt des Relativismus ist es möglich zu sagen, es ist besser, wenn du dich so und so verhältst.

Auslegungssache

Kann es Absicht einer göttlichen Offenbarung sein, uns alles ganz genau zu erklären und vorzuschreiben? Die Bibel bietet viel Raum für Interpretation:

- *Werdet wie die Kinder* (Matthäus 18:3): Sollen wir uns naiv, kindlich oder gar egozentrisch, wie es jedes Kleinkind tut, verhalten? Oder sollen wir uns kindliche Offenheit und immer wieder neues Staunen über die Welt bewahren?

- *Bevölkert die Erde, unterwerft sie euch und herrschet...* (Genesis 1,28): Wenn Gott sieht, was wir mit der Natur und unserem Planeten so anstellen, müsste er stolz auf uns sein. Oder meinte er es anders?

Welche Interpretation gültig ist, überlässt die Kirche nicht dem Einzelnen, sondern Papst und Kirchenoberhäupter legen die „jeweils geltende absolute" Wahrheit fest. Dummerweise taugt die Bibel mit ihren Widersprüchen und vielen Bedeutungsebenen kaum als Gesetzbuch. Schludert Gott als Offenbarungs- beziehungsweise Gesetzgeber versehentlich oder aus Unvermögen, so wie manchmal unsere Politiker, bei deren Gesetzen das Verfassungsgericht klärend eingreifen muss? Ist der Papst der oberste Verfassungsrichter des katholischen Glaubens, der dann Gottes Gesetze auszulegen hat, wie mit aktuellen Fragen umzugehen ist? Das wäre schon ein merkwürdiges Konzept der Gewaltenteilung. Vielleicht ist die Bibel auch vieldeutig und widersprüchlich, um den Menschen zu zeigen, dass es gerade keine absoluten Wahrheiten gibt.

In den meisten Glaubenstraditionen gibt es Strömungen, die neben der Offenbarung die eigene Erfahrung als Erkenntnisquelle in den Vordergrund rücken. Im Buddhismus sowieso, aber auch in der christlichen Mystik oder im Sufismus des Islam. Durch Meditation, Gebet, Innenschau oder Askese wird es möglich, eigene Erkenntnisse zu sammeln oder Gott persönlich zu begegnen. Das ist schon fast eine wissenschaftliche Herangehensweise: Beschreibung des Experiments und des erwarteten Ergebnisses, wenn man es richtig macht. Gerade diese Ansätze scheinen aber den institutionalisierten Religionen nicht geheuer zu sein, denn hier droht Machtverlust für die Offenbarungsdeuter. Wie überzeugend ist ein Gott, der eine Welt erschafft, die voll des Lebens und der Weiterentwicklung ist, der aber gleichzeitig Gesetze erlässt, welche das Fragen überflüssig machen sollen und auf Stillstand und Bewahrung ausgerichtet sind?

Wohin vermeintlich absolute Wahrheiten führen können, ist bei Nationalisten und Extremisten zu beobachten. Da wird das Fragen nicht nur überflüssig, sondern verboten, und die Folgen für das menschliche Miteinander können fatal sein.

Fauler Frieden

Viele der Antworten aus der Religion haben einen Nachteil: Sie passen nicht mehr gut zu den Antworten der Wissenschaft, der Gesellschaft oder des eigenen Gefühls. Je wörtlicher die religiöse Überlieferung genommen wird, desto größer die Kluft. Oft igelt sich die Religion in ihrer Nische ein, zufrieden, immerhin ein

Stillhalte-Abkommen hinbekommen zu haben. Als Platzhalter für das Jenseitige und Unerklärliche wird sie von Wissenschaft und Gesellschaft akzeptiert, pocht auf ihre Rechte und ihren Einfluss, aber lässt dabei manche Marktchance als Spiritualitäts-Anbieter ungenutzt. Was machen die Menschen damit?

- Sie bleiben ihrem Glauben und der Religion treu und ringen mit viel persönlichem Einsatz um Veränderung und Weiterentwicklung innerhalb der Kirche. Eine hohe Frustrationstoleranz wird vorausgesetzt.

- Sie kehren der Religion den Rücken und setzen ganz auf das nüchterne Weltbild der Wissenschaft. Wahrscheinlich treten sie aus der Kirche aus und ärgern sich über die Verquickungen zwischen Kirche und Staat.

- Sie stellen die Religion über alles und misstrauen der Wissenschaft. Wer jene US-Politiker hört, welche die Schöpfungsgeschichte als Teil des Biologie-Unterrichts fordern, sieht die Hartnäckigkeit dieser Haltung sogar in einer hochentwickelten Wissenschaftsnation.

- Sie trennen Wissenschaft und Religion, als hätten beide nichts miteinander zu tun. Nach Bedarf wird die eine oder die andere Sicht eingeschaltet. Das könnte erklären, warum Politiker bei ihrem Amtseid „so wahr mir Gott helfe“ schwören und dann mit ihrer Arbeit Deutschland zu einem der größten Rüstungsexporteure machen.

Esoterik und Spiritualität

In der Auseinandersetzung mit wichtigen persönlichen Lebensfragen ist vielen Menschen das Wissenschaftsland zu eng und zu wenig hilfreich. Die alten Fertigantworten aus Religionsland scheinen auch nicht recht zu passen. Da locken Verheißungen einer neuen Welt. Hier ist das eigene Leben mehr als ein biologischer Prozess in der Zufallsgeschichte des Kosmos, aber auch mehr als eine Aufnahmeprüfung für den Himmel. Alles erhält eine neue Bedeutung. Vieles wird möglich – und zwar ohne strenge Vorschriften von Glaubensverwaltern. Willkommen im Land der Esoterik!

Dies ist ein Land, in das die meisten Wissenschaftler niemals einen Fuß setzen würden, ein Land, das die Religionen nicht mögen, weil es hier weder Bibeltreue noch reine Lehren gibt, ein Land, vor dem von allen Seiten gewarnt wird. Der Begriff „Esoterik“ ist heute ja reichlich überstrapaziert und oft ein

Schimpfwort, so dass ich gezögert habe, ihn zu verwenden. Hier soll es auch um Grenzwissenschaften, Parapsychologie, Spiritualität und Selbsterfahrung gehen, um Dinge, für die in den etablierten Wissenschaften und Religionen wenig Platz ist.

Von der Geheimlehre zur Schmuddelecke

Das Wort *Esoterik* kommt aus dem Griechischen und bedeutet so viel wie „Geheimlehre". In einer Hinsicht passt das: Vieles, was in Esoterik-Kreisen als selbstverständlich gilt, ist außerhalb nicht bekannt oder wird verlacht. Das liegt allerdings kaum daran, dass die modernen Esoteriker ihre Ansichten absichtlich geheimhalten. Es sind wohl eher ihre Gegner, die diese Dinge in eine dunkle Ecke schieben.

In einem Buchladen meiner Heimatstadt Heidelberg gibt es im Obergeschoss, irgendwo zwischen Kinderbüchern und Hobby, eine besondere Ecke. Vorne ein Tisch mit Dalai-Lama-Kalendern, Pendelkästchen, Kartensets mit Engeln, Kraftworten oder Symbolen; dahinter die Bücherregale Theologie, Esoterik und Lebenshilfe. Die Fachbuchabteilung ist in maximaler Entfernung, im Untergeschoss. Wenn ich hier in Büchern stöbere, frage ich mich, ob ich wollte, dass mich einer meiner Studenten zwischen Lebenshilfe (kann der nicht alleine leben?) und Schutzengeln sieht. In der speziellen Über-Achtzehn-Abteilung einer Videothek erwischt zu werden, erscheint dagegen fast unbedenklich.

Wer noch nie im Esoland war, hat vielleicht die gängige Vorstellung: Hier wohnen naive, verklärte Menschen, die ihre Vernunft bei der Einreise abgeben mussten; alternative Ü40-Frauen, die, wenn sie denn nicht von „Lichtnahrung" leben, Veganes aus dem Bioladen holen und ihre Zeit mit Esoterik-Messen und Seminaren zu Channeling und Aura-Sehen verbringen, die Astro-TV schauen würden, wenn sie einen Fernseher hätten.

Soweit das Klischee. Doch hier gibt es viel mehr. Wer länger in der Esoterik-Ecke unterwegs ist, wird manche wertvolle Idee von ernst zu nehmenden Forschern entdecken. Viele Menschen im Esoland sind keineswegs weltfremd und lebensunfähig, sondern neugierig, offen und meist auch recht vernünftig. Die Gefahr zur Verblödung lauert hier wie anderswo. Ein Abwägen und eine eigene Meinung sind immer hilfreich. Ja, hier sind sogar außergewöhnliche Wissenschaftler unterwegs, die nicht nur Bücher für das Esoterik-Regal schreiben, sondern lange wissenschaftliche Veröffentlichungslisten vorweisen können.

Ein Einwanderungsland

Die Esoterik ist ein Einwanderungsland. Immer mehr Menschen fühlen sich hingezogen zu dem, was hier zu entdecken ist. Wer das nur als Flucht vor der nüchternen Realität deutet, macht es sich zu einfach. Vieles, was die Wissenschaft über die Welt sagt, widerspricht unserer innersten Erfahrung: Oder *fühlen* Sie sich wie ein Klumpen Atome, dessen Dasein durch physikalische Gesetze vollständig vorherbestimmt ist? Würden Sie sagen, Sie haben keinen freien Willen und das Leben ist sinnloser Zufall? Finden Sie Ihre Gefühle angemessen beschrieben durch elektrische Gehirnimpulse und blubbernde Hormone? Viele Wissenschaftler sagen: „Ja, so ist es, unsere Wahrnehmung täuscht." Doch ist eine Wissenschaft, die unsere ureigenen Wahrnehmungen wegerklärt, eine gute Hilfe, um die Welt zu verstehen?

Im Esoland dürfen die Menschen ihre Gefühle und persönlichen Erfahrungen ernst nehmen. Viele können die Welt dadurch bewusster erleben und ihr Leben positiv gestalten. Das ist ein guter Grund, den Nachbarländern, in denen stets eine Autorität sagt, woran man zu glauben hat (sei es Gott oder eine wissenschaftliche Theorie), den Rücken zu kehren.

Man spricht „Eso"

In der Esoterik gibt es noch viel mehr: Gedankenlesen; eine Aura, die den menschlichen Körper umgibt; Chakras (Energiezentren) und Meridiane (Energiebahnen); Geistwesen, Engel und Helfer aus anderen Welten; Steine mit heilenden Wirkungen; Rituale; Schamanen und Hexen; Lebensenergie, die sich steuern lässt und zur Heilung eingesetzt werden kann; ein menschlicher Geist, der durch Wünschen, Beten oder Meditieren die Welt verändert; begabte Medien haben Zugang zu anderen Welten und „channeln" Botschaften. Alles hat einen Sinn, auch Leid und Schmerzen sind wertvoll. Was sich dabei in den eigenen Lebenszusammenhängen nicht erklären lässt, kann als Wirkung (Karma) früherer Vorleben begründet werden. Die Seele überlebt den Tod und wird in einem neuen Körper wiedergeboren, um bestimmte Erfahrungen zu sammeln.

Mit dieser Fülle an Theorien und Vorstellungen ausgestattet, lässt sich für alles eine Erklärung finden. Und wenn genau das Gegenteil eintritt, hat auch dies einen Grund. Wo die Grenze zwischen interesssant und haarsträubend gezogen wird, entscheidet jeder für sich. Es empfiehlt sich, den eigenen Plausibilitäts-Filter einzuschalten.

Spiritualität

Ein wesentliches Gut, das immer mehr Menschen aus Wissenschaftsland und auch aus Religionsland hierher lockt, ist die Spiritualität: Es gibt eine Welt des Geistigen. Menschen besitzen eine Seele. Es existiert ein Jenseits unabhängig von der materiellen Welt. Manche sprechen auch von Gott. Doch es ist nicht der aus den Religionen bekannte Schöpfergott, der außerhalb der Welt steht und mal streng, mal liebend alle Fäden in der Hand hält. Es ist das Göttliche, das die Welt durchdringt, oder vielleicht einfach die Gesamtheit allen Lebens, das Sein, Tun und Werden.

Schuwi und Eso

Für die Begegnung der Weltanschauungen braucht es Menschen aus den jeweiligen Ländern, damit es zur Sache geht. Am besten getreue Staatsbürger, welche die jeweiligen Werte und Anschauungen besonders verinnerlicht haben. Da Schulwissenschaftler und Esoteriker lang und unfreundlich klingt, habe ich ihnen nettere Namen gegeben. Vielleicht können Sie sie so als liebenswerte Menschen mit ihren Marotten besser ins Herz schließen:

Herzlich willkommen Schuwi, herzlich willkommen Eso!

Im Sinne der Lesbarkeit wird es im Folgenden stets *der* Schuwi und *der* Eso heißen, aber natürlich gibt es gleichermaßen *die* Schuwi und *die* Eso. Vielleicht mag es in Esoland einen höheren Frauenanteil geben und in den Ländern jeweils männliche oder weibliche Herangehensweisen vorherrschen, aber mir geht es nicht darum, Geschlechter gegenüberzustellen, sondern Weltanschauungen.

Schuwi

Schuwi ist stolz, immer von seinem Verstand geleitet zu sein. Intelligenz ist das höchste Gut, und die sitzt im Kopf, in seinem Gehirn mit vielen Milliarden Nervenzellen, die wie ein Computer arbeiten. Präzises Denken verspricht die Lösung aller Probleme, Gefühle lenken nur ab. Zugegeben, auch Schuwi liest mal in der Fernsehzeitschrift sein Horoskop, aber nur, um sich darüber lautstark, je nach Gemütslage, aufzuregen oder lustig zu machen, was für ein Schwachsinn in den Zeitungen steht und was für dumme Menschen so ein Zeug wohl lesen.

Wenn Schuwi liebt, hasst oder trauert, dann sind das nur elektrische Potenziale im Gehirn und chemische Botenstoffe. Manchmal gibt es nutzlose Fehlfunktionen, wie die Frage nach dem Sinn des Lebens. Vielleicht lässt sich

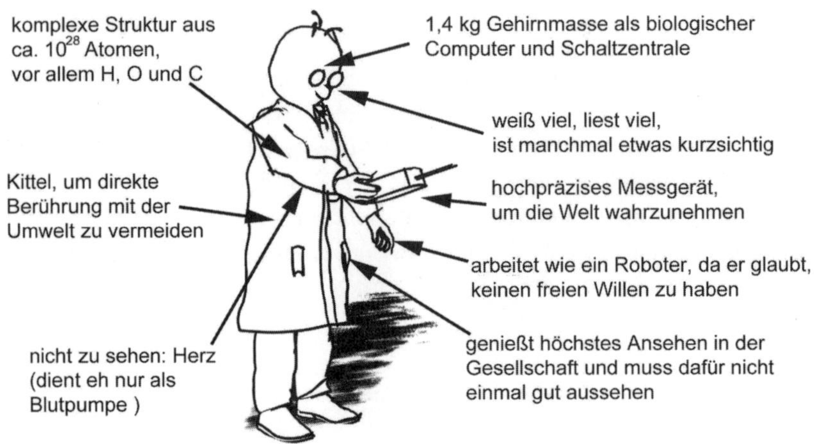

Abbildung 1.4: Schuwi

das aber auch als ein Mechanismus der Evolution zur Arterhaltung erklären. Philosophen, die sich der Beschäftigung mit nutzlosen Fragen widmen können, sind begehrenswerte Sexualpartner und deshalb bis heute nicht ausgestorben. Wenn die Neurologen erst einmal die räumliche und zeitliche Auflösung ihrer 3D-Gehirnscans verbessern, wird man solche Phänomene sicher genau verstehen.

Schuwi hat keinen Zweifel an der Richtigkeit seiner Weltsicht, lediglich Details können verhandelt werden. Er redet nicht über den Tod, denn da ist nur ein Nichts, eine belanglose leere Menge. Meist redet er auch nicht über das Leben, zumindest nicht über den Sinn des eigenen Lebens oder warum es überhaupt Leben gibt. Leben ist ein biologischer Prozess, nach vierzehn Milliarden Jahren zufälligem Herumprobieren im Kosmos musste ja so etwas passieren.

Im Inneren seines Herzens ist Schuwi tief religiös, auch wenn er es nie so bezeichnet: Er *glaubt* an die Wissenschaft. Sie verspricht Erlösung durch immer mehr Erkenntnis und Wissen. Sie ist groß und gerecht, objektiv und unbestechlich. Er muss sie daher vor Ketzern schützen, die ihre Verkündigungen infrage stellen oder gar behaupten, es gäbe irgendwo noch mehr, vielleicht ein Reich der Seele und des Geistigen.

Führende Schuwis werden gerne als Experten in Talkshows eingeladen, je nach Mode Teilchenphysiker, Kosmologen, Gehirnforscher oder, noch besser: Experten für Neuromarketing, die anhand von Gehirnscans belegen, dass der Mensch eine programmierbare Konsummaschine ist. Wenn Schuwi dann re-

Abbildung 1.5: Eso

det, enden alle Kontroversen. Es wird ehrfürchtig genickt, und man freut sich über die seltene Harmonie. Doch wie sagte Wittgenstein so schön: „Wir fühlen, dass selbst, wenn alle möglichen wissenschaftlichen Fragen beantwortet sind, unsere Lebensprobleme noch gar nicht berührt sind.“[4]

Eso

Eso weiß, dass alles möglich ist, denn die materielle Welt ist nur ein Abglanz des Geistigen. Das Wichtige ist jenseits der Dinge zu suchen – und Suchen ist Esos Lebensaufgabe. Er weiß, dass Probleme im Leben Prüfungen und Lernaufgaben sind, die sich mit der richtigen inneren Haltung überwinden lassen. Das gilt für das Große wie für das Kleine; und so kann Eso Energien lenken und mit der Kraft seiner Gedanken auch mal freie Parkplätze herbeiwünschen. Wenn es nicht klappt oder beispielsweise eine schwere Krankheit einfach nicht verschwinden will, ist es seine eigene Schuld, denn er hat seine Gedankenkraft noch nicht richtig gebündelt. Zum Glück versprechen ihm zahlreiche Bücher, die letzten Geheimnisse in dieser Hinsicht zu verraten. So wird dann ein Buch, das sich „The Secret“ nennt und das „Gesetz der Anziehung“ erläutert, millionenfach verkauft. Tolles Geheimnis. Das sollte Schuwi mal mit einem „geheimen“ Buch über die Schwerkraft versuchen!

„Ich bin ein spiritueller Mensch“, sagt Eso stolz von sich, wenn man ihn

---

4 Ludwig Wittgenstein, *Tractatus logico-philosophicus*, 6.52, 1921.

fragt, und manchmal auch, wenn man ihn nicht danach fragt. Doch das Missionieren hat er aufgegeben, er ist es leid, von den Noch-nicht-Erwachten verhöhnt zu werden. Da Eso in der westlichen Welt einer öffentlich und medial geächteten Minderheit angehört, legt er sich andere Verhaltensweisen zu. Er verkehrt nur mit seinesgleichen, trifft sich auf Esoterik-Messen, führt nach außen ein bürgerlich-normales Dasein und redet dann auch nicht über seine Gesinnung. Wenn er neue Menschen kennenlernt und merkt, sie teilen seine Ansichten, entsteht sogleich eine herzliche Atmosphäre, wie es immer mit unterdrückten Minderheiten in der Diaspora ist. Rasch entsteht ein intensives Gespräch, ein Austausch über die besten Selbsterfahrungsseminare, aktuelle Channeling-Durchsagen, alternative Heilverfahren und den bevorstehenden Bewusstseinswandel der Welt. Man freut sich, dass die Vorsehung, das Universum, das Schicksal (es gibt keinen Zufall!), manchmal auch Gott (allerdings nicht derjenige, der durch den Papst vertreten wird), einen zusammengebracht hat.

Zur Tarnung oder aufgrund von Minderwertigkeitskomplexen verwendet Eso gerne wissenschaftlich klingende Begriffe wie Quanten, Energie und Informationsmatrizen. So macht er sich außerhalb seiner Gemeinschaft jedoch endgültig verdächtig, da seine Begriffe ganz andere Bedeutungen haben als in der Wissenschaft. Manchmal haben sie auch überhaupt keine Bedeutung.

Da ich beim Schuwi schon über Talkshows gesprochen habe: Wenn Esos ins Fernsehen eingeladen werden, dann nur, weil gerade nichts Wichtigeres zu besprechen ist (und was alles an vermeintlich Wichtigem ausgebreitet wird, weiß jeder, der einen Fernseher besitzt). Dann passt es gut, sich mal wieder gemeinsam über den modernen Aberglauben lustig zu machen.

Auf zur gemeinsamen Suche!

Zugegeben, Schuwi und Eso sind Extreme, die selten in Reinform anzutreffen sind. Die meisten Menschen werden wohl von beiden Anteile besitzen, mal die eine, mal die andere Haltung einnehmen.

Anregung

Wo sehen Sie sich? Sind Sie eher Schuwi oder Eso? Wie ist es bei Ihren Freunden und Bekannten? Sind die meisten aus „Ihrem Lager“? Können Sie für die andere Position positive Eigenschaften finden, ihr ehrliche Komplimente machen?

Trotz aller Verschiedenheit von Schuwi und Eso sind beide letztlich Suchende, Forschende, die die Welt verstehen, sich einen Reim auf ihre Erfahrungen machen möchten, um ihr Dasein als Mensch zu gestalten. Sie kennen es aus dem Kino: Ohne Gegenspieler wird sich auch Ihr liebster Charakter nicht weiterentwickeln. Mögen sich Eso und Schuwi also energisch, aber fair aneinander reiben, so dass irgendwo dazwischen neue Einsichten entstehen.

Es geht uns alle an

Mir erscheint es lohnend, dass sich nicht nur Berufswissenschaftler und Esoterik-Fans mit den großen Fragen beschäftigen, sondern wir alle. Ist es nicht erstaunlich? Viele Menschen haben sofort eine eigene Meinung zu hochkomplexen europapolitischen oder finanzwirtschaftlichen Fragen. Wenn es aber darum geht, wie die Welt funktioniert, glauben sie den Wissenschaftlern blindlings, selbst wenn dies in direktem Widerspruch zur eigenen Erfahrung steht. Wir erleben uns beispielsweise als Menschen mit einem freien Willen. Unsere Gesellschaft baut darauf auf, in unserem Rechtssystem ist er Voraussetzung für Schuldfähigkeit. Wären wir, wie Wissenschaftler sagen, nur biologische Automaten, sollte sich das doch in unserer Wirklichkeit widerspiegeln?

Politik funktioniert dann, wenn sich das Volk dafür interessiert und seinen mächtigen Vertretern auf die Finger schaut. Gleiches gilt für die Wissenschaft. Wo und wie viel geforscht wird, ergibt sich nicht von selbst, sondern wird zu einem großen Teil von Politik und Wirtschaft entschieden. Umgekehrt prägen die Ergebnisse der Wissenschaft unsere Weltanschauung und damit unsere Gesellschaft. Wissenschaft, Gesellschaft und Politik sind eng verzahnt. Nicht von ungefähr hat der Begriff *Materialismus* zwei Bedeutungen: Die Wissenschaft versucht alles auf Materie (und Wechselwirkungen) zurückzuführen. Gleichermaßen rücken die Menschen Materielles (und die universelle Messgröße Geld) in den Mittelpunkt ihrer Weltanschauung. Eine materialistisch geprägte Wissenschaft und eine materialistisch geprägte Gesellschaft bedingen einander.

Der rote Faden

Wer sich mit Schuwi-Themen beschäftigen will, findet unzählige Fachbücher und Populärwissenschaftliches zu allen denkbaren Gebieten. Auch die Esoterik boomt, und Eso wird mit reichlich Futter versorgt, das jede noch so schräge Vorstellung bestätigt. Dazwischen gibt es aber auch Hochwertiges von Autoren, die aus ihrer Wissenschaft heraus neue Schritte wagen, die auf die Defizite gängiger Positionen eingehen und Umdenken in der Forschung zu Biologie,

Mensch oder Bewusstsein begründen. Ich werde an verschiedenen Stellen auf solche weiterführende Literatur verweisen.

Viele Menschen bekommen diese Bücher aber nie in die Hände, schon weil sie sich dafür in die Esoterik-Abteilung wagen müssten. Eso wiederum ist kaum in der Fachbuchabteilung anzutreffen, dabei sollte doch jemand, der von „Quanten-DNS-Bewusstsein" und Ähnlichem schwärmt, sich auch für Physik-, Biologie- oder Psychologiewissen interessieren.

Politiker preisen gerne die Wichtigkeit eines interkulturellen Dialogs. In gewissem Sinne geht es hier um etwas Ähnliches. Wir brauchen Begegnung und Dialog der Kulturen von Schuwi und Eso. Das bedeutet, sich mit den Vorstellungen der anderen Seite auseinanderzusetzen, Grundlagen und Stützpfeiler, aber auch die großen Baustellen kennenzulernen. Entscheiden Sie selbst in der Begegnung mit Schuwi und Eso, welches Denken Sie überzeugt und was sich für Sie richtig anfühlt. Manches darf ungelöst nebeneinander stehen, Fragezeichen zeigen Räume für zukünftiges Forschen. Es sind diese Fragezeichen, die ich mir häufiger wünschen würde, wenn es wieder einmal heißt: „Genau so ist es" – ohne die Gegenargumente zu kennen. Unvoreingenommenheit, Neugierde und Austausch hingegen eröffnen die Chance, die Welt besser zu verstehen und sie damit letztlich auch zum Wohle der Menschen und des Lebens besser zu gestalten.

2

BEGEGNUNG DER WELTBILDER

In der Heimat, fern von fremden Ländern, sieht oft alles sicher und selbstverständlich aus. Niemand fragt, ob eine Ansicht begründet oder nur ein nie hinterfragter Glauben ist. An der Grenze der eigenen Weltanschauung hingegen prallen Vorstellungen aufeinander, und es gibt die Chance auf neue Fragen und weiteres Forschen. Entdecken und Kennenlernen kann der erste Schritt sein, um eine Sache wertzuschätzen. Ich möchte Sie einladen, über Grenz- und Denkzäune zu blicken.

Plünderungen und Esophobie

Eso muss man gar nicht so sehr locken, damit er sich der Grenze nähert (Abb. 2.1). Immerhin liebt er wissenschaftlich klingende Begriffe. Quantenphysik, Matrizen und DNS-Programmierung gehen ihm so leicht über die Lippen, als hätte er in Physik, Mathematik oder Biologie promoviert. Doch leider haben seine Begriffe selten etwas mit den wissenschaftlichen Konzepten zu tun. Wenn bei ihm Frequenzen zu „Heilfrequenzen" werden, braucht man sich wenig Hoffnung zu machen, er könnte Fragen nach der Wellenlänge oder dem Übertragungsmedium beantworten. Statt Kultur und Regeln des Wissenschaftslands zu achten, kommt er für Raubzüge und Plünderungen, verschleppt Quantenphysik und Paralleluniversen in sein Esoland und verheiratet sie dort mit Engeln und alternativen Heilverfahren.

Schuwi hingegen hält lieber Abstand zum Grenzgebiet. Esoterik ist für ihn das Gleiche wie Religion: Aberglaube. Wer sich hier blicken lässt, setzt seinen Ruf aufs Spiel. Als aufgeklärter Weltbürger verurteilt Schuwi die Xenophobie, die Fremdenfeindlichkeit, scharf. Aber Eso-Feindlichkeit, „Esophobie", ist ihm eine Tugend.

Schuwi weiß nicht, dass auch in Esoland ernsthaft geforscht wird: Wenn man so und so meditiert, ein bestimmtes alternatives Heilverfahren nutzt oder

Abbildung 2.1: Über den Denkzaun schauen

eine gut untersuchte rituelle Körperhaltung einnimmt, kann man Erfahrungen machen, die andere Menschen bereits ähnlich erlebt haben. Das sind Experimente im Sinne wissenschaftlichen Vorgehens. Auch in Esoland ist man auf der Suche nach einem besseren Weltbild bereit, Ansichten in Frage zu stellen und zu verändern. Insofern gibt es hier mehr Berührungspunkte und Herausforderungen an die Wissenschaft als seitens der Religion. Vielleicht ist Schuwi gerade deshalb argwöhnischer gegenüber Eso als gegenüber der Religion.

Wissenschaft

Besuchen wir zunächst das große, schöne, gut erkundete Land der Wissenschaft. Wohl jeder war hier schon einmal, zum Beispiel im Schulunterricht in Physik, Chemie oder Biologie. Dieses Land hat eine glorreiche, jahrtausendelange Geschichte mit immer neuen Eroberungen. Die Religion hat viele Hoheitsgebiete an die Wissenschaft verloren. Früher sagten uns Religionsvertreter und die Bibel, wie die Welt funktioniert und wie wir uns zu verhalten haben. Seit der Zeit der Aufklärung hat die Religion für immer weniger Menschen das Recht, die Welt zu erklären. Sogar die Religionsvertreter selbst bestreiten kaum mehr die Erkenntnisse der Wissenschaft. Die Zeiten, als die Religion, entgegen von Beobachtungen und Berechnungen, die Erde ins Zentrum der Welt setzen konnte, sind vorbei.

Wissenschaften und Technik

Wenn von Wissenschaft die Rede ist, sind verschiedene Bereiche zu unterscheiden:

1. Naturwissenschaften, z.B. Astronomie, Biologie, Chemie
2. Angewandte Naturwissenschaften / Ingenieurwissenschaften, z.B. Architektur, Elektrotechnik, Maschinenbau
3. Sozialwissenschaften, z.B. Politik, Psychologie, Wirtschaftswissenschaften
4. Geisteswissenschaften, z.B. Religionswissenschaften, Sprachwissenschaften, Kunstwissenschaften

Wenn Politiker, Medien und Öffentlichkeit von Wissenschaft sprechen, meinen sie meist 1 und 2. Diese sind es, die den technischen Fortschritt treiben und das Interesse der Wirtschaft auf sich ziehen. Diese sind gemeint, wenn wieder einmal alle sagen, dass Deutschland als Wissenschaftsstandort gestärkt werden muss. Wie oft hört man dagegen Politiker sagen, der Nachwuchs der Geisteswissenschaften müsse gefördert werden, um die kulturelle Weiterentwicklung zu sichern?

Schuwi beschäftigt sich vor allem mit Natur und Technik. Wenn er doch einmal den Menschen betrachtet, beispielsweise in den Wirtschaftswissenschaften, benutzt er gerne entsprechende Vergleiche: Der Mensch ist ein Tier im Überlebenskampf, mit einem Nervencomputer als Steuerungszentrale.

Wissenschaft wird vor allem dann ernst genommen, wenn sie neue Technik hervorbringt beziehungsweise neue *Technologien*, was ja eigentlich „Lehren von der Technik“ heißt, aber irgendwie noch wichtiger klingt. Von Zukunftstechnologien kann man besser schwärmen als von zukünftigen Techniken, auch wenn es wenig sinnvoll ist, Windkrafträder als „neue Lehren von der Technik“ zu bezeichnen. Technik ist interessant, weil sich damit neue oder bessere Produkte herstellen lassen, weil sich damit Geld verdienen lässt. Deshalb liebt die Wirtschaft die Naturwissenschaften und ihre Anwendungsgebiete – und würdigt die Geisteswissenschaften keines Blickes.

Fachgebiete, Fachgebiete, Fachgebiete

Die Zeit der Universalgenies ist vorbei. Kein Mensch kann heute alle Wissenschaftsgebiete auch nur halbwegs überblicken. Da sich das Wissenschaftsreich gewaltig ausdehnt, sind selbst die einzelnen Fachgebiete so riesig, dass die meisten jeweils ansässigen Wissenschaftler sie Zeit ihres Lebens nicht verlassen und nur sehr oberflächlich wissen, was anderswo vor sich geht. Ein beliebter Spruch: Experten sammeln immer mehr Wissen in immer kleineren Bereichen, so dass sie schließlich alles über nichts wissen. Kennen Sie die folgenden Fachgebiete?

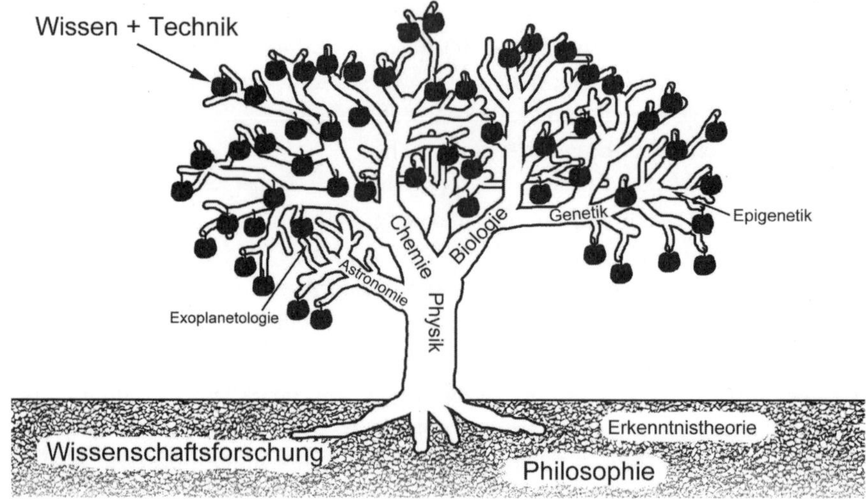

Abbildung 2.2: Baum der Naturwissenschaften

Ätiologie, Arachnologie, Biogerontologie, Bryologie, Chorologie, Chronobiologie, Dendrochronologie, Dermatologie, Epistemologie, Evolutionsbiologie, Fukologie, Geochronologie, Gerontologie, Hippologie, Hydrochemie, Ichthyologie, Immunologie, Japanologie, Kryptologie, Lithologie, Meteorologie, Neurolinguistik, Ozeanologie, Paläontologie, Quantenphysik, Rheologie, Seismologie, Trophologie, Uranologie, Vexillologie, Xenologie, Zytologie.

Das ist nur eine kleine Auswahl. Es gibt heute so viele Forschungsdisziplinen, dass oft nicht nur ihre Inhalte, sondern sogar ihre Namen weithin unbekannt sind.

Abbildung 2.2 veranschaulicht die Wissenschaft als Baum. Die dicken Äste symbolisieren Gebiete wie Biologie, Chemie oder Physik, die sich immer weiter verzweigen. An den unzähligen kleinen Zweigen sprießt und wächst es, bis hin zu Epigenetik[5] und Exoplanetologie[6]. Manche Zweige hängen obendrein an mehreren Ästen zugleich, wie bei Bioinformatik, Physikalischer Chemie oder Technischer Medizin, wie schon der Name zeigt.

Damit der Baum sicher steht, braucht er als Fundament Überlegungen, dahingehend wie Wissenschaft überhaupt funktioniert. Erkenntnistheorie, Wis-

5 Vererbung, die nicht in den Genen festgelegt ist.

6 Erforschung von Planeten außerhalb unseres Sonnensystems.

senschaftsforschung und letztlich auch Philosophie sind für das Wachstum des Wissens ein unverzichtbarer Nährboden, der weit oben an den dünnen Zweigen mitunter übersehen wird. Und angesichts der Größe des Baumes vergessen seine Bewohner auch oft, dass über ihm ein Himmel ungelöster Fragen leuchtet, in den er nur langsam hineinwächst.

Anregung

Wie gut kennen Sie sich im Wissenschaftsland aus? Welche Gebiete kennen Sie? Welche Teile Ihres eigenen Weltbildes sind hier verankert? Wie groß ist Ihr Vertrauen in die Mächtigen, in die hier geltenden Wahrheiten? Wie gut helfen diese Ihnen, Ihr Leben zu gestalten?

Pseudo oder echt?

Wissenschaft ist hoch angesehen und ein wertvolles Etikett. Wer wissenschaftlich arbeitet, der arbeitet präzise, nachvollziehbar, intelligent und zielgerichtet. All die Suchenden und Forschenden, die von ihrer Arbeit überzeugt sind, nehmen diese Bezeichnung gerne für sich in Anspruch. *Pseudowissenschaft* hingegen ist etwas, das sich als Wissenschaft ausgibt, aber nicht tatsächlich der erforderlichen Vorgehensweise folgt. *Pseudowissenschaftler* ist ein prima Schimpfwort für unerwünschte Forscher (Abb. 2.3). Mancher Schuwi hat es sich gar zur Lebensaufgabe gemacht, Pseudowissenschaft anzuprangern – und wird dabei mitunter selbst zum Pseudowissenschaftler.[7]

Forschung zu Telepathie, Astrologie oder Geistheilung wird vom Schuwi oft reflexartig als Pseudowissenschaft abgetan. Das offenbart einen verbreiteten Fehler: Er beurteilt nicht die Qualität und das methodische Vorgehen der Forschung, sondern das betrachtete Thema. Wer so zwischen *echt* und *pseudo* unterscheiden will, hat Wissenschaft nicht verstanden und betreibt, nun ja: Pseudowissenschaft. Man kann Engel-Erscheinungen mit sauberen wissenschaftlichen Methoden untersuchen und die Aufnahmen von Kernspintomographen pseudowissenschaftlich auswerten.

Pseudowissenschaft gibt es bei Schuwi und Eso gleichermaßen. Vielleicht sind in Esoland mehr Pseudowissenschaftler unterwegs und finden in der dortigen Ideenvielfalt leichter Unterschlupf. Doch anstatt sich daran zu stören, könnte Schuwi doch auch seine erprobte Methodik auf Eso-Themen anwen-

---

7 So z.B. das CSICOP (*Committee for Scientific Investigation of Claims of the Paranormal*), von deren Arbeitsweise sich der Mitgründer Dennis Rawlins später selbst ausdrücklich distanzierte.

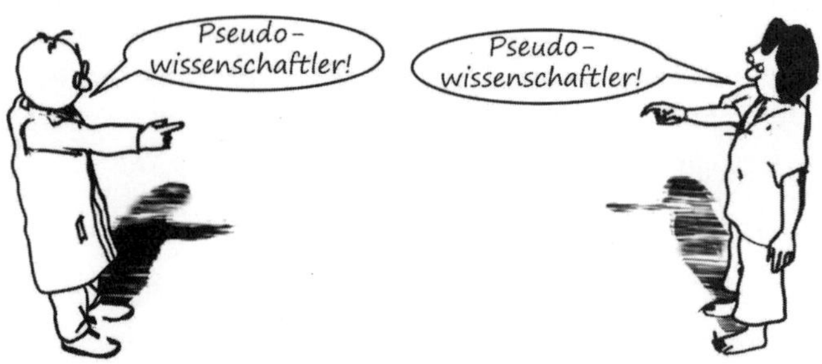

Abbildung 2.3: Immer diese Pseudowissenschaftler

den. Nur selten wagt er sich daran, vielleicht weil er seinen Ruf nicht verlieren möchte, vielleicht aber auch aus Angst, dass sich Esos Thesen nicht widerlegen lassen, sondern noch an Gewicht gewinnen.

Religion

Kommen wir noch einmal auf die Religion zurück. Das Wort bedeutet zunächst einmal „Rückbindung“ (vom lateinischen *re-ligio*). Doch Bindung an was oder wen? Auch Schuwi ist so gesehen streng religiös, fest verbunden mit seinen wissenschaftlichen Lehren (und Glaubenssätzen).

Im engeren Sinn hat eine Religion meist folgende Merkmale:

1. Das Übernatürliche oder Jenseits, Bezug auf einen oder mehrere Götter oder höhere Kräfte, Geister.
2. Ein philosophisches System, das durch heilige Schriften überliefert wird und die Welt erklärt. Dazu gehören eine Schöpfungsgeschichte über Entstehung oder Erschaffung von Welt und Mensch, das zukünftige Ende (Apokalypse) und Wunder.
3. Eine Gemeinschaft von Anhängern, die mehr oder weniger institutionalisiert ist (z.B. Kirche, Sangha) und sich für Kulthandlungen und Rituale trifft.
4. Wertvorstellungen, Regeln und Gesetze, wie der Mensch sich verhalten soll.
5. Das menschliche Leben hat einen höheren Sinn, die Seele überlebt den Tod.
6. Man braucht Glauben, da sich vieles der Überprüfung entzieht.

Selbstverständlich gibt es viele Religionen, und sie haben teils große Unterschiede. Sehen Sie mir bitte nach, wenn ich im Folgenden der Einfachheit halber von „der" Religion spreche, mich auf die obigen Eigenschaften beziehe und meist die christlichen Religionen im Hinterkopf habe.

Ein gutes Angebot?

Schauen wir uns die Punkte im Vergleich zur Wissenschaft an:

1. Das Transzendente, Übernatürliche, Göttliche ist gerade das, womit Schuwi ausdrücklich nichts zu tun haben möchte. Wenn Schuwi Gott sucht, dann wie beispielsweise in der Neurotheologie. Er versucht, Glaube an Gott als Gehirnfunktion oder menschlichen Überlebensvorteil zu erklären.[8]
2. Die Erklärung der Welt ist Schuwis Stärke. Dabei kann er viele Details und Begründungen liefern, die sich gut mit den tatsächlichen Beobachtungen decken; so gut, dass auch die Kirche meist klein beigibt. Sogar der Papst glaubt an den Urknall. Für Wunder hat Schuwi keinen Platz. Er mag es nicht einmal, sich selbst zu wundern, also Unverständnis einzugestehen. Also gibt er Wundern hässliche Namen, macht sie zu „zufälligen Ereignissen mit sehr geringer Eintrittswahrscheinlichkeit".
3. Gemeinschaften, in denen Menschen ihr Leben einer Sache und einem Glauben widmen, gibt es viele, und die Religion hat hier starke Konkurrenz. Vergleichen Sie die am Wochenende beseelt ihre Wünsche und Danksagungen singenden Besucher von Fußballstadien mit den wenigen Menschen, die sich in Gotteshäusern versammeln.
4. Für Gesetze ist der Staat zuständig, aber die Religionen haben Einfluss. Manche Parteien nennen sich christlich, die USA drucken ihr Gottvertrauen auf Dollarscheine („In God we trust") und in vielen islamischen Ländern gehen religiöses Gesetz und Staatsgesetz (noch oder wieder) Hand in Hand. Wo Gesetze enden und es um Ethik und Werte geht, wird die Religion sogar vom Staat gerufen: Kaum eine Ethik-Kommission ohne Kirchenvertreter. Doch auch Schuwi versucht sich an Begründungen für ethisches Verhalten, wie zum Beispiel im Humanismus.

---

8 Michael Shermer, *The Believing Brain: From Ghosts and Gods to Politics and Conspiracies – How We Construct Beliefs and Reinforce Them as Truths*, 2012.

Abbildung 2.4: Konkurrenz für die Religion

5. Mit dem höheren Sinn tut sich Schuwi schwer. Wenn mit dem eigenen Tod oder spätestens mit dem Verglühen der Sonne und dem Ende der Menschheit alles vorbei ist, wie soll es da einen höheren, nachhaltigen Sinn geben? Meist lässt Schuwi die Finger von diesen Fragen. Manchmal konstruiert er auch einen Sinn, der irgendwie im reinen Dasein besteht. Doch das ist wohl Glaubenssache.
6. Schuwi hört nicht gerne, dass wir Menschen in vielen Bereichen auf Glauben angewiesen sind. Dabei unterliegt er selbst manchem Aberglauben. Glauben wird vor allem zum Problem, wenn daraus (wie manchmal in der Religion) ein Frageverbot gefolgert wird.

Leben und leben lassen

Es ist eine durchwachsene Bilanz für das einstige Weltreich Religion. Von dem Menschen als Gottes Abbild ist nur ein besserer Affe geblieben; vorbei sind die Zeiten, in denen die Wissenschaft Diener und Zuarbeiter der Religion war. Beim Ringen um Hoheitsgebiete hat die Religion heute die stumpferen Waffen. Unsere Welt ist vom rationalen Denken geprägt. „So steht es in der Bibel“ oder „so ist es offenbart worden“ überzeugt kaum mehr jemanden, eine nachvollziehbare Begründung dagegen schon. Auf viele Fragen hat die Wissenschaft die besseren Antworten, und wenn die Antworten nicht mehr passen, kann sie neue suchen. Während die Religion mit ihren selbstangelegten Fußfesseln um

Jahrtausende alte Dogmen ringt, zeigen sich Wissenschaft, Staat und Gesellschaft, aber auch Esoterik und Spiritualität weitgehend flexibel und haben die Fähigkeit zur Weiterentwicklung gleichsam eingebaut. Flexibilität war immer ein Überlebensvorteil, nicht nur im Tierreich.

Die geschwächte Religion reagiert mit verschiedenen Strategien. Sie einigt sich auf einen weitgehenden Waffenstillstand mit der Wissenschaft, wobei sie für einige Gebiete die Hoheit behalten darf. Okay, vor vierzehn Milliarden Jahren gab es den Urknall. Aber wer hat ihn gezündet? Gott! So leben Religion und Wissenschaft friedlich nebeneinander her, als hätten Geist und Materie nichts miteinander zu tun. Man verdrängt, dass beide Seiten widersprüchliche Aussagen über die Welt machen, und vergibt die Chance, gemeinsam umfassendere Vorstellungen zu entwickeln.

Auch Gesellschaft und Politik sind höflich zur Kirche. Staatskirchenverträge regeln die „Trennung" von Staat und Kirche, dabei benötigen Einrichtungen, die wirklich getrennt sind, natürlich keine Verträge miteinander. Die Kirchen nutzen ihre auch heute noch beachtliche Macht, ihren Einfluss auf und ihre Beziehungen zur Politik. Als Deutschlands zweitgrößter Arbeitgeber[9] in Krankenhäusern, Kindergärten und anderen Einrichtungen genießen sie Sonderrechte, bei denen jeder Personalchef aus der Wirtschaft neidisch wird. Kirchenvertreter bekommen ihre Fernsehauftritte, sagen, dass die Religion viel zur Diskussion über Werte in der Gesellschaft beitragen kann. Die Politiker klatschen, christliche Nächstenliebe ist prima. Du sollst nicht töten, aber Panzerverkäufe an totalitäre Staaten hat Jesus ja nicht verboten. So eine Koexistenz ist bequem, friedlich – und oft sinnlos.

Das vergessene Alleinstellungsmerkmal

Erstaunlich selten preist die Religion ihr bestes Alleinstellungsmerkmal an, Anbieter zu sein für Sinn, Spiritualität, Transzendenz und tiefe innere Erfahrung. Warum hat der Buddhismus so großen Zulauf im Westen? Vielleicht, weil das eigene Erleben und der direkte Zugang zur geistigen Welt im Mittelpunkt stehen. Meditation ermöglicht unmittelbares inneres Erfahren und alltagstaugliche Ergebnisse. Manchen reicht das als Wellness-Programm, andere erkennen so das Göttliche. Auch in den anderen Weltreligionen gibt es diesen Weg, wie etwa die christliche Mystik oder der Sufismus im Islam. Doch sie wurden von den religiösen Institutionen kleingemacht, denn wer einen persönlichen Weg zu Gott findet, braucht keine Priester oder Imame als mächtige Glaubensvermittler.

9 Ca. 1,2 Mio. Beschäftigte, größter Arbeitgeber ist der Staat.

Die Religion hütet nach wie vor wertvolle Schätze. Wenn Wissenschaftler distanziert, aber respektvoll mit der Kirche umgehen, dann sicher nicht, weil die Bibel so eine tolle Theorie über die Entstehung der Welt hat, sondern weil sie ahnen, dass sie hinsichtlich Sinn, Geist und Werten mit recht leeren Händen dastehen.

Feindbilder und Spaghettimonster

Mitunter hat Schuwi die Religion aber auch als Feindbild für sich entdeckt. Dann misst er sie mit den Kriterien der Wissenschaft und macht sie herunter, weil sie dabei schlecht abschneidet. Für einige ist die Wissenschaft zum eigenen Glaubensbekenntnis geworden, nach dem Andersgläubige zu bekämpfen sind.

Manche behaupten auch, Religion bringe seit Jahrtausenden nur Ungemach über die Menschheit, die vielen religiösen Kriege seien der Beweis.[10] Genauso ließe sich aber auch gegen das „böse" Fußballspiel wettern und Hooligans als Beweis nennen, oder argumentieren, Volkswirtschaft sei etwas Böses, weil es Kriege aufgrund wirtschaftlicher Interessen gibt. Wenn Menschen starke Überzeugungen und persönliche Interessen haben, besteht immer die Gefahr, dass sie mit Gewalt dafür eintreten, egal wie sie heißen: Kreuzzug, Krieg gegen den Terror oder Krieg gegen den Zionismus.

Eine humorvollere Ablehnung der Religion ist das *Fliegende Spaghettimonster.*[11] Anlässlich der Forderungen religiös-konservativer Politiker in den USA, die Schöpfungsgeschichte in den Biologieunterricht aufzunehmen, entwickelte Bobby Henderson eine alternative Religion als Parodie, bei der anstelle von Gott ein freundliches Spaghettimonster gebietet: „Mir wär's wirklich lieber, Du würdest nicht..." Lustig, aber kaum hilfreich für eine ernsthafte Auseinandersetzung, denn das Spaghettimonster übersieht, dass es in Religion nicht nur um Geschichten und Gebote geht, sondern um Spiritualität, Jenseits und Sinn. Dass die Bibel in einem wissenschaftlichen Gutachterverfahren abgelehnt würde, macht sie nicht zu einem schlechten Buch. Genauso könnte man Wissenschaft nach religiösen Maßstäben verurteilen: Ihre „Propheten" ändern ständig die Meinung, sind sich untereinander uneins, können nicht begründen, wie man sich moralisch verhalten soll, und haben keine Ahnung von der Seele und vom Jenseits.

Über den anderen zu lachen, trägt kaum zur Verständigung bei. Besser, man lacht über sich selbst. So könnte sich Schuwi anschauen, mit welchem Kreuz-

10 Sam Harris, *The End of Faith: Religion, Terror, and the Future of Reason*, 2004.

11 Bobby Henderson, *Das Evangelium des Fliegenden Spaghettimonsters*, 2007.

ritter-Eifer er mitunter für den Glauben an vermeintliche wissenschaftliche Wahrheiten eintritt; wie fest er darauf pocht, dass alles nur Materie sei und es keine geistige Welt gebe, er seine Kinder aber liebevoll behandelt und nicht als wären es Atomklumpen, die nur zwecks Arterhaltung zu schützen sind.

Hoppla, hier kommt Eso

Wenn Eso sich ins Religionsland begibt, macht er es ganz anders. Statt sich über Eigenheiten der Religion aufzuregen, spaziert er frech hinein und schnappt sich alles, was er verwenden kann. Gott, Jesus, Engel, Sinn, Moral, Jenseits, Wunder, Heiliges oder manch schönes Bibelzitat: Prima, nehme ich alles mit, mal gucken, was ich daraus machen kann. Wenn er dann noch Mystik, Selbsterfahrung, Meditation und Innerlichkeit einpackt, werden es viele Religionsland-Bewohner nicht einmal bemerken. Dogmen, Zölibat, Teufel, Fegefeuer, Hölle, Sünden und Kondomverbote lässt er da. Und an Gebote hängt Eso stets den Zusatz: „Wenn es sich richtig für dich anfühlt."

Kein Wunder, dass die Religion mit Schuwi vergleichsweise gut klarkommt, Eso aber verachtet und fürchtet. Plötzlich darf man glauben, vertrauen, lieben – und zwar ohne mühsame Verpflichtungen und Kirchensteuer. In den millionenfach verkauften Büchern „Gespräche mit Gott"[12] zeigt sich ein weiser, tiefsinniger, humorvoller Gott, der uns versteht, zu den Fragen der Gegenwart überzeugende Antworten gibt und nicht böse ist, wenn wir es wieder nicht gut hinbekommen. Bei solcher Konkurrenz für die etablierten Religionen überrascht es nicht, dass immer mehr Menschen nach Esoland auswandern und sich als spirituell, aber nicht als religiös bezeichnen.

Zwischen Wissenschaft und Esoterik

Auch das Wissenschaftsland ist keineswegs überall so gut verstanden und unter der Kontrolle bekannter, gesicherter Naturgesetze, wie es Schuwi oft behauptet. Betrachten wir die Grenzgebiete, in denen Schuwi nervös wird und Esos Augen zu leuchten beginnen, weil er fette Beute wittert.

Weiße Flecken im Kernland

Die Medien und manchmal auch die Wissenschaft erwecken gerne den Eindruck, als wüsste man im Großen und Ganzen über die Welt Bescheid, als ginge es nur noch darum, kleinere Lücken auszufüllen. Doch auch im Kernland gibt es viele grundlegende Fragen, zum Beispiel:

12 Neale Donald Walsch, *Gespräche mit Gott*, Band 1-3, 1997-1999.

- Wie lassen sich Quantenphysik und Relativitätstheorie in Einklang bringen?
- Woraus besteht die Welt im Innersten? Materie, Energie, Information?
- Welche Rolle spielt in der Quantenphysik der Beobachter bei der Erschaffung von Wirklichkeit?
- Was ist Zeit? Warum ist Zeit eine Einbahnstraße? Gibt es unteilbare Zeitatome?
- Was ist Leben? Wie konnte es aus toter Materie entstehen?
- Wie ist Heilung auch ohne medizinische Eingriffe möglich, z.B. bei Placebos?
- Wie funktioniert Vererbung? Können die vergleichsweise wenigen Gene den Menschen vollständig beschreiben?
- Kann das Versuch-und-Irrtum-Verfahren der Evolutionstheorie die Entstehung hochkomplexer Lebewesen vollständig erklären?
- Wie sind unser Bewusstsein und Körper miteinander verbunden? Haben wir einen freien Willen?
- Wie funktioniert das Gehirn? Wie speichert es Erinnerungen? Welche Funktion haben Träume?
- Besteht der Kosmos zum allergrößten Teil aus unbekannter dunkler Materie und dunkler Energie?
- Warum gibt es eine Welt mit Menschen, die sich der Welt bewusst sind und solche Fragen stellen?

Angesichts solcher Fragen sollte Schuwi demütig sein. Doch noch sind wir im Wissenschaftsland, und Schuwi ist sich sicher, dass alles mit rechten Dingen zugeht. Vielleicht braucht es bessere Theorien, aber er hat keine Angst, dass irgendwo zwischen Energie und Elementarteilchen plötzlich Engel, Götter oder Seelen auftauchen könnten.

Das ist nicht normal!

Früher haben sich Forscher wie Alexander von Humboldt aufgemacht und die halbe Welt umrundet, um Neuland zu betreten und es wissenschaftlich zu erobern. Schuwi hingegen vertieft sich immer mehr in sein Spezialgebiet und knabbert an Details herum. Er will erobern, ohne seine Heimat zu verlassen. Wenn mutige Forscher tatsächlich zur großen Erklärungssuche aufbrechen, etwa für Ufo-Erscheinungen, Telepathie oder Astrologie, so werden sie von den Daheimgebliebenen beschimpft, sich mit paranormalen Phänomenen zu beschäftigen, also mit Dingen jenseits der Normalität. Doch was soll das für eine Wissenschaft sein, die sich nur mit dem Normalen beschäftigen darf?

Egal ob Extremsportarten, Atemtechniken in der Selbsterfahrung oder alternative Heilverfahren: Oft rufen diejenigen am lautesten nach Warnhinweisen und Verboten, die von der Sache am wenigsten Ahnung und keinerlei eigene Erfahrung haben (Abb. 2.5). So meidet Schuwi viele wichtige Themen, die unser Weltbild deutlich erweitern könnten:

- Außersinnliche Wahrnehmung wie Telepathie, Hellsehen oder das Vorausahnen zukünftiger Ereignisse
- Veränderte Bewusstseinszustände, die Zugang zu anderen Erlebenswelten ermöglichen
- Außerkörperliche Erfahrungen und Nahtoderlebnisse, in denen sich das Bewusstsein vom Körper löst
- Reinkarnation, Erinnerungen an frühere Leben und ein Gedächtnis des Körpergewebes, so dass bei Organtransplantationen Wesenszüge des Spenders mitübertragen werden
- Systemische Aufstellungen, in denen Wissen über abwesende oder gar verstorbene Menschen zugänglich wird und Veränderungen im aktuellen Leben angestoßen werden können
- Lebensenergie (Qi), die gesundes Leben, Krankheit und Tod unterscheiden hilft und gezielt beeinflusst werden kann
- Schamanismus und altes Wissen über Heilung, Bewusstseinszustände, Rituale und Austausch mit der Natur

Abbildung 2.5: Soll ich mir das wirklich anschauen?

- Meridiane, Chakras, die Aura und andere nicht-materielle Merkmale des Menschen, die eine wichtige Rolle in alternativen Heilverfahren spielen
- Die Erde als Lebewesen (Gaia) und die Vorstellung, dass Lebewesen als Individuen nicht getrennt, sondern eng verbunden sind
- Eine über den Zufall hinausgehende Evolution bis hin zu einer zielgerichteten Entwicklung des gesamten Universums

Das Geist-Reich

Vieles dreht sich um die Frage, wo ist Platz für das Geistige, für eine Seele, für menschliches Bewusstsein, das mehr ist als Gehirnmechanik? Gibt es neben, über oder in der gut erforschten materiellen Welt so etwas wie eine geistige Welt? Hier beginnt der Weg zu Spiritualität und Transzendenz, ein Weg der gar zu Gott (in vielfältiger Form) führen kann.

Vor der Aufklärung waren diese Fragen steter Begleiter der Wissenschaft. Dann wurde es mit einem zunehmend mechanistischen Weltbild still um das Geistige. Doch bis heute drängen sich diese Fragen auf die eine oder andere Weise immer wieder in die Wissenschaft hinein. Viele große Forscher haben in ihrem Weltbild durchaus Platz für Gott oder für eine geistige Welt.[13]

Es ist nicht lange her, da standen Schuwis Biochemie und Esos Spiritualität plötzlich nahe beieinander. Mit der Entdeckung des LSD durch Albert Hof-

13 Z.B. die Physiker Max Planck, Werner Heisenberg, Carl Friedrich von Weizsäcker und Hans-Peter Dürr. Erforscher der Grundlagen der Welt zu sein, ist also keineswegs ein Hinderungsgrund.

mann 1943 begannen gut zwei Jahrzehnte intensiver Forschung, wie sich bestimmte Substanzen auf die menschliche Psyche auswirken und dort zutiefst spirituelle Erfahrungen ermöglichen.[14] Auch der amerikanische Geheimdienst setzte große Hoffnungen in diese Substanz. Doch anstatt ein Wahrheitsserum für Verhöre oder zur Schwächung des Gegners zu finden, bildete sich eine immer größere Bewegung junger Menschen, die zu Zeiten des Vietnamkrieges Liebe statt Krieg forderte. Als Timothy Leary, Mediziner an der Havard-Universität, LSD wahllos und verantwortungslos unter die Massen brachte, reagierte die Politik mit strengsten Verboten. Drogenmissbrauch gibt es nach wie vor in vielen Facetten, aber ausgerechnet die Forschung mit „Geist-Molekülen"[15] ist seit Jahrzehnten lahmgelegt. Vielleicht ist mancher Schuwi-Mediziner gar froh, dass sein Menschenverständnis nicht länger herausgefordert wird durch solche Zugänge zu spirituellen Erfahrungen. Einige zarte neue Forschungspflänzchen lassen hoffen, dass diese Chancen zukünftig wieder ins Blickfeld rücken.[16]

In den Weiten von Esoland

Dringen wir weiter ins Esoland vor. Schuwi haben wir längst abgehängt, hier ist Eso ganz für sich, alles scheint möglich:

- Engel, Geistführer, Krafttiere und sonstige persönliche Begleiter beschützen und helfen uns im Leben.
- Beim *Channeling* sprechen Wesen aus der geistigen Welt durch einen Menschen als Medium zu uns.
- Ufos und Außerirdische beobachten uns, besuchen uns oder haben gar unsere menschliche Kultur gegründet.
- Die Astrologie sieht Planetenstellungen als Indikatoren für Wesenszüge der Menschen und Geschehnisse auf der Erde.

---

14 Lucius Werthmüller, Dieter Hagenbach, *Albert Hofmann und sein LSD: Ein bewegtes Leben und eine bedeutende Entdeckung*, 2011.

15 Der Mediziner Rick Strassman bezeichnet so das DMT, welches viele Ähnlichkeiten zu LSD besitzt, aber auch direkt von Lebewesen produziert wird: Rick Strassman, *DMT: The Spirit Molecule: A Doctor's Revolutionary Research Into the Biology of Near-Death and Mystical Experiences*, 2000.

16 Henrik Jungaberle, Peter Gasser, Jan Weinhold, Rolf Verres: *Therapie mit psychoaktiven Substanzen – Praxis und Kritik der Psychotherapie mit LSD, Psilocybin und MDMA*, 2008.

- Die Geschichte der Menschheit verlief anders und reicht viel weiter zurück als Historiker es sagen. Frühere Hochkulturen, wie etwa Atlantis, sind untergegangen, konnten aber Teile ihres Wissens an die Ägypter oder andere weitergeben.
- Außerirdische oder geistige Wesen hinterlassen Spuren in unserer physischen Welt, z.B. als Kornkreise oder Lichtflecken auf Fotos (Orbs).
- Wünsch' dir was: Mit der Kraft der Gedanken können wir Dinge in der Realität „manifestieren".
- Der nächste Weltuntergang steht bevor, oder es gibt einen „kosmischen Bewusstseinssprung in eine höhere Dimension".
- Verschwörungstheorien erläutern, was uns die Mächtigen der Welt verheimlichen, z.B. die Existenz von Außerirdischen oder die kostenlose Energieerzeugung durch Tachyonen-Generatoren.

Einerseits gibt es hier keine Denkverbote, andererseits wird hier auch mal komplett auf Denken verzichtet. Dass man Thesen mit wissenschaftlichen Fragen und rationalen Überlegungen auf ihren Wert abklopfen kann, wird nicht immer gerne gesehen. Aberglaube, Naivität und Dummheit können sich in der Vielfalt des Angebots gut verstecken – und das ganze Esoland in Verruf bringen.

Für Schuwi ist klar: Das ist alles Quatsch! Dabei gibt es vielleicht auch hier Wertvolles zu entdecken. Ernst zu nehmende Forschung in diesen Bereichen ist aber selten. Die mutigen Vorreiter haben schon genug zu tun, die etablierte Wissenschaft für weit naheliegendere Phänomene zu interessieren.

Macht, Einfluss, Geld

Die *Freiheit der Wissenschaft* ist im Grundgesetz verankert, um Forschung und Lehre vor fremder Einflussnahme zu schützen. Das hört sich gut an, und Schuwi folgert sogleich, Eso-Themen würden so selten wissenschaftlich untersucht, weil es hier schlichtweg nichts zu forschen gebe, verboten sei es schließlich nicht. Prinzipiell kann jeder Wissenschaftler frei entscheiden, ob er Geistheilung erforscht oder Krebsmedikamente entwickelt. Doch es ist die Art von Freiheit, als wenn der Millionär dem Obdachlosen zuruft: In unserem Land hat jeder die Freiheit, reich zu werden und zu tun, was er möchte.

Freiheit ist etwas anderes als Fairness. Von Freiheit profitieren vor allem die Mächtigen. Sie sind frei, ihr Geld und ihre Macht ungehindert für die eigenen Ziele einzusetzen. So haben reiche Pharma-Unternehmen bekanntlich wenig Interesse daran, teure Medikamente durch Handauflegen oder Heilkräuter zu ersetzen.

Wissenschaft wirtschaftet

Der Zusammenhang von Macht, Einfluss und Geld gilt auch für die Wissenschaft. In meiner Zeit in der industriellen Forschung lernte ich die einfache Formel kennen: Jeder Dollar, der in ein Forschungsprojekt gesteckt wird, soll innerhalb weniger Jahre fünf Dollar zurückbringen. Die Wirtschaft strebt nicht nach Erkenntnis, sondern nach Geldvermehrung. Das gilt auch, wenn ein Unternehmen mit seiner Forschung ein umweltfreundliches oder sozial engagiertes Image pflegen will. Ginge es tatsächlich um Erkenntnisgewinn und Verbesserungen für Mensch und Welt, würde wohl kaum ein Drittel aller deutschen Forschungsausgaben in die Autobranche fließen.[17]

Im Jahr 2011 wurden in Deutschland fünfundsiebzig Milliarden Euro für Forschung und Entwicklung ausgegeben, zwei Drittel davon von der Wirtschaft.[18] Die Gewichtung staatlicher Förderung zeigt sich in der Mittelvergabe der Deutschen Forschungsgemeinschaft:[19]

- Lebenswissenschaften:[20] 38,9%
- Naturwissenschaften: 24,0%
- Ingenieurwissenschaften: 21,8%
- Geistes- und Sozialwissenschaften: 15,3%

Das deutet an, warum so oft von einem Mangel an Ingenieuren und Naturwissenschaftlern, nicht aber an Geisteswissenschaftlern gesprochen wird. Der Bedarf an Wissenschaft wird darüber bestimmt, was die *Wirtschaft* braucht. Forschung, die grundlegende Erkenntnisse über das menschliche Dasein und unseren Platz in der Welt liefern könnte, ist da oft uninteressant.

---

17 Stifterverband für Deutsche Wissenschaft: *Deutsche Unternehmen investieren über 50 Milliarden Euro in Forschung und Entwicklung*, Pressemitteilung, 6. Dez. 2012.

18 Statistisches Bundesamt.

19 Deutsche Forschungsgemeinschaft: *Jahresbericht 2011.*

20 Biologie, Medizin, Molekularbiologie, Gentechnologie u.a.

Fördern, was den Menschen nützt

Es wäre Aufgabe des Staates, Gegengewichte zu schaffen. Doch hier herrscht das gleiche Denken: Wissenschaft liefert Technik, Technik liefert Produkte, und das ist für die Wirtschaft gut. Was man umformuliert zu: Das schafft Arbeitsplätze und ist für den Wohlstand des Landes wichtig. Manche gehen noch weiter und behaupten gar, die freie Marktwirtschaft sei der beste Steuerungsmechanismus für Wissenschaft, öffentliche Förderung nur eine Behinderung des Systems.[21]

Wer so argumentiert, vergisst, dass Geld und Wohlstand verschiedene Dinge sind und Wissenschaft nicht in erster Linie Geld produzieren soll, sondern Erkenntnis, Verständnis und Handlungsfähigkeit. Auf persönlicher Ebene ist es selbstverständlich, als Ratgeber nicht die Menschen mit dem meisten Geld, sondern mit Erfahrung, Herzlichkeit oder Weisheit zu fragen. Wenn es hingegen um Ideen für die gesellschaftliche Entwicklung geht, erscheinen in den Medien viel zu oft Menschen, deren Leben vor allem darin besteht, mit ihrem Unternehmen Geld zu scheffeln.

Bei Wissenschaft und Kultur geht es um weit mehr. Sie sind von Anbeginn Teil der menschlichen Entwicklung, noch lange vor dem Geld. Man denke an die Beherrschung des Feuers oder an Höhlenmalereien, die nicht etwa entstanden, weil sie gut bezahlt wurden. Sind sie deshalb wertlos? Wenn die Gesellschaft ein ureigenes Interesse an Kultur, Bildung und Wissenschaft hat, muss sie dafür Mittel bereitstellen entsprechend ihres gesellschaftlichen (nicht: wirtschaftlichen) Wertes.

Erkenntniswachstum ist wichtiger als Wirtschaftswachstum. Die mahnenden Rufe, Deutschland sei ein wissenschaftsfeindliches Land, kommen oft von Menschen, die selbst Wissenschaftsfeinde sind, da sie die Wissenschaft zu einem Dienstleister für die Wirtschaft degradieren möchten.

Echte Forschungsgemeinschaft

Nur selten lassen sich Schuwi und Eso auf ernsthaften Austausch ein. In „War of the Worldviews" erklären Deepak Chopra und Leonard Mlodinow ihre Positionen zu Spiritualität und Wissenschaft.[22] Aber wie der Originaltitel andeutet, ist das eher ein Schlagabtausch als ein ernsthafter Versuch, gemeinsamen Boden zu finden. Das erinnert an Fernsehtalkshows, bei denen eine Handvoll

21 Terence Kealey, *The Economic Laws of Scientific Research*, 1996.

22 Der deutsche Titel ist weniger militant: Deepak Chopra, Leonard Mlodinow, *Schöpfung oder Zufall? Wie Spiritualität und Physik die Welt erklären – Ein Streitgespräch*, 2012.

Menschen ihre Meinung in den Raum stellt; wenn der andere redet, wird nicht zugehört, sondern der eigene Gegenangriff vorbereitet.

Austausch und Miteinander

Einen Krieg der Weltanschauungen kann niemand gewinnen. Auf jeder Seite gibt es genügend Wertvolles, das nicht zu ignorieren ist. Wir brauchen keine Kriege, sondern Austausch, Annäherung und gemeinsame Entwicklung. Der erste Schritt dazu ist *Kommunikation.*

In unserer Welt wird viel verkündet, aber selten miteinander gesprochen. Besser als Mitteilen ist das gemeinsame Teilen, einschließlich des mühsamen wirklichen Zuhörens. Wenn Menschen mit verschiedenen Weltanschauungen aufeinander treffen, wird das nicht einfacher. Es gibt den schönen Satz:

> *Voraussetzung für wahre Kommunikation ist,*
> *dass der andere recht haben könnte.*

Doch wenn in Politik, Gesellschaft und Medien diskutiert wird, scheinen die Beteiligten stets mit der Ansicht in das Gespräch zu gehen, sie selbst wüssten es bereits am besten und müssten „nur noch" die Gegenseite mit ihren guten Argumenten überzeugen. Das kann nicht gelingen. So werden danach oft andere Wege gewählt: Macht und Tauschgeschäfte. Der Schwächere wird zur Zustimmung gezwungen oder notfalls wird sie mit Gegenleistungen erkauft. Das hat wenig mit guten, nachhaltigen Ergebnissen zu tun und hält gerade so lange, bis sich die Machtverhältnisse ändern.

Gute Gemeinschaft

Oft wird von der *Wissenschaftsgemeinschaft* gesprochen. Was gute Gemeinschaft auszeichnet, hat Scott Peck in Arbeitsprozessen mit vielen Menschen erforscht und als *Gemeinschaftsbildung* beschrieben.[23] Eine gesunde Gemeinschaft ist stark genug, um das Andersartige nicht zu fürchten, sondern offen anzunehmen. Das Fremde schwächt sie nicht, sondern bereichert sie.

Zwischen Schuwi und Eso jedoch gibt es viel Abneigung und Ignoranz. Hat Eso Angst, aus seinen Träumen gerissen zu werden? Hat Schuwi Angst, die innere Kraft der Wissenschaft reiche nicht aus und könnte von Aberglauben unterjocht werden? Die Wissenschaft und ihre Methoden sind gewiss stark genug, um Neues heilsam zu integrieren und Falsches langfristig auszusortieren. Auch in der Vergangenheit wurde sie durch neue Erkenntnisse gestärkt

---

23 Scott Peck, *Gemeinschaftsbildung: Der Weg zu authentischer Gemeinschaft*, 2007.

und nicht geschwächt. Heute profitieren wir davon, dass einstmals mysteriöse Phänomene wie Magnetismus, Elektrizität oder Röntgenstrahlung ernst genommen wurden. Eine gesunde Wissenschaft wird auch außersinnliche Wahrnehmungen oder Nahtoderfahrungen verkraften können. Was sie hingegen dauerhaft schwächt, ist ein Beharren auf alten Positionen, die nicht in Frage gestellt werden dürfen.

Peck liefert ein Leitbild, das auch für die wissenschaftliche Gemeinschaft wertvoll sein könnte:

> *Um sich zu erhalten, müssen echte Gemeinschaften wachsam sein, nicht gegen externe, sondern gegen interne Kräfte. Sie müssen für das Gute stehen und nicht gegen das Schlechte sein. [... Wenn eine Gemeinschaft] anfängt, Feindbilder zu schaffen, sollte sie ernsthaft überlegen, ob nicht die Zeit gekommen ist zu sterben – oder sie zumindest eine radikale Veränderung an sich vornehmen muss.*[24]

---

24 Peck, a.a.O., S. 164.

3

MUT ZUR VERÄNDERUNG

Schieben Sie jeden Monat Ihre Möbel in der Wohnung herum, ziehen Sie gerne um, wechseln Sie einfach mal so den Arbeitgeber, Wohnort, Freundeskreis oder Lebenspartner?

Falls nicht: Liegt das daran, dass Sie sich und Ihre Lebensumstände in jeder Hinsicht lieben und alles perfekt ist, oder gibt es auch andere Gründe? Vielleicht ist da Angst, eine Veränderung birgt Risiken, manches könnte schlechter werden, und es ist ja auch so mühsam, teuer oder kräftezehrend. Vielleicht sind Zeitpunkt und Umstände gerade ungünstig (sind sie das nicht immer?), und so schlimm ist alles ja doch auch wieder nicht.

Es ist schon merkwürdig, die Welt wandelt sich rasant, aber wir Menschen zeigen ausgesprochenen Widerwillen, uns selbst zu verändern. Mit dem Rauchen aufhören, mehr Sport treiben, gesünder essen, mehr Zeit für Familie oder Freunde: Wären Veränderungen einfach, gäbe es keine Neujahrsvorsätze. Auch Versicherungen leben davon, denn sie versprechen, dass unvorhergesehene Ereignisse möglichst (finanziell) spurlos an uns vorübergehen. Veränderungen sind oft lästig, schwierig und schmerzhaft. Das gilt für das Privatleben wie für Politik und Gesellschaft. Und es gilt für die Wissenschaft.

Aua, Veränderung

Zugegeben, der Wechsel des Berufs oder des Wohnorts will wohlüberlegt sein. Doch interessanterweise sind es andere Veränderungen, die viel mehr gescheut werden: Die Veränderung der eigenen Meinung und des eigenen Verhaltens. Wenn schon Veränderung, dann bitte nur außen.

Viele Menschen trennen sich eher von ihrem Partner und beginnen die x-te Beziehung, als dass sie ihre Vorstellung von guter Partnerschaft ändern. Ich kenne Menschen, die lieber krank bleiben und von Arzt zu Arzt laufen, als eine alternative Heilbehandlung auszuprobieren. Es gibt Menschen, die jährlich ihren Arbeitgeber wechseln, anstatt zu akzeptieren, dass ihre Probleme nicht alleine mit der Stelle zu tun haben. Menschen investieren viel Energie, um sich an untragbare Lebenssituationen zu gewöhnen, anstatt Veränderungen zuzulassen, die auf Dauer vieles einfacher machen würden. Wie viel könnte eine Versicherung verdienen, die den Menschen garantieren würde, niemals im Leben ihre Meinung oder ihr Verhalten ändern zu müssen!

Anregung

Kennen Sie solche Menschen? Können Sie da mitfühlen? Wie veränderungsfreudig sind Sie? Glauben Sie, Wissenschaftler ticken grundsätzlich anders?

Die Unveränderlichen

Wenn Sie Menschen erleben wollen, die innere Veränderung scheuen, schauen Sie Talkshows mit Politikern an. Hört man dort jemals am Ende der Diskussion einen Teilnehmer sagen: „Vielen Dank, durch die Beiträge der anderen habe ich neue Erkenntnisse gewonnen und meine Meinung geändert." Einstein brachte es auf den Punkt mit dem Satz: „Es ist schwieriger, eine vorgefasste Meinung zu zertrümmern, als ein Atom." Er sagte das, *bevor* im Jahre 1938 die erste Kernspaltung gezeigt wurde.

Politiker scheinen recht gut damit durchzukommen, dass sie ihre ewig gleiche Meinung in immer neue Gesetze gießen, um so Veränderung und Fortschritt vorzugaukeln. Dass die Gesellschaft damit wenig vorankommt, ist bekannt: Umweltzerstörung, Verschwendung begrenzter Ressourcen, wachsender Abstand zwischen Arm und Reich, kränkelnde Bildung und Kultur. Wenn dann klar wird, dass nichts wirklich besser geworden ist, werden gerne äußere Zwänge, notwendige Kompromisse und begrenzte Gestaltungsmöglichkeiten als Gründe genannt. Dabei sind es doch gerade die *inneren*, selbst auferlegten Zwänge eines festgefahrenen Denkens. Politiker geben da viel Anschauungsmaterial dafür, wie Menschen für lange Zeit unübersehbare Tatsachen leugnen, nur um das Verändern der eigenen Position oder gar das Eingestehen von Fehlern zu verhindern.

Das träge Volk

Doch machen wir den Politikern keine Vorwürfe, sie orientieren sich daran, was die Bevölkerung möchte. Da können sie sich gut auf unsere Trägheit verlassen. Deshalb scheitern Volksabstimmungen so häufig. Und wohl nur so schaffen es totalitäre Regimes, dass selbst Millionen von Menschen nicht die Veränderungskraft aufbringen, um gegen kleine Herrscher-Eliten aufzubegehren. Für Revolutionen braucht es großen Schmerz und große Inspiration.

In unserer westlichen Welt geht es uns obendrein recht gut, und die meisten Menschen sind halbwegs zufrieden. So ist es vielen lieber, dass alles bleibt, wie es ist, als Risiken einzugehen. Was sie dabei übersehen: „So weitermachen wie bisher“ ist nicht gleichbedeutend mit “alles bleibt, wie es ist“. Manchmal ist es das Gegenteil. Wenn wir beispielsweise wollen, dass die Erde bleibt, wie sie ist, brauchen wir grundlegende Veränderungen unseres Verhaltens.

Die Veränderungsmaschine im Leerlauf

Gute Wissenschaft ist eine Veränderungsmaschine. Die Aufgabe von Wissenschaftlern besteht letztlich einzig darin, kontinuierlich ihre eigene und unsere Meinung, unser Verständnis von der Welt zu verändern und damit unsere Handlungsfähigkeit zu verbessern. Ein Knochenjob!

Da Wissenschaftler allerdings Menschen sind, gestalten sie oft (und wahrscheinlich unbewusst) Wissenschaft so, dass die Veränderungen wenigstens nicht zu groß werden. So ist es überhaupt kein Problem, sich immer wieder mit sehr ähnlichen Themen zu beschäftigen und kleine Details zu optimieren. Vor rund fünfzehn Jahren habe ich im Bereich der Bewegungsplanung für Roboter promoviert. Wenn ich heute schaue, was in diesem Bereich publiziert wird, habe ich das Gefühl, es werden noch immer mit viel Aufwand fast die gleichen Fragen durchgekaut.

Förderung des Stillstands

In gewisser Hinsicht ist der Wissenschaftsbetrieb so aufgestellt, dass er grundlegender Veränderung entgegenwirkt. Egal ob es um Fördergelder oder um wissenschaftliche Veröffentlichungen geht, immer gibt es Begutachtungen durch einen kleinen Kollegenkreis derselben Fachrichtung. Was den Kollegen nicht gefällt, wird oft herausgesiebt. Es ist ein Prinzip, das Meinungsgleichheit fördert, Querdenken unterdrückt und obendrein die Gefahr von Vetternwirtschaft birgt.

Wie kann dann überhaupt Veränderung in der Wissenschaft entstehen? Nach Max Planck braucht es Geduld:

> *Eine neue wissenschaftliche Wahrheit pflegt sich nicht in der Weise durchzusetzen, dass ihre Gegner überzeugt werden und sich als belehrt erklären, sondern vielmehr dadurch, dass ihre Gegner allmählich aussterben und dass die heranwachsende Generation von vornherein mit der Wahrheit vertraut gemacht ist.*[25]

25 Max Planck, Wissenschaftliche Selbstbiographie, 1948.

Das ist noch eine optimistische Sichtweise, denn die Jungen lernen von den Alten, und die Alten bestimmen, was veröffentlicht wird und welche Förderanträge bewilligt werden.

Es gibt Experimente von Psychologen und Ökonomen, in denen Menschen den Wert einer Sache einschätzen sollten. Hierbei wurden die Probanden in zwei Gruppen eingeteilt. Die eine Gruppe bewertete dieselbe Sache dreimal so wertvoll wie die andere. Worin sich die Gruppen unterschieden: Die eine Gruppe bekam den Gegenstand zuvor geschenkt, war also in ihrem Besitz, die andere Gruppe nicht.[26] Kaum verwunderlich, wenn Wissenschaftler ihre eigenen Theorien für dreimal so gut erachten wie Theorien, die sie sich nicht zu eigen gemacht haben. Doch wie soll man sich für Anderes interessieren, wenn das Eigene ohnehin das Beste ist?

Wie man Veränderung vortäuscht

Jeder weiß, es gibt zu viele Autos auf diesem Planeten. Es werden immer mehr. Sie produzieren viele Abgase und werden zu oft für unsinnige Zwecke eingesetzt. Die Autofahrt zum Briefkasten ist sprichwörtlich. Da wird ein zwei Tonnen schwerer Geländewagen in Gang gesetzt, um einen zwanzig Gramm schweren Brief zur nächsten Straßenecke zu befördern. Vom Gewichtsverhältnis ist das so sinnvoll, wie beim Umzug die Waschmaschine mit dem Braunkohlebagger abzuholen.

Die notwendigen Veränderungen sind naheliegend: Transportmittel sollten in angemessenem Verhältnis zur Transportaufgabe stehen. Da sind Züge, Busse und Fahrräder meist die bessere Wahl. Das ahnt auch die Automobilindustrie, doch ihre einzige Lösung lautet: „Bessere" Autos. So werden Geländewagen mit Hybridantrieb gebaut, mit einem Kraftstoffverbrauch von „nur" zehn Liter pro 100 km – auf 200-PS-Motoren kann man ja nicht verzichten. Auch von Elektroautos ist die Umweltbilanz durchaus fragwürdig. Und es wird nicht etwa gesagt, wir wollen große Spritfresser durch umweltverträglichere Fahrzeuge *ersetzen*. Nein, es heißt schlicht: Wir wollen eine Million Elektroautos. Zusätzlich?

Lieber den Spatz in der Hand…

Wenn Veränderung unvermeidbar ist, verwenden Menschen gerne einen Trick, um möglichst schmerzfrei davonzukommen: Man nimmt zum Bestehenden etwas Neues hinzu, ohne jedoch Altes aufzugeben. Verheiratete Menschen be-

---

26 Die Verhaltensökonomie spricht vom *Endowment Effect.*

ginnen eine Affäre, um neue Liebe in ihr Leben zu holen, haben aber nicht den Mut, die Ehe zu beenden. Eine wirkliche Lösung und Weiterentwicklung ist das selten. Es ist des Menschen Natur: Die Angst, etwas zu verlieren, wiegt stärker als die Hoffnung auf möglichen Gewinn.

Ein Großteil der Wissenschaft beschäftigt sich damit, Messungen um ein paar Nachkommastellen genauer zu machen oder kleine Puzzlestücke zu Bestehendem hinzuzufügen. Wer Details verbessert, geht kein Risiko ein. Man bewegt sich auf akzeptiertem Terrain, die Gutachter wissen, wovon man redet, es gibt einen großen Kollegenkreis, und gemeinsam ist man stark. Doch es ist nur der Spatz in der Hand.

Forschung, die Bestehendes in Frage stellt, die nach der „Taube auf dem Dach" greift, zum Beispiel indem sie das Geistige in unser Weltbild zurückzuholen versucht, ist hingegen die Ausnahme. Um wirklich weiterzukommen, muss man bereit sein, Gewissheiten, Überzeugungen und Sicherheiten aufzugeben. Doch wie soll es dafür Forschungsgelder geben, wenn die erwarteten Ergebnisse noch im Nebel liegen?

Nahe und ferne Gipfel

In der Mathematik unterscheidet man zwischen lokaler und globaler Optimierung (Abb. 3.1): Bei der lokalen Optimierung ist das Bessere unmittelbar in Sicht und kann über kleine Schritte ohne Verzicht erreicht werden. Wer zum globalen Optimum, zum höchsten Gipfel kommen will, braucht hingegen den Mut, Täler zu durchschreiten, ohne dass vorher klar ist, wo man am Ende landet. Man könnte auch sagen: Wer immer nur besser werden will, wird nie der Beste!

Wenn dann noch die Sicht derart eingeengt wird, dass man nur den kleinen Gipfel vor der eigenen Nase sieht, kann man selbstzufrieden von einem beständigen Fortschritt sprechen. So sitzen Schuwi und Eso auf ihren weit entfernten Hügeln der Erkenntnis und sehen nicht: Nur wenn sie manche Errungenschaft opfern, können sie weiterkommen und sich oben vielleicht gar auf einem gemeinsamen Gipfel treffen.

Nur wer loslässt, kommt weiter

Bei Aktienanlegern ist oft ein merkwürdiges Verhalten zu beobachten: Steigen die Kurse, werden die Aktien schnell verkauft, um die Gewinne zu realisieren. Bei fallenden Kursen jedoch scheuen sich die Anleger, ihre Aktien zu verkaufen und die Verluste so zu realisieren. Stattdessen werden die Aktien weiter behalten, auch wenn der Kurs immer weiter fällt. Man möchte den Verlust

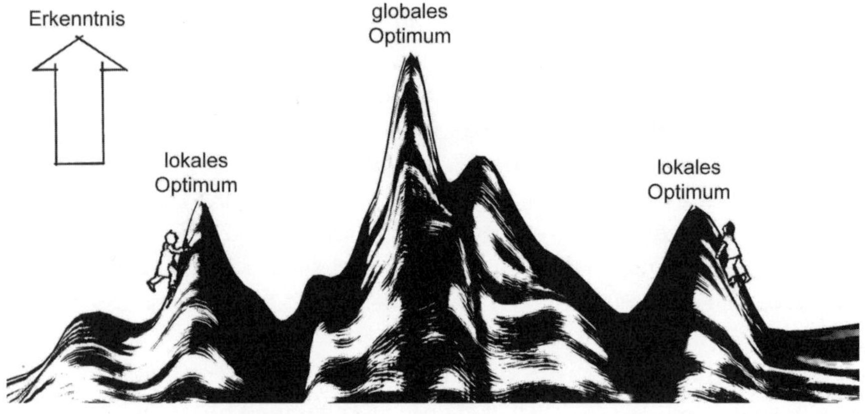

Abbildung 3.1: Nahe und ferne Gipfel

nicht wahrhaben und hofft viel zu lange, das Problem aussitzen zu können. Loslassen macht Angst. Verluste und Scheitern einzugestehen, tut weh. Diese sogenannte *Verlustaversion* zeigt sich im privaten wie im öffentlichen Bereich. Deshalb werden Großprojekte selbst dann nicht gestoppt, wenn sich ihre Kosten verzehnfachen. Erschwerend kommt hinzu, dass die Verschlechterung meist schleichend geschieht. Der Aktienkurs ist heute nur minimal gefallen, warum gerade jetzt handeln?

Anregung

Kennen Sie aus Privatleben, Berufsleben oder der Gesellschaft Beispiele für Verlustaversion?

Sei kein Frosch! Stop-Loss-Marken.

Wie kocht man einen lebenden Frosch (das ist jetzt keine Anregung zum Ausprobieren)? Man setzt ihn in einen Topf mit Wasser und erhitzt es nur langsam, denn so wird er nie zum rettenden Sprung ansetzen. Es geht ganz ohne Deckel. Die langsame Verschlechterung ist für ihn nicht wahrnehmbar. Wenn Menschen Frösche wären, hätten wir also eine Entschuldigung, dass wir auf allmähliche Umweltzerstörung nicht angemessen reagieren (der eine Quadratkilometer Regenwald macht den Kohl ja auch nicht fett…). Professionelle Aktienanleger setzen aus diesen Gründen Stop-Loss-Marken. Wenn eine Aktie unter einen zuvor festgelegten Wert sinkt, wird automatisch verkauft, um den maximalen Verlust zu begrenzen.

Auch Schuwis materialistisches Weltbild hat sinkende Kurse. Jede paranormale Beobachtung, jede unerklärliche Intuition knabbert am Kapital dieser Theorien. Doch Schuwi hat sich keine Stop-Loss-Marke gesetzt. Wie viele Indizien braucht es noch, um einzugestehen, dass manches auf den Prüfstand gestellt werden muss?

Ich lasse los…

Oft muss man das Alte erst loslassen, damit sich das Neue zeigen kann. In der Psychotherapie und Persönlichkeitsentwicklung gibt es die Methode des *Releasing*, welches Ende der 1970er von Isa und Yolanda Lindwall entwickelt und in Deutschland unter anderem durch Christof Langholf populär wurde.[27] Im Mittelpunkt steht dabei, alte, nicht mehr passende persönliche Überzeugungen loszulassen. In einem tiefenentspannten Zustand spricht man Sätze der Art: „Ich lasse los, meinen Glauben, dass ich immer …“ So kann Raum für neues Denken und Handeln im Leben entstehen.

Auch Schuwi täten solche Loslass-Sätze gut. Rupert Sheldrake macht konkrete Vorschläge, welche zehn Dogmen Wissenschaftler aufgeben sollten. Sinngemäß einige Beispiele:[28]

- Lebewesen funktionieren wie komplexe Maschinen.
- Bewusstsein ist eine Illusion, Materie hat kein Bewusstsein.
- Natur und Evolution sind ohne Ziel.
- Biologische Vererbung funktioniert alleine über die DNS und andere Materie.
- Geist, Denken und Erinnerungen sind Funktionen des materiellen Gehirns.
- Unerklärte Phänomene wie Telepathie sind Illusion.

Wenn ein Wissenschaftler es nicht schafft, sich aus einer kaputten Partnerschaft zu lösen, wird es ihm dann gelingen, sich von einer schlechten Theorie zu trennen? Ich vermute nicht. Immerhin ist davon auszugehen, dass viele Wissenschaftler ihre Theorien mehr lieben als ihren Partner.

---

27 Christof Langholf, *Ich lasse los. Das Erfahrungsbuch für innere Heilung und spirituelles Wachstum*, 2001. Siehe auch: www.irelease.de.

28 Rupert Sheldrake, *The Science Delusion – Freeing the Spirit of Enquiry*, 2012. dt.: *Der Wissenschaftswahn.*

Anregung

Welche unhinterfragten Glaubenssätze prägen Ihr eigenes Denken und Handeln? Könnten einige davon vielleicht losgelassen werden?

Grenzenlos ist's besser

Die Wissenschaftsgemeinschaft ist etwas Großartiges: Ein globales System, friedliebend, aufgebaut auf Kooperation und gesunden Wettbewerb, dem Ziel verpflichtet, die Menschheit grenzüberschreitend voranzubringen.

Doch es gibt einen Haken: Schuwi passt genau auf, dass „seine“ Wissenschaft nicht von außen gestört wird. Auch Eso ist auf der Suche nach Erkenntnis, doch Spiritualität und anderes Unerwünschtes müssen draußen bleiben. Der Eifer, mit dem Schuwis Skeptiker-Organisationen mitunter versuchen, Andersdenkende auszugrenzen, erinnert ein bisschen an Nationalisten. Bei Rufen wie „Deutschland den echten Deutschen“ widerspricht jeder vernünftige Mensch. Wenn jedoch selbsternannte „echte“ Wissenschaftler auf angeblich „falschen“ Wissenschaftlern herumhacken, wird kaum jemand misstrauisch. Warum eigentlich?

Fremdenfeindlichkeit

Fremdenfeindlichkeit ist ein bekanntes, anscheinend kaum in den Griff zu bekommendes Phänomen. Obwohl das Thema im Bewusstsein der Gesellschaft sehr präsent ist und wohl die wenigsten offen eingestehen würden, sie seien fremdenfeindlich, zeigt sich auf subtiler Ebene immer wieder die Angst und Ablehnung der Menschen gegenüber dem Fremden. Es scheint ein instinktives Verhalten zu sein: Das Andersartige, Unbekannte kann immer eine Gefahr darstellen, also muss es gemieden oder vertrieben werden.

Und wie fremd sind sich doch Schuwi und Eso! Hier gibt es keinen gesellschaftlichen Konsens für gegenseitige Achtung und Anerkennung, und so ist zum Beispiel in den Medien mitunter eine ausgesprochene Eso-Feindlichkeit zu erleben. Zwar gibt es keine körperliche Gewalt oder Übergriffe, aber bei verbalen Angriffen tobt man sich genüsslich aus. Statt zu sagen, man glaube, Eso irre sich oder ziehe falsche Schlüsse, wird er pauschal als naiv, abergläubisch oder dumm ausgelacht, ohne seine Positionen und Argumente wirklich anzuschauen.[29] Ein solches Verhalten ist so dumm, wie Fremdenfeindlichkeit dumm ist.

29 Z.B. Spiegel-Online: „Esoterische Masterarbeit: Ich sehe was, was du nicht siehst – Zeitreisen, Telepathie und Kontakt zu Außerirdischen? Eine Masterarbeit der Viadrina-Uni will

Vom Nicht-Kennen zum Nicht-Mögen ist es nur ein kleiner Schritt. Es geht aber auch umgekehrt. Kennen Sie das: Wenn man einen Menschen näher kennenlernt, kann man ihn plötzlich viel besser verstehen und annehmen.

Dicke mögen keine Waagen

„Das will ich lieber gar nicht wissen", ist ein beliebter Satz. Können Sie sich vorstellen, dass auch Forscher ihn benutzen oder sich zumindest unbewusst so verhalten? Wie oft sind materialistisch denkende Neurobiologen bei spirituellen Selbsterfahrungsseminaren? Gehen streng schulmedizinisch arbeitende Ärzte zum Energietherapeuten? Wenn Schuwi sich über eine Studie zu paranormalen Beobachtungen ärgert, wird er sie lieber sofort als Unfug abtun, als sich unvoreingenommen damit auseinanderzusetzen.

Übergewichtige stellen sich nicht gerne auf die Waage. In einem Land, in dem Dicke das Sagen haben, würde man sich vielleicht über die Benutzung von Waagen lustig machen oder sie gar verbieten. In Ländern, in denen sich die Mächtigen und Mehrheiten vor allem für Besitz und Geld interessieren, werden Möglichkeiten zur Erforschung von Geist und Bewusstsein geächtet. Praktisch weltweit sind psychoaktive Substanzen verboten, obwohl sie großes Potenzial für Forschung und Therapie bewiesen haben. Esoterik und Spiritualität sind bei uns glücklicherweise nicht verboten, aber sie werden oft lächerlich gemacht. Vielleicht auch, weil man ahnt, sie könnten Defizite unserer Gesellschaft aufdecken und Veränderungen anstoßen.

Wenn alle dasselbe sagen

Ein wirksamer Schutz gegen Veränderungen und neue Ideen ist es, sich mit Menschen zu umgeben, die gleiche Ansichten haben wie man selbst. Alles, was man von ihnen hört, bestätigt und verfestigt dann nur die eigene Meinung. So wird es schwierig, Neues kennenzulernen (Abb. 3.2).

Belege fürs Hellsehen gefunden haben. Die Uni will die Ergebnisse jetzt sogar publizieren – und erntet damit Spott im Internet." (Die Fotostrecke beginnt mit einem Cartoon-Bild von Außerirdischen), 7.5.2012.

Abbildung 3.2: Trügerische Einigkeit

Anregung

Wie viele Menschen in Ihrem Bekanntenkreis haben ähnliche Meinungen zu gesellschaftlichen oder politischen Fragen? Wie viele haben eine grundlegend andere Meinung? Falls Sie Schuwi nahestehen, wie viele Esos sind Ihre Freunde? Falls Sie Eso nahestehen, wie viele Schuwis?

Das Internet, das ja eigentlich alles miteinander verbindet und Informationen frei fließen lässt, hilft leider auch nicht unbedingt dabei, das eigene Weltbild zu erweitern. Im Gegenteil: Für jede beliebige Weltanschauung gibt es unzählige Seiten, die diese unterstützen. Wer überzeugt ist, dass alle Channeling-Botschaften seines Lieblingsaußerirdischen vom Sirius wahr sind, der wird nach widersprechenden Informationen nicht mehr suchen. Denn wer anderer Meinung ist oder Gegenargumente hat, ist ja nur Teil der bösen Gegner. Noch schlimmer wird es, wenn Suchmaschinen wie Google die Ergebnisse zunehmend aufgrund des bisherigen persönlichen Suchverhaltens personalisieren. Wer zweimal bei der Suche nach „2012" Weltuntergangsseiten angeklickt hat, wird danach nur noch Weltuntergänge angeboten bekommen.

Konformismus

Je mehr man sich daran gewöhnt, dass alle der gleichen Meinung sind, desto schwieriger wird es, zu widersprechen. Der Gruppe nicht zu widersprechen, hatte zu früheren Zeiten (und manchmal wohl noch heute) Überlebensvorteile.

REALITY
PETER KINGSLEY
Crotona

Hans-Peter Dürr
Es gibt keine Materie!
Crotona

Lewis D. Solomon
DAS KABBALISTISCHE TOTENBUCH
Crotona

Renée Weber
Alles Leben ist eins
Die Begegnung von Quantenphysik und Mystik
HC, 352 S., € [D] 19,95
ISBN 978-3-86191-022-0
Renée Weber, Professorin der angesehenen Princeton-Universität, gelingt in ihrem Werk der Brückenschlag zwischen den nur scheinbar getrennten Reichen durch einen faszinierenden Dialog zwischen Mystikern und bedeutenden Physikern und Biologen. Gerade die moderne Quantenphysik und die Biologie haben durch Forscher wie David Bohm oder Rupert Sheldrake die Basis geliefert, auf der diese neue Brücke errichtet werden kann. So zählen die Gespräche zwischen dem Dalai Lama und Bohm auch zu den Höhepunkten des Buches.

Lawrence LeShan
Unglaublich!
Unerklärliche Phänomene
Pbk., 160 S., €[D] 15,95
ISBN 978-3-86191-021-3
Der Nestor der Parapsychologie zeigt auf, wie eine andere Wirklichkeit in unseren Alltag eingreift und unser Leben mitbestimmt. Ein fesselnder Bericht über tatsächliche Erfahrungen in den Grenzbereichen des menschlichen Bewusstseins!
Ein Ausblick auf die spirituelle Welt von morgen!

Carl Friedrich von Weizsäcker
Gopi Krishna
Yoga und die Evolution des Bewusstseins
Die wissenschaftliche Grundlage der spirituellen Erfahrung
HC mit Schutzumschlag
144 S., €[D] 15,95
ISBN 978-3-86191-004-6
C. F. von Weizsäcker zeigt in seinem Dialog mit dem Yoga-Meister neue Perspektiven in der Entwicklung des menschlichen Bewusstseins auf. Noch immer sind Bereiche des geistigen Potenzials des Menschen unerschlossen und warten auf ihre Erweckung.

Dieses Buch stellt einen Meilenstein dar in der Herausforderung, Brücken zu schlagen zwischen der Welt der Wissenschaft und der Welt der mystischen Erfahrung.
Rupert Sheldrake

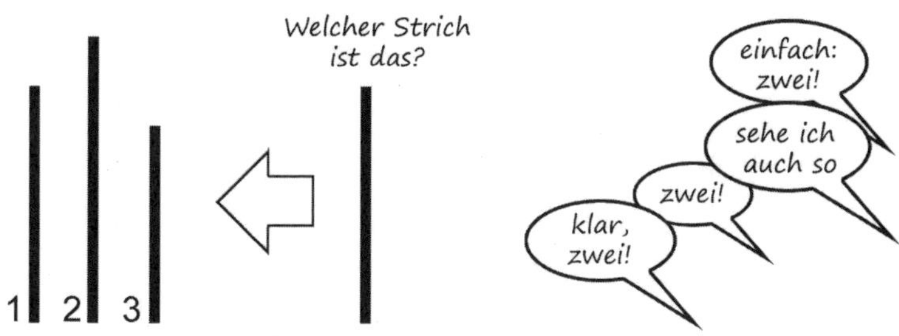

Abbildung 3.3: Einfach? Das Asch-Experiment

Betrachten Sie Abbildung 3.3. Ist der in der Mitte dargestellte Strich so lang wie 1, 2 oder 3? Eine einfache Aufgabe, oder? Es ist Strich 1.

Bei psychologischen Experimenten waren derartige Aufgaben in Gruppen von sechs bis acht Personen zu lösen.[30] Allerdings waren alle Teilnehmer bis auf den einen Probanden eingeweiht und lieferten absichtlich gemeinsam eine falsche Antwort. Die Probanden wurden dadurch so beeinflusst, dass im Schnitt jede dritte Antwort falsch war.

Wenn sieben Experten sagen, Theorie x sei richtig, erfordert es viel Kraft, um zu einer anderen Theorie zu stehen. Nur so kommt allerdings Wissenschaft voran. Wenn Einzelne nicht ausscheren und sagen, es ist anders, als alle glauben, wird die träge Masse auf der Stelle verharren.

Lebendige Wissenschaft, lebendige Gesellschaft

Was leben will, muss sich fortwährend verändern, und zwar im Austausch mit seiner Umgebung. Denken Sie an den Stoffwechsel oder an das kontinuierliche Absterben und Wachstum von Körperzellen. Allein das Wachstum unserer Haare gibt zigtausend Menschen Arbeit. Wenn Sie mit Ihrer Frisur zufrieden sind, können Sie nicht sagen: Liebe Haare, bitte nicht mehr weiterwachsen, damit alles so schön bleibt.

Leben braucht Austausch

Wer ein Lebewesen in eine Schutzhülle einschweißt, damit es von außen keinen Schaden nimmt und sich nicht anpassen muss, erreicht das Gegenteil: Das Lebewesen stirbt. Auch für Gruppen von Lebewesen gilt das, egal ob Vereine,

30 Solomon Asch, „Studies of independence and conformity: A minority of one against a unanimous majority", in: *Psychological Monographs*, 70, 1956.

politische Parteien oder Staaten. Bei großen Gebilden dauert es nur ein bisschen länger. Die Kirche ist immer wieder am Ringen, an welchen Stellen sie zaghaft etwas frische Luft hereinlässt, damit sie halbwegs überleben kann. Doch Lebendigkeit und Wachstum sehen wohl anders aus. Eine besonders hässliche „Frischhaltefolie" hatte die DDR mit ihrer Mauer, die letztlich zum Glück auch nicht funktioniert hat.

Auch Schuwi will seine Wissenschaft schützend einpacken. Damit sie nicht mit Spiritualität und Geist verschmutzt wird, zieht er einen Zaun zu Esoland und Religion. Ebenso scheut Eso unerwünschte Einflüsse. Hier sind es oft wissenschaftliche Argumente und Beobachtungen, die er fernhalten möchte, aus Angst, manche seiner Wünsche und Träume könnten ihnen nicht standhalten.

Zu dingfest

Politik und Gesellschaft sind stolz auf unsere Wissenschaft. Doch welche Art von Wissenschaft ist damit genau gemeint? Die Gesellschaft will wohl eine Wissenschaft, die nur so viel Wandel bringt wie die Gesellschaft selbst vertragen kann. Wissenschaft, Gesellschaft und Wirtschaft entwickeln sich gemeinsam. Doch wer kann den Impuls geben, etwas zu ändern, wenn sich alle drei in gegenseitiger Abhängigkeit stärken und auf Verharren eingerichtet sind (Abb. 3.4)?

- Die Wissenschaft sagt, die Welt sei Materie und es gebe keinen höheren Sinn, keinen Geist.
- Das hört die Wirtschaft gerne und wirbt allerorten für ihr dazu passendes Weltbild. Materielles Wachstum und Wirtschaftswachstum sind das oberste Ziel.
- Gesellschaft und Staat machen mit, umgarnen die Wirtschaft als Heilsbringer. Die Wissenschaft wird vor allem dort gefördert, wo sie der Wirtschaft dient, wo sie vermarktbare Technik liefert, nicht aber, wo sie Sinn und Geist in die Welt bringen könnte.

Um Bewegung und Leben in dieses Dreieck zu bringen, sollte an jeder Ecke gearbeitet werden. Es gibt kluge Köpfe, die entsprechendes Umdenken in den einzelnen Bereichen fordern. Doch es ist wichtig zu sehen, dass alles ineinander greift. Solange die meisten Menschen mehr an Materie (Geld) als an Be-

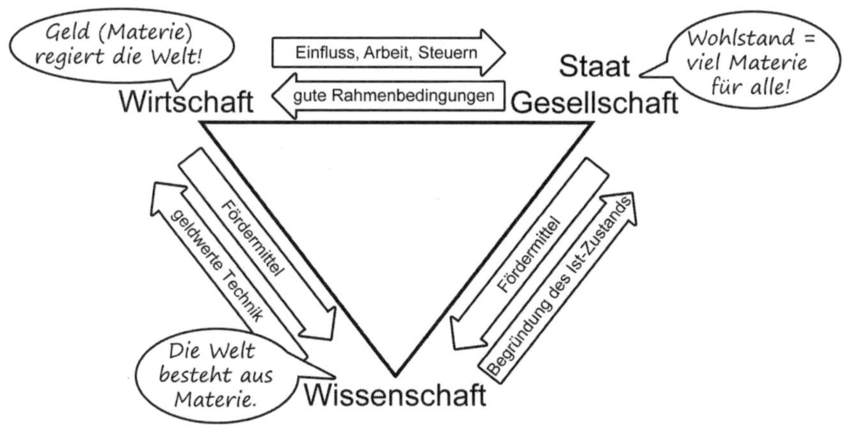

Abbildung 3.4: Ein stabiles Dreieck

wusstseinsentwicklung interessiert sind, wird es schwer sein, ihnen ein Wirtschaftssystem schmackhaft zu machen, bei dem Geld und Besitz geringeren Stellenwert haben.

Die Wissenschaft ist dabei in einer verantwortungsvollen Rolle. Sie ist der Bezugspunkt, wenn es darum geht, zu erklären, wie unsere Welt funktioniert. Materialismus und Reduktionismus in der Wissenschaft passen gut zu einer egoistisch-kapitalistisch geprägten Gesellschaft. Doch noch wichtiger sind wir, die Menschen, die Gesellschaft. Wenn wir uns nicht durch Konsum, Werbung oder Medien einlullen lassen und laut die offiziellen Welterklärungen hinterfragen, dann kann sich einiges ändern.

Anregung

Wie könnte sich das Dreieck wohl verändern, wenn die Wissenschaft hartnäckig die Position „Geist ist wichtiger als Materie" vertreten würde?

Für eine bewusstere Gesellschaft

Eine geistlose Gesellschaft hat wenig Interesse, Geistheilung zu untersuchen. Egoisten werden sich nicht für tiefe seelische Verbindungen zwischen den Menschen interessieren. Wer den Gehirnforschern glaubt, wir seien seelenlose Bioroboter, hat eine schöne Entschuldigung für unmenschliches Verhalten.

Wenn heute von Chancen für die Zukunft gesprochen wird, geht es meist um technischen Fortschritt. Politiker wollen Elektroautos und Windkraft, nicht aber, dass die Menschen achtsamer, liebevoller und bewusster im Umgang mit sich und der Welt werden. Damit übersehen sie den wichtigsten Teil von wahrem Fortschritt.

Die innere Entwicklung der Menschen und die äußere in Weltbild und Wissenschaft gehen Hand in Hand. Als die Erde von der Mitte der Welt zu einem unter vielen Planeten degradiert wurde, wurde das weniger durch neue Erkenntnisse als vielmehr durch eine neue Geisteshaltung der Gesellschaft und ihrer Herrscher und der Kirche möglich. Der Wissenschaftsforscher Bruno Latour spitzt es zu: Wissenschaft ist ein Konstrukt dessen, was die Gesellschaft möchte.[31]

Ohne Bewusstseinsentwicklung der Menschen wird die Wissenschaft in zentralen Fragen wohl nur langsam vorankommen. Dabei sollten wir nicht unbedingt auf die Wissenschaftler zählen. Die bewusstesten Menschen mit tiefer Weisheit habe ich, wie im Vorwort erwähnt, meist außerhalb der Wissenschaft angetroffen. Je mehr Menschen neugierig bleiben, eigene Erfahrungen wertschätzen, Spiritualität leben und nach einer erweiterten Forschung verlangen, desto eher werden sich die Ecken des Dreiecks weiterentwickeln.

Gesucht: Forscherhelden

Wir benötigen einen bewusstere Gesellschaft und bewusstere Forscher. Sich auf Neues einzulassen, erfordert vielleicht mehr Mut, als mancher Wissenschaftler zugibt. Immanuel Kant sagte: „Sapere Aude!“, wage es zu verstehen.

Wut ist nicht Mut

Viele Menschen scheinen zu glauben, Wut habe etwas mit Kraft und Stärke zu tun; das Wort klingt ja auch ähnlich wie Mut. Manche Politiker geben sich betont angriffslustig, machen sich über den Gegner lustig und inszenieren auch einmal unbeherrschtes Ausrasten und unverschämte Worte, als wäre das ein Beweis für Tatendrang und eindeutige, kräftige Positionen. Sollen sich unsere Forscher genauso verhalten und aggressiv in den Kampf für eine bessere Welt stürzen? Ich glaube nicht.

Wut ist ein Gefühl, das sich noch nicht in etwas Besseres, Wirkungsvolleres verwandeln konnte. Oft nehmen wir Ärger oder Wut als Erstes wahr, wenn für uns etwas nicht stimmt, wenn die Welt und die anderen nicht so sind, wie wir es gerne hätten. Manche Menschen verbringen einen Großteil ihres Lebens in

31 Bruno Latour, *Die Hoffnung der Pandora: Untersuchungen zur Wirklichkeit der Wissenschaft*, 2000.

diesem Zustand des Widerstands gegen das, was ist. Wer es schafft, sich den eigenen Ärger näher anzuschauen, wird dahinter anderes entdecken, wie etwa Trauer, Angst oder Scham. Das Erkennen und Zulassen dieser Gefühle ist ein guter Schritt zu persönlicher Veränderung, die Wut und Ärger immer weniger braucht.[32]

Ein Mensch (Forscher), der oft und dauerhaft wütend ist, zeigt zweierlei Unvermögen: Er kann Dinge, die ihm gegen den Strich gehen, schwer annehmen. Er schafft es nicht, ein Verhalten oder eine innere Einstellung, die nicht stimmig ist, in etwas Passenderes umzuwandeln. Genau das sind aber zentrale Fähigkeiten für die Forschung (und auch für die Politik). Neue, vielleicht „ärgerliche" Beobachtungen sind eine Chance, bestehende Erklärungen so zu ändern, dass sie wieder im Einklang mit den Beobachtungen sind. Dann würden Telepathie, Geistheilung oder Nahtoderlebnisse nicht mehr wütend abgelehnt werden, sondern führten zu einem besseren Verständnis der Welt.

Auch bei Eso gibt es Wut. Die maximale Verneinung gegenüber dem, was ist, ist vielleicht die Sehnsucht nach Weltuntergängen. Dann gibt es noch die Anhänger von Verschwörungstheorien, die überall böse Machenschaften von Konzernen, Politikern, manchmal auch von Außerirdischen vermuten. (Zugegeben, bei einigen unserer Mächtigen könnte man tatsächlich auf die Idee kommen, sie seien getarnte Außerirdische. Ich verzichte hier auf die Anregung, dass Sie die Verdächtigsten aufzählen.)

Wütende Helden gibt es nur im Film. Wut will die Außenwelt verändern, nicht aber die inneren Einstellungen. Erwarten wir also nicht zu viel von wütenden Schuwis und Esos.

Wo sind die Revolutionäre?

Thomas Kuhn hat bereits vor gut fünfzig Jahren die These begründet, dass sich Wissenschaft keineswegs in gleichmäßigen Schritten weiterentwickelt. Vielmehr bewegt sie sich jeweils über längere Zeit in einem festen, allgemein akzeptierten Rahmen, bis eine „wissenschaftliche Revolution" die zugrundeliegenden Annahmen, das *Paradigma*, durch ein neues ersetzt. Kuhns Begriff *Paradigmenwechsel* hat es gar in den allgemeinen Sprachgebrauch geschafft.[33]

Es scheint mir an der Zeit für einen Wechsel vom materialistischen Paradigma zu etwas Neuem. Erfreulicherweise gibt es auch heute wahre Wis-

32 S.a.: Anita Timpe, *Ich bin so wütend! Nutzen Sie die positive Kraft Ihrer Wut!*, 2006.

33 Thomas Kuhn, *The Structure of Scientific Revolutions*, 1962. Dt. Ausgabe: *Die Struktur wissenschaftlicher Revolutionen*, 1967.

senschaftsrevolutionäre. Doch Forschung jenseits des Schuwi-Paradigmas ist nicht einfach:

- Es gibt Kritik von den Kollegen bis hin zu Ausschluss und Ächtung. Der gute Ruf ist in Gefahr.

- Wer Ideen abseits des Paradigmas in den einschlägigen Fachzeitschriften publizieren will, muss hohe Hürden überwinden.

- Fördergelder gibt es dann auch nicht mehr (von der Wirtschaft sowieso nicht, aber auch bei öffentlichen Förderungen wird es sehr schwierig, denn die Gutachten werden von Kollegen erstellt).

- Seitens der (paradigmatreuen) Medien gibt es meist distanzierte oder gar polemische Berichterstattung.

- Eine wissenschaftliche Karriere im Schuwi-Mainstream ist fast unmöglich.

Ein junger Forscher wird sich kaum so weit aus dem Fenster lehnen. Falls doch, verschwindet er wohl so schnell in der wissenschaftlichen Versenkung, dass wir ohnehin nie von ihm erfahren. Fast immer sind es ältere Forscher, die sich dank ihres Rufes mehr erlauben können, nicht mehr zwingend auf das Wohlwollen des Wissenschaftsbetriebs angewiesen sind und auch mit ungewöhnlichen Thesen gehört werden, (die im weiteren Verlauf noch angesprochen werden), zum Beispiel:

- Hans-Peter Dürr, *1929, Physiker, Träger des Alternativen Nobelpreises
- Stanislav Grof, *1931, Psychiater und Bewusstseinsforscher
- Rupert Sheldrake *1942, Biologe, Entwickler der Hypothese morphogenetischer Felder
- Pim van Lommel, *1943, Chirurg und Nahtodforscher
- Ken Wilber, *1949, Philosoph, Begründer der Integralen Theorie

Wo sonst sind Revolutionäre so alt?

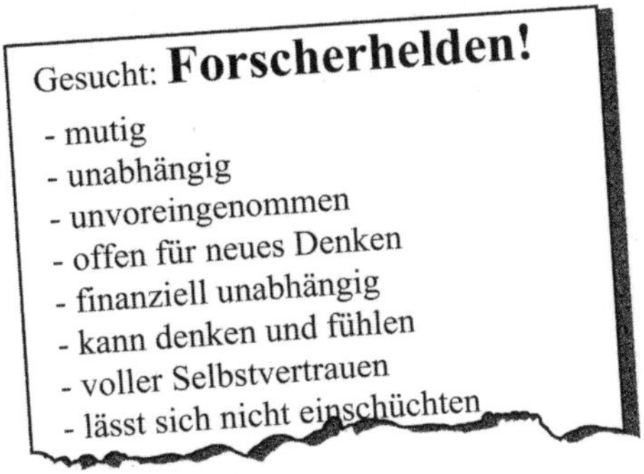

Gesucht: **Forscherhelden!**

- mutig
- unabhängig
- unvoreingenommen
- offen für neues Denken
- finanziell unabhängig
- kann denken und fühlen
- voller Selbstvertrauen
- lässt sich nicht einschüchten

Abbildung 3.5: Ausschreibung für wissenschaftliche Mitarbeiter

Forschung, eine Herzensdisziplin

Wissenschaftsrevolutionäre haben nicht nur einen schlauen Kopf, sondern auch ein mutiges Herz. Echte Forscher sind *forsch*. Eine neue, eigene Position zu entwickeln und gegen allgegenwärtige Lehrmeinungen zu verteidigen, erfordert mehr als Intelligenz und klares Denken. Große Forscher verfügen über Mut, Vertrauen, Kreativität, ein gutes Bauchgefühl und unterliegen auch nicht einem Narzissmus, der mehr auf Ruhm als auf Fortschritt aus ist.

In meinem Forschungsumfeld bin ich wohl nie dummen Menschen begegnet, aber uninspirierten Wissenschaftsfeiglingen durchaus. Vielleicht sollten Ausschreibungen für wissenschaftliche Stellen besser formuliert werden (Abb. 3.5)?

Anregung

Achten Sie mal darauf, wenn Sie das nächste Mal, z.B. im Fernsehen, Wissenschaftler sehen: Wirken sie intelligent und voller Wissen? Wahrscheinlich ja. Doch trauen Sie ihnen auch das große Herz und den Mut zu, Sicherheiten aufzugeben, gegen bestehende Meinungen aufzubegehren und sich notfalls dafür auch beschimpfen zu lassen?

Ängstlicher Einstein?

Albert Einstein kann man sicher nicht vorwerfen, er sei ein feiger Wissenschaftler gewesen, der sich nur in vertrauten Gefilden bewegt hätte. Seine Relativitätstheorie hob jahrhundertealte Gewissheiten aus den Angeln. Widerstand gegen seine Thesen gab es genug. Noch rund fünfundzwanzig Jahre nach Veröffentlichung seiner speziellen Relativitätstheorie (im Jahre 1906) erschien das Buch „Hundert Autoren gegen Einstein".[34] Einstein kommentierte es angeblich mit: „Hätte ich Unrecht, würde ein einziger Autor genügen, um mich zu widerlegen."

Und doch war auch er einmal von der Größe seiner eigenen Erkenntnisse so eingeschüchtert, dass er sie nicht akzeptieren wollte. Zu seiner Zeit galt es als gesichert und selbstverständlich, dass das Universum seine Größe nicht verändert. Einsteins Gleichungen ergaben jedoch ein in sich zusammenstürzendes Universum. Also fügte er kurzerhand eine *kosmologische Konstante* ein, damit seine Gleichungen zu den herrschenden Vorstellungen passten. Später erkannte er seinen Fehler und nannte ihn angeblich „die größte Eselei meines Lebens".[35]

Wenn Schuwi wieder einmal sagt, dieses oder jenes könne ja gar nicht sein, weil es allem widerspreche, was wir wissen, dann dürfen wir uns an den ängstlichen Einstein erinnern und daran, dass seine Angst letztlich unbegründet war und seine Erkenntnisse tatsächlich so groß waren, wie er befürchtet hatte. Ich bin sicher, die Wissenschaft hat noch manche Eselei einzugestehen.

---

34 H. Israel, D. Ruckhaber, R. Weinmann (Hrsg.), *Hundert Autoren gegen Einstein*, 1931.

35 Mittlerweile wird wieder über eine kosmologische Konstante nachgedacht, allerdings, um zu erklären, warum sich das Universum schneller als erwartet ausdehnt.

4

FORSCHUNG UND WAHRHEIT

Schuwi stellt sich die Wissenschaft gerne als gut geölte Erkenntnismaschine vor (Abb. 4.1). Sie besteht aus einer großen Menge von Forschern, Organisationen und technischen Geräten. Vorne wird die Welt in Form von Messungen und Beobachtungen hineingesteckt, hinten kommen Erklärungen und neue Techniken heraus. Damit die Maschine ordentlich läuft, ist sie an einen großen Geldhahn angeschlossen. Überzeugend?

Die Erkenntnismaschine menschelt

Zur Verdeutlichung erst einmal ein ähnliches Bild: die Politikmaschine. Sie besteht aus Politikern, politischen Einrichtungen und Demokratiewerkzeugen. Vorne kommen Statistiken und Messgrößen über den aktuellen Zustand der Nation hinein, als Ergebnis gibt es Gesetze und Verordnungen, die das Wohl der Menschen optimieren. Der Geldhahn für das Ganze wird aus dem Steuerfluss gespeist. Vielleicht gibt es Politiker, denen ein solches Bild gefällt, aber den meisten Menschen wird es zu positiv erscheinen. Eine Kaffeemaschine mit dem gleichen Wirkungsgrad würde wohl lauwarmes Wasser mit einem Hauch von Kaffeeduft produzieren und viele Menschen zu Teetrinkern werden lassen.

Politikmaschine und Erkenntnismaschine haben ähnliche Probleme. Teile der Maschine verfolgen Ziele, die nicht der Gesamtaufgabe dienen. Welchem Politiker nehmen Sie ab, er sei nur am Wohl des Volkes interessiert? Um im Bild zu bleiben: Manche von ihnen blubbern, zischen und dampfen, aber in der Kaffeekanne kommt nichts an. Es gibt auch nicht nur einen Geldhahn, sondern verschiedene, teilweise verborgene Leitungen, die Geld von Wirtschaft und Interessengruppen an bestimmte Stellen des Systems pumpen und einen undurchschaubaren Lobby-Mechanismus antreiben. Obendrein messen die Regelkreise der Maschine die Güte der Ergebnisse anhand teils fragwürdiger Größen und optimieren auf falsche Ziele hin. In der Politik wird vor allem

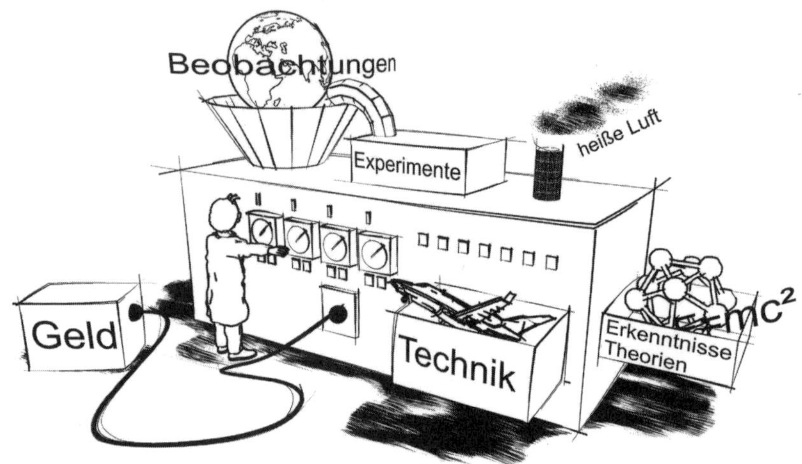

Abbildung 4.1: Wissenschaft – eine Erkenntnismaschine?

über Wirtschaftswachstum und Bruttosozialprodukt gesprochen, dabei sollte es doch eigentlich um das Wohlergehen der Menschen gehen.

Wahl und Wartung

Die Politikmaschine hat einen weiteren zentralen Regelkreis. Dank demokratischer Wahlen werden regelmäßig Teile der Maschine ersetzt. Das hält sie intakt, hat aber den Nachteil, dass im letzten Jahr vor dem vierjährigen Wartungstermin ihr Wirkungsgrad negativ wird und sie nur heiße Luft produziert. Manchmal wird auch versucht, durch Produktion von Wahlgeschenken den Austausch defekter Teile zu vermeiden, was nach dem Wartungstermin zu umso teureren Schäden führt.

Solche Wartungsintervalle hat die Wissenschaftsmaschine nicht. Kein Wissenschaftler muss sich Sorgen machen, vom Volk ausgetauscht zu werden. Es ist ohnehin ein Einparteiensystem, in dem nur Schuwi das Sagen hat, Eso bleibt bislang ohne Chance auf Einzug ins Parlament.

Anregung

Was wäre, wenn Forscher vom Volk gewählt würden? Was würden Sie von Ihren Forschungsabgeordneten erwarten? Wie verteilt sich die Macht? Was wären Wahlthemen? Medizin? Stammzellenforschung? Volkswirtschaft? Kernenergie? Philosophie? Oder gäbe es vor allem Sportmediziner, um den Sieg bei der nächsten Fußball-WM sicherzustellen? Wann knackt Eso die Fünfprozenthürde?

Ein Welterfolg

Wissenschaft ist ein Erfolgsmodell mit Einfluss, Macht und Geld. Politik, Wirtschaft, Gesellschaft, Medien: Alle lieben die Wissenschaft. Und wer verliebt ist, schaut nicht so genau hin. Wissenschaftler sind neben Politikern vielleicht die einzigen Menschen, die nicht gut aussehen müssen, um im Fernsehen auftreten zu dürfen. Selbst auf ihre innere Schönheit, auf die Qualität ihrer Forschung, wird nicht immer so genau geachtet.

Erfolg birgt Gefahren. Egal ob Unternehmenschef, Politiker, Prominenter oder Spitzensportler, sie alle sind gefährdet, ein übertriebenes Selbstwertgefühl zu entwickeln, die eigenen Schwächen auszublenden und Bodenhaftung und Demut zu verlieren.

Bei Schuwi ist es noch gefährlicher. Sportlern kann man vielleicht Dummheit nachsagen, Prominenten Geltungssucht, Unternehmenschefs Rücksichtslosigkeit und Politikern alles zusammen. Doch Schuwi, der mit Wissen und Intelligenz zum Fortschritt der Welt beiträgt, lässt sich scheinbar nichts vorwerfen. Millionen Fernsehzuschauer beurteilen kritisch jede Leistungsschwäche unserer Fußballer. Aber wenn Schuwi uns die Welt erklärt, wagt niemand zu sagen: „Na, der hat einen schlechten Tag, das ist noch nicht zu Ende gedacht, der sollte mal ausgewechselt werden." Unterwürfige Anerkennung sind ihm gewiss, und selbst der bissigste Talkshow-Gastgeber wird zahm.

Die Medien machen mit

Oft ist es gar nicht Schuld der Forscher, dass ihre Arbeit so großartig dargestellt wird. „Wir wissen es nicht so genau, es könnte so sein oder auch anders, und es ist sowieso sehr kompliziert", ist nicht gerade die Schlagzeile, die sich die Medien wünschen. Also wird daraus:[36]

- Die Schöpfung im Labor – Konkurrenz für Gott
- Roboter lernen lachen
- Das Buch des Lebens ist entziffert. Der größte Erfolg der Wissenschaft seit der Mondlandung.
- Spuren des Gottesteilchens entdeckt
- Gedankenlesen im Zeitalter der Gehirnscanner

---

36 Spiegel 1/2010, Heise online 8.10.2012, Deutschlandradio (Sendung: Jenseits der Gene) 14.2.2007, Süddeutsche Online 27.7.2011, Heise Telepolis 18.11.2011.

Solche Schlagzeilen, plus ein paar Absätze, sind für viele Menschen die Hauptquelle ihrer Vorstellung von der Wissenschaft. Kein Wunder, wenn alle begeistert sind.

Wir stehen kurz davor…

Oft heißt es in Berichten auch: „Die Forscher stehen kurz davor …" Die Medien wollen schließlich die Ersten sein, die von etwas erfahren. Sie wollen live dabei sein, wenn Großes geschieht. Schuwi freut sich über solche Aufmerksamkeit. Dabei wissen wir doch aus dem Alltag, was „ich bin gleich fertig" meistens bedeutet: Es dauert noch eine unbestimmte Zeit, vielleicht wird es auch nichts. Manchmal gibt es auch langfristige Ankündigungen der Art: „Nur noch zwanzig Jahre zur Unsterblichkeit, sagt Wissenschaftler."[37] Das klingt ein bisschen wie bei Politikern, die sagen, was alles Schönes geschehen wird – nach der nächsten Wahl.

Schaut man später, was aus den großen Ankündigungen geworden ist, ist nicht viel übrig. Meist verschwindet das Thema sang- und klanglos, ohne dass jemand nachfragt. Während eine Hypothese laut wie eine Wahrheit verkündet wird, interessiert ihre Widerlegung niemanden.[38]

Vielleicht wird das angekündigte Ergebnis auch erzielt, ist aber weit weniger spektakulär als erwartet. Als 2001 das menschliche Genom vollständig sequenziert war, stellte man vor allem fest, dass man Vererbung noch lange nicht verstanden hatte. Die überraschend kleine Zahl von 25.000 menschlichen Genen verlangte nach weiteren Mechanismen jenseits der Gene. Nun werden alle Hoffnungen auf die *Epigenetik* gesetzt.

Eine dritte Variante ist, dass die große Prognose unverändert bleibt. Schon seit den Siebzigerjahren heißt es immer wieder, in einem Jahrzehnt werden intelligente Computer Autos steuern, der Fahrer werde überflüssig. Immerhin wurde diese Prognose kürzlich verfeinert: Es dauere noch *mindestens* zehn Jahre.[39]

Das Einzige, was wohl nie geschieht, ist, dass der vorhergesagte Durchbruch wie geplant stattfindet. Welche große wissenschaftliche Erkenntnis hat sich vorher angekündigt? Erschienen im Jahr 1905 Zeitungsartikel mit der Schlagzeile: „Nächstes Jahr wird Einstein das physikalische Weltbild revoluti-

---

37 Daily Telegraph 22.9.2009: *Immortality only 20 years away says scientist.*

38 Das wurde sogar wissenschaftlich untersucht: François Gonon, Jan-Pieter Konsman, David Cohen, Thomas Boraud, „Why Most Biomedical Findings Echoed by Newspapers Turn out to be False: the Case of Attention Deficit Hyperactivity Disorder", in: *PLoS ONE*, 7(9): e44275, 2012.

39 Bosch: *Selbstfahrende Autos brauchen noch mindestens zehn Jahre*, dpa-AFX, 01/2013.

onieren"? Große Ideen wurden fast immer erst leise geäußert, dann kam jede Menge Skepsis von den Kollegen und erst viel später hat die Wissenschaftsgemeinschaft den wahren Wert erkannt. Deshalb gibt es Nobelpreise für Forschungsergebnisse, die mitunter Jahrzehnte zurückliegen.[40]

Anregung

Achten Sie auf Wissenschaftsbeiträge in den Medien: Wie oft wird dort über zukünftig erwartete Ergebnisse gesprochen? Wie einseitig und optimistisch erscheinen Ihnen Schlagzeilen und Berichte?

Ein holpriger Weg ins Ungewisse

Der Blick in die Vergangenheit legt nahe, dass die Wissenschaft langfristig ein immer besseres Verständnis der Welt entwickelt. Es mag Stillstand und Fehlentwicklungen geben, die in Thomas Kuhns Sinn[41] erst durch Revolutionen überwunden werden. Das kann auch mal sehr lange dauern, aber letztlich scheinen die besseren Argumente zu siegen. Es geht immer weiter aufwärts, in Richtung besseres Verständnis. Das kann zu Selbstüberschätzung führen: So gut wie wir hat noch niemand die Welt verstanden, also waren alle vor uns dumm und wir sind die besten.

Wer rückwärts einen Berg besteigt, kann sich zu jedem Zeitpunkt einreden, er wäre auf dem Gipfel und hätte die beste Aussicht – bis er den nächsten Schritt tut (Abb. 4.2). Von Julian Huxley soll der schöne Satz stammen:

> *Wir sind nicht die Krone der Schöpfung,*
> *sondern die Neandertaler von morgen.*

Wie der Weg verläuft und wo es hingeht, wissen wir nicht. Vorhersagen aufgrund der Vergangenheit scheinen hier ähnlich problematisch wie die Chartanalyse, die esoterische Disziplin der Aktienprofis, die aus graphischen Mustern zukünftige Kurse ableiten wollen.

Wie weit sind wir von der „Wahrheit" entfernt – und gibt es die überhaupt? Anhänger des Konstruktivismus sagen, dass wir unsere Welt und Wahrheiten selbst herstellen und es keine davon losgelöste, objektive Wahrheit gibt. Die Kurve könnte ewig steigen. Wer hingegen an eine absolute, unabhängige

---

40 So wurde Dan Shechtman, als er 1982 sogenannte Quasi-Kristalle entdeckte, zunächst ausgelacht und aus seiner Arbeitsgruppe ausgeschlossen. 2011 erhielt er für seine Entdeckung den Nobelpreis für Chemie.

41 Thomas Kuhn, *Die Struktur wissenschaftlicher Revolutionen.*

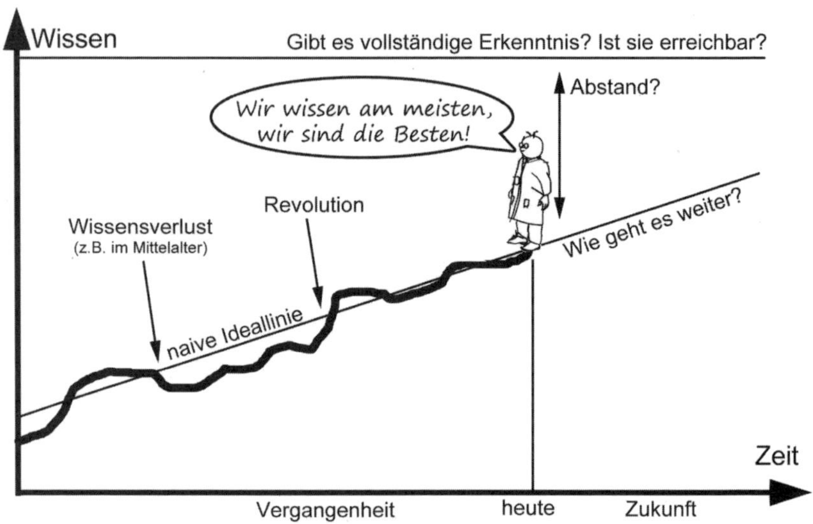

Abbildung 4.2: Wissenschaftlicher Fortschritt

Realität glaubt, wird widersprechen. Mancher hofft vielleicht sogar, dass wir allmählich auf die Zielgerade einbiegen. Wäre zum Beispiel die Suche nach der „Weltformel" (S. 145) erfolgreich, könnten zumindest die Physiker in Ruhestand gehen.

Es lebe der Irrtum!

Wissenschaft und Irrtum gehören zusammen. Ohne Irrtümer keine neuen Erkenntnisse und keine Weiterentwicklung – die Wissenschaft wäre am Ende. Menschen, für die es die Option „ich habe mich geirrt" nicht gibt, sind als Wissenschaftler ungeeignet (einige von ihnen werden Politiker). Wissenschaft ist eine Geschichte der Irrtümer. Jede Theorie muss damit rechnen, später durch eine bessere, umfassendere abgelöst zu werden. Auch großartige heutige Theorien sind unvollkommen. So ärgern sich nun schon Generationen von Physikern damit herum, dass Quantenmechanik und Relativitätstheorie nicht zueinander passen.

Wenn neue Theorien auftauchen, welche die Probleme der alten überwinden sollen, werden sie meist erst einmal nicht verstanden, abgelehnt oder ausgelacht. Aus Sicht des jeweils geltenden Weltbilds ist das durchaus nachvollziehbar:

- Kopernikus, später Galileo: *Die Erde bewegt sich um die Sonne.*

  Absurd, dafür ist sie doch viel zu schwer, mit all den Gebirgen und der Landmasse. Außerdem würde ja alles von der Erde herunterfallen und kaputt gehen, wo doch schon die winzigen Zuckungen von Erdbeben massive Schäden anrichten.

- Newton: *Massen üben eine Anziehungskraft aufeinander aus, deshalb fällt der Apfel zur Erde.*

  Lächerlich, wie soll eine solch mysteriöse Fernwirkung über den leeren Raum, ohne direkten Kontakt, übertragen werden? Natürlich fällt der Apfel nur deshalb zur Erde, weil er eine ihm innewohnende Tendenz zur Bewegung hat.

- Heinrich Schliemann: *Die Stadt Troja aus Homers Dichtung gab es tatsächlich, ich will sie suchen!*

  Wie kann man so naiv sein und uralte Sagen für bare Münze nehmen! Da könnte man ja genauso gut nach Atlantis oder dem Schlaraffenland suchen.

- Alfred Wegener: *Die Erde hat keine feste Oberfläche, sondern die Kontinente driften als Platten auf einem flüssigen Erdinnern.*

  Eine flüssige Erde? Hallo (tritt fest auf den Boden), sieht hier irgendetwas flüssig aus? Wenn wir auf einem heißen Metalltropfen herumliefen, würde wohl niemand barfuß gehen.

- Einstein: *Die Schwerkraft kann Lichtstrahlen verbiegen.*

  Aha, das Licht hat also Gewicht?! Dann müsste es ja auf die Erde fallen, und es wäre überall dunkel.

Heute ist all dies selbstverständlich, egal ob Schwerkraft, Plattentektonik oder die Ausgrabungen von Troja. Es ist eine gute Übung, sich daran zu erinnern, dass heute unglaubliche Theorien und die scheinbar vernünftigen Entgegnungen diese Liste in der Zukunft fortsetzen könnten.

Anregung

Versetzen Sie sich in die damaligen Befürworter und Gegner dieser längst etablierten Theorien. Wie mögen sich diese in ihrem Ringen um die Wahrheit gefühlt haben? Glauben Sie, heute ist es anders?

Unsinn oder die nächste große Theorie?

Als Trost für mutige Forscher von heute: Wenn bei einer neuen Theorie viele lachen oder ärgerlich werden, könnte es ein Zeichen sein, dass es eine besonders große, wichtige Theorie ist. Wie wäre es mit diesen Kandidaten:

- Es gibt Felder, die Gefühle, Gedanken und Wissen übertragen und so die Fähigkeit zu Telepathie und außersinnlicher Wahrnehmung erklären.
- Es gab Hochkulturen lange vor dem alten Ägypten; Atlantis ist kein Mythos, es existierte tatsächlich.
- Wasser kann Informationen speichern, das ist die Grundlage der Wirkung von Homöopathie.
- Es gibt eine Lebensenergie, die alle Lebewesen durchströmt, gelenkt werden kann und für Heilung und Gesundheit maßgeblich ist.
- Bei sogenannten *Synchronizitäten* stehen Ereignisse zueinander in Beziehung, obwohl es keine Ursache-Wirkung-Beziehung gibt. Das könnte auch astrologische Vorhersagen oder „unglaubliche Zufälle" erklären.
- Das Gehirn ist ein Empfänger, der auf Informationen zugreifen kann, die nicht in den Nervenzellen gespeichert sind.

Wie werden diese Überlegungen in naher oder ferner Zukunft beurteilt werden? Warten wir es ab. Wer behauptet, immer genau zu wissen, was Unsinn ist, möge sich daran erinnern, was alles vor zweihundert Jahren als Unsinn galt.

Fortschritt – Rückschritt?

Für Schuwi sind die obigen Vorstellungen jedoch nicht einfach andere Theorien als die seinen, sondern er bezeichnet sie als Aberglauben, Naivität oder Pseudowissenschaft, als Rückschritt in eine Zeit, als es noch keine moderne Wissenschaft gab. Zugegeben, in Esoland mag sich Aberglaube und Unwissenschaftliches finden, aber nicht nur: Wenn ein Wissenschaftler wie Rupert Sheldrake, der zahlreiche Artikel in angesehenen Zeitschriften veröffentlicht hat, Telepathie untersucht, ist er sicher nicht plötzlich verblödet. Er verlässt die Schulwissenschaft, aber nicht um einen Schritt zurückzumachen, sondern um nach vorne zu gehen. Er lässt ihre Grenzen und vermeintlichen Gewissheiten hinter sich.

Oft unterliegt Schuwi einer Verwechslung, die Ken Wilber als *Pre-Trans-Fallacy* bezeichnet: Für den konservativen Betrachter sehen Fortschritt und Rückschritt manchmal gleich aus, denn beide weichen vom gegenwärtigen akzeptierten Weltbild ab.

Auch Eso kann in diese Falle tappen, aber auf umgekehrte Weise. Da er die Erklärungsdefizite der Schulwissenschaft erkannt hat, sucht er Ersatz und vergisst, dass der Ersatz besser sein sollte als das, was er loswerden möchte. Ein magisches Denken, in dem die ganze Welt ein Zauberreich ist, ist kein guter Ersatz. Es bietet zwar viel Raum für paranormale Phänomene, wird aber keine belastbaren Erklärungen mit Vorhersagekraft liefern.

Zu flach gedacht

Oft stehen neue Theorien in einem Widerspruch zum bestehenden Weltbild. Für Schuwi ist das Grund genug, sie abzutun: Telepathie sei unvereinbar mit der bekannten Physik; Nahtoderfahrungen seien unmöglich, da man ja wisse, dass das Bewusstsein nur ein Effekt des Gehirns sei. Statt die Beobachtungen ernst zu nehmen, beruft man sich auf bestehende Erklärungen und stellt damit die Wissenschaft auf den Kopf; denn die etablierten Theorien bestimmen, welche Beobachtungen „erlaubt sind". Was nicht passt, muss Täuschung oder Lüge sein. Damit ist der Widerspruch beseitigt, das bestehende Weltbild bleibt unbehelligt, und Schuwi schläft wieder ruhig. Neue Erkenntnisse können so allerdings nicht entstehen.

Widersprüche wertschätzen!

Widersprüche zu heutigen Theorien sind die Basis für die Erkenntnisse von morgen. Wer paranormale Phänomene reflexartig als Aberglaube abtut, vergibt eine Chance auf Entdeckungen. Dabei hält gute Wissenschaft es problemlos aus, dass einander widersprechende Vorstellungen nebeneinander stehen, bis sich die eine oder die andere durchsetzt oder bis beide durch eine ganz andere, neue ersetzt werden. Die Welle-Teilchen-Dualität ist ein solcher Widerspruch, und auch Quantenphysik und Relativitätstheorie lassen sich noch nicht unter einen Hut bringen. Diese Widersprüche haben ein großes kreatives Potenzial und umfangreiche Forschungsarbeiten angeregt, und kein Schuwi hat ein Problem damit. In anderen Bereichen jedoch wird er nervös. Ein Sowohl-als-auch von biologischem Gehirn und immateriellem Bewusstsein halten viele Gehirnforscher nicht aus. Dass Heilung ohne Wirkstoff oder körperliche Eingriffe möglich ist, bereitet Schulmedizinern große Schmerzen.

Kein Entscheidungszwang

Menschen mögen es einfach und eindeutig. Widersprüche erzeugen Unbehagen. Deshalb wird so gerne zwischen gut und böse, richtig und falsch unterschieden. Wer sich für eine politische Partei entschieden hat, wird manches, was ihm dort nicht gefällt, vielleicht schönreden oder nicht mehr so genau hinschauen. Statt einen inneren Zwiespalt auszuhalten, werden Gegenargumente lieber ausgeblendet, wird die unangenehme *kognitive Dissonanz* vermieden. Bei der Wahl des Weltbildes wird dann meist für Schuwi gestimmt.

Wirkliche Entscheidungsfindung bedarf aber dieser mühsamen Detailarbeit. Auch wenn Schuwi und Eso in vielen Bereichen einander widersprechen, muss man sich nicht pauschal entscheiden, wer von beiden immer recht hat. Meistens hat jeder etwas Gutes beizutragen, und die besten Ergebnisse entstehen nicht durch Sieg der Mehrheit über die Minderheit, sondern durch Zusammenarbeit.

So danke ich Schuwi für seine Erklärungen zum Weltall, für physikalische Gesetze, chemische Verfahren und die wirksame Reparatur von Beinbrüchen. Aber ich muss deshalb nicht auch seine Meinung annehmen, der Mensch sei ein biologischer Automat in einer zufälligen Welt. Hier höre ich lieber auf Eso, der mir Seele, freien Willen und Sinnsuche zugesteht. Wenn er aber sagt, dass ich mit meiner Willenskraft physikalische Gesetze überwinden könne, bleibe ich vorsichtig und versuche nicht, mit viel Anlauf durch die Wand zu rennen, wie es in dem skurril-tiefsinnigen Film „Männer, die auf Ziegen starren" ein Parapsychologe der CIA gleich zu Beginn vormacht.[42]

Eso hat kein Problem mit polygamen Beziehungen zu Wissenschaft und Spiritualität. Schuwi hingegen wird schnell eifersüchtig, wenn jemand mit Esoterik und Spiritualität flirtet: Die Wissenschaft lasse keinen Platz dafür. Dabei ist das Schuwi-Weltbild keineswegs so lückenlos, wie er es sich gerne einredet.

42 *Männer, die auf Ziegen starren*, Regie: Grant Heslov, 2010. Auf der DVD ist das Nachwort des Regisseurs besonders empfehlenswert, um zu erfahren, wie viel Realität hinter dem scheinbaren Klamauk steckt.

Abbildung 4.3: Flächenland

Aufstieg in die höhere Dimension

Ein Wechsel der Perspektive kann Raum für neue Erklärungen schaffen. Probieren wir dazu einmal den „Aufstieg in die höhere Dimension", allerdings nicht als Esos vage Vorstellung, dass im Universum plötzlich irgendwie alles anders und besser wird, sondern ganz buchstäblich. Im Jahr 1884 erschien von Edwin A. Abbott die Kurzgeschichte „Flatland".[43] Im Mittelpunkt steht eine zweidimensionale Welt, die also sozusagen auf ein Blatt Papier passt und deren Bewohner (Dreiecke, Quadrate, Fünfecke) ebenso flach sind. Abbott ging es unter anderem um Kritik an der damaligen Gesellschaft, doch das Spiel mit den Dimensionen macht die Geschichte bis heute interessant.

Wenn wir Menschen als Bewohner von drei Raumdimensionen auf so ein Flächenland schauen, haben wir Fähigkeiten, die Flächenlandbewohnern äußerst merkwürdig vorkommen müssen. Wir können in ihr Inneres blicken, nichts bleibt uns verborgen, wir erfassen das gesamte Flächenland mit einem Blick. Wenn wir mit dem Finger darauf tippen, können wir gar an beliebigen Orten im Flächenland erscheinen und wieder verschwinden (Abb. 4.3). Göttliche Fähigkeiten?! Jemand, der in einer vierdimensionalen Welt lebt, in die unser dreidimensionales „Raumland" entsprechend eingebettet ist, besäße die gleichen Fähigkeiten, solche Wunder in unserer Welt zu vollbringen.

Die Mathematik kann zwar ohne Probleme mit n-dimensionalen Räumen

43 Edwin A. Abbott, *Flatland: A Romance of Many Dimensions*, 1884. dt.: *Flächenland.*

rechnen und Physiker spekulieren in ihren Stringtheorien über viele zusätzliche Raumdimensionen, aber die menschliche Vorstellungskraft scheitert schon an der vierten Dimension. Hätten wir oder die Flächenlandbewohner eine Chance, solche weiteren Dimensionen unmittelbar wahrzunehmen? Wahrscheinlich nicht – und schon gar nicht, wenn wir nicht daran glauben und Ausschau halten.

Doch vielleicht gibt es einige Bewohner mit besonderen Fähigkeiten. Wenn sie die Augen schließen und sich von der äußeren, bekannten Welt nicht mehr ablenken lassen, nehmen sie tatsächlich die andere Dimension irgendwie wahr. Erfahrene Meditierende berichten immerhin davon, dass in der Meditation Raum und Zeit ihre Bedeutung verlieren können. Wer diese Erfahrung nicht kennt, wird sie wohl für genauso unglaublich und abwegig halten wie Flächenbewohner die dritte Dimension.

Traum oder Wirklichkeit

Die Bewohner von Abbotts *Flatland* können auch träumen. Ihre Traumwelt hat dann nur noch eine Dimension. Vielleicht kennen Sie das: Sie träumen und sind sich im Traum sicher, dass es die Wirklichkeit ist. Dann wachen Sie auf und erkennen den Traum als „kleinere Wirklichkeit", als winzigen Teil unserer Welt. Vielleicht gibt es ja am Ende unseres Lebens ein noch größeres Erwachen? Vielleicht sollen uns Träume gerade an diese Möglichkeit verschachtelter Realitäten erinnern?

Ein beeindruckendes Spiel mit solchen Realitätsebenen ist der Film „Inception".[44] Um im Traum zu erkennen, dass es sich tatsächlich um einen Traum handelt, sind zwei Probleme zu lösen: Wir müssen so viel Bewusstsein entwickeln, dass uns die Frage überhaupt in den Sinn kommt, und wir müssen die richtige Antwort herausfinden. In dem Film dreht die Hauptfigur dazu einen kleinen Kreisel, der nur in der Wirklichkeit nach einer Weile zu taumeln anfängt. In unseren Träumen kommen wir aber meist gar nicht erst auf die Idee, zu sagen: „Kneif mich mal, damit ich weiß, dass es kein Traum ist." Es fehlt das erforderliche Bewusstsein. Anders ist es in sogenannten *Klarträumen.* Dort ist man sich bewusst zu träumen und kann aktiv ins Geschehen eingreifen. Erfahrene Klarträumer können ihre Träume bewusst gestalten und wissen dabei stets von der tatsächlichen, übergeordneten Realität, in die zurück sie aufwachen können. Vielleicht ist unser reales Leben in ganz ähnlicher Weise ein Traum, der nur von wenigen bewussten Menschen, die sich an die höhere Realität erinnern, durchschaut wird?

---

44 *Inception*, Regie: Christopher Nolan, 2010.

Leicht geglaubt oder schwer gezweifelt

Glauben Sie an Gott? Glauben Sie an Atome? Wahrscheinlich werden Sie, wie die meisten Menschen, weder das eine noch das andere unmittelbar zu Gesicht bekommen haben. Sie müssen sich entscheiden, woran Sie glauben wollen.

Die Alternative zum Glauben ist die eigene Überprüfung. Kein Problem ist das in Alltagssituationen („Ich glaube, im Kühlschrank ist noch Bier"), bei den großen Fragen wird es schwieriger. Wir können nicht mal eben schauen, ob Gott noch da ist. Sogar jahrhundertealtes Grundlagenwissen können wir selten selbst überprüfen. Können Sie beweisen, dass die Erde die Sonne umkreist, und den Abstand berechnen? Das meiste, was wir in der Schule gelernt haben, *glauben* wir zu *wissen*. Wir haben es überall ähnlich gehört, aber wir haben es nicht selbst überprüft.

Was und wem wir glauben, ist letztlich eine persönliche Entscheidung. Dabei ist unser Glaube ein begehrtes Gut. Politiker wollen, dass wir ihren Wahlversprechen glauben. Firmen wollen, dass wir der Werbung glauben. Banken wollen uns glauben machen, sie seien notleidend und müssten zum Wohle der Menschheit mit Steuergeld gerettet werden. Die Kirche will, dass wir an Gott glauben. Schuwi will, dass wir an die Wissenschaft glauben. Eso will, dass wir an Geist, Seele und die „feinstoffliche" Welt glauben.

Ohne Glauben geht es nicht

Man hört zwar oft, dass alle an unser Geld wollen. Noch schlimmer ist aber, wenn alle unseren Glauben wollen. Vielleicht ist Leichtgläubigkeit deshalb noch mehr geächtet als verschwenderischer Umgang mit Geld. Dabei ist ein Leben ohne Glauben nicht möglich. Wenn Sie als Kind Ihren Eltern nicht geglaubt hätten, dass es keine gute Idee ist, auf den Bahngleisen zu spielen oder den Abflussreiniger zu trinken, hätte ich vielleicht einen Leser weniger. Danach gilt es noch die Phase zu überstehen, in der man den Eltern fast nichts und den Altersgenossen alles glaubt. Als reifer Mensch findet man hoffentlich eine gute Balance aus Vertrauen, Glauben und Kontrolle, die ungefähr so aussehen könnte:

- Freunden und nahestehenden Personen glauben wir fast immer. Wir müssen nicht jede Äußerung des anderen für wahr halten, aber zumindest nehmen wir an, er gibt seine persönliche Sicht ehrlich wieder. Lügt jemand beharrlich, ist die Freundschaft schnell zu Ende.

- In vielen Alltagssituationen vertrauen wir auch fremden Menschen. Sonst wäre es sinnlos, nach dem Weg oder der Uhrzeit zu fragen.
- Sobald persönliche Interessen oder Geld ins Spiel kommen, schwindet das Vertrauen. Vielen Menschen sind ihre Eigeninteressen wichtiger als Wahrhaftigkeit, das gilt umso mehr, je größer die Distanz zum anderen und der mögliche eigene Vorteil ist.

Glaubwürdigkeit, ein hohes Gut

Zeitung, Fernsehen und Journalisten genießen auch ohne direkten persönlichen Kontakt recht hohes Vertrauen. Immerhin ist es ihr Kerngeschäft, uns zu vermitteln, was in der Welt geschieht. Doch leider flüstert ihnen ihr Eigeninteresse nach Aufmerksamkeit, Einschaltquoten oder Auflagenhöhen auch ein, manches zu filtern oder gar zu verändern. Solch scheinbar schneller Gewinn zehrt aber am Kapital der Glaubwürdigkeit. Dabei verschwimmen die Grenzen von der Berichterstattung zur Werbung immer mehr. Sogar die Tagesschau wirbt mittlerweile zwischen den Nachrichten für ihren Internet-Auftritt.

Wo Werbung ist, da sucht die Glaubwürdigkeit das Weite; und wir leben in einer von Werbung überfluteten Welt. Werbung will etwas von uns, und dafür ist ihr jedes Mittel recht. Sie schmeichelt, lügt, prahlt, bedrängt oder – vielleicht am schlimmsten – gibt sich betont seriös und glaubwürdig. Meist will sie uns einreden, dass Konsum gut und notwendig sei und wir einen Mangel hätten, der durch kommerzielle Produkte zu kompensieren sei. Der Glaube vieler Menschen an diesen Schwindel prägt unsere Welt.

Auch Politiker betreiben ständig Werbung, für sich, für ihre Partei, für ihre Ansichten. Kein Politikerauftritt im Fernsehen, der nicht zugleich Eigenwerbung ist (auch wenn sie manchmal gehörig danebengeht). Je mehr sie dabei ihre Glaubwürdigkeit betonen, umso größer wird das Misstrauen. Wer glaubwürdig ist, braucht nicht darüber zu sprechen. Welche Eltern sagen ihrem Kind: „Wir sind glaubwürdige Menschen, deshalb höre auf uns und lege die Finger nicht auf die Herdplatte."

Dann gibt es noch das Internet. Es soll Menschen geben, die alles glauben, was dort zu finden ist. Glauben ist so gefährlich wie das Leben selbst: Es besteht stets das Risiko, falsch zu liegen. Jeder trägt selbst die Verantwortung, eine Kaskoversicherung für Glaubensschäden gibt es nicht.

Anregung

Wem glauben Sie? Warum? Weil er Ihre eigene Meinung bestätigt? Weil er

Ihnen nahesteht? Weil Sie ihn als Person für wahrhaftig halten? Können Sie dann auch Dinge glauben, die nicht in Ihr bisheriges Bild passen? Wie sehr glauben Sie sich selbst: Ihrer eigenen Wahrnehmung, Ihrem Verstand, Ihrem Bauchgefühl?

Gläubige Skeptiker

In seinem Sicherheitsstreben sucht Schuwi nach Alternativen zum Glauben: „Schluss mit der Leichtgläubigkeit. Ich habe einen klaren, kritischen Verstand, ich bin Skeptiker und lasse mich nur durch Beweise und Wahrheiten überzeugen!" Dabei übersieht er, dass Zweifeln und Glauben oft die gleichen Dinge sind, nur mit umgekehrten Vorzeichen. Der Gläubige glaubt, dass es Gott gibt. Der Zweifler glaubt, dass es Gott nicht gibt. Atheisten sind streng Gläubige der Gottlosigkeit. Das wirkliche Gegenteil von Glauben wäre Agnostizismus, also das Eingeständnis, dass etwas ungeklärt und vielleicht niemals zu klären ist.

Gerade in Schuwis Skeptikerorganisationen[45] ist aber eher Leichtgläubigkeit im Spiel, nach dem Muster: Schuwi glaubt, dass es Telepathie nicht gibt, weil sie in vielen Fällen nicht funktioniert. Ergeben Studien dagegen eine hohe Wahrscheinlichkeit für Telepathie, heißt es, das reiche nicht, denn „außergewöhnliche Behauptungen brauchen außergewöhnliche Beweise".[46] Die Unterscheidung zwischen gewöhnlich und außergewöhnlich ist aber nicht wissenschaftlich definiert, sondern reine Glaubenssache.

Wissen und Aberglaube

Schuwi zieht eine saubere Trennlinie zwischen Glauben, der mit Unsicherheit behaftet ist, und Wissen, auf das man sich hundertprozentig verlassen kann – und unterliegt damit einem großen Aberglauben. Ebenso ist es ein Aberglaube, Wissenschaft wäre in der Lage, absolute Wahrheiten und Beweise zu liefern. Die Wissenschaftsforschung zeigt, dass Wissenschaft vor allem Erklärungen konstruiert, die zur Gesellschaft, unserem Alltag und unseren Aufgaben und Handlungen passen.[47] Von Wahrheit kann da keine Rede sein.

Eso muss sich oft anhören, seine Vorstellungen von der Welt seien abergläubisch. In gewisser Hinsicht ist das richtig: Im ursprünglichen Wortsinn

45 Z.B. CSI - The Committee for Skeptical Inquiry (zuvor CSICOP).

46 Im Englischen lautet der von Carl Sagan geprägte Skeptikersatz: Extraordinary claims require extraordinary evidence.

47 Bruno Latour, *Die Hoffnung der Pandora: Untersuchungen zur Wirklichkeit der Wissenschaft*, 2000.

ist Aberglaube schlichtweg ein Anders-Glaube, der vom gängigen Glauben abweicht. Früher war Aberglaube das Gegenstück zum christlichen Glauben, heute zum Glauben an das gegenwärtige Schuwi-Weltbild. Wer Aberglauben verurteilt, gesteht ein, selbst ein Gläubiger zu sein, allerdings mit dem Vorteil, der Mehrheit anzugehören. So ist auch die Unterscheidung zwischen Glauben und Wissen oft ein demokratischer Vorgang. Was die Mehrheit glaubt, wird als Wissen in Schulen und Universitäten unterrichtet und so verfestigt. Früher „wusste" man, dass es Gott gibt; heute „weiß" man, es gibt ihn nicht. Solange Eso in der Unterzahl ist, wird es heißen: Eso glaubt an Telepathie, Schuwi weiß, sie ist unmöglich.

Derzeit scheint auch ein Großteil der Welt zu glauben, permanentes Wirtschaftswachstum sei ein erstrebenswertes Ziel. Das lässt sich kaum darauf zurückführen, dass so viele gute Argumente dafür sprächen. Im Gegenteil, wie soll das auf einem begrenzten Planeten gehen, bei dem der Verbrauch der natürlichen Ressourcen schon jetzt nicht mehr tragbar ist? Aber solange es sich Politiker, Wirtschaft, Gesellschaft und Medien immer wieder gegenseitig einreden, werden die kritischen Stimmen kaum gehört.

Den Mehrheitsglauben als Wissen und Wahrheit misszuverstehen, birgt große Gefahren. Er wird möglicherweise zum Dogma, das nicht mehr hinterfragt werden darf oder gar mit aller Kraft den „Unwissenden" vermittelt werden muss. Wer dabei auch Gewalt nicht scheut, führt Kreuzzüge oder „heilige Kriege". Wenn Schuwi seinen Glauben mit Wissen verwechselt, wird er glücklicherweise nicht gewalttätig, aber bekämpft zumindest verbal voller Eifer Spirituelle, Religiöse, Eso und andere vermeintliche Ketzer.

Wünsch Dir was!

Schon Pippi Langstrumpf sang: „Zwei mal drei macht vier, widewidewitt und drei macht neune. Ich mach mir die Welt, widewide wie sie mir gefällt...". Seit Büchern wie „The Secret"[48] scheint es eine Überzeugung von Eso geworden zu sein, dass er mit der richtigen „Wünsch' dir was"-Technik die Welt nach Belieben gestalten kann. Kein Wunder, wenn er von Schuwi häufig den Vorwurf „Wunschdenken" zu hören bekommt.

Zunächst einmal gilt für alle Menschen: Wunsch prägt Denken. Oder allgemeiner: Jede Emotion prägt unser Denken. Die unbewusste Verquickung von Wünschen und Denken ist problematisch, genauso problematisch ist aber Schuwis Behauptung, er löse alle Probleme emotionslos, mit seinem nüchter-

48 Rhonda Byrne, *The Secret - Das Geheimnis*, 2007.

Abbildung 4.4: Schuwi Wunschdenken

nen Verstand. Das ist eine Illusion, und Illusionen, derer man sich nicht bewusst ist, sind die gefährlichsten.

Forscher sind auch nur Menschen

Viele von Esos Vorstellungen geben der Welt größere Tiefe und Sinn, lassen sie positiver erscheinen. Das erregt Verdacht. Leben nach dem Tod? Wunschdenken! Kraft der Gedanken und Telepathie? Wunschdenken! Geistheilung? Wunschdenken! Die Versprechungen der Religion, dass uns ein paradiesisches Jenseits für Qualen und Verzicht auf der Erde belohne, glaubt ja auch kaum mehr jemand. Alles Positive, Trostspendende steht im Generalverdacht des Wunschdenkens.

Da hat es Schuwi einfacher: Dass wir seelenlose Atomklumpen sind, kann sich wohl niemand ernsthaft wünschen. Wer das denkt, muss also völlig objektiv sein? Mancher Schuwi ist geradezu stolz auf seinen Pessimismus und Nihilismus, denn er glaubt, eine möglichst negative Sicht auf die Welt sei Zeichen eines glasklaren Verstandes. Doch auch das ist Wunschdenken! Schuwi hat viele Wünsche (Abb. 4.4): Dass er ernst genommen und geachtet wird, dass sein Weltbild bleibt, wie es ist, dass ihn Eso beim Kampf um die Weltdeutung nicht heimlich den Rang abläuft und plötzlich mit Geist und Gott die Wissenschaft umkrempelt. Diese Wünsche prägen Schuwis Denken und seine wissenschaftliche Arbeit.

Forscher sind auch nur Menschen, und die Wünsche und Bedürfnisse von Menschen haben Psychologen ausgiebig untersucht. Klaus Grawe etwa unterscheidet Orientierung/Kontrolle, Lustgewinn/Unlustvermeidung, Bindung und Selbstwerterhöhung/-schutz. Wie steht es wohl um die Befriedigung dieser Grundbedürfnisse bei Schuwi und Eso? Es mag Forscher geben, für die ergebnisoffenes Knobeln, Grübeln, Experimentieren und Wahrheitssuche ein reiner Lustgewinn ist.[49] Aber es gibt eben auch die kleinen oder großen, mehr oder weniger versteckten Forscher-Egos mit persönlichen Wünschen, die nicht unbedingt zum Wohle der Wissenschaft sind. Menschen, die sich als absolut rational bezeichnen und ihre Gefühle im dunklen Keller verschließen, sind besonders gefährdet, dass sich ihr Fühlen, als Denken getarnt, in ihr Leben mischt. Wer sich hingegen der eigenen Gefühle bewusst ist, wird wesentlich besser im Wunschdenken das Denken vom Wünschen trennen können.

Schuwis Wunschdenken: Das gibt's nicht

Betrachten wir einmal die Vermutung (oder das Wunschdenken?), der Mensch wäre in der Lage, unter bestimmten Bedingungen telepathisch mit anderen Menschen in Verbindung zu treten und so Gedanken zu lesen oder von Gefühlen zu erfahren... Oder, nein, probieren wir es erst einmal anders: Betrachten wir die Vermutung, der Mensch wäre in der Lage, mit eigener Körperkraft über zwei Meter hoch zu springen. Vergessen Sie dafür bitte kurz alles, was Sie über Leichtathletik wissen, und überlegen Sie, was für ein absurder Gedanke das eigentlich ist. Ich kann definitiv nicht so hoch springen, und ich kenne persönlich niemanden, der das kann. Das hieße ja, höher zu springen, als man groß ist. Man stelle sich das vor: Man müsste irgendwie in die Hocke gehen und sich dann abdrücken – aber zwei Meter!? Mit Anlauf kann es auch nicht besser gehen, denn es soll ja in die Höhe und nicht nach vorne gehen. Vollkommen klar, schon die theoretischen Überlegungen beweisen: Die Geschichten von Zwei-Meter-Springern sind Lügen oder Aberglaube.

Aber Schuwi will es auch im praktischen Versuch zeigen: Er führt eine groß angelegte Studie durch, bei der hundert Menschen zufällig aus der Bevölkerung ausgewählt werden. Vielleicht sagt er ihnen noch, dass der Aberglauben des Zwei-Meter-Springens widerlegt werden soll und erläutert, warum der menschliche Körper mit seinen Muskeln und der Körpermechanik niemals die eigene Höhe überspringen kann. Deshalb muss er auch nicht überlegen, ob es

49 Der theoretische Physiker Richard Feynman soll gesagt haben: „Mathematics is like sex: sure, it may give some practical results, but that is not the reason why we do it."

vielleicht bessere Techniken gibt, als sich aus dem Stand beidbeinig abzudrücken. Dann werden die Sprungversuche durchgeführt, und siehe da, die Zwei-Meter-Marke bleibt in weiter Ferne. Das wäre also bewiesen!

Womit wir bei der Telepathie wären: Auf ähnliche Weise führt Schuwi Experimente durch, etwa mit zufällig zusammengewürfelten Psychologiestudenten. Weil diese nicht auf Anhieb telepathisch kommunizieren, sagt er, Telepathie sei einmal mehr widerlegt.

Wie Sie wissen, ist der Mensch in der Lage, ohne Hilfsmittel höher als zwei Meter zu springen. Aber er muss dafür bestimmte natürliche Begabungen mitbringen, entsprechende Techniken erlernen und fleißig trainieren. Und er muss wünschen und glauben, dass er es schafft! Schon im Sport steckt viel Psychologie, um hohe Leistungen zu erbringen. Umso verständlicher sollte es sein, dass parapsychologische Experimente vor allem dann gelingen, wenn sie mit der richtigen Haltung angegangen werden. Das ist nicht unwissenschaftlich, sondern bedeutet nur, die richtigen Rahmenbedingungen zu schaffen.

Wenn das Fernsehen so begeistert über gute Telepathen berichten würde wie über Spitzensportler, wären manche der dort möglichen Leistungen für uns vielleicht eine Selbstverständlichkeit.

Narzissmus und Wunschdenken

Menschen, die sich für großartig oder gar unfehlbar halten, gibt es überall, auch bei Schuwi und Eso. Schuwi überschätzt sein wissenschaftliches Vorgehen oft als ungefilterte Erkenntnisquelle. Eso behauptet gerne, durch Innenschau oder göttliche Eingebung direkten Zugriff auf die Wahrheit zu erlangen.

Wer im Internet nach „Channeling“ sucht, findet unzählige „direkt“ übermittelte Botschaften aller möglichen Engel und intergalaktischen Wesen. Der wissenschaftliche Ansatz, die Quellenangaben dieser Botschaften zu überprüfen, hilft kaum weiter. Wer sie komplett ignoriert, verzichtet aber vielleicht auch auf manchen guten Gedanken. Letztlich sollte es um die Qualität des Gesagten gehen. Was vernünftig und hilfreich erscheint, nehme ich gerne als Anregung, egal ob es „ausgedacht“ oder „gechannelt“ ist. Interessiert es Sie, ob ich dieses Buch selbst geschrieben habe oder, sagen wir mal, Pythagoras es mir aus der geistigen Welt eingeflüstert hat? Oft geben die als Medium arbeitenden Autoren selbst den Ratschlag, man solle für sich bewusst auswählen, so etwa zu Beginn der „Gespräche mit Gott“[50]. Diese Bücher sind wohl nicht deshalb ein Bestseller, weil sich Gott darin endlich einmal garantiert höchst-

50 Neale Donald Walsch, *Gespräche mit Gott.*

persönlich äußert, sondern weil sie einen überzeugenden, überraschenden und ermutigenden Blick auf das Menschsein und die Welt ermöglichen.

Die Gefahr narzisstischen Denkens scheint mir bei Eso besonders groß. Wer jenseitige Wesen durch sich sprechen lässt, ist sicher ein Auserwählter? Wer die Welt mit „Manifestationstechniken" selbst erschafft, sieht sich schnell auch in ihrem Mittelpunkt. Die Erde wird als kosmisches Experiment von der ganzen Galaxis beobachtet, die jetzige Zeit ist die wichtigste, unsere Generation ist Zeuge größter Bewusstseinsveränderungen, und wenn es einen Weltuntergang gibt, dann bitte jetzt, damit wir persönlich dabei sein können.

Schall und Rauch

Schuwi liebt Gleichungen, denn diese sind präzise und eindeutig. Doch ohne Sprache geht es auch in der Wissenschaft nicht. Sprache ist zwar ein mächtiges Werkzeug, aber nicht perfekt und fehlerfrei. Philosophen und Sprachwissenschaftler beschäftigen sich damit, wie Wörter zu ihren Bedeutungen kommen, wie Informationsübertragung möglich wird und sich Genauigkeit herstellen lässt. Letztlich aber gibt es kein übergeordnetes System, aus dem heraus sich Sprache definieren lässt. In einem Wörterbuch wird ein Wort stets durch andere Wörter erklärt. Für Sprachforscher ist das ein Problem, für den praktischen Alltag nicht. So soll hier Wittgensteins Sicht genügen: „Die Bedeutung eines Wortes ist sein Gebrauch in der Sprache."[51] Auch damit bleiben genug Schwierigkeiten, wenn Schuwi und Eso sprechen.

Benennen ist nicht Verstehen

„Das ist nur ein Placebo-Effekt", sagt Schuwi zu einem Naturheilverfahren und lehnt sich zufrieden zurück. Prima, da haben wir eine schöne Bezeichnung, um den Effekt einzuordnen und zu suggerieren, dass dahinter gesichertes Medizinwissen steckt. Doch was bedeutet das? Wie eine Zuckerpille heilt, ist noch lange nicht verstanden. Genausogut könnte man von „Heilung durch Glauben" oder „Geistheilung" sprechen, doch diese Begriffe lösen großes Unbehagen bei Schulmedizinern aus. Es ist zu unterscheiden: Wird einem Phänomen ein Name gegeben, um es irgendwo einzusortieren, oder zeigt der Name tatsächlich, dass verstanden wurde, was dahinter steckt?

Wenn Schuwi und Eso verschiedene Begriffe benutzen, geht es möglicherweise um das Gleiche. Schuwi sagt „spontane Remission", Eso sagt „Wunderheilung", beide meinen, Krankheitssymptome sind überraschend verschwun-

---

51 Ludwig Wittgenstein, *Philosophische Untersuchungen*, 1953.

Abbildung 4.5: Klingt wie Wissenschaft, ist aber keine

den, ohne dass dies durch eine (schul-)medizinische Behandlung erklärbar wäre. Eso zeigt mit seinem Begriff immerhin Staunen und Begeisterung, während Schuwi nüchtern klingen möchte. Wunder gibt es in seiner ordentlich sortierten Wissenschaft nicht.

Esosprech und Metaphern

Auch wenn Schuwi und Eso gleiche Wörter verwenden, heißt das keineswegs, sie meinten dasselbe. Eso entwickelt zunehmend Liebe zu wissenschaftlich klingenden Begriffen, vielleicht um seine Unwissenheit zu verschleiern oder aus Minderwertigkeitsgefühlen gegenüber der etablierten Wissenschaft. Heilung durch Handauflegen oder Gebete sind ihm längst nicht mehr genug. Nun muss es Quantenheilung, DNS-Programmierung oder feinstoffliche Energietransmission in die Matrix sein (Abb. 4.5). Die Vorstellung, dass wir mit der richtigen Wunschtechnik Dinge in unser Leben holen können, nennt er „Gesetz der Anziehung“. Ich halte Wünschen, Beten oder Visualisieren durchaus für wertvolle Mittel, um unser Leben zu gestalten. Doch hier von Naturgesetzen zu sprechen, ist Etikettenschwindel. Wenn unsere Schwerkraft so unzuverlässig wäre wie Esos „Gesetz der Anziehung“, würde nicht nur er manchmal vom Boden abheben.

Es gibt aber auch sinnvolle Metaphern oder Vergleiche. *Licht* spielt für Esos Erleuchtung und Schuwis Beleuchtung eine Rolle. *Energie* ist für Schuwi die Fähigkeit, Arbeit zu verrichten, ihre Einheit ist Joule. Doch Energie hat auch eine Alltagsbedeutung. Wenn ein Mensch „voller Energie ist“, fragt auch

Schuwi nicht nach Angaben in Joule. Es ist klar, da ist jemand, der etwas leisten kann, Dinge in Bewegung bringt. Das ist durchaus nahe am physikalischen Begriff. Doch was ist dann „gute Energie“ oder „schlechte Energie“? Mehr dazu in Kapitel 7.

Wissen, wovon man spricht

Doch Eso kennt kein Halten. Da ist dann vom elektromagnetischen Feld des Menschen die Rede, von Frequenzen, Schwingungsebenen und Quantenphysik. Auf eine umgangssprachliche Bedeutung kann man sich hier nicht mehr beziehen. Wer über elektromagnetische Wellen spricht, muss auch die Frage nach Feldstärken und Frequenzen erlauben. Vielleicht sollte Eso Warnungen vorweg schicken: Hier habe ich etwas, das Ähnlichkeiten mit elektromagnetischen Feldern aufzuweisen scheint, deshalb benutze ich dieses Wort als Vergleich oder als Metapher. Fragt mich aber bitte nicht nach den Maxwell-Gleichungen zur mathematischen Beschreibung der Felder.

Manchmal sind Esos Vergleiche sehr wackelig. Vielleicht hat er gehört, dass in der Quantenphysik Dinge geschehen, die die klassische Physik nicht erlaubt. Also gibt er seinen Thesen, die ebenfalls der klassischen Wissenschaft widersprechen, die Vorsilbe „Quanten“. Womöglich denkt er auch nur: Ich habe hier eine Beobachtung, die ich nicht verstehe, Quantenphysik verstehe ich auch nicht. Also ist es ein Quantenphänomen! Esos Quantenheilung bedeutet jedenfalls nicht, dass kranke Quanten geheilt werden sollen.

Metaphern können hilfreich und wertvoll sein. Über Schmetterlinge im Bauch freut sich auch Schuwi, anstatt eine Magenoperation vorzunehmen. Doch in der Forschung und für die Kommunikation ist Vorsicht angeraten. Nur selten ist sich Eso bewusst, ob er einen physikalischen Begriff korrekt oder metaphorisch verwendet. Wer von *Lebensenergie* spricht oder vom *Feld der Aura*, sollte auch wissen, was die Wissenschaft über Energie und Felder weiß.

Jenseits der Sprache

Auch bei noch so sorgfältiger Verwendung der Sprache bleibt ein Problem. Manches lässt sich kaum durch Sprache vermitteln. Wie erklären Sie jemandem, was Musik ist und wie sie sich anfühlt? Über Gefühle und inneres Erleben können wir nur so lange sprechen, wie der andere über vergleichbare Erfahrungen verfügt. Bei Musik ist das fast immer der Fall, und notfalls können wir sie vorspielen. Doch was ist, wenn der andere von Geburt an gehörlos ist? In einer Welt der Gehörlosen würde man den Hörenden ihre fantastischen Berichte über Musik wohl kaum glauben.

Die meisten Menschen können hören. Aber wer kennt tiefgehende spirituelle Erfahrungen, außergewöhnliche Bewusstseinszustände oder Gipfelerlebnisse? Werden die anderen Menschen solche mühsam in Worte übersetzten Erlebnisse ernst nehmen? Gerade diese Erfahrungen eröffnen aber die Chance, unser Dasein und die Welt neu zu verstehen.

Wo sprachliche Präzision nicht genügt, hilft manchmal Poesie. Wer den „Weltinnenraum" kennt, wird ihn vielleicht in keinem Fachartikel so gut beschrieben finden wie bei Rilke:

Durch alle Wesen reicht der eine Raum:
Weltinnenraum. Die Vögel fliegen still
durch uns hindurch. O, der ich wachsen will,
ich seh hinaus, und in mir wächst der Baum.[52]

52 Rainer Maria Rilke, *Es winkt zu Fühlung fast aus allen Dingen...*, 1914.

5

FENSTER ZUR WIRKLICHKEIT

Wer die Welt verstehen will, muss sie zunächst wahrnehmen. Schon jedes Baby erkundet seine Umgebung, schaut, lauscht, berührt, was ihm in die Finger kommt, steckt es in den Mund, um es zu schmecken. Alle Sinne werden genutzt. Eng verbunden mit der Wahrnehmung ist das Experiment. Da werden Klötzchen herumgeworfen, Rasseln zum Klingen gebracht oder Stoßgesetze und Schwerkraft untersucht. Vielleicht finden sich Regelmäßigkeiten: Kleine, in Folie gewickelte Dinge lassen sich auspacken und erzeugen auf der Zunge ein Wohlgefühl – die Entdeckung der Süßigkeitentheorie!

Forscher machen es im Prinzip genauso, nur ein bisschen systematischer. Experimente werden aufgeschrieben, um sie nicht unnötig wiederholen zu müssen und damit andere davon erfahren. Bauklötzchen lassen sich mit den Händen gegeneinander schlagen, und man sieht und hört, was passiert. Bei Atomkernen wird es schwieriger, so dass technische Geräte wie Teilchenbeschleuniger zu Hilfe genommen werden. Im nächsten Kapitel wird auf Experimente und die Bildung von Theorien eingegangen, beginnen wir hier mit der Wahrnehmung als ersten Schritt zur Erkenntnis.

Sinne und Sinnlichkeit

Traditionell unterscheidet man die fünf Sinne *Sehen, Hören, Riechen, Schmecken* und *Tasten*. Sie sind unsere Fenster zur Welt (Abb. 5.1). Einige sind klein, andere größer, aber das meiste verschwindet hinter den Fensterrahmen. So kann unser Sehsinn weder Infrarotstrahlung noch ultraviolettes Licht wahrnehmen. Die Scheiben sind nicht immer gut geputzt. Oft spiegeln sie sogar, und unsere eigenen Vorstellungen überlagern die Wahrnehmung.

Abbildung 5.1: Unsere Sinne, Fenster zur Welt

Sehen, Hören und noch mehr

Mit den Augen nehmen wir elektromagnetische Wellen mit Wellenlängen zwischen etwa 400 bis 700 Nanometer[53] wahr: Sichtbares Licht mit den Regenbogenfarben von Violett bis Rot. Die Auflösung des Auges erlaubt es, noch in etwa vier Metern Entfernung Punkte mit einem Millimeter Abstand zu unterscheiden. Im Gegensatz zu Digitalkameras ist diese Auflösung bei uns nur in der Mitte der Netzhaut so hoch und wird zum Rand hin schlechter. Doch unsere Augäpfel sind viel in Bewegung, tasten im Sichtfeld interessante Bereiche ab, die im Gehirn zu einem Bild zusammengefügt werden.

Unsere Ohren nehmen Schwingungen der Luft wahr, ungefähr im Bereich von 20 bis 20.000 Hertz[54]. Minimale Druckänderungen genügen; wir könnten Tiefdruckgebiete hören, bei denen das Barometer um ein Millionstel Millibar fällt, wenn sie mindestens zwanzig Mal pro Sekunde kämen und gingen. Normalerweise übertragen die Moleküle der Luft die Druckkräfte auf unser Trommelfell, beim Schwimmen kann es auch mal Wasser sein, in der Leere des Weltalls jedoch gibt es keinen Schall. Da können Science-Fiction-Filme, in denen die Raumschiffe nur so sausen und brausen, viel lernen vom faszinierend stillen All in „2001: Odyssee im Weltraum“[55].

Dann gibt es noch die Nahsinne Riechen, Schmecken und Tasten. Nur was unmittelbar als Materie zu uns gelangt, wird durch sie wahrgenommen. Ein

53 1 Nanometer = 1 Millionstel Millimeter

54 Hertz (Hz) = Schwingungen pro Sekunde

55 *2001: Odyssee im Weltraum*, Regie: Stanley Kubrick, 1968.

Sinnesorgan überzieht den ganzen Körper: Die Haut nimmt Druck, Vibration und Temperatur wahr, und hier sitzen auch – besonders wirksam, um den Umgang mit der Welt zu lernen – viele Schmerzrezeptoren.

Alles ist relativ

Unsere Sinne können typischerweise einen sehr großen Bereich von schwachen bis starken Reizen verarbeiten. Ein Geräusch, das gerade noch hörbar ist, wird erst bei millionenfach verstärktem Schalldruck schmerzhaft und schädigend für das Gehör. Unser Sehen ist stets gut belichtet, von der Sternennacht bis zum Schnee im Sonnenschein. Zugleich können wir auch geringfügige Reizunterschiede sehr gut erkennen. Haben Sie einmal versucht, einen Teil einer Zimmerwand mit der gleichen Farbe neu zu streichen? Ärgern Sie sich nicht, dass Sie das ganze Zimmer streichen müssen, freuen Sie sich über die hohe Sensibilität Ihrer Sinne, die auch geringste Farbunterschiede wahrnehmen!

Sie können sich auch damit trösten, dass unsere Sinne in einer Hinsicht ziemlich tolerant sind, nämlich wenn es darum geht, die Wahrnehmung auf einer absoluten Skala einzuordnen. Falls Sie keine weiße Farbe mehr haben, aber einige Eimer zartes Hellgrün: Kein Problem, wenn alle Wände gestrichen sind, wird es nicht auffallen. Selbst der Unterschied zwischen dem bläulichen Tageslicht und dem gelben Licht von Glühlampen stört kaum jemanden, seine beachtliche Größe zeigt sich erst, wenn bei Fotos mit der Digitalkamera der automatische Weißabgleich abgeschaltet wird.[56]

Sinnlichkeit

Die Stärken und Schwächen unserer Sinne passen gut zu den Bedürfnissen des menschlichen Lebens (abgesehen vom Ärger beim Wohnungstreichen). Doch wie wichtig sind die Sinne für die Wissenschaft? Immerhin sind sie unser allererster Zugang zur Welt. Die Sinnlichkeit, also das bewusste, wohlige, unmittelbare Wahrnehmen und Erleben mit Hilfe aller Sinne, müsste dann doch die Königsdisziplin aller Forscher sein?

Im Gegenteil! Schuwi traut seinen Sinnen nicht und benutzt sie so wenig wie möglich. Schmecken, Riechen, Tasten, die besonderen Freuden sinnlicher Menschen, sind für ihn völlig uninteressant, dafür hat er Geräte und chemische Analysen. Auch Sehen und (seltener) Hören dienen ihm vor allem, um seine Messgeräte abzulesen.

---

56 Ein Problem von Energiesparlampen ist nicht etwa die Farbtönung, sondern ihr unregelmäßiges Spektrum, welches die Farbverhältnisse der angestrahlten Gegenstände auf unnatürliche Weise verändert.

Wer nicht fühlen will, muss messen

Schuwi fürchtet die unwissenschaftliche Willkür seiner Sinne und begegnet ihnen mit größtem Misstrauen. Nur Messgeräte erlauben ihm, präzise Angaben über die Welt zu erhalten und diese auf einer festen, für alle verbindlichen Skala einzuordnen. Schuwi liebt Messgeräte.

Messgeräte können mehr

20 Grad Celcius ist immer die gleiche Temperatur, egal ob dem einen kalt und dem anderen warm dabei ist. Messgeräte entkoppeln die Wahrnehmung vom unzuverlässigen Menschen, sie versprechen Objektivität. Da gibt es nichts zu diskutieren, und das ist gut für wissenschaftliche Arbeit. Je einfacher und eindeutiger das Messergebnis beschrieben werden kann, desto besser.

Messgeräte verbessern unsere Wahrnehmungsfenster zur Welt. Die Scheiben sind schön geputzt, Mikroskope und Teleskope sehen mehr als Augen. Die Fenster sind größer: Wir können nicht nur das sichtbare Licht erfassen, sondern das gesamte elektromagnetische Spektrum – wie etwa Radiowellen, ultraviolettes Licht oder Röntgenstrahlen. Es gibt zusätzliche Fenster: Ein Kompass misst Magnetismus, ein Barometer den Luftdruck, ein Seismograf Vibrationen der Erdoberfläche, ein Geigerzähler radioaktive Strahlung. So können wir Bereiche erkunden, die für unsere Sinne unzugänglich sind, aber durchaus Einfluss auf den menschlichen Körper haben. Man denke an radioaktive Strahlung, die gerade deshalb so gefürchtet ist, weil wir sie erst spüren, wenn es längst zu spät ist.

Stolz wie Bolle

Das wichtigste für Schuwi ist sein Gerät zum Messen und zum Durchführen von Experimenten. Es scheint fast, je größer sein Gerät, desto größer die Anerkennung. Dass das CERN-Kernforschungszentrum in Genf so oft in den Medien auftaucht, liegt wohl nicht alleine am öffentlichen Interesse, ob das Standardmodell der Teilchenphysik in Bezug auf das Higgs-Boson bestätigt wird. Aber denken Sie an die großartigen Bilder von mehrere Stockwerke hohen Stahlkonstruktionen, Rohrleitungen, Kabelgewirr, vor denen sich die Menschen in weißen Kitteln winzig ausnehmen. Das ist besser als Unterwasserraketenabschussbasen von James-Bond-Bösewichten (Abb. 5.2).

„Ich bin stolz wie Bolle", schwärmte ein Universitätsklinikprofessor in einem Zeitungsinterview.[57] War er so stolz, weil besonders viele Patienten

57 Prof. Thomas Haberer vom Heidelberger Universitätsklinikum, Rhein Neckar Zeitung, 27. Oktober 2012.

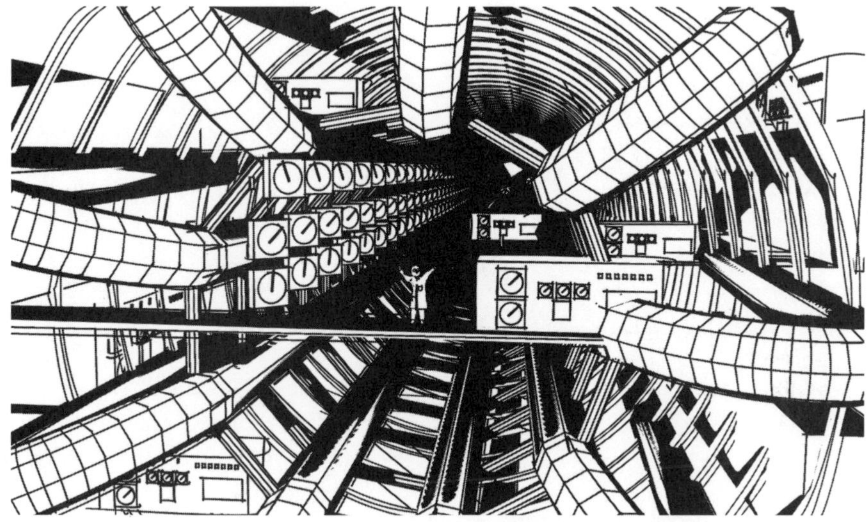

Abbildung 5.2: Großer Forscher oder nur großes Gerät?

geheilt werden konnten? Nein, es ging um die Inbetriebnahme eines sechshundert Tonnen schweren Geräts zur Bestrahlung von Krebspatienten, ohne das Budget von einhundertneunzehn Millionen Euro zu überschreiten. Auch meine Heilpraktikerin könnte sehr stolz sein, allerdings nicht auf ihre Behandlungsliege, sondern auf ihre Heilerfolge.

Vielleicht interessieren sich die Medien deshalb auch so sehr für die Neurowissenschaftler mit ihren teuren Tomographie-Geräten und farbigen 3D-Bildern. Dass Kunden beim Einkaufen nicht immer vernünftige Entscheidungen treffen, wird plötzlich zur Schlagzeile, weil es von den Spezialisten des Neuromarketings anhand von Gehirnscans herausgefunden wurde.[58] Beeindruckend? Was Neurowissenschaftler über die Psyche zu Tage fördern, erscheint oft trivial, wenn man es mit dem Wissen von Psychologen vergleicht, die als „Messgerät" lediglich sich selbst verwenden. Das ist zwar mitunter unpräzise, aber letztlich ideal, um mit anderen Menschen auf wichtigen Ebenen in Kontakt zu kommen. Gehirnscans können da immer nur eine Ergänzung sein.

---

58 Z.B.: Coke und Pepsi unterscheiden sich vor allem im Markenimage, nicht im Geschmack: Samuel M. McClure, „*Neural Correlates of Behavioral Preference for Culturally Familiar Drinks*", in: Neuron, 44(2), 2004.

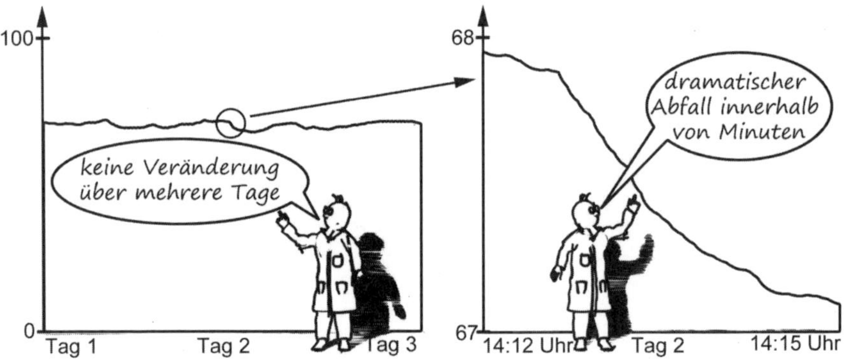

Abbildung 5.3: Skalenwahl: Gleiche Werte, andere Botschaften

Zerlegen ist nicht Verstehen

Weil Messgeräte absolute, objektive Daten liefen, wird gerne unterstellt, auch die darauf aufbauenden wissenschaftlichen Ergebnisse seien objektiv. Doch kein Messinstrument kommt ohne menschliche Wahrnehmung aus. Geht es nur um das Ablesen von Zahlen, Zeigern und Skalen, kann nicht viel schiefgehen. Aber bereits wenn Werte als Kurven dargestellt werden, entsteht Raum für Subjektivität, Interpretation und Täuschung (Abb. 5.3).

Gib' Bild!

Messgeräte liefern oft große Mengen an Rohdaten. Die Milliarden Werte, die ein einzelner Gehirnscan liefert, können nicht mal eben als Zahlenkolonne durchgelesen werden. Um Sinn in die Daten zu bringen, werden bildgebende Verfahren eingesetzt, bei denen Zahlen in Farben und Helligkeiten übersetzt werden. Eine ähnliche Technik ist jeden Abend bei der Wetterkarte zu sehen. Zahlreiche Einzeltemperaturen werden als farbige Landkarte dargestellt. Wollte die Wetterfrau gute Laune verbreiten, könnte sie für -30 Grad Blau wählen, für 0 Grad Orange und für 10 Grad Rot. Schon sieht jeder Tag nach Freibadbesuch aus, da wir an bestimmte Farbbedeutungen gewöhnt sind.

Wenn Schuwi Daten anschaulich aufbereitet, kann er meist selbst entscheiden, wo er solche Grenzen zieht. Wo fängt auf dem Gehirnscan „hohe" Aktivität an und was soll in dunklen Grautönen verschwinden? Schuwi schraubt gerne an Skalen und Minimal- und Maximalwerten herum, bis das zu sehen ist, was gezeigt werden soll. Ist das noch objektiv?

Nicht nur bei der grafischen Darstellung von Daten kommt Willkür ins Spiel. Auch wie ein Bild gedeutet wird, ist mitunter eine höchst subjektive Angelegenheit. Der eine Zahnarzt sagt beim Blick auf das Röntgenbild, der Zahn sei in Ordnung, der andere will ihn sofort ziehen. Die objektive Zahnvermessung per Röntgengerät führt also keineswegs zu einem eindeutigen Ergebnis. Wie schön wäre da eine automatische Bildverarbeitung, die die Röntgendaten auswertet und zuverlässig entscheidet, Zahn kaputt oder Zahn heil! Aber das wird schwierig.

Verstehen ist mehr als Zerlegen

Es ist schon vertrackt: Je mehr objektive Messdaten gesammelt werden, desto größer wird der Spielraum, die Gesamtheit der Daten subjektiv zu deuten. Es liegt in der Natur wissenschaftlicher Messungen, dass sie komplexe Systeme als gewaltige Mengen von Einzelwerten erfassen. Das ist schon bei einer Digitalkamera so. Wo wir Menschen Bilder sehen und Gegenstände erkennen, Vorder- und Hintergrund unterscheiden, da sieht die Kamera nur viele Millionen Bildpunkte, die alle gleich viel wert sind.

Schuwi hat sich an dieses Zerlegen in „Messatome" gewöhnt. Es sieht ja auch sehr genau und sorgfältig aus, wenn der Arzt unzählige Laborwerte darauf überprüft, ob sie im zulässigen Bereich liegen. Die für den Patienten wichtige Frage lautet allerdings: „Bin ich gesund oder krank?" Wie Schuwi aus seinen Unmengen von Rohdaten wieder das Ganze in den Blick bekommt, ist ihm oft selbst nicht klar. Vielleicht entscheidet er, wenn alle Einzelwerte im grünen Bereich sind, dann ist es gut, sonst nicht. Doch so einfach ist es selten. Wie lassen sich aus Millionen Mess-Puzzlestückchen bedeutungsvolle Muster erkennen?

Fast seit Beginn des Computerzeitalters wird daran gearbeitet, dass Computer Aufnahmen der realen Welt verstehen können. Eine Kamera blickt in einen Raum, und der Computer soll die Einrichtungsgegenstände und ihre räumliche Lage erkennen. Oder ein Auto fährt selbstständig durch den Stadtverkehr und weicht Hindernissen aus.

Wie weit sind wir gekommen? Trotz jahrzehntelanger Forschung sitzt auch heute hinter dem Lenkrad immer ein Mensch. Wie schwierig maschinelles Bildverstehen ist, sieht man schon in sehr einfachen Situationen. Viele Webseiten überprüfen mit einem kleinen Test, ob ein Formular im Browser von einem echten Menschen ausgefüllt wird oder von einer automatischen Software, die vielleicht Böses im Schilde führt. Die Rede ist vom *Captcha*, dem „Completely Automated Public Turing test to tell Computers and Humans Apart" (Abb. 5.4).

Abbildung 5.4: Captchas lesen, daran scheitern Maschinen

Die Idee zu solchen Tests geht auf Alan Turing zurück, der 1950 überlegte, ob man Computer so programmieren könnte, dass ein Außenstehender, der per Tastatur und Bildschirm mit dem Gerät kommuniziert, nicht unterscheiden kann, ob ein Mensch oder nur eine Maschine die Antworten gibt. Bei Captchas muss der Benutzer ein, zwei Wörter erkennen und eingeben. Das ist auch für Maschinen an sich kein Problem, seit vielen Jahren gibt es Systeme, die sogar ganze Bücher einscannen können. Aber schon etwas Verzerrung und Hinterlegen von störenden Linien genügen, damit der Computer die einzelnen Buchstaben nicht mehr zuverlässig identifizieren kann und im Wettstreit mit dem Menschen unterliegt.

Gestalt

Letztlich steckt dahinter, dass unsere Geräte und Computer zwar große Datenmengen verarbeiten können, aber nicht deren Bedeutung verstehen. Das erforderliche Wissen, wie etwa Buchstaben aussehen und welche Wörter es gibt, lässt sich Maschinen meist noch gut beibringen. Aber spätestens, wenn es darum geht, die Bedeutung eines ganzen Satzes zu verstehen, scheitern Computer regelmäßig. Auch heute sind automatisierte Übersetzungsprogramme vor allem für ihre merkwürdigen Ergebnisse bekannt. Lassen Sie spaßeshalber auf translate.google.de einen Text vom Deutschen ins Englische und wieder zurück übersetzen. Manches erinnert da an den Wörterbuch-Sketch von Monty Python: „Mein Luftkissenfahrzeug ist voller Aale.“[59]

Computerbasierte Verfahren haben große Probleme, aus Unmengen präziser Rohdaten (z.B. Millionen Bildpunkten eines Digitalfotos) wenige bedeutsame Strukturen abzuleiten. Da der Computer kein wirkliches Verständnis der Welt hat, geht das, wenn überhaupt, nur über umfangreiche vordefinierte Datenbestände. Der Mensch hingegen ist in seiner Wahrnehmung stets ausgerichtet auf sinnvolle Zusammenhänge, auf *Gestalt*. Deshalb reichen ein Strich und zwei

---

59 *Monty Pythons wunderbare Welt der Schwerkraft*, Regie: Ian MacNaughton, 1971.

Abbildung 5.5: Hase, Ente, HasEnte? Analysieren hilft nicht

Punkte, um ein Gesicht zu malen. Wenn zwei Deutungen zu unserer Wahrnehmung passen, können wir sogar willentlich hin und her schalten (Abb. 5.5). Wer eine Gestalt in ihrer Gesamtheit nicht erkennt, kann noch so viel messen und analysieren, er wird letztlich nichts verstehen.

Gerade in Esoland spielt Gestalt eine große Rolle. Das klingt schon in Begriffen wie „ganzheitliches“ Heilen an, wo statt der Analyse einzelner Symptome die Gestalt des gesamten menschlichen Zustandes Grundlage der Diagnose und Behandlung ist.

Sprache

Nicht nur am Verstehen komplexer Bilder scheitert die Technik. Auch Zuhören ist schwierig. So eignen sich die automatischen Spracherkennungssysteme von Telefon-Hotlines mit ihrer mühsamen Bedienung vor allem dafür, höhere Telefongebühren einzunehmen und Komikern gutes Material für entsprechende Sketche zu liefern.

Auch wenn sich durch immer größere Datensätze für die Mustererkennung einiges verbessert hat, gibt es weiter unüberwindliche Probleme. So mögen diese Systeme Hintergrundgeräusche genauso wenig, wie die Captcha-Leseprogramme überflüssige Linien. Die Trennung von *Figur* und *Grund* (so die Begriffe aus der Gestaltpsychologie) macht Probleme. Ein Extrembeispiel ist das sogenannte Cocktailparty-Problem. Wenn viele Menschen wild durcheinander reden, haben wir die bemerkenswerte Fähigkeit, uns im Sprachgewirr gezielt auf einen Sprecher zu konzentrieren, zuzuhören und ihn verstehen zu können. Wie das funktioniert, ist unklar.[60] Wie man es technisch nachahmen könnte, erst recht.

---

60 Pressemeldungen verkündeten 2013, das Cocktailparty-Problem sei gelöst. Dabei zeigte die zitierte Arbeit nur, dass – aber nicht: wie – eine Filterung im Gehirn passierte: Charles Schroeder et al., „Mechanisms Underlying Selective Neuronal Tracking of Attended Speech at a ‘Cocktail Party’“, in: Neuron, 77(5), 2013.

Messfehler

Beim Messen gibt es nicht nur das Problem, große Datenmengen vernünftig zu interpretieren, sondern es müssen überhaupt erst einmal die richtigen Werte erfasst werden. Wenn Schuwi trotz Tausender Messwerte nicht recht schlau wird, fordert er gerne genauere Messgeräte – und denkt damit womöglich in die falsche Richtung.

Messen und Maßgebliches

Captchas werden nicht dadurch maschinenlesbar, dass man sie mit höherer Auflösung verarbeitet. Die Übersetzung von Texten wird nicht besser, wenn die Software die einzelnen Buchstaben genauer anschaut. Manchmal kann zu hohe Genauigkeit sogar vom Wesentlichen ablenken. Wer durch die falschen „Fenster“ auf unsere Welt schaut, wird nichts entdecken oder Täuschungen erliegen. Mitunter vergisst Schuwi zu fragen, welche Mess-Fenster überhaupt aussagekräftige Informationen liefern oder ob er nicht andere Zugänge zur Welt bräuchte.

Anfang des 19. Jahrhunderts gab es noch keine Psychologie im heutigen Sinn. Wissenschaft bedeutete, alles zu vermessen, zu wiegen und zu zählen. Also lag es nahe, so auch bei der Erforschung der menschlichen Psyche vorzugehen. Es entstand die Lehre der *Phrenologie*, die versuchte, Psyche und Charakter bestimmten Hirnbereichen zuzuordnen. Da man nicht in das lebende Hirn hineinschauen konnte, konzentrierte man sich auf die äußere Hülle, die Form des Schädels. Schädelformen wurden Charaktereigenschaften zugeordnet. Das klang damals plausibel, und natürlich fand man auch Beispiele, wo die Theorie gut zu passen schien.

Heute lachen wir darüber und wissen, zwischen Psyche und Kopfform gibt es keinen unmittelbaren Zusammenhang (außer: kein Kopf = keine Psyche). Stattdessen misst Schuwi Gehirnaktivitäten anhand elektrischer Potenziale auf der Schädeloberfläche (EEG) oder er erfasst Durchblutung und Stoffwechselfunktionen mit 3D-Scans. Er behauptet, das seien die richtigen Größen, um das Bewusstsein direkt bei der Arbeit zu beobachten. Es gibt auch Beispiele, wo es gut zu passen scheint.

Wir sind eine Schicht tiefer, doch sind wir am Ziel? Können so tatsächlich innerpsychische Vorgänge erfasst werden? Vielleicht sind die wirklich aussagekräftigen und zu neuen Erkenntnissen führenden Merkmale ganz woanders versteckt, dort, wo (noch?) niemand hinsehen kann. Vielleicht werden in zweihundert Jahren die heutige Neurowissenschaft und die Phrenologie in einem Atemzug genannt.

Das falsche Maß der Dinge

Wie lässt sich das Verhalten eines Systems durch äußere Merkmale repräsentativ erfassen? In der Wissenschaft gibt es sieben voneinander unabhängige Basisgrößen, wie etwa Länge, Masse und Zeit. Weitere wichtige Größen lassen sich daraus ableiten, so dass gemäß dem Internationalen Einheitensystem (SI-System) insgesamt neunundzwanzig Größen in Meter, Ampere, Newton, Watt, Tesla, Joule und vielen anderen, meist nach Wissenschaftlern benannten, Einheiten gemessen werden.

In Politik und Gesellschaft hingegen wird fast alles mit einer einzigen Größe begründet: Geld. Was kosten Investitionen, was kosten Steuersenkungen, was kosten Kindergartenplätze und Bildung, und wie zahlt sich das alles durch Geld und Verzinsung wieder aus? Das gesellschaftliche Vorwärtskommen wird als Wachstum des Bruttosozialproduktes gemessen. Wie es den Menschen, der Natur, der Erde damit wirklich geht, wird höchstens noch als Umweltschädenfolgekosten berücksichtigt.

Aufgrund seiner universellen Bedeutung wird Geld in unzähligen Einheiten von Euro, Dollar bis Dong (Vietnam) gemessen. Obendrein lässt es sich mit Lichtgeschwindigkeit beliebig auf der Welt herumschieben. Viele Menschen glauben, man könnte alles in diese Größe umrechnen, und wollen deshalb möglichst viel davon für sich anhäufen. Die Größen Liebe, Gesundheit, Gemeinschaftsgefühl, Intelligenz oder Glück sind da wesentlich schwieriger zu handhaben und für marktwirtschaftliche Mechanismen sowieso nicht geeignet. Das macht sie aber keineswegs unwichtiger.

Viele kluge Menschen haben mittlerweile die Fehler und Auswirkungen des übertriebenen Geld-Messens analysiert und die absurden Ergebnisse aufgezeigt: Das Bruttosozialprodukt wird gesteigert, wenn sich Menschen scheiden lassen, Anwälte bezahlen und getrennte Wohnungen benötigen, wenn sie Zigaretten rauchen und ihr Lungenkrebs behandelt wird, wenn sie Autounfälle verursachen, Autos verschrotten und neue kaufen. Juchhuu, wir brauchen Abwrackprämien! Wie wäre es mit Scheidungs- und Raucherprämien? Die sind auch gut für die Wirtschaft.

Menschen, die glücklich, bescheiden und im Einklang mit der Welt leben, sind nicht gut für das Bruttosozialprodukt. Wer falsche Größen misst, erhält sinnlose Ergebnisse (Abb. 5.6). Die Suche nach besseren gesellschaftlichen Messgrößen ist ein wichtiges Thema, und an Ideen mangelt es nicht, wie etwa Bhutans „Bruttonationalglück" zeigt. Doch bis zu wirklichen Veränderungen in Politik und Gesellschaft wird es wohl noch dauern.

Abbildung 5.6: Falsches Gerät, um Wohlstand zu messen

Anregung

Mein kleiner Kurzfilm „DeGX-Analyse" widmet sich dem Thema satirisch: Wie sähen heute-Sendung und Politbarometer aus, wenn wir bessere Metriken für unsere Gesellschaft hätten, wie den DeGX, den „Deutschen Glücksindex". Vielleicht haben Sie Lust, ihn im Internet anzuschauen: www.esoschuwi.de/links

---

Nicht messbar, nicht existent?

Geld ist leicht messbar, also wird es als *maßgeblich* erachtet. Schuwi macht es ähnlich. Was er messen kann, ist für ihn maßgeblich; und da sich heute so vieles genau messen lässt, folgert er: Was man nicht messen kann, das gibt es nicht.

Dabei vergisst er, wie Wissenschaft funktioniert. Elektrizität wurde nicht dadurch entdeckt, dass jemand an seinem Spannungsmesser plötzlich einen Ausschlag sah; Radioaktivität nicht dadurch, dass der Geigerzähler zu klicken begann. Erst nach der wissenschaftlichen Entdeckung eines neuen Phänomens wurden Messgeräte entwickelt, um es genauer zu untersuchen.

Messgeräte spiegeln das jeweilige wissenschaftliche Weltbild wider. Mit immer besseren Messgeräten können wir zwar tiefer in die bekannte Welt hineinschauen, aber nicht unbedingt völlig neue Phänomene entdecken und erklären. Vielleicht wird Gedankenübertragung irgendwann durch spezielle Felder erklärbar. Einfach zu sagen, sie seien nicht messbar, hilft da nicht weiter. Die Frage ist vielmehr, wie entsprechende Messgeräte auszusehen hätten.

Liebe gibt es nicht

Nennen Sie objektive Merkmale, um zu messen, ob und wie sehr ein Mensch verliebt ist. Dauerlächeln? Irrationales Verhalten? Desinteresse gegenüber allem, was nicht das Objekt der Liebe betrifft? Das sind Symptome, die sich auch durch eine psychische Störung oder Krankheit erklären lassen. Der Mediziner scannt das Gehirn oder misst Hormonwerte, doch auch dort gibt es keinen eindeutigen Befund. Weder unsere fünf Sinne noch Messgeräte sind geeignet, um Liebe in einem Menschen unmittelbar nachzuweisen.

Nach eingehenden Studien kommt Schuwi zu dem Ergebnis: Liebe gibt es nicht, sie ist nur ein Sammelbegriff für zeitweise abnormales Verhalten, aber keine Qualität an sich. Menschen, die behaupten, sie seien verliebt, täuschen sich, lügen oder wollen sich aufspielen. Sie halten das aber nicht lange aufrecht. Dass sich Kunst und Literatur intensiv mit der Liebe beschäftigen, ist ebenfalls kein Beweis für ihre Existenz. Es gilt, die Menschen endlich darüber aufzuklären, dass der Glaube an die Liebe völlig sinnlos ist.

Absurd? Genau solche Argumente hört man von Schuwi gegenüber spirituellen Erfahrungen oder außersinnlichen Wahrnehmungen. Oder ersetzen Sie im vorigen Absatz Liebe durch Gott. Klingt das vertraut?

Warum wird die Liebe, im Gegensatz zu Gott oder Eso-Vorstellungen, von Schuwi als real anerkannt? Weil die allermeisten Menschen Liebe unmittelbar selbst erfahren haben und sie sich deshalb nicht mehr ausreden lassen, egal wie schlecht die objektive Beweislage ist. Es gibt andere innere Erfahrungen, die für diejenigen, die sie erleben, ebenso real sind. Das kann ein Telepathie-Erlebnis, eine außerkörperliche Erfahrung oder ein spirituelles Gipfelerlebnis sein. Wer so etwas erlebt hat, wird es sich kaum wieder ausreden lassen. Da diese Menschen aber eine kleine Minderheit im Vergleich zu den Liebes-Erfahrenen sind, können sie von der Allgemeinheit weiter als abergläubisch abgetan werden.

Objektivität ist zu wenig

Schuwi hätte das Phänomen der Liebe niemals entdeckt, denn von außen, aus der Perspektive der dritten Person, lässt sie sich nicht annähernd verstehen. Liebe kann nur im eigenen Erleben erfahren werden und eine Bedeutung erhalten. Das gilt auch für andere Gefühle wie Trauer, Hass, Angst oder Freude. Dass sich diese Erfahrungen nicht objektivieren lassen, zeigt sich darin, wie schwer es ist, mit Worten ein Gefühl zu beschreiben, das der andere nicht kennt.

Die Innenseite der Welt

Schuwi mag solches subjektives, inneres Erleben nicht. Er fordert Objektivität, mit all ihren bequemen Vorzügen. Sogar als Autor wissenschaftlicher Arbeiten vermeidet er das Wort „ich“ und benutzt lieber passive Formulierungen, als ginge es nicht um *seine* Experimente, sondern um absolute Wahrheiten.

Doch unser unmessbares Inneres gehört zur Welt, ist unverzichtbar für vollständiges Verstehen. Gehirnforscher, die ausschließlich auf äußere Messungen setzen, werden vermutlich nie zu den wirklichen Beweggründen des Menschen vordringen. Ein gebrochenes Bein ist im Röntgenbild sichtbar, ein gebrochenes Herz nicht, obwohl es mehr Schmerzen verursachen kann.

Ken Wilbers Vier-Quadranten-Modell macht diese Aspekte der Welt anschaulich (Abb. 5.7).[61] Es unterscheidet subjektiv/Inneres und objektiv/Äußeres sowie Einzahl (der einzelne Mensch, das Untersuchungsobjekt) und Mehrzahl (die Gesellschaft, das System). Schuwi-Forschung erfolgt auf der rechten Seite, vor allem oben. Eso ist auf der linken Seite zu Hause. Aber auch ein wesentlicher Teil unseres Alltags als Mensch mit Gefühlen und Beziehungen spielt sich hier ab.

Messen oder Fühlen

Links wird gefühlt, rechts wird gemessen. Letztlich hat auf der linken Seite alles seinen Anfang. Das Baby kann noch nicht zwischen sich und der Außenwelt unterscheiden. Auch in der Menschheitsgeschichte verging viel Zeit, um die Naturwissenschaften und die Objektivierung zu entwickeln. Lange bevor es Messgeräte gab, gab es die menschlichen Sinne und das Fühlen. Kalt und Warm konnten wir schon immer wahrnehmen. Es dauerte lange, bis wir Thermometer bauten, um den Unterschied objektiv und präzise in Zahlen zu erfassen.

Mittlerweile hat sich das verselbstständigt, es wird fast nur noch gemessen. Gefühle, die sich nicht messen lassen, werden als subjektiv und unwissenschaftlich abgetan. Doch subjektive Erfahrungen sind real und wichtig. Wer Trauer nur von außen, als Fehlfunktion der Tränendrüse, betrachtet, wird nichts verstehen. Wenn wir uns mit anderen Menschen über subjektive Erfahrungen austauschen, werden wir Übereinstimmungen finden und Muster erkennen. Das kann wissenschaftlich betrieben werden, sogar für so subtile Erfahrungen, wie sie etwa bei der Meditation möglich sind.

---

61 vgl. Ken Wilber, *A Brief History of Everything*, 2. Auflage, 2001, S. 159.

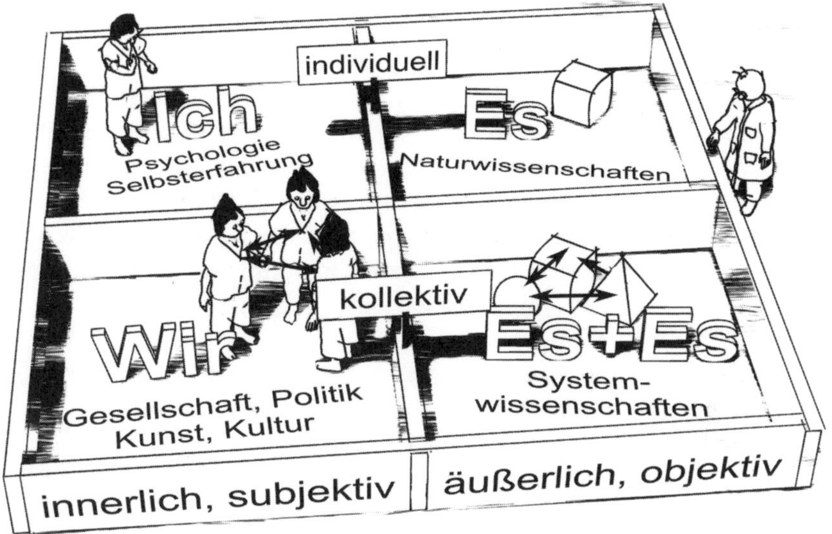

Abbildung 5.7: Ken Wilbers Quadranten beschreiben die Welt

Eine einzige Realität?

Jeder Mensch schaut durch seine eigenen kleinen Fenster auf die Welt. Einen unmittelbaren, zuverlässigen Zugang zu dem, was wirklich „da draußen" geschieht, gibt es nicht. Von da aus ist nur noch ein kleiner Schritt zu der Überlegung, dass es eine eindeutige, für alle Menschen gleiche Realität gar nicht gibt. Der *Radikale Konstruktivismus* spitzt diesen Gedanken zu: Jeder Mensch erschafft sich in seinem Kopf seine eigene Wirklichkeit. Objektivität ist unmöglich. Noch einige Schritte weiter landet man beim *Solipsismus*: Nur ich selbst existiere, es gibt keine anderen „Ichs" und keine von mir unabhängige Welt, alle Wahrnehmungen sind nur Schein. Ich schaue nicht durch Wahrnehmungsfenster in eine echte Welt, sondern nur auf Bildschirme, die mir etwas vorgaukeln. Diese Annahme ist nicht widerlegbar, also wissenschaftlich unbrauchbar. Sie ist aber auch wertlos, wenn es darum geht, die Welt besser zu verstehen und handlungsfähig zu werden.

Eine Grundannahme aller Forschung ist, dass wir gemeinsam Realität erleben. Wir sollten aber nicht vergessen, dass diese Realität von uns allen in gewisser Hinsicht konstruiert wird. Dinge, die genügend viele Menschen für real halten, werden unvermeidlich zu einem Teil der Welt. In manchen Kulturen ist Gott eine selbstverständliche Wirklichkeit, in anderen nicht. Das Wort

„Fakten“ möge uns daran erinnern, es kommt vom lateinischen „facere“, also „machen“. Fakten sind das von uns zur Wahrheit Gemachte.

Schuwi hört gewiss nicht gerne, dass Realität konstruiert wird, und tut es vielleicht als philosophische Gedankenspielerei ab. Doch in der Quantenphysik kann Realitätserschaffung gewissermaßen auf ganz konkreter Ebene beobachtet werden. Der Untersuchungsgegenstand ist untrennbar mit dem Messgerät oder dem Beobachter verbunden, erst der Prozess des Messens erschafft aus Wahrscheinlichkeitsverteilungen ein Teilchen mit konkreter Position.

Unbewusst, aber wahr

Wenn Schuwi nicht weiß, ob er Mütze und Schal tragen soll, schaut er aufs Außenthermometer und berücksichtigt vielleicht noch den Wind-Chill-Faktor, den kühlenden Einfluss des Windes. Eso streckt die Hand aus dem Fenster, blickt zum Himmel und spürt in sich hinein, ob er sich durchfroren fühlt.

Was ist besser? Esos Strategie hat den Vorteil, dass unbewusst weitere Größen herangezogen werden. Das eigene körperliche Befinden, eine herannahende Erkältung, Übermüdung oder Hunger werden seine Entscheidung beeinflussen. So sehr Schuwi versucht, alle diese Größen zu erfassen und in Formeln zu fassen, so scheint doch die unmittelbare Wahrnehmung von Eso hier die bessere, für die Anforderungen genauere Messmethode zu sein.

Subjektive Wahrnehmung ist für Schuwi ohnehin verdächtig, hier wird es aber noch schlimmer. In das Endergebnis der „Mützenentscheidung“ fließen unbewusste, nicht genau definierte Wahrnehmungen ein, die sich dem bewussten Denken entziehen. Das ist eine wesentliche Eigenschaft der menschlichen Informationsverarbeitung. Es gibt Schätzungen, dass von der Informationsmenge, die über unsere Sinne auf uns einströmt, nicht einmal ein Millionstel in unser Bewusstsein dringt.[62] Der Mensch ist ein hochsensibles Messgerät, das allerdings von Verstand und Bewusstsein nur über sehr kleine „Anzeigen“ ablesbar ist. Der allergrößte Teil der Rohdaten geht verloren oder wird irgendwie verwandelt zu Bauchgefühl, Intuitionen, Ahnungen oder auch spontanen Handlungen, die wir uns selbst nicht recht erklären können.

Wer gelernt hat, alles zu begründen und plausibel zu machen, dem werden solche unbewusste Informationsquellen nicht geheuer sein. Sie zu ignorieren, hieße allerdings, großes Potenzial ungenutzt zu lassen.

---

62 Frederic Vester, *Denken, Lernen, Vergessen*, 23. Auflage, 1996, S. 85.

Intuition weiß mehr

Der Vergleich von Denken und Intuition beschäftigt auch die Forschung und ist für Entscheidungsprozesse von großer Bedeutung. Soll der Arzt nur auf die Werte des Laborberichtes schauen oder folgt er seiner Intuition, die vielleicht unbewusste Wahrnehmungen über den Patienten berücksichtigt? Soll der Manager strategische Entscheidungen aufgrund der Marktzahlen treffen oder weil er einen „Riecher" für etwas hat? Verlieben sich zwei Menschen, weil sie für die Anzahl gemeinsamer Interessen und Neigungen einen hohen Wert berechnet haben (so versuchen es ja Partnerbörsen) oder weil es eine unerklärliche Anziehungskraft zwischen beiden gibt?

Die Intuitionsforschung zeigt, wie wichtig und wertvoll Intuition ist und in welchen Situationen sie bessere Ergebnisse als das Denken liefert, zum Beispiel wenn hohe Komplexität und unklare Fakten und Regeln bewältigt werden müssen, wenn unbewusste Wahrnehmungen eine Rolle spielen oder wenn es so schnell gehen muss, dass zum Denken die Zeit nicht reicht. Gekonnte Nutzung der Intuition unterscheidet gute Manager von Erbsenzählern, lässt manche Zollkontrolleure besonders viele Schmuggler an der Grenze herausfischen und hilft Ärzten und Therapeuten, wirksam zu behandeln.

Es gibt aber auch Menschen, die vor Intuition warnen oder gar sagen, Intuition sei fast immer falsch.[63] Als Beleg dienen dann Aufgaben, bei denen es um Rechnen, Zahlen, Verhältnisse und Schätzungen geht. Hier schneidet die Intuition tatsächlich deutlich schlechter ab als der berechnende Verstand. Überraschend? Genauso könnte man sagen, Schraubenzieher seien wertlos, weil sich damit Nägel schlecht in die Wand schlagen lassen. Werkzeuge sind nach ihrem Einsatzzweck zu beurteilen, Intuition ist kein Taschenrechner. Wenn Intuition heute gering geschätzt wird, dann passt das zu der verbreiteten Meinung, man müsse sich der Welt stets berechnend nähern (womöglich auch gleich in Geldbeträgen). Ich vermute, dass im Umgang der Menschen miteinander und mit der Umwelt weniger Berechnung und mehr Gefühl und Intuition deutlich bessere Ergebnissen erzielen könnte.

Anregung

Wie nutzen Sie Ihre Intuition? Haben Sie manchmal Eingebungen? Wie oft handeln Sie spontan, ohne zu überlegen? Wie sind Ihre Erfahrungen damit, wie sehr vertrauen Sie Ihren Wissensquellen jenseits des Verstandes?

63 Z.B.: Ralf Dobelli, *Die Kunst des klaren Denkens: 52 Denkfehler, die Sie besser anderen überlassen*, 2011.

Innenschau

Wie kann das kostbare Wissen der Intuition systematisch angezapft werden? Das Grundprinzip besteht darin, das laute, allgegenwärtige Denken vorübergehend verschwinden zu lassen, so dass die eher leise Intuition wahrgenommen werden kann. Es geht um eine Änderung des Bewusstseinszustands (mehr dazu in Kapitel 9).

Manchmal reicht aber auch das Raten! In einem Experiment wurden im Sekundentakt zwei Lampen abwechselnd eingeschaltet.[64] Die Versuchspersonen erhielten zu verschiedenen Zeitpunkten einen Reiz und sollten sagen, welche Lampe jeweils gerade leuchtete. Das ist noch einfach. Doch dann wurde der Reiz so verkürzt, dass er von den Probanden nicht mehr bewusst wahrgenommen wurde. Sie hatten also eigentlich keine Chance zu sagen, bei welcher Lampe der Reiz eintraf. Doch es genügte zu raten: Statt der fünfzig Prozent Trefferwahrscheinlichkeit bei zwei Lampen konnten sie in fünfundsiebzig Prozent der Fälle den (nicht bewusst wahrgenommenen!) Reiz korrekt der Lampe zuordnen.

Das Unbewusste verfügt also über Informationen, die willentlich nicht direkt zugänglich sind. Das ist bemerkenswert, aber auch für Schuwi noch in Ordnung. Der Reiz drang zwar nicht ins Bewusstsein, aber er gelangte auf nachvollziehbare Weise über Nervenbahnen ins Gehirn und musste dort nur irgendwie aus dem Unbewussten hervorgelockt werden. Raten ist sicher nicht die beste Methode, da bieten Hypnose oder Tiefenentspannung weitergehende Möglichkeiten, und auch Intuition kann gezielt trainiert werden. Doch vielleicht geht noch mehr, und es können auch Informationen in unser Gehirn gelangen, ohne dass die bekannten Sinne dabei im Spiel sind?

Außersinnlich

Wie erklärt sich die Wetterfühligkeit von Menschen, obwohl wir keine Sinnesorgane für Luftdruck oder andere Wettergrößen haben? Wie schaffen es Wünschelrutengänger, zuverlässig Wasseradern zu erkennen? Wie kommt es, dass wir manchmal das Gefühl haben, von hinten angestarrt zu werden?

Eso ist überzeugt, dass wir an Informationen gelangen können, die durch die bekannten Sinne nicht zugänglich sind. Prinzipiell habe jeder Zugang zu außersinnlicher Wahrnehmung, wie etwa wenn wir auch ohne Augen im Nacken auf uns gerichtete Blicke fühlen. Rupert Sheldrake hat dieses Phäno-

64 Benjamin Libet, *Mind Time: Wie das Gehirn Bewusstsein produziert*, 2005.

men ausgiebig untersucht und in Experimenten statistisch signifikante Effekte nachgewiesen.[65]

Anregung

Probieren Sie es selbst aus, beim Warten an der Bushaltestelle, im Kino vor der Vorstellung oder in der Fußgängerzone. Wählen Sie einen Menschen, der Sie nicht sieht und am besten auch nicht in ein Gespräch oder eine Aktivität vertieft ist. Schauen Sie ihn intensiv von hinten an. Wie oft klappt es, dass er sich unvermittelt umschaut?

Bei eng verbundenen Menschen können in Krisensituationen außersinnliche Wahrnehmungen geradezu ins Bewusstsein hereinbrechen. So wissen Eltern plötzlich, dass ihren weit entfernt lebenden Kindern etwas zugestoßen ist. Medial begabte Menschen oder Hellsichtige können diese Quellen besonders gezielt und zuverlässig anzapfen, vielleicht sogar Zeit und Raum überwinden, in die Zukunft oder Vergangenheit blicken oder Informationen über weite Entfernungen hinweg erhalten. Vielfältige Techniken, von der Meditation bis zum Trance-Tanz, helfen dabei, den filternden, ständig plappernden Verstand auszuschalten und so besser an Unbewusstes und Außersinnliches zu gelangen.

In Bezug auf den „störenden" Verstand sind Tiere klar im Vorteil. Tatsächlich gibt es im Tierreich Beobachtungen, die die Fähigkeit zur außersinnlichen Wahrnehmung nahelegen. So scheinen Tiere frühzeitig auf bevorstehende Erdbeben zu reagieren, noch bevor die Erdbebenforscher mit ihren hochempfindlichen Geräten etwas messen.[66] In Experimenten lief ein Hund regelmäßig eine Viertelstunde, bevor das Herrchen nach Hause kam zur Haustür, auch wenn dies zu völlig unterschiedlichen, willkürlich bestimmten Uhrzeiten geschah.[67] Um dies zu erklären, wird man kaum darum herumkommen, eine Wahrnehmung jenseits der bekannten Sinne anzunehmen.

Schluss mit Reality-TV

Objektive, präzise Messungen sind unbestritten von großem Wert für die Wissenschaft. Um ein vollständiges Bild der Welt zu erhalten, braucht es aber auch die unmittelbare Wahrnehmung und den Blick nach innen. Intuition und der

65 Z.B.: Rupert Sheldrake, „Investigating Scopesthesia: Attentional Transitions, Controls and Error Rates in Repeated Tests", in: *Journal of Scientific Exploration*, 22(4), 2008.

66 R. A. Grant, T. Halliday, „Predicting the unpredictable: Evidence of pre-seismic anticipatory behaviour in the common toad", in: *Journal of Zoology*, 281(4), August 2010, S. 263-271.

67 Rupert Sheldrake, *Dogs That Know When Their Owners Are Coming Home And Other Unexplained Powers of Animals: An Investigation*, 2011.

Zugang zum Unbewussten können zusätzliche, noch weiter zu erforschende Informationsquellen erschließen. Schuwi nutzt diese Chancen leider kaum. Doch letztlich haben wir alle uns in vielen Bereichen die unmittelbare Erfahrung und Wahrnehmung abgewöhnt.

Feinde der Erfahrung

Heizung und Klimaanlage sorgen dafür, dass wir keine unangenehmen Temperaturwahrnehmungen haben. Wer mit dem klimatisierten Auto von der Garage zum Parkhaus fährt, kann wochenlang ohne Wetterwahrnehmung leben. Hell ist es dank des elektrischen Lichtes sowieso immer. Die Beschäftigung mit dem Körper wird delegiert, indem man im Fernsehen Berufssportlern bei der Arbeit zuschaut. Die können es eh viel besser. Selbst die Sportexperten, die mittlerweile sogar die Nachrichtensendungen erobern, scheinen Sport vor allem vom Zuschauen zu kennen. Wenn der Körper dann vom vielen Sitzen schmerzt, gibt es wirksame Medikamente.

Soziale Beziehungen kann man dank Internet und Facebook in steriler Erfahrungslosigkeit auf dem Touch-Screen pflegen. Berührt werden muss nur noch das Smartphone, dessen Glasoberfläche den Fingern perfekte Fühllosigkeit bietet und zu dem die Beziehung meist inniger ist als zu den virtuellen menschlichen „Freunden“, die vor allem in möglichst großer Anzahl zu sammeln sind.

Sollte die Psyche dann Probleme machen, gibt es Stimmungsaufheller für die Erwachsenen und Ablenkungsbeseitigung für die Kinder, die alle ADHS-krank sind, weil sie nicht gelernt haben, ihre Aufmerksamkeit zu steuern. Notfalls reichen auch ein paar Biere, um das eigene Erleben zu betäuben. Substanzen wie Alkohol, Nikotin und Wirkstoffe in Schlaftabletten, die unsere Wahrnehmung dämpfen und uns gegenüber der Welt unempfänglich machen, sind legal und allgegenwärtig, trotz hoher Gesundheits- und Suchtrisiken. Bewusstseinserweiternde, für den Körper weitgehend ungefährliche Substanzen wie LSD, Psilocybin oder MDMA dürfen nicht einmal in der medizinischen Forschung verwendet werden.

Fühlen? Das lasse ich andere machen!

Das Fernsehen und die Medien sind vielleicht die größten Erfahrungsvermeider. Statt selbst zu fühlen, gibt es „Fremdfühlen“, fühlen lassen. Liebesfilme anzusehen ist einfacher, als im Alltag unseren Partner zu lieben. Wir unterdrücken die eigene Wut und betrachten kaltblütig, wie Serienkiller Filmmassaker anrichten. Eine Gesellschaft, die selbst nicht mehr fühlen kann, verehrt ihre Schauspieler. Sie sind die Einzigen, die uns noch Gefühle nahebringen können.

Es ist wohl kein Zufall, dass Reality-TV boomt. Wir schauen anderen, nur scheinbar echten Menschen beim Leben zu, wie sie sich anschreien, vor Gericht streiten, ihr Haus renovieren, die Kinder erziehen oder auswandern. Da die betrachtete Fremderfahrung schwächer wirkt als eigene, unmittelbare Erlebnisse, muss die Dosis entsprechend stark sein. Also sorgen die Fernsehsender dafür, dass die vermeintliche Realität möglichst drastisch daherkommt.

Wer sich so an die Fremderfahrung gewöhnt hat, wird keine Probleme haben, wenn Schuwi sagt, wir sollten seinen Messgeräten mehr glauben als unserer eigenen Wahrnehmung. Wer lange genug willenlos vor dem Fernseher verbracht hat, kann auch gut auf den eigenen freien Willen verzichten.

Das Feine, Subtile beachten!

In einem solchen Umfeld überrascht es wenig, dass Erfahrungen wie Meditation, Innenschau oder das Spüren subtiler Energieflüsse im eigenen Körper wenig Interesse finden. Im Fernsehen sind diese Dinge nicht vermittelbar. Eine Reality-Show über stundenlang Meditierende verspricht geringere Einschaltquoten als eine über Bungee-Jumping oder Adrenalin-Junkies.

Wer Anregungen für sein Leben aus dem Fernsehen bezieht, wird vor allem nach der heftigen, schnellen Erfahrung suchen. Dabei ist die radikalste Empfehlung für neue Sinneserfahrungen heute wohl eher: Reizentzug! Für diejenigen, die es selbst ausprobieren, kann Meditieren bedeutsamer und nachhaltiger sein als manche Trendsportart.

Das englische Wort „sensation" bedeutet sowohl Empfindung als auch Sensation. Vielleicht ist ja die viel kritisierte Sensationslust nur die falsche Reaktion auf eine zu kurz gekommene Empfindungslust? Im Fernsehen gibt es nur Sensationen, für Empfindungen brauchen wir das wirkliche Leben.

Anregung

Für wie fein halten Sie Ihre Wahrnehmung? Haben Sie ein gutes Gefühl für Ihren Körper? Wissen Sie, wie Sie sich gerade fühlen? Bemerken Sie sich anbahnende Erkältungen frühzeitig? Treiben Sie Sport, bei dem es auf Geschicklichkeit und Körpergefühl ankommt? Haben Sie einmal Qi Gong oder ähnliches ausprobiert und den Energiefluss im eigenen Körper gespürt? Wie gut halten Sie Stille, Ruhe und Nichtstun aus?

Große Wahrnehmer gesucht

Reality-TV und Schuwis Liebe zu Messgeräten passen gut zueinander. Die Realität wird über Bildschirm und Anzeigen vermittelt, jederzeit abschaltbar, kontrollierbar, eingedämmt in ein Gerät. Zwar gewinnen wir dadurch in vielen Bereichen an Präzision, aber wir verlieren die Chance auf vollständiges Erleben, das alle Sinne einbezieht – von Intuition und Bauchgefühl ganz zu schweigen.

Schuwi beurteilt auch Spiritualität, Bewusstseinszustände, Qi Gong oder andere Praktiken meist von außen, ohne eigene Erfahrungen. Das ist das große Fernsehmissverständnis: Im wahren Leben reicht Zuschauen eben nicht aus, um eine Sache zu verstehen. Be-greifen geht nicht berührungslos. Gehirnscans werden nützlich, indem man danach mit den Probanden spricht, was sie selbst erlebt haben. Wahrnehmung und Innenschau erschließen Bereiche, die keiner Messung zugänglich sind, und die Fähigkeiten zu feiner innerer Wahrnehmung lassen sich trainieren. Doch welcher Schuwi geht zu einer Geistheiler-Ausbildung, um Fähigkeiten zur Wahrnehmung von Lebensenergie zu trainieren? Nur Forscher, die auch gute Wahrnehmer sind, werden Außenwelt und Innenwelt zusammenbringen können und letztlich dazu beitragen, die Wirklichkeit in all ihren Facetten zu verstehen.

6

WIE MAN WISSEN SCHAFFT

Wissenschaft will Wissen schaffen. Doch wissbegierig sind letztlich alle Menschen auf irgendeine Weise. Dabei muss es nicht unbedingt um den Aufbau des Universums gehen. Vielen würde es schon reichen zu wissen, wie sie für das andere Geschlecht unwiderstehlich werden, wie sie den Chef zur Gehaltserhöhung bewegen, wie sie gesund (oder zumindest gesünder) werden oder einfach, wie sie ein glückliches Leben führen können.

Wer bei diesen Fragen halbwegs vernünftig vorgeht, ist schon recht nahe an der wissenschaftlichen Methode. Wenn es etwa um erfolgreiche Begegnungen mit anderen Menschen geht, lernen die meisten, dass Freundlichkeit und regelmäßiges Duschen den Ausgang der Experimente positiv beeinflussen können. Leben bedeutet: Experimentieren, eigene Verhaltensweisen ausprobieren und beobachten, ob sie helfen, unsere Ziele zu erreichen. So entwickeln wir unsere eigenen Theorien über die Welt.

Egal ob Wissenschaft oder persönliche Lebenserforschung, grob gesagt lassen sich zwei Schritte unterscheiden: 1. Das Beobachten und Sammeln von Daten; 2. Der Versuch, Ordnung herzustellen und Regeln zu entwickeln, um die große Menge einzelner Beobachtungen in einfache Muster zu verdichten.

Ein Beispiel ist die Frage, woraus die Welt besteht. Die systematische Sammlung und Auflistung aller Arten von Materie führte zum Periodensystem, das die chemischen Elemente nach der Anzahl der Protonen und nach Kategorien wie Metallen oder Edelgasen sortiert. Diese Ordnung erlaubt obendrein Vermutungen, welche Elemente noch zu entdecken sind und welche Eigenschaften sie besitzen könnten. Hier beginnt das Verstehen, Möglichkeiten für Vorhersagen und die Übertragung des Wissens auf neue Bereiche. So wird Wissen wertvoll.

Ordnung schaffen

Vor dem Ordnen und Sortieren ist es eine gute Idee, zu schauen, was überhaupt da ist. Man beobachtet und sammelt Daten. Astronomen blicken in den Himmel, Archäologen wühlen in der Erde und Biologen gehen in die Natur. Manches lässt sich direkt anfassen und auseinandernehmen, anderes nur aus der Entfernung untersuchen. Weder Reisen zu den Sternen noch in die Vergangenheit sind möglich. Schuwi muss nehmen, was er kriegen kann.

Doch passives Zuschauen ist nur der Anfang, viele Forschungsdisziplinen nutzen weitere Möglichkeiten. Physiker warten nicht, bis ein Apfel vom Baum fällt, um seine Bewegung zu vermessen. Sie lassen selbst die Objekte fallen. Experimente ermöglichen es, Phänomene gezielt unter die Lupe zu nehmen. Technische Geräte helfen dabei, Versuche unter kontrollierten Randbedingungen identisch zu wiederholen und die Ergebnisse genau aufzuzeichnen. Es gibt Falltürme, um Experimente im freien Fall durchzuführen.

Beobachtungen, die man noch nicht verstanden und einsortiert hat, sind besonders interessant. Wenn Eso Daten zu Ufo-Sichtungen, Kornkreisen oder Geisterscheinungen sammelt, ist das Wissenschaft. Damit es im nächsten Schritt Wissenschaft bleibt, sind aber auch die richtigen Schlüsse zu ziehen.

Wer war das?

Egal ob beim Aufräumen der Wohnung oder beim Sortieren wissenschaftlicher Daten, ein guter Anfang zum Schaffen von Ordnung ist es, Zusammengehöriges und Getrenntes zu unterscheiden. Wenn A (z.B. erhöhte Körpertemperatur) häufig zusammen mit B (z.B. Schnupfen) erscheint, haben sie vielleicht miteinander zu tun. Wenn sich A verdoppelt, wird dann auch B doppelt so groß? Bei dieser Frage geht es um Verhältnisse, und genau die stecken auch hinter dem Begriff des rationalen Denkens (lat. Ratio = Verhältnis).

Doch solche Beziehungen bedeuten noch nicht, dass die Dinge tatsächlich voneinander abhängen. Sowohl die Störchenpopulation als auch die Geburtenrate gehen in Deutschland zurück, doch man sollte nicht folgern, dass die Störche die Babys bringen. Wenn A und B korrelieren, ist dann A die Ursache von B oder ist B die Ursache von A? Gehirn und Bewusstsein haben miteinander zu tun, also sagt Schuwi, das Gehirn sei die Ursache von Bewusstsein. Wenn eine alternative Heilbehandlung und Gesundung des Patienten in Zusammenhang stehen, sieht Eso eine klare Ursache-Wirkung-Beziehung. Doch vielleicht liegen beide falsch und haben die wahren Ursachen noch nicht erkannt.

Abbildung 6.1: Ursachenforschung

Die wahre Ursache

Verursacht das Fieber den Schnupfen oder der Schnupfen das Fieber? Weder noch: Eine Infektion ist die eigentliche Ursache, sie greift die Nasenschleimhäute an und veranlasst das Immunsystem, durch Erhöhung der Körpertemperatur zu reagieren. Es gibt also ein C, das sowohl A als auch B verursacht und so den Anschein erweckt, beide stünden in direkter Abhängigkeit. Nach solchen versteckten Ursachen müssen die Forscher mitunter lange suchen. Vielleicht gibt es ja auch eine gemeinsame Ursache für den Rückgang von Störchen und Babys?

Mitunter gibt es ganze Ursachenketten. Wenn man weiß, dass Infektionen Erkältungen verursachen, will man als Nächstes erfahren, warum es zu Infektionen kommt. So wurden Zusammenhänge entdeckt zu Lebensweise, Ernährung oder Stress. Und so lässt sich immer weiter fragen, bis hin zu der Frage, wo das Universum herkommt. Manche sagen dann, die allererste Ursache sei Gott (Abb. 6.1).

Schuwi liebt das Prinzip von Ursache und Wirkung, die *Kausalität*, die Welt als riesiges Dominospiel. Doch manchmal engt das auch das Denken ein, vor allem, wenn man nicht nach tieferen Ursachen sucht. Schulmedizin und Pharmaindustrie interessieren sich vorrangig für *Wirk*stoffe. Eine bestimmte Substanz erzeugt im Menschen einen bestimmten Effekt, zu jeder Krankheit gibt es das passende Medikament. Doch so einfach ist es nicht, denn auch Medikamente ohne Wirkstoff (Placebos) können wirken. Heilung muss also tiefere Ursachen haben. Doch statt sich über diese Tür zu einem erweiterten Verständnis zu freuen, wird geschimpft, das sei „nur ein Placebo-Effekt" –

und dann werden die teuren Medikamente weiterhin als unabdingbare Heilungsursache vermarktet.

Synchronizität

Schuwi ist sich sicher: Wo eine Korrelation ist, ist die Kausalität nicht fern. Auch wenn sie noch nicht gefunden ist, irgendwo muss sie immer stecken, die Ursache, die einen Zusammenhang begründet. Doch letztlich ist dieses Ursache-Wirkung-Denken auch nur eine Hypothese – und zwar eine Hypothese, die widerlegt ist! In der Quantenphysik kann sich die Veränderung eines Teilchens über eine räumliche Distanz hinweg unmittelbar in einem anderen Teilchen widerspiegeln, ohne dass dabei eine Informationsübertragung oder Ursache und Wirkung im Spiel sind.

Solche *Synchronizitäten* sind ein Ordnungsprinzip, an das sich Schuwi noch lange nicht gewöhnt hat. Er sagt zum Beispiel, Astrologie sei Unfug, weil die Planeten keinen kausalen Einfluss auf die Menschen auf der Erde haben können, dazu sei ihre Anziehungskraft viel zu schwach. So kann man aber auch die Vorhersagen der Bahnfahrpläne als Aberglauben bezeichnen. Die Anziehungskraft der Zeiger der Bahnhofsuhr kann unmöglich tonnenschwere Züge in den Bahnhof bewegen, wieso sollten also die in den Fahrplänen genannten Uhrzeigerstellungen eine Rolle für die Zugbewegungen spielen? Oft genug haben die Fahrpläne ja tatsächlich wenig mit der Zugankunft zu tun. Jeder weiß, dass Uhrzeiger nicht Ursachen sind. Genauso wenig müssen Planetenstellungen in der Astrologie die menschlichen Wesenszüge *verursachen* – sie könnten aber Zeiger sein.

Nun ließe sich einwenden, bei der Bahn gäbe es in Form irgendeiner Planungsabteilung die gemeinsame Ursache, die letztlich den Gleichklang von Fahrplan, Zug und Bahnhofsuhr begründet. Vielleicht gibt es solch eine versteckte Ursache aber auch für den Gleichklang von Menschen und Planeten? Oder vielleicht sind es tatsächlich Synchronizitäten jenseits aller Kausalität? Zur Klärung bleibt vorerst nur, mögliche Korrelationen weiter zu untersuchen; und auch dort wird bis heute gestritten, wie etwa beim sogenannten *Mars-Effekt*, der besagt, überdurchschnittlich viele Leistungssportler wären bei besonderen Stellungen des Mars geboren worden.[68]

---

68 Z.B. pro: Michel Gauquelin, „Is There Really a Mars Effect? ", in: *Above & Below: Journal of Astrological Studies*, 11, 1988. Contra: Alexander Y. Panchin, „The Saturn-Mars Effect", in: *Skeptic Magazine*, 16(1), 2010.

Gute Theorie, schlechte Theorie

In meinem Kurzfilm „Eine neue Theorie“ erzählt der Hauptdarsteller, wie er sich die Welt vorstellt: Die Erde befindet sich in einem riesigen Wäschekorb, der wiederum einer von vielen Körben auf einer entsprechend größeren Erde ist, die wiederum in einem Wäschekorb liegt und so weiter. Gegenargumente beeindrucken ihn nicht, er hat Beweise: Der Nachthimmel ist ein schwarzer Socke über der Erde, der Vollmond ein Loch darin. Die Dinosaurier sind wegen einer dreckigen Unterhose ausgestorben, eine Bedrohung, an die sich die Menschen besser angepasst haben. Die Sintflut war der letzte große Waschgang. Absurd? Die Paralleluniversen und Superstrings der Physiker klingen doch auch weit hergeholt. Am Ende zeigt der Film, wie sehr Theorien auch durch Eigeninteressen geprägt sein können (mehr wird nicht verraten, Sie können den Film im Internet anschauen).[69]

Die „Wäschekorb-Theorie“ hat gewiss Defizite, doch wie geht es besser? Ist eine Theorie gut, wenn sie für alles eine Erklärung hat? Ist sie schlecht, wenn sie teilweise falsche Vorhersagen macht? Nicht unbedingt! Weder Quantentheorie noch Relativitätstheorie können alles erklären. Beide haben Grenzen, jenseits derer sie falsche Ergebnisse liefern. Dennoch sind sie wertvolle Fundamente unseres heutigen Weltbildes.

Unwiderlegbar und unbrauchbar

Anderseits gibt es Theorien, denen kein Fehler nachgewiesen werden kann, und die dennoch wertlos sind. Ein Beispiel: Wir wissen, dass wir unserer Wahrnehmung nicht immer trauen können. Vielleicht sieht die Realität ganz anders aus, als wir glauben. Im Film „Matrix“[70] glauben die Menschen, die Realität ihres grauen Alltags zu erleben, doch tatsächlich sind ihre Körper nichts als Batterien in einem düsteren Roboterreich, und ihrem Gehirn wird eine Scheinwelt vorgespielt. Man kann sich noch so sehr bemühen, Argumente gegen die „Matrix-Theorie“ zu liefern. Wer daran glauben will, kann alles in ein Argument *für* seine Theorie umkehren: Die bösen Roboter speisen die falschen Gegenargumente in unsere Köpfe ein, damit wir nicht merken, wie schlecht es um uns steht und wir schön weiter Strom produzieren. Letztlich werden wir die Frage, ob unser eigenes Leben nur ein ausgetüftelter Traum ist, zu Lebzeiten nicht beantworten können.

Wohl kaum ein Mensch nimmt die Matrix-Theorie ernst. Aber Eso glaubt

69 S. www.esoschuwi.de/links.

70 *Matrix*, Regie: L. Wachowski, A. Wachowski, 1999.

gerne an Verschwörungstheorien. Die haben meist das gleiche Problem, nicht widerlegbar zu sein. Nehmen wir die Theorie, die Mächtigen der Welt unterdrückten technische Entdeckungen, die unsere Probleme der Energieerzeugung nachhaltig lösen könnten. Dass niemand bisher einen funktionierenden Prototyp gesehen hat, zeigt dann nur, wie wirksam die Mächtigen diese Geheimnisse hüten. Und dass man der Politik und den Medien nicht immer trauen kann, muss wohl auch kaum mehr bewiesen werden.

Um in der Welt handlungsfähig zu werden, helfen weder Matrix-Theorie noch Verschwörungstheorien. Im Gegenteil, sie verleiten dazu, sich machtlos zu fühlen. Die bösen Roboter oder die bösen Mächtigen machen ohnehin, was sie wollen. Da hat man eine schöne Entschuldigung für das eigene Nichtstun. Positiveres, aber gleichermaßen unbrauchbares Denken verkörpern jene Esos, die bei jeder noch so überraschenden Messung oder Beobachtung mit den Schultern zucken und sagen: Alles ist möglich! Auch das lässt sich nicht widerlegen, ermöglicht aber keinerlei Vorhersagen und ist ungeeignet, die Welt verständlicher zu machen.

Auch Schuwi hat unbrauchbare Theorien. So sagt er, der Mensch habe keinen freien Willen. Doch er macht kein Angebot, welches experimentelle Ergebnis oder welche Beobachtung seine Theorie widerlegen würde. Eso hat keine Chance, egal was er denkt oder tut: Sobald sein Bewusstsein einen beobachtbaren Effekt in der materiellen Welt bewirkt (und seien es nur Gehirnströme), sagt Schuwi, die materielle Welt selbst sei die Ursache. Was hingegen nicht in der materiellen Welt beobachtbar ist, ist für Schuwi nicht existent (Abb. 6.2).

Doch auch mit seinen vielen präzisen, falsifizierbaren Theorien geht Schuwi nicht immer korrekt um. Eine solche Theorie lautet, Bewusstsein sei alleine die Folge der Vorgänge im menschlichen Gehirn. Diese Theorie wäre durch ein einziges Beispiel widerlegt, in dem Bewusstsein existiert, obwohl das Gehirn nicht funktioniert. Das Problem: Genau solche Beispiele gibt es, glaubwürdig und sorgfältig dokumentiert (s. Kapitel 9). Anstatt nun zu folgern, dass seine Theorie fehlerhaft ist, sagt er: Meine Theorie ist so gut, da reicht ein Gegenbeispiel nicht aus. Wie viele Gegenbeispiele er braucht, sagt er nicht – wahrscheinlich ist es immer eines mehr, als zum gegenwärtigen Zeitpunkt vorliegen.

Fehlende Beweise

Von da aus ist es nur noch ein Schritt zu Schuwis Behauptung: Das ist wissenschaftlich bewiesen! Damit zeigt er nur, dass er Wissenschaft nicht verstanden

Abbildung 6.2: Alles Illusion?

hat. Keine naturwissenschaftliche Theorie mit einer gewissen Allgemeingültigkeit ist bewiesen, denn das hieße, es gibt nachweislich keine Situation, in der die Theorie nicht zutrifft. Das zu beweisen ist fast unmöglich.

Ein einfaches Beispiel: Beweisen Sie, dass es in Ihrer Wohnung Spinnen gibt! Sobald Sie eine gefunden haben, sind Sie fertig. Beweisen Sie, dass es in Ihrer Wohnung *keine* Spinnen gibt! Auch wenn Sie ordentlich Hausputz machen und alles auf den Kopf stellen, können Sie nicht sicher sein, dass Ihnen nicht doch eine verborgene Ecke entgangen ist. Selbst wenn Sie versuchen, mit Hitze oder Gift Bedingungen zu schaffen, in der es keine Spinne mehr aushält, könnten unerwartet robuste Exemplare durchgekommen sein, während Ihre Wohnung schon in Schutt und Asche liegt. Genau deshalb ist auch das Ungeheuer von Loch Ness nicht totzukriegen, ein siebenunddeißig Kilometer langer, zweihundert Meter tiefer See bietet viel Platz zum Verstecken.

Manche Menschen reden sich aus Angst vor Spinnen ein, dass es bei ihnen zu Hause keine gibt, keine geben kann. Schuwi macht das gleiche mit Telepathie und Geistheilung. Doch unser heutiges Weltbild ist keineswegs so sauber und aufgeräumt, dass kein Platz für Esos Lieblinge bliebe. Wenn sie sich deutlich zeigen, in der parapsychologischen Forschung, schaut Schuwi gar weg und ruft: Euch gibt es nicht!

Wo es Beweise gibt

In manchen Bereichen der Wissenschaft sind Beweise möglich. So können sich Mathematiker ihr Leben lang mit dem Beweis bestimmter Vermutungen beschäftigen. Voraussetzung ist ein klar abgegrenztes, vollständig formal beschreibbares Gebiet. In einem Schachspiel ist beweisbar und vorhersagbar, was mehrere Züge später geschehen kann und was nicht. Die Spielfelder und

Regeln der Naturwissenschaften sind nicht so überschaubar. Wenn man Ausschnitte davon klein und kontrolliert wählt, bleibt nicht viel übrig. Es lässt sich beweisen, dass in diesem Buch, wenn es zugeklappt ist, keine Vogelspinnen leben. Das ist beruhigend, aber kein großer Erkenntnisgewinn.

Schuwis materialistisches Weltbild ist auch so ein Trick, das Untersuchungsgebiet künstlich einzuschränken. Wenn man die Welt als Menge von Materie betrachtet und sich nur für Wechselwirkungen zwischen Materie interessiert, wird man kaum Neues entdecken können. Wer nur ganze Zahlen und ihre Addition und Subtraktion betrachtet, wird die Zahl Pi niemals finden.

Jedes Puzzlestück zählt

Auch in der Mathematik stößt das Beweisen an Grenzen. Dass nicht alles beweisbar ist, ist mittlerweile sogar – bewiesen! Der *Gödelsche Unvollständigkeitssatz* besagt, jedes formale System mit einer gewissen Komplexität ist entweder widersprüchlich oder unvollständig.

Wenn schon die Mathematik Unvollständigkeit fest eingebaut hat, dann sollte das für die restliche Welt erst recht gelten. Doch oft nimmt Schuwi die Grundsatzposition ein: Wir müssen Eso-Themen gar nicht erst untersuchen, denn dafür ist in der Welt kein Platz, sie würden die gesamte Wissenschaft in Frage stellen. Dabei übersieht er die vielen Lücken in seinem Puzzle (Abb. 6.3). Einige werden in den folgenden Kapiteln näher betrachtet.

Das hat Methode

Wer Gewissheit über wissenschaftliche Theorien anstrebt, sollte nicht versuchen, ihre Gültigkeit zu beweisen, sondern zeigen, wo sie nicht gelten. Eine gute Theorie macht genaue Vorhersagen, was unter welchen Umständen zu beobachten ist und welche Beobachtungen ihr Ende bedeuten würden. Sie ist falsifizierbar. Je länger sie trotz dieser großen Angriffsfläche nicht widerlegt wird, desto mehr Vertrauen dürfen wir in sie haben.

Optimismus ist die beste Methode

Nicht falsifizierbare Annahmen haben in der Wissenschaft nichts zu suchen, sind aber auch für das Alltagsleben ungeeignet. So bietet die Lebenseinstellung „man kann niemandem trauen“ zwar die Sicherheit, niemals enttäuscht zu werden. Wenn man ihr gemäß lebt, mit großem Misstrauen gegenüber allem und jedem, wird diese Theorie aber auch nicht falsifizierbar. Das Verhalten der anderen wird unvorhersehbar, da jeder nur seinen eigenen, verborgenen Interessen folgt und potenziell ständig etwas vorspielt. Der Handlungsspielraum

Abbildung 6.3: Solange das Puzzle nicht fertig ist…

im Umgang mit anderen Menschen wird stark eingeschränkt, selbst die Frage nach dem Weg oder der Uhrzeit wird sinnlos.

Wer hingegen mit der Annahme startet „ich kann den Menschen vertrauen", wird vielleicht manche Enttäuschung erleben, aber auch viele gute Beziehungen aufbauen, die sein Leben bereichern. Seine Theorie muss zwar häufiger angepasst und eingeschränkt werden, ist aber insgesamt wesentlich wertvoller. Der optimistische Blick auf die Welt ist also gewissermaßen der beste wissenschaftliche Ansatz. Seine Falsifizierbarkeit und die Gefahr von Enttäuschungen sind unabdingbar für neue Erkenntnisse, Lernen und größeren Handlungsspielraum.

Einfach schön

Alles Gute ist einfach. Das scheint auch für wissenschaftliche Theorien zu gelten. Einsteins $E=mc^2$ ist fast sprichwörtlich, aber auch Newtons Gesetze zur Schwerkraft und Beschleunigung von Körpern besitzen große Einfachheit und zugleich einen fast universellen Geltungsbereich. Auf der anderen Seite verursachen heutige hochkomplexe String-Theorien auch unter Physikern viel Unbehagen darüber, dass da etwas noch nicht so ganz stimmt.

Die Wissenschaft strebt danach, aus unzähligen Beobachtungen einfache Regeln abzuleiten, die möglichst vieles genau beschreiben. Wir brauchen keine riesigen Tabellen mit einzelnen Falleigenschaften von Äpfeln, Birnen, Menschen, Planeten und Raumschiffen, sondern es genügen die Formeln

$F=Gm_1m_2/r^2$ und $a=F/m$. Der Wunsch nach größter Einfachheit ist als Ockhams Rasiermesser bekannt (nach William Ockham, 1288-1347). Theorien sollen mit möglichst wenigen Variablen und Vorannahmen auskommen. Wenn zwei Theorien die gleiche Vorhersagekraft besitzen, ist die einfachere zu bevorzugen.

Daran könnten sich unsere Gesetzgeber ein Beispiel nehmen! Hier sieht es genau umgekehrt aus. Für jede klare, weitgehend gut funktionierende Regel werden schrittweise immer mehr Ausnahmen und Ergänzungen geschaffen. Gesetze werden immer komplizierter, nicht einfacher. Anwälte mag das freuen, Ockham sicherlich nicht. Die Menschengesetze sind eine absurde Hässlichkeit im Vergleich zu den Naturgesetzen.

Das hat Methode

Kennen Sie die Rätsel, in denen Zahlenfolgen korrekt fortgesetzt werden sollen?

1 2 3 5 – wie lautet die nächste Zahl?

In gewisser Weise lösen Wissenschaftler ähnliche Rätsel. Zunächst haben sie eine Menge von „Gegebenheiten“, Daten (lat. dare = geben) aus Beobachtungen: 1 2 3 5. Dann versuchen sie, Gemeinsamkeiten und Ordnungen zu erkennen. Die Zahlen sind positiv, werden immer größer. Doch damit ließe sich auch die Folge 1 5 7 9 begründen und nur vage vorhersagen, wie es weitergeht: Jede Zahl größer als 5 ist denkbar. Die Falsifizierbarkeit ist gering.

Gibt es bessere Vorhersagen? Schuwi würde vielleicht sagen: Die korrekte Folge lautet 1 2 3 4 5 6 7 usw. Die 5 ist ein Messfehler, eine Lüge, ein Aberglaube. So macht es mancher materialistisch denkende Forscher. Er hat eine wunderbar einfache Theorie, mit dem Nachteil, dass alles, was nicht ins Bild passt, ausradiert werden muss.

Ein andere Annahme wäre, dass jeweils eine um eins größere Zahl auf die vorherige addiert wird: 2+1=3, 3+2=5. Das ermöglicht eine präzise Vorhersage. Die nächste Zahl muss lauten: 5+3=8. Zur Überprüfung wird eine „Messung“ vorgenommen, sie liefert:

1 2 3 5 8

Hurra, die Hypothese ist bestätigt und wird zur akzeptierten Wahrheit: Der Abstand erhöht sich immer um eins. Sie wird als Naturgesetz in der Schule unterrichtet und im Laufe der Zeit zu einer Selbstverständlichkeit. Wer sie in Frage stellt, macht sich lächerlich.

Doch neugierige Forscher geben sich nicht zufrieden. Es gibt bessere Messgeräte, und einige machen die verstörende Beobachtung:

1 2 3 5 8 13

Natürlich weiß jeder, dass zwölf herauskommen muss (5+3=8, 8+4=12). Die „paranormale" 13 ist bestimmt ein Messfehler. Vielleicht sind Messungen in diesem Zahlenbereich ohnehin ungenau, da sind zehn Prozent Abweichung kein Grund zur Sorge. Und irgendwie bekommen die Anhänger der alten Theorie auch immer 12 heraus.

Vielleicht weisen nun einzelne Kritiker darauf hin, dass der Anfang der Folge ja auch nicht so ganz passt, denn zur 1 und zur 2 wird jeweils genau 1 addiert. Doch Schuwi sagt, der Reihenbeginn spiele natürlich keine Rolle. Einige Konservative glauben gar weiterhin, dass es heißen muss: 1 2 3 4 5 6 7 8 … 5, 8 und 13 sind Messfehler, Lügen oder Aberglaube.

Doch die Exzentriker, welche die beobachtete 13 ernst nehmen, lassen nicht locker. Sie haben sogar eine Hypothese, für die sich leider kaum jemand interessiert: Jede Zahl ergibt sich als Summe der beiden vorherigen. Damit sagen sie als nächste Entdeckung die 21 voraus, doch ihre wissenschaftlichen Artikel werden von den etablierten Fachzeitschriften abgelehnt. Fördermittel für die erforderliche Untersuchung gibt es auch nicht, denn es kann doch jeder selbst ausrechnen, dass die korrekte Folge 1 2 3 5 8 12 17 lautet. Wie lange dauert es, bis der Irrtum erkannt wird?

Wissenschaft funktioniert ähnlich wie das Zahlenspiel. Es gibt Beobachtungen, Hypothesen und experimentelle Überprüfung. Vieles kann dabei schiefgehen, zumal die reale Welt selten so eindeutig und präzise zu erfassen ist wie die obigen Zahlenfolgen.

Experimentierfreude

In einem Experiment wurde untersucht, wie Katzen die Welt erforschen.[71] Eine Katze konnte in der Testumgebung frei herumlaufen, eine andere hing in einem Körbchen, welches durch die Bewegungen der ersten gesteuert wurde. Sie sah die gleiche Umgebung, blieb allerdings passiv. Die erste experimentierte, die zweite beobachtete. Nach der Lernphase war nur die zuvor aktive Katze in der Lage, sich in der Umgebung zurechtzufinden.

Das ist bei uns Menschen nicht anders. Wer sich von seinem Navigationsgerät zum Ziel führen lässt, lernt nicht, sich selbst zu orientieren. Das ist auch

71 Richard Held, Alan Hein, „Movement-produced stimulation in the development of visually guided behavior", in: *Journal of Comparative and Physiological Psychology*, 56(5), 1963.

eine zentrale Herausforderung unseres Bildungssystems. Gute Lehrer fordern die Schüler zum selbstständigen Experimentieren auf, schlechte Lehrer setzen sie ins Körbchen und schwenken sie herum. Auch wer den ganzen Tag fernsieht, ist wie die Katze im Körbchen. Die Fernbedienung als einziger Weg zur Interaktion mit der Welt ist zu wenig.

Leben, Lernen und Experimentieren gehören zusammen. Meistens sind wir uns im Alltag nicht bewusst, dass wir Experimente anstellen, die Teil unseres Lebens sind. Wie gebe ich mich, wie kleide ich mich, wie spreche ich, um bestimmte Ergebnisse und Reaktionen zu erzielen? Experiment kommt von *Experientia*, das bedeutet Erfahrung. Ein Experte ist einer, der Erfahrungen gesammelt hat.

Anregung

Wie sehen Ihre aktuellen Lebensexperimente aus? Was wollen Sie lernen? Ist das Design der Experimente angemessen?

Die richtigen Experimente richtig durchführen

Carl Friedrich von Weizsäcker nannte das wissenschaftliche Experiment ein „Verhör der Natur". Hier werden Annahmen zerstört oder zu Theorien verfestigt. Doch manchmal lässt Schuwis und Esos Experimentierfreude zu wünschen übrig. Schuwi ist nur selten an Experimenten zu Eso-Themen, wie beispielsweise Telepathie, interessiert. Er könnte ja seinen guten Ruf verlieren, und ihm ist ohnehin klar, dass Gedankenübertragung unmöglich ist. Wenn er doch ein solches Experiment durchführt, weiß er schon, was herauskommen muss – keine gute Voraussetzung für objektive Forschung.

Auch Eso hat Angst vor Experimenten. Dabei sind sie für viele seiner Themen durchaus denkbar. Wenn sich bei „Bestellungen beim Universum"[72] die Realität mit Wünschen beeinflussen lässt, ließen sich dazu nicht auch Experimente durchführen? Experimente bergen stets die Gefahr, dass sie bestehende, liebgewonnene Dogmen widerlegen. Religionen haben selten Interesse daran, doch in der Forschung sollte Experimentierfreude eine Verpflichtung sein.

Experimente sind gut, wenn sie bestehendes Wissen infrage stellen können. Experimente zum Thema Wasser könnten etwa untersuchen, wie viel Energie zum Erwärmen erforderlich ist, und so die spezifische Wärmekapazität noch genauer bestimmen, als bisher bekannt. Sie könnten aber auch untersuchen,

---

72 Bärbel Mohr, *Bestellungen beim Universum. Ein Handbuch zur Wunscherfüllung*, 1998.

ob Wasser in homöopathischen Lösungen Informationen speichern kann. Ich vermute, das zweite Experiment hat wesentlich mehr Potenzial, unser Wissen zu ändern oder zu erweitern. Ein großer Teil der Forschung beschäftigt sich indes mit der ersten Art von Experiment. Bekanntes wird noch etwas genauer vermessen. Das kann fast jeder. Oft reichen bewährte Verfahren, den Rest erledigt die immer präziser werdende Technik.

Was Experimente bestenfalls leisten können, sagt schon ein Buchtitel: „Sieben Experimente, die die Welt verändern könnten: Anstiftung zur Revolutionierung des wissenschaftlichen Denkens.“[73] Wir brauchen die richtigen Experimente, und sie müssen richtig durchgeführt werden, so dass sie Aussagekraft und Bedeutung besitzen.

Mit Ansage

Es ist wichtig, *vor* der Durchführung des Experiments zu sagen, was untersucht werden soll und welche Ergebnisse relevant sind. Angenommen Eso führt eine Heilbehandlung x durch, sammelt viele Daten über seinen Patienten und stellt fest, ein Symptom y ist besser geworden. Ist das ein erfolgreicher experimenteller Beleg, dass x gut für die Heilung von y ist? Nein! Soll ein Experiment die Annahme „x heilt y“ untermauern, so müssen x und y vorher festgelegt werden. Das erfordert mindestens ein weiteres Experiment. Das erste hat die Bildung einer Hypothese ermöglicht, das zweite kann sie bestätigen oder widerlegen. Ein typischer Fehler von Eso ist, beide Aufgaben zu verknüpfen und einem einzigen Experiment zuzumuten. Ergibt eine Ziehung der Lottozahlen die Folge 1, 2, 4, 8, 16, 32 würde er die Hypothese aufstellen, dass Lottozahlen immer Vielfache von zwei sind – und die Ziehung gleichzeitig als Beweis dafür missbrauchen.

Wiederholbar

Deshalb wünscht sich Schuwi wiederholbare Experimente, und zwar so, dass auch andere Forscher sie durchführen können. Bedingungen und Voraussetzungen müssen genau beschrieben werden. Angenommen, mehrere Forscher wollen mit Experimenten die Siedetemperatur von Wasser bestimmen. Die meisten messen ziemlich genau 100 Grad Celcius. Doch einige erhalten niedrigere Werte. Die Thermometer werden geeicht, man einigt sich auf gleiche Töpfe und Herde zum Erhitzen, doch es nützt nichts: Einige Forscher erhalten andere Ergebnisse.

---

73 Rupert Sheldrake, 1994.

Abweichende Ergebnisse bei gleichen Experimenten bereiten Kopfzerbrechen, sind aber auch eine Chance zum Lernen: Gibt es noch unbekannte Einflüsse? Vielleicht war manchmal Vollmond, manchmal Neumond? Immerhin zeigen die Gezeiten, dass der Mond Wasser beeinflussen kann. Oder das Geschlecht des Experimentators spielt eine Rolle, man sagt ja, Männer könnten nicht kochen? Je mehr Einflussfaktoren kontrolliert werden müssen, desto schwieriger wird es. Tageszeit, Längengrad des Versuchsortes, Farbe des Topfes... Es erfordert viel Aufwand, alle diese Größen in den Griff zu bekommen, um dann festzustellen, dass sie keine Rolle spielen.

Wenn Wasser unter 100 Grad Celsius siedet, liegt es wahrscheinlich an der Höhe des Ortes, wo das Experiment stattfindet. Der Luftdruck beeinflusst die Siedetemperatur. Das ist seit langem bekannt, aber auch darauf mussten die Forscher erst einmal kommen.

Liefern Experimente bei ihrer Wiederholung unerwartete Ergebnisse, gibt es mehrere Möglichkeiten:

1. Das ursprüngliche Experiment wurde fehlerhaft durchgeführt.
2. Die Wiederholung wurde fehlerhaft durchgeführt.
3. Bestimmte Bedingungen waren bei der Wiederholung anders und beeinflussen das Ergebnis.

Wenn Schuwi mit anderen Schuwi-Experimenten Probleme hat, zieht er erst einmal Ursache 3 in Betracht. Wenn Schuwi mit Eso-Experimenten Probleme hat, ist es Ursache 1. Eigene Fehler (2) kommen ohnehin nicht in Frage. Ist das fair?

Schwierige Experimente

Perfekte Wiederholbarkeit gibt es nicht. Der Zeitpunkt, zu dem ein Experiment wiederholt wird, ist immer ein anderer als der des Originalexperiments. Glücklicherweise scheint dies in den meisten Fällen keine Rolle zu spielen. Wenn Naturgesetze in ihren Gleichungen das aktuelle Datum berücksichtigen müssten, hätte Schuwi ein großes Problem. Man kann aber auch umgekehrt argumentieren: Vielleicht wird Schuwi mit seiner Forderung nach Wiederholbarkeit bestimmte Gesetzmäßigkeiten nie entdecken.

Noch ein Grund für ihn, Astrologie nicht zu mögen. Die Stellungen der Planeten ändern sich fortwährend und sind in ihrer Gesamtheit praktisch unwiederholbar. Wie soll man da experimentieren? Doch wir müssen nicht ins All schauen, die Grenzen der Wiederholbarkeit liegen viel näher.

Liebe gibt es nicht (II)

Noch einmal zur Liebe: Eso hat beobachtet, dass zwischen zwei Menschen ein Phänomen auftreten kann, das er Verliebtheit nennt. Beide sind glücklich, optimistisch, voller Energie, aber auch innerlich unruhig, Dinge des Alltags werden unbedeutend. Während der ersten Wochen ist dieses Phänomen vielleicht gar hormonell und körperlich messbar. Eso ist sich sicher: Verliebtheit ist ein realer, wichtiger Effekt.

Der stets skeptische Schuwi ist schließlich bereit, Esos Beobachtungen in seinem Labor zu untersuchen. Wenn da etwas dran ist, müssten ja wiederholbare Experimente möglich sein. Aus einem Dutzend freiwilliger Versuchspersonen bildet er sechs Paare und misst die Hormon-Werte: nichts. Nachdem Eso Kritik geübt hat, ist Schuwi bereit, die Versuchsbedingungen anzupassen. Die Probanden-Paare müssen nicht mehr den ganzen Tag unter Daueraufsicht im sterilen Labor mit Elektroden auf dem Kopf verbringen, sondern dürfen den Tag frei gestalten. Trotzdem: Kein nachweisbarer Effekt.

Eso behauptet, Verliebtheit trete nur selten, bei ganz bestimmten Kombinationen von Menschen auf. Doch das ist sicher nur eine billige Ausrede, denn er kann nicht sagen, wann und bei wem. Sogar die Vermutung, es müssten Menschen unterschiedlichen Geschlechts sein, ist nicht haltbar. Das klingt alles wenig fundiert. Als letzte Chance bietet Schuwi an, genau jene Paare zu untersuchen, bei denen Eso die Verliebtheit vor ein paar Monaten selbst beobachtet haben will. Wieder nichts, keine blubbernde Hormone, keine Verliebtheit! Bei einigen Paaren von Esos angeblich so erfolgreichen Experimenten sind im Gegenteil sogar Abneigung, Verbitterung und Depression zu beobachten. Schuwis Fazit: Verliebtheit ist ein sentimentaler Mythos, der keiner wissenschaftlichen Untersuchung standhält.

Verliebtheit ist uns Menschen wichtig und bekannt, Schuwi wird sie uns nicht ausreden können. Bei anderen Phänomenen mit ähnlichen experimentellen Problemen ist er erfolgreicher. Bei Nahtoderfahrungen sieht er noch ein, dass gezielte Wiederholungen keine gute Idee sind, bei Gedankenübertragung und anderem jedoch fordert er sie. Dabei sind auch diese stark durch Emotionen geprägt. Die Beobachtung, dass die Effektstärke bei der Wiederholung bestimmter – nicht nur parapsychologischer – Experimente systematisch nachlässt (man spricht vom *Decline-Effect* oder *Absinkungseffekt*), ist mittlerweile selbst Gegenstand der Forschung.[74]

74 Harald Walach, *Wenn die Wahrheit Federn lässt – Symposion über den „Decline Effect"*, Web-Veröffentlichung: harald-walach.de, 6.11.2012.

Abbildung 6.4: Deutung von Einzelfällen

Das Leben besteht aus Einzelfällen

Der Mensch und das Leben zeichnen sich durch fortwährende Veränderung aus. Die Forderung nach Wiederholbarkeit ist gut, um für tote Materie zeitunabhängige, deterministische Gesetze aufzustellen. Wer jedoch fordert, die gesamte Welt als Maschine zu betrachten, wird in seinen Experimenten auch nur ihren unlebendigen Teil begreifen. Vor allem wenn es um den Menschen geht, bleibt dann manchmal nicht mehr viel übrig.

Wenn wir im Alltag von einer *Anekdote* sprechen, geht es meist um eine einzelne Begebenheit, die eine besondere Bedeutung oder Pointe hat. Bei der wissenschaftlichen Anekdote ist es ähnlich, allerdings mit der Betonung, dass es sich um einen Einzelfall handelt. Egal, wie bemerkenswert sie ist, ohne Wiederholbarkeit und kontrollierte Randbedingungen ist sie für Schuwi letztlich wertlos. So wird Anekdote zum Schimpfwort. Berichte von paranormalen Beobachtungen werden als *anekdotisch* bezeichnet und dann guten Gewissens ignoriert (Abb. 6.4).

Allerdings: Im Leben, bei den Menschen und ihren Beziehungen, wimmelt es von Einzelfällen. Die spannendsten und wichtigsten Erfahrungen sind unwiederholbar. Wer Einzelfälle aus der Forschung verbannt, ist weltfremd und engt die Möglichkeiten zur Erkenntnis massiv ein. Letztlich könnte man die Forschung dann ganz aufgeben, denn der Urknall und unser Universum sind wahrscheinlich auch nur Einzelfälle.

Eso hingegen liebt Anekdoten. Er kann immer von irgendjemandem berichten, der von einer tödlichen Krankheit geheilt wurde, ein unerwartetes Ereignis vorhergesehen hat oder regelmäßig von seinen Engeln entscheidende Tipps erhält. Dann sagt er, das sei der Beweis, dass es immer so funktioniere.

Anekdoten sind wichtig, um Möglichkeiten zu erkennen und weitere, systematische Forschung zu motivieren. Ein vertrauenswürdiger Einzelfall genügt, um die Existenz von etwas zu beweisen. So gibt es gut untersuchte Fälle, in denen sich Kinder an ein früheres Leben erinnern konnten und präzise Details zu den Lebensumständen wussten, die sich weder durch Zufall noch durch andere Informationsquellen erklären ließen.[75] Das ist noch lange kein *Beweis* für die buddhistische Reinkarnationslehre, aber ein guter Grund für ernsthafte Forschung auf diesem Gebiet.

Doppelt blind besser sehen

Jeder Mensch ist einzigartig und unberechenbar. Andererseits will Schuwi Ordnung, kontrollierte Experimente und Wiederholbarkeit. In Medizin und Psychologie prallen diese Seiten aufeinander, und so hat Schuwi Methoden entwickelt, um auch dort experimentieren zu können. Als ultimativen Standard gibt es die *randomisierte, placebo-kontrollierte Doppelblindstudie.* Ein großartiges Instrument, aber mit Einschränkungen:

Schuwi hat festgestellt, dass ein unbekannter Wirkstoff jedes Wochenende bei Millionen von Menschen starke Stimmungsschwankungen verursacht. Sie reichen von Trauer, Wut und Scham über Zuversicht bis hin zu Euphorie. Die Pharmakonzerne haben größtes Interesse, den Wirkstoff zu isolieren und in Psychopharmaka zu vermarkten.

Intensität und Art der Gefühle hängen von der Jahreszeit und vom Wohnort der Menschen ab, so wurde im Frühling in Bayern besonders oft Freude festgestellt. Frauen scheinen weitgehend immun zu sein. Die Suche nach genaueren Gesetzmäßigkeiten ist schwierig, immer wieder gibt es Ausnahmen.

Eso gibt sich wissend: Ja, die Fußball-Bundesliga ist magisch, sie verzaubert ihre Fans! Doch von Magie will Schuwi nichts hören. Er entwirft eine Studie, in der alle störenden Einflussfaktoren ausgeblendet werden, denn er hat erkannt, dass die psychische Wirkung von der Anzahl geschossener Tore der Mannschaften abhängt. Er will diese Größen isoliert betrachten, um genaue Gesetze herzuleiten.

Die Studie muss natürlich *verblindet* durchgeführt werden: Die Fans wissen nicht, wann welche Mannschaften spielen, und auch diese kennen ihren

---

75 Jim Tucker, *Life Before Life: A Scientific Investigation of Children's Memories of Previous Lives*, 2005.

Gegner nicht. Dazu werden die Trikotfarben zufällig zugeteilt, und die Spieler tragen Gesichtsmasken. So wird die Wirkung nicht durch Erwartungen und Vermutungen verfälscht. Sicherheitshalber erfolgt das Spiel allein unter den Augen des studentischen Mitarbeiters, der seine Master-Arbeit über das Thema schreibt. Der genaue Spielverlauf wird nicht untersucht, da wohl letztlich vor allem die Toranzahl für die Wirkung entscheidend ist. Die sich aus den Spielen ergebende Bundesliga-Tabelle wird den Fans einmal pro Woche gezeigt, um die psychischen Wirkungen zu messen. Natürlich wurde vorher eine Randomisierung vorgenommen, die Fans wurden per Zufall einer „Lieblingsmannschaft" zugeordnet. Zusätzlich gibt es eine Kontrollgruppe, in der die Fans keine tatsächlich erspielte Bundesliga-Tabelle zu sehen bekommen, sondern ein Placebo, bei dem alle Spielergebnisse ausgelost wurden.

Die Studie liefert ein überraschendes Ergebnis. Die ehemals so intensiven Wirkungen von Wut bis Euphorie konnten nicht nachgewiesen werden. Nichts als Langeweile und auch kein Unterschied zur Placebo-Kontrollgruppe. Da es ein perfektes Studiendesign war, folgert Schuwi: Die Fußball-Bundesliga kann keine Emotionen verursachen, die Anzahl der geschossenen Tore spielt keine Rolle.

Reduktionismus zerstört Effekte

Wer durch entsprechende Gestaltung von Experimenten alle Störgrößen und menschliche Verfälschungen ausschließen will, riskiert, dass nichts Wesentliches mehr übrig bleibt. Fußball lässt sich nicht auf Torzahlen, Ballgeschwindkeiten oder Wadenmoleküle reduzieren. Telepathie-Experimente, bei denen abstrakte Symbole in endlosen Kartenstapeln erraten werden sollen, sind denkbar schlecht, um dem „Fern-Fühlen" wirklich auf die Schliche zu kommen. Das Zerlegen und vermeintliche Isolieren der Ursachen ist Schuwis Stärke und Laster zugleich. Er schneidet Lebewesen in tausend Stücke, und weil dann keine Lebenskraft mehr zu finden ist, sagt er, der Begriff *Leben* sei bedeutungslos.

Zu kurze Schlüsse

Wenn Esos Beobachtungen auch bei sorgfältigen Untersuchungen einfach nicht verschwinden wollen, reagiert Schuwi auf andere Weise. Er bietet reflexartig eine wissenschaftlich klingende Erklärung an, denn „das verstehe ich nicht" geht ihm nur schwer über die Lippen. Dass etwa *Placebo-Effekt* nur etwas benennt, aber nicht erklärt, wurde erwähnt. Der sogenannte *Barnum-Effekt* hingegen kann durchaus manches erklären: Es wurde in Experimenten gezeigt, dass sich Menschen dazu verleiten lassen, allgemeine Aussagen und Beschreibungen als persönlich auf sie maßgeschneidert zu deuten. „Morgen werden Sie etwas Schönes erleben", steht im Zeitungshoroskop, und beim Rückblick am nächsten Abend lässt sich tatsächlich ein schönes Ereignis finden. Weil Menschen darauf hereinfallen, ist für Schuwi automatisch die gesamte Astrologie erklärt. Er macht sich nicht die Mühe, zu unterscheiden zwischen dreizeiligen Allgemeinplätzen in Zeitschriften und sehr detaillierten, spezifischen Aussagen in von erfahrenen Astrologen ausgearbeiteten Geburtshoroskopen. Dass die Astrologie seit Jahrtausenden, bis in die heutige Zeit, überzeugte Anhänger hat, erklärt er mit der Naivität der Menschen. Dabei ignoriert er, dass auch ernstzunehmende Wissenschaftler sich mit Astrologie systematisch auseinandersetzen.[76] Wer sich mit einfachen Erklärungen zufrieden gibt und ihre Schwächen ignoriert, vergibt die Chance zu wirklichem Verstehen.

Von wegen Zufall

Wenn Schuwi gar nicht mehr weiter weiß und sich Esos Beobachtungen einfach nicht wegdiskutieren lassen, greift er zu seiner ultimativen Erklärungswunderwaffe: Das ist Zufall!

Mit Zufall lässt sich alles erklären. Wenn ein Medium immer wieder zutreffende Vorhersagen macht, könnte das einfach Glück gewesen sein. Aber auch, dass der Apfel vom Baum auf die Erde fällt, kann man mit Zufall erklären. Es war nur Glück, irgendwann wird er vielleicht davonschweben. Zufall ist keine wissenschaftliche Erklärung, er bringt keine Ordnung in die Beobachtungen, er ermöglicht keine Vorhersagen, er ist nicht falsifizierbar. Obendrein wird Zufall gerade von jenem Schuwi ins Spiel gebracht, der die Welt für ein mechanisches Uhrwerk hält, in dem die physikalischen Gesetze kaum Platz für Zufälle lassen.

Wenn Zufall als Erklärung herhalten muss, heißt das nur, es ist nicht klar, was wirklich dahinter steckt. Hier sollte die Forschung beginnen, nicht enden.

Während Schuwi allerorten Zufall und Sinnlosigkeit vermutet, macht es Eso umgekehrt. Ständig haben das Schicksal, Geistwesen oder Gott ihre Finger im Spiel, geben der Welt Sinn. Jedes Atom hat eine Lebensaufgabe. Statt zu einfacher Erklärungen gibt es zu gewaltige, bei denen die ganze geistige Welt als Ursache herhalten muss.

Nehmen wir die *Orbs*, jene weißen Kreisflecken auf Fotos, die von Eso als Präsenz geistiger Wesen gedeutet werden. Es gibt auch eine andere Erklärung:

76 Z.B. Richard Tarnass, *Cosmos and Psyche: Intimations of a New World View*, 2006.

Staubkörnchen oder kleine Partikel in der Luft werden vom Blitzlicht angestrahlt und erscheinen als Kreisflächen, wenn sie außerhalb des Tiefenschärfebereiches liegen. Diese Erklärung ermöglicht gute Vorhersagen, wann Orbs auftauchen und wie sie aufgrund optischer Abbildungsfehler aussehen können. Diejenigen, die davon abweichen, z.B. weil der Lichtfleck im Bild teilweise verdeckt ist, verdienen gewiss eine weitere Untersuchung. Doch zuvor sollte man die optisch einfach zu erklärenden aussortiert haben – bei einer Internetbildsuche nach „Orbs" ist dies der allergrößte Teil.

Einstein sagte, eine Theorie solle so einfach wie möglich sein, aber nicht einfacher. Zufall ist zu einfach, aber die Zeiten, wo wir für jeden Blitz und Donner Gott verantwortlich machen müssen, sind auch vorbei.

Geschäft mit der Wahrscheinlichkeit

Zufall ist nur ein anderes Wort für Unwissen – und wir müssen mit ihm leben. Wer wird nächstes Jahr einen Verkehrsunfall haben? Zwar sind die physikalischen Gesetze für aufeinanderprallende Autos bekannt, und es lassen sich Einflussfaktoren wie Fahrerfahrung und Kilometerleistung angeben, aber eine genaue Vorhersage ist nicht möglich. Auch die Autoversicherung kann das nicht, aber sie hat den Vorteil, dass sich trotz der Unwissenheit gegenüber einzelnen Ereignissen über eine große Menge von Einzelfällen genaue Wahrscheinlichkeiten berechnen lassen. Damit verdient die Versicherungsbranche ihr Geld.

Bei komplexen Prozessen und unbekannten Einflussfaktoren kommen wir um Zufall und Statistik als Abstraktion unverstandener Ursachen nicht herum. Das ist das Standardvorgehen, wenn es um Menschen-Forschung geht. So lässt sich die Wirkung einer Therapie oder eines Medikamentes auf den Menschen in den seltensten Fällen streng deterministisch beschreiben. Fast immer geht es um wahrscheinliche Wirkungen. Wenn also ein Experiment bei einigen Menschen funktioniert, bei anderen nicht, wann akzeptieren wir das als wirksamen Effekt? Das ist auch eine zentrale Frage bei der Bewertung von parapsychologischen Experimenten.

Anregung

Angenommen jemand behauptet, vorhersagen zu können, wie ein Würfel geworfen wird. Er sagt „sechs" und dann kommt tatsächlich die Sechs. Beim zweiten Mal klappt es nicht, beim dritten Mal klappt es wieder. Sind Sie überzeugt? Wie viele Versuche müssten bei einer vorgegebenen Gesamtanzahl erfolgreich sein, damit Sie glauben, er hat besondere Fähigkeiten?

Die Fünf-Prozent-Hürde

Zufall oder wirklicher Effekt? Das lässt sich letztlich nie beantworten. Auch wenn ein Würfelkünstler zehnmal hintereinander die korrekte Zahl vorhergesagt hat, kann es reines Glück gewesen sein. Die Wahrscheinlichkeit dafür beträgt jedoch nur ca. 1 zu 60 Millionen.

Ein Ergebnis wird als *statistisch signifikant* bezeichnet, wenn es unwahrscheinlich ist, dass es alleine durch Zufall zustande kommt. Eine erste Schwelle liegt bei fünf Prozent. Wenn der Würfelkünstler auf Anhieb zwei richtige Vorhersagen macht[77], sollte man ihn sich genauer anschauen. Angenommen, zwei weitere Würfelversuche sind ebenfalls erfolgreich. Mit diesen nun vier korrekten Vorhersagen wäre das Ergebnis *statistisch hoch signifikant*, das heißt durch Zufall tritt es nur mit einer Wahrscheinlichkeit von unter einem Promille ein.

Hochprozentiges in der Schublade

Schuwi und Eso streiten immer wieder über diese Wahrscheinlichkeiten, wie sie zu berechnen sind und welche Hürden sie nehmen sollen. Obendrein kommen noch Schwierigkeiten hinzu, die außerhalb des eigentlichen Experiments liegen. Angenommen, der Würfelkünstler hat Ihnen alle vier Würfe im Experiment korrekt vorhergesagt. Sie sind begeistert, veröffentlichen einen Artikel über diesen statistisch hoch signifikanten Effekt, die Fachwelt ist beeindruckt.

Doch dann stellt sich heraus: Der Würfelkünstler war zuvor bei hunderten anderen Forschern zu Gast, hat jedes Mal bei dem Experiment nur mäßig abgeschnitten und wurde als Hochstapler wieder nach Hause geschickt. Natürlich hat niemand eine Veröffentlichung darüber geschrieben. Plötzlich wird Ihr großartiges Experiment zu einem Glückstreffer.

Das ist ein ernsthaftes Problem bei der Bewertung von Studien. Wenn viele gescheiterte Experimente einfach in der Schublade verschwinden (man spricht vom *File drawer effect* oder *Publication bias*), wird die Bedeutung der berichteten Erfolgsfälle relativiert. Um solchen Verzerrungen zu begegnen, wird in der Wissenschaft zunehmend gefordert, dass auch erfolglose Studien veröffentlicht werden. Für Schuwi ist dieser Effekt aber auch ein Vorwand, um Esos Studien pauschal in Frage zu stellen. Doch um ein hoch signifikantes Ergebnis zu einem nur signifikanten zu degradieren, wären immerhin fünfzig gescheiterte Studien erforderlich, die allesamt in Schubladen verschwunden

77 Wahrscheinlichkeit $p = 1/6 \cdot 1/6 = 2{,}7\%$.

sind. Man sollte die Größe von Esos Schubladen nicht überschätzen, und gerade im Bereich der Parapsychologie werden auch viele gescheiterte Studien veröffentlicht – vor allem von Schuwi.

Die Grenzen der Methode

Das wissenschaftliche Vorgehen aus Beobachtungen, Hypothesenbildung und experimenteller Überprüfung hat sich bewährt. Zu Recht ist Schuwi stolz darauf. Doch es ist nicht unfehlbar. Wünsche und Interessen sorgen für Verfälschungen. Manchmal werden die eigenen Regeln nicht befolgt oder es werden Erfahrungsbereiche wie Subjektivität und Innenschau ausgeblendet.

Überleben der stärksten Theorie

Wenn verschiedene Theorien im Wettstreit sind, macht die wissenschaftliche Methode den Kampf fair, sie ist ein guter Schiedsrichter. Möge die stärkste Theorie siegen! Das ist ein bisschen wie bei der natürlichen Auslese der Evolutionslehre. Doch wie misst sich die Stärke einer Theorie? Möglichst viele Experimente sollten sie belegen, möglichst keines ihr widersprechen. Doch oft spielt auch eine Rolle, wie selbstbewusst ihre Vertreter sind, ob sie charmant und beredt sind, hart für ihre Position kämpfen, gut vernetzt sind mit einflussreichen Kollegen, Geldgebern und den Medien. Basiert die natürliche Selektion der besten Theorie alleine auf ihrer Qualität und liefert sie die besten Ergebnisse oder gibt es auch in der Wissenschaft alte Überreste wie Steißbein und Blinddarm, die heute wertlos oder sogar schädlich sind?

Dass das etablierte wissenschaftliche Vorgehen ideal zum Erkenntnisgewinn ist, stellt letztlich auch nur eine Annahme dar. Sie ist bewährt, aber nicht bewiesen.

Veränderliche Naturgesetze?

Eine weitere Annahme lautet, dass wir uns auf gesicherte Entdeckungen verlassen können, wonach sich Naturgesetze nicht im Laufe der Zeit verändern. Es ist schon schwer genug, ein stimmiges Gesamtbild der Welt zu entwickeln, da will Schuwi nicht noch spekulieren, ob zu einer anderen Zeit andere Regeln galten. Woher nimmt er eigentlich die Gewissheit, dass Einsteins Relativitätstheorie nicht erst seit ihrer Entdeckung und Überprüfung Gültigkeit hat, sondern schon zu allen Zeiten?

Die Wissenschaft geht von ewigen Naturgesetzen aus. Die Schwerkraft gab es schon immer. Doch war sie stets gleich stark? In vielen Naturgesetzen gibt es bestimmte Abhängigkeiten, die als Naturkonstanten bezeichnet werden. Die

Gravitationskonstante beschreibt zum Beispiel, wie die Anziehungskraft zwischen zwei Körpern von ihren Massen abhängt: $G=6{,}6738 \cdot 10^{-11}\ m^3/(kg \cdot s^2)$. Sie wird erst seit wenigen Jahrhunderten gemessen, und mit der Genauigkeit hat man bis heute Probleme. Die letzte Stelle ist keineswegs sicher, eine Veränderung wäre hier kaum zu bemerken. Dass G konstant ist, ist eine Theorie, die einfach ist und bisher noch nicht widerlegt wurde – für die aber die Messungen auch nicht hundertprozentig belastbar sind.[78]

Mittlerweile scheint es gar nicht mehr so sicher, dass die Naturkonstanten ihren Namen verdienen.[79] Wenn dem so wäre, stünden manche Vorstellungen und Zahlenangaben über das Universum auf wackligen Beinen. Wenn es aber Natur*variablen* sind, wovon hängen sie ab? Vielleicht sind ja die Bausteine der Welt gar nicht so stabil, wie wir es uns vorstellen.

---

78 Eugenie Samuel Reich, „G whizzes disagree about over gravity", in: *Nature*, 466, 2010.

79 John D. Barrow, John K. Webb, „Are Physical Constants Really Constant? Do the inner workings of nature change with time? ", in: *Scientific American*, 15. Januar 2012.

7

PHYSIK – BAUSTEINE DER WELT

Um die Welt zu verstehen, zerlegt Schuwi sie in Einzelteile. Menschen bestehen aus Organen, aus Zellen, aus Molekülen, aus Atomen. Letztlich landet er damit bei der Physik, gewissermaßen der Mutter aller Naturwissenschaften. Sie beschreibt die Bausteine der Welt und die Regeln, wie sie aufeinander wirken und zusammengesetzt werden können. Früher gab es die „vier Elemente, dann Moleküle und Atome. Heute dreht sich alles um Bosonen, Quarks and andere Elementarteilchen.

Wenn die Einzelteile verstanden sind, so hofft Schuwi, ist ein wesentlicher Teil der Wissenschaft fertig. Dann muss man „nur noch" die Regeln für zusammengesetzte Systeme (Moleküle, Zellen, Pflanzen, Tiere, Menschen, die Gesellschaft, das Universum) ableiten – fertig!

So einfach wird es wohl nicht. Aus den Buchstaben des Alphabets lässt sich nicht folgern, wie Sprachen und Literatur funktionieren. Aber ohne das Alphabet geht es auch nicht. Schauen wir uns die Bausteine, die Buchstaben der Welt, näher an. Hier gibt es viel gut gesichertes Wissen, aber auch Bereiche in denen fundamentale Diskussionen im Gange sind und wo sich möglicherweise Raum für die geistige Welt und Eso-Phänomene öffnet.

Die Welt der Dinge: Materie

Traditionell ist die Materie der Ausgangspunkt von Schuwis Weltbild. Das, was man anfassen kann, ist real. Der Begriff Realität geht auf lateinisch *Res* zurück: das Ding, die Sache. Werden die Dinge immer weiter zerlegt, landet man bei den kleinsten Bausteinen der Materie. Schon Demokrit überlegte circa 400 v. Chr., dass das Auseinandernehmen irgendwann ein Ende haben müsse und man zu unteilbaren Atomen (von griechisch „A-tomos" = un-teilbar) gelange. Anfang des 19. Jahrhunderts bestätigte sich diese Unteilbarkeit in der

Beobachtung, dass chemische Reaktionen in ganzzahligen Verhältnissen ablaufen. So besteht Wasser genau aus zwei Teilen Wasserstoff und einem Teil Sauerstoff.

Elemente, Atome, Elementarteilchen

Schon seit Jahrtausenden versucht der Mensch, die Erscheinungsformen der Materie zu ordnen. In vielen Kulturen gab es die Vorstellung grundlegender Elemente, aus denen sich alles zusammensetzt, meist Feuer, Erde, Wasser, Luft, manchmal auch Äther als fünftes, alles durchdringendes Element (Quintessenz). Mit der Entwicklung der modernen Chemie, im 18. Jahrhundert, und der Einführung des Periodensystems hatte die Elementelehre in der Wissenschaft ausgedient.

Für Eso hat sie jedoch weiterhin Bedeutung, um grundlegende Qualitäten zu unterscheiden. So ist sie zur Beschreibung menschlicher Wesenszüge durchaus hilfreich, wie sich auch in unserer Sprache widerspiegelt. Wir können uns unter einem Luftikus, einem feurigen, einem gut geerdeten oder einem nahe am Wasser gebauten Menschen etwas vorstellen, ohne deshalb zu glauben, er hätte eine andere chemische Zusammensetzung.

Anfang des 20. Jahrhunderts machten auch die Atome ihrem Namen keine Ehre mehr. Man erkannte, dass sie nicht unteilbar sind, sondern aus einem Atomkern und einer Elektronenhülle bestehen. Noch heute ist es ein gängiges Bild, dass die Elektronen den Kern umkreisen, wie Planeten die Sonne. Das geht jedoch schon deshalb nicht, weil sie dann elektromagnetische Wellen abstrahlen und immer langsamer würden. Es handelt sich vielmehr um Elektronenwolken mit gewissen Aufenthaltswahrscheinlichkeiten. Damit ist man mitten in der Quantenphysik und bei der Nicht-Lokalität, denn auch wenn die Aufenthaltswahrscheinlichkeiten sich mit wachsendem Abstand vom Atomkern rasch null nähern, erstrecken sie sich prinzipiell in die Unendlichkeit des Raumes. Das Atom ist so groß wie das Universum – und Eso wittert Argumente für mysteriöse Fernwirkungen.

Zu Besuch im Zoo

Die Kernphysiker haben auch Protonen, Neutronen und Elektronen weiter auseinander genommen. Sie untersuchten die Teilchen, die als Höhenstrahlung aus den oberen Schichten der Atmosphäre zu uns kommen, und sie lassen Teilchen mit hoher Geschwindigkeit aufeinanderprallen und beobachten die Zerfallsprodukte. Die schöne Übersichtlichkeit von Proton, Neutron, Elektron verschwand immer mehr, so dass in den 1960ern der Physiker

Kenneth William Ford gar von einem ganzen „Zoo“ von Elementarteilchen sprach.[80]

So gibt es z.B. Leptonen, Mesonen und Baryonen. Die beiden letzteren gehören zu den Hadronen, die auch im offiziellen Namen des Teilchenbeschleunigers am CERN in Genf auftauchen: Large Hadron Collider. Hadronen lassen sich weiter zerlegen, sie bestehen aus verschiedenen Kombinationen von Quarks und Antiquarks. Die aus Raumschiff Enterprise bekannte Antimaterie gibt es tatsächlich, der Bau eines Warp-Antriebs bleibt aber schwierig, da sie sich fast augenblicklich wieder mit unserer normalen Materie vereinigt.

Wie immer war Schuwi mit seinem Ordnungssinn bemüht, die vielen Zoobewohner auf möglichst wenige grundlegende Teilchen zurückzuführen. So entstand das *Standardmodell der Teilchenphysik*, welches mit sechzehn Teilchen auskommt und vieles gut erklären kann. Das betrifft nicht nur die Zusammensetzung der Materie, sondern auch deren Wechselwirkungen, wie z.B. Elektromagnetismus.

Das wirkt: Felder!

Gäbe es nur Materie, wäre die Welt langweilig, ohne Veränderung. Jedes Teilchen wäre „einfach nur da“. Mit Substantiven lässt sich keine Geschichte erzählen, erst Verben machen die Welt interessant. Damit Materie etwas „tut“, braucht es andere Materie und Beziehungen zwischen beiden: die Wechselwirkungen.

Dank der Schwerkraft fallen Äpfel von Bäumen und die Erde umkreist die Sonne, welche wiederum Licht zu uns schickt als Energiequelle allen Lebens, von der Photosynthese der Pflanzen über die Nahrungskette zum Menschen, der beim Betrachten herabfallender Äpfel zu großer Einsicht in das Wesen der Welt inspiriert wird.

Vier Wechselwirkungen

Damit sind schon zwei *fundamentale Wechselwirkungen* genannt: die Gravitation und die elektromagnetische Wechselwirkung. Mit beiden haben wir seit Menschengedenken zu tun. Als wir unseren aufrechten Gang erlernten, trotzten wir stolz der Schwerkraft – auf dem Boden kriechen kann jeder. Elektromagnetische Wellen in Form des Lichtes sorgten dafür, dass uns alle dabei zuschauen konnten. So richtig begriffen haben wir die Schwerkraft aber erst seit gut dreihundert Jahren – dank Newton. Zu erkennen, dass Licht, Gewitter-

80 Kenneth William Ford, *The world of elementary particles*, 1963.

blitze und zuckende Froschschenkel allesamt mit Elektromagnetismus zu tun haben, hat noch länger gedauert. Im Jahr 1864 vollendete Maxwell die nach ihm benannten Gleichungen, die beschreiben, wie elektrische und magnetische Felder untrennbar miteinander zusammenwirken.

Im 20. Jahrhundert kamen zwei weitere Wechselwirkungen hinzu: die *schwache Wechselwirkung* und die *starke Wechselwirkung*. Ihre Reichweite liegt in der Größenordnung von Atomkernen, wobei die starke Wechselwirkung als Elementarteilchen-Klebstoff dafür sorgt, dass der Atomkern und seine Protonen und Neutronen zusammenhalten. Die geringe Reichweite macht sie für Esos Suche nach geheimen Verbindungen für Gedankenübertragung und Ähnliches aber uninteressant.

Mysteriöse Fernwirkungen

Als Newton seine Theorie der Schwerkraft entwickelte, erschien den Menschen die Idee einer „mysteriösen Fernwirkung“ zwischen räumlich getrennten Dingen absurd und lachhaft. Ähnliche Reaktionen gibt es heute auf Esos Ideen, in denen er Felder für außersinnliche Phänomene vorschlägt. Immerhin haben Felder in der Physik einen deutlichen Perspektivwechsel ermöglicht: Wichtiger als die Dinge sind die Beziehungen zwischen Dingen! Sogar der leere Raum wird dadurch interessant. Jedem Punkt im Raum lassen sich Eigenschaften zuordnen, z.B. die Stärke und Richtung einer Kraft. Man spricht von einem *Feld*. So zeigt das Schwerkraftfeld der Erde in Richtung Erdmittelpunkt, und der Wert auf der Erdoberfläche beträgt ungefähr 9,8 N/kg. Auch Sonne und Mond beeinflussen dieses Feld, zwar um viele Größenordnungen geringer, aber mit Anteilen, die entlang der Erdoberfläche Kräfte ausüben und so die Wassermassen der Meere ordentlich in Wallung bringen, also Ebbe und Flut verursachen.

Das elektromagnetische Feld hat Wirkungen, die noch weit größere Entfernungen in Raum und Zeit überbrücken. Das Licht von anderen Galaxien legt Milliarden Lichtjahre zurück und lässt uns zugleich in die Weite und Vergangenheit des Universums blicken. Dieses Feld ist auch technisch hochinteressant, denn es kann gezielt zum Schwingen angeregt werden und so Energie und Informationen lichtschnell und berührungslos übertragen (z.B. als Licht, Radiowellen, Mobilfunk, Mikrowellen, Röntgenstrahlen).

Ein Feld für Eso

Ist das alles? Es ist durchaus denkbar, dass es weitere Felder gibt. Sogar das elektromagnetische Feld war lange unbekannt, obwohl es die Menschen als

Licht schon immer wahrgenommen haben. Felder, die nur sehr unauffällig mit der uns bekannten Welt interagieren, könnten vielleicht noch viel länger im Verborgenen bleiben. Sollte es beispielsweise Bewusstseinsfelder geben, wird Schuwi sie kaum entdecken können, solange er glaubt, Bewusstsein sei nur ein Vorgang des bekannten physischen Gehirns.

Eso liebt Felder und gibt ihnen viele Namen. Den menschlichen Körper umgibt das Energiefeld der Aura, morphogenetische Felder oder PSI-Felder dienen der Gedankenübertragung und bei Familienaufstellungen trägt das „wissende Feld" sogar Informationen von Verstorbenen. Inwieweit passen diese Vorstellungen zum physikalischen Feldbegriff?

Angenommen, es gibt ein Feld der „Lebensenergie: Wo Pflanzen, Tiere, Menschen sind, hat es einen hohen Wert. Vielleicht reicht es ein wenig über den physischen Körper hinaus, so dass die Lebewesen von einer Aura umgeben sind. Wenn ein Lebewesen stirbt, sinkt der Wert ab, aber auch im Zersetzungsprozess toben noch Kleinstlebewesen herum. Im leeren Weltall oder in toter Materie ist die Feldstärke null. Lässt sich dieser Gedanke zu einer wissenschaftlichen Hypothese mit Vorhersagen und Experimenten ausbauen?

Feld-Forschung

Wer über Felder im physikalischen Sinn spricht, muss sagen, welches Merkmal den Positionen im Raum zugeordnet wird. Ein Wert, der irgendwie die Stärke der Lebensenergie beschreibt, ist durchaus legitim. Wie hingegen ein „wissendes Feld" in systemischen Aufstellungen Erinnerungen und Emotionen anderer Menschen als Werte im Raum beschreiben soll, ist deutlich schwieriger vorstellbar.

Wie lässt sich das Feld beobachten oder messen? Ein Feld, das in keiner Weise auf die uns zugängliche Welt einwirkt, kann durchaus existieren, ist aber uninteressant und bedeutungslos. Kein Wunder, dass die Schwerkraft als Erstes entdeckt wurde, denn sie wirkt auf sämtliche Materie und dann auch noch in gleicher Weise. Alles fällt auf die Erde. Elektrische Felder hingegen bewirken Anziehung und Abstoßung, die sich meist genau aufheben, da Atome mit ihrem positiven Atomkern und der negativen Elektronenhülle grundsätzlich elektrisch neutral sind. Bei einem schwingenden elektromagnetischen Feld ist die Feldstärke im Mittel obendrein null, so dass auch elektrisch geladene Materie nur winzige, nicht wahrnehmbare Zuckungen macht. Mit entsprechender Antennentechnik haben wir heute aber geeignete Messverfahren für solche Wellen. Schwieriger wird es bei Schwerkraftwellen. Sie sind von der Relativitätstheorie vorausgesagt worden, konnten aber bislang noch nicht direkt gemessen werden.

Ein Feld der Lebensenergie wirkt wahrscheinlich weder auf die gesamte Materie noch auf elektrisch geladene Teilchen, sondern auf belebte Materie. Dann braucht sich Schuwi nicht zu wundern, dass er es mit seinen Messgeräten aus toter Materie nicht entdeckt, dass aber Heiler oder andere in ihrer Wahrnehmung trainierte Menschen durchaus reproduzierbar Lebensenergie spüren können. Auch Experimente sind denkbar, indem man zum Beispiel Versuchsobjekte so verpackt, dass sie nicht durch Wärme oder Geräusche von außen zu erkennen sind. Sollten sensitive Menschen lebendige und tote Materie mit mehr als Ratewahrscheinlichkeit unterscheiden können, wäre das ein Indiz für die Lebensenergie.

Eso und Elektromagnetismus

Statt solche Forschung zu betreiben, nimmt Eso leider meist eine Abkürzung und redet bei Aura und anderem leichtfertig von elektromagnetischen Feldern. Dabei spricht vieles dafür, diese Felder im Schuwi-Land zu lassen und für Eso-Phänomene andere Erklärungen zu suchen.

Elektromagnetismus ist gut erforscht und verstanden. Das gesamte Spektrum von tiefen Frequenzen, wie Langwellenradio, bis zu hochfrequenten Röntgenstrahlen oder Gammastrahlen kann präzise gemessen und auch künstlich erzeugt werden. Wer sagt, der Mensch habe eine elektromagnetische Aura, muss sich die Fragen stellen, wo diese im Spektrum angesiedelt ist und wieso sie den Menschen wie eine Hülle umgibt, anstatt wie alle anderen elektromagnetischen Wellen mit Lichtgeschwindigkeit abgestrahlt zu werden. Eine solche Aura müsste sich auch recht einfach messen lassen.

Tatsächlich behauptet Eso, ein solches Messverfahren zu haben. Bei der *Kirlian-Fotografie* wird kurzzeitig eine hohe Spannung angelegt (mit minimalem Stromfluss, sonst hätte man nur noch tote Materie), die durch Ionisierung Lichteffekte auslöst und interessante Bilder erzeugt. Sollte die Aura ein schwaches elektromagnetisches Feld sein, wäre diese Messmethode aber so fragwürdig wie die Idee, leise Eigengeräusche aufzunehmen, indem man den Untersuchungsgegenstand mit Donner beschallt.

Bei Experimenten zur Gedankenübertragung wurden Testpersonen in Faradaysche Käfige gesetzt, um elektromagnetische Wellen abzuschirmen. Die Ergebnisse waren nicht schlechter, sondern oft sogar besser.[81] Elektromagne-

81 Charles Tart, „Effects of electrical shielding on GESP performance", in: *Journal of the American Society for Psychical Research*, 82(2), 1988.

tische Wellen scheinen also nicht der Schlüssel zu sein, wie bei geistigen Phänomenen Informationen übertragen werden. Im Gegenteil, sie stören eher. Die heutige elektromagnetische Umweltverschmutzung könnte somit ein Grund sein, dass telepathische Fähigkeiten zunehmend verkümmern.

Gottesteilchen und Weltformeln

Auch wenn Schuwi mit seinen Feldtheorien recht zufrieden ist, lückenlos sind sie nicht. Das Standardmodell der Teilchenphysik beschreibt nicht nur Materie, sondern auch Wechselwirkungen, die dort auf Wirkteilchen (Eichbosonen) zurückgeführt werden. Hierbei fordert die Quantenphysik, dass alle Wirkungen quantisiert sind, also ganzzahlige Vielfache von unteilbaren Wirkteilchen sind. Licht und andere elektromagnetische Wellen werden in Photonen abgezählt. Für die starke Wechselwirkung gibt es Gluonen, für die schwache Wechselwirkung zwei weitere Teilchen.

Doch der Teilchenzoo hat noch leere Käfige. Ein lange gesuchtes Teilchen wurde wegen seiner Wichtigkeit für die bestehenden Theorien von den Forschern gar „Gottesteilchen" genannt – schon wuchs das Medieninteresse. Dabei ist das Higgs-Boson (so der offizielle Name) aus spiritueller Sicht ein denkbar schlechter Kandidat für diesen Namen. Es ist das Teilchen, das erklären soll, warum Materie eine träge Masse besitzt, warum es Kraft erfordert, Dinge in Bewegung zu setzen. Ausgerechnet das Trägheitsteilchen als Gottesteilchen zu bezeichnen, könnte man fast als Schuwi-List zur Blasphemie deuten. Im Juli 2012 ist es den Forschern wohl endlich ins Netz gegangen. Gott haben sie jedoch noch nicht gefunden.[82]

Alles super!?

Noch unentdeckt ist ein anderes vermutetes Teilchen, das Graviton. Das hat zwar einen langweiligen Namen, ist aber umso wichtiger. Es soll helfen, die Schwerkraft als vierte Wechselwirkung in das Standardmodell zu integrieren, Quantenphysik und Relativitätstheorie zusammenzuführen. Bislang gibt es allerdings nicht einmal akzeptierte Modelle, wie das überhaupt funktionieren könnte.

So rechnen und grübeln die Forscher seit Jahrzehnten, entwickeln Hypothesen mit zehn- oder elf-dimensionalen Räumen, die in kleinsten Größenordnungen in unseren 3D-Raum hinein gewickelt sind, oder entwerfen Gravitati-

82 CERN Pressemitteilungen: *CERN experiments observe particle consistent with long-sought Higgs boson*, 4.7.2012. *New results indicate that particle discovered at CERN is a Higgs boson*, 14.3.2013.

onstheorien, an denen Science-Fiction-Autoren ihre Freude hätten, weil damit Anti-Schwerkraft-Technik möglich erscheint. Doch die Überlegungen haben immer einen Haken, auch wenn die Namen großartig klingen: Supersymmetrie, Superstrings, Supergravitation. Super heißen sie nur, weil es um übergeordnete Prinzipien geht; so erwartet die Supersymmetrie weitergehende Symmetrien (Teilchen lassen sich ineinander umwandeln) als bisher angenommen.

Die Weltformel

Wo steht Schuwi heute: Es gibt ein Standardmodell, in dem mit der Schwerkraft ausgerechnet die am längsten bekannte Wechselwirkung fehlt, und das mindestens achtzehn neue Naturkonstanten fordert, die sich nicht aus anderen Größen berechnen lassen. Es gibt Super-Theorien, die nicht gut sind. Das alles ist keine Schande, denn es wurde viel geleistet, und die Erklärungskraft dieses Modells ist weit größer, als die Welt aus Feuer, Erde, Wasser und Luft zusammenzusetzen.

1980 hat der berühmte Physiker Stephen Hawking die Vermutung geäußert, in absehbarer Zeit sei das physikalische Weltbild komplett.[83] Nicht nur Eso liebt große Worte, und so spricht Schuwi gerne von der *Großen Vereinheitlichten Theorie* (Grand Unified Theory) und der noch weitergehenden *Weltformel / Theorie von Allem* (Theory of everything). Letztere bezieht sich dabei meist auf die gesuchte Vereinigung der Schwerkraft mit dem Standardmodell. Wann und ob es diese Theorie geben wird, weiß niemand. Doch schon heute ist klar, dass der Name Prahlerei ist, auch mit dieser Formel wird die Welt weit mehr bleiben als theoretische Physik.

Energie

Energie ist die Fähigkeit, Arbeit zu verrichten. So kann auf ein Objekt entlang einer Strecke eine Kraft ausgeübt werden, um es zu beschleunigen oder entgegen der Schwerkraft nach oben zu bewegen. Das Objekt erhält zusätzliche Bewegungs- oder Lageenergie. Energie kann auch in chemischen Bindungen oder in Form von Wärme vorliegen. Ihre Einheit ist Joule. Mit einem Joule kann man 1 Kilogramm um 10 Zentimeter anheben oder auf Schrittgeschwindigkeit (5 km/h) beschleunigen oder 1 Gramm Wasser um ein viertel Grad Celsius erwärmen. Die im Alltag gebräuchliche Kilowattstunde beträgt 3,6 Millionen Joule.

Nach Einsteins berühmter Formel $E=m\cdot c^2$ lassen sich Materie und Energie ineinander umwandeln. Bevor Eso nun versucht, mit der Energie seiner Ge-

83 Stephen Hawking, *Is the End in Sight for Theoretical Physics – An Inaugural Lecture*, 1980.

danken Dinge zu materialisieren, sollte er den gewaltigen Umrechnungsfaktor anschauen: Lichtgeschwindigkeit zum Quadrat.

Bedeutend wichtiger ist der umgekehrte Weg. Die Kernfusion wandelt Materie zu Energie und ermöglicht es so, mit der Materie als Energiespeicher, das Universum mit Sonne und Sternen über Jahrmilliarden zu beleuchten. Eso würde vielleicht sagen, Gott habe uns die Materie gegeben, damit daraus Energie werde, damit sich das Grobstoffliche ins Feinstoffliche wandele! Wie rückwärtsgewandt und wider das Prinzip des Universums erscheinen da Kapitalismus und Besitzgier, wo viel Energie investiert wird, um Materie anzuhäufen!

Energiewandlung und Erhaltung

Der Energieerhaltungssatz sagt, dass keine Energie verlorengehen kann. In einem geschlossenen System ist sie konstant, sie kann nur in verschiedene Formen umgewandelt werden. So ist es einfach, Bewegungsenergie in Wärme umzuwandeln: Wenn zwei Objekte gegeneinander prallen und schließlich still stehen, sind beide geringfügig wärmer geworden. Ihre Moleküle bewegen sich schneller, aber leider völlig ungeordnet, so dass sich daraus nicht wieder die ursprüngliche Bewegung des Objektes herstellen lässt. Diese ständige Zunahme an Unordnung wird als *zweiter Hauptsatz der Thermodynamik* bezeichnet ist der Kern der Energieprobleme der Menschheit.

Wie sollen wir das Problem der Energieversorgung lösen, wenn wir es nicht einmal richtig benennen? In geschlossenen Systemen gilt der Energieerhaltungssatz. Die Erde ist ein offenes System, aber wir haben keineswegs einen Energiemangel, im Gegenteil: Mehr Kohlenstoffdioxid in der Atmosphäre sorgt dafür, dass weniger Energie in den Weltraum zurückgestrahlt wird. Klimaerwärmung bedeutet, die Atmosphäre speichert immer mehr Energie. Da soll noch einer über Probleme der Energieversorgung jammern!

Gute Energie, schlechte Energie? Entropie!

Das Problem ist nicht zu wenig Energie, sondern zu viel *Entropie*. Die Entropie ist gewissermaßen ein Qualitätsmerkmal von Energie. In einem geschlossenen System kann sie gleich bleiben oder anwachsen. Je größer sie ist, desto schlechter. Gleichmäßige Wärme hat eine hohe Entropie und ist praktisch unbrauchbar. Zwei Grad globale Erwärmung kann man nicht einfach zurück in unsere Verbrennungsmotoren stecken.[84] Eso würde vielleicht von „guter“ und

84 Verbrennungsmotoren brauchen immer ein Temperaturgefälle.

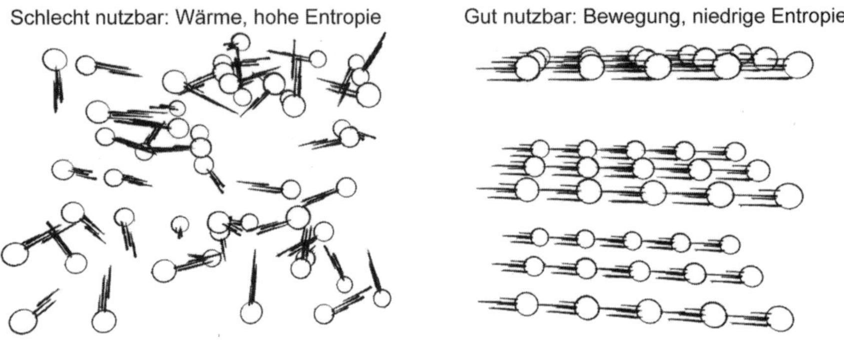

Abbildung 7.1: „Gute“ und „schlechte“ Energie

„schlechter“ Energie sprechen und liegt damit gar nicht so verkehrt (Abb. 7.1). Chaos kann viel Energie beinhalten, führt aber zu nichts. Wenn alle an einem Strang ziehen, kommt mehr heraus.

Wer über Energieeffizienz redet, sollte sich mit Entropievermeidung und Ordnungssteigerung beschäftigen. Die Vorstellung schlechter und guter Energienutzung lässt sich beispielsweise anschaulich auf Individualverkehr und öffentliche Verkehrsmittel übertragen (Abb. 7.2). Eine übermäßig individualisierte Gesellschaft hat ein schnelles Entropiewachstum quasi eingebaut. Das gilt für den Verkehr, Flächenverbrauch und Zersiedelung der Landschaft, eine übertriebene Vielfalt an Konsumgütern oder die Umwandlung von Rohstoffen in Müll (über den Zwischenzustand als kurzlebiges Produkt). Diese Sicht ersetzt nicht präzise Analysen und notwendige Detailarbeit, hilft aber vielleicht, ein Gefühl zu entwickeln, wie sich gute Ressourcennutzung als Gesamtgestalt zeigt und wie sich Fehlentwicklungen erkennen lassen.

Die Sonne liefert uns gute, geordnete Energie. Pflanzen wandeln sie um und speichern sie in chemischen Strukturen, so dass Tiere und Menschen die ursprüngliche Lichtenergie über die Nahrung aufnehmen können (einige Esos behaupten, diesen Umweg zu sparen und direkt von „Lichtnahrung“ zu leben). In abgestorbenen Lebewesen kann diese Energie Jahrmillionen überdauern, bis der Mensch sie aus unterirdischen Gräbern als Öl, Kohle und Gas eiligst exhumiert, sie mit völliger Missachtung der Vorarbeit von Sonne und Leben als *Primärenergie* bezeichnet und dann in Wärme und hohe Entropie umwandelt, weil Autos und Maschinen leider keine Möglichkeit zur Photosynthese haben und in Bezug auf Verwendung der Sonnenenergie vielleicht das Dümmste und Umständlichste sind, was man sich vorstellen kann.

Abbildung 7.2: Individualismus und Energienutzung

Energieversorgung – ein Problem?

Vielleicht hilft es, die Probleme der Energieversorgung aus einem neuen Blickwinkel zu betrachten. Wir haben keinen Energiemangel, es sollten also auch keine weltweiten Energieverteilungskämpfe heraufbeschworen werden. Vielmehr geht es um Entropie und Ordnung und damit letztlich um Information. Hier gibt es keine begrenzenden Erhaltungssätze. Information und Ordnung können verbreitet und vermehrt werden, „Ordnungsverteilungskriege" sind sinnlos.

Konkreter: Es gilt, individualistische, chaotische „Ordnungsverschwendung" zu verringern und effiziente gemeinsame Bewegungen zu stärken. Eine Million zusätzlicher Elektroautos können da kaum überzeugen, intelligente Verkehrsführung schon eher, öffentlicher Personenverkehr erst recht. Wir sollten uns auch daran erinnern, dass niedrige Entropie nicht nur Autos antreibt, sondern die Nahrung allen Lebens ist. Dass hier eine Konkurrenzsituation besteht, ist spätestens seit der Diskussion klar, ob Mais für Biosprit oder als Lebensmittel angebaut werden soll. Meist wird leider nach Geld-Nutzen, nicht nach Welt-Nutzen entschieden.

Hans-Peter Dürr bietet ein schönes Bild für die Energienutzung: Die Sonne stellt uns eine begrenzte, aber doch große Anzahl von „Energiesklaven" zur Verfügung.[85] Wir sollten gut überlegen, wofür wir sie einsetzen!

85 Hans-Peter Dürr, *Geist, Kosmos und Physik – Gedanken über die Einheit des Lebens*, 2010.

Abbildung 7.3: Geht es um die gleiche Energie?

Esos Energie

Energie treibt die Welt und das Leben an, da sind sich Schuwi und Eso einig. Doch wenn Eso von Energie spricht, denkt er nicht an Joule, Kilowattstunden oder Energieerhaltungssätze (Abb. 7.3). Stattdessen gibt es Frequenzen und hochschwingende feinstoffliche oder farbige Energien. Rote Energie ist gut für das erste Chakra – und Schuwi sträuben sich die Haare. Vielleicht geht es um verschiedene Dinge, lassen wir uns nicht vom gleichen Wort täuschen! Auch die „Kraft der Liebe" ist nicht in Newton zu messen, obwohl sie Körper aufeinander zubewegt. Esos Lebensenergie wird im nächsten Kapitel betrachtet.

Zeit, Kausalität, Kraft des Jetzt

Für Schuwi ist die Zeit eine Größe, die als kleines t in vielen Gleichungen auftaucht. So beschreibt er mit $s=1/2gt^2$, wie sich Dinge im freien Fall bewegen.[86] Nach einer Sekunde hat sich das Objekt 4,9 Meter bewegt, nach zwei Sekunden die vierfache Strecke, da die Zeit quadratisch auftaucht.

Dieses kleine t hat zwei auffällige Eigenschaften: Es bezeichnet nur eine Zeit*dauer* bezogen auf einen beliebigen Startzeitpunkt. Wann das Fallexperiment tatsächlich stattfindet, spielt keine Rolle, insofern ist die Physik zeitlos. Außerdem ist in der Gleichung, wie in allen grundlegenden physikalischen Gesetzen, keine Richtung der Zeit vorgegeben. Wenn Billardkugeln elastisch zusammenstoßen oder Planeten sich um die Sonnen bewegen, lässt sich nicht unterscheiden, ob eine Filmaufnahme davon vorwärts oder rückwärts abgespielt wird. Die Richtung der Zeit, Ursache und Wirkung sind nicht zu erken-

86 g ist die Erdbeschleunigung von 9,81 m/s^2, der Luftwiderstand wird in der Gleichung nicht berücksichtigt.

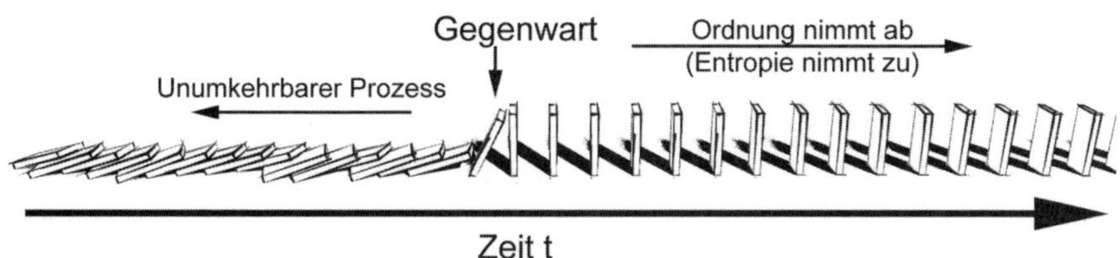

Abbildung 7.4: Zeitpfeil

nen. Die Erde ist heute an ihrer gegenwärtigen Position, weil sie *vor* einem halben Jahr gegenüber auf der Umlaufbahn stand oder weil sie *in* einem halben Jahr dort stehen wird.

Paradoxer Zeitpfeil

In unserer Alltagswelt hingegen hat die Zeit eine klare Richtung von der Vergangenheit über den Moment der Gegenwart in die Zukunft. Ursachen bestimmen Wirkungen zu einem späteren Zeitpunkt, Handlungen sind auf die Zukunft ausgerichtet, viele Prozesse sind nicht umkehrbar (Abb. 7.4). Hier kommt wieder die Entropie ins Spiel. Der zweite Hauptsatz der Thermodynamik liefert eine Zeitrichtung: Mit zunehmender Zeit nimmt die Ordnung (in einem geschlossenen System) ab. Wer eine Porzellanvase auf den Boden wirft, sollte nicht auf die zeitliche Umkehrbarkeit der physikalischen Gesetze hoffen. Für Lebewesen gilt es ganz besonders, denn von der Geburt zum Tod gibt es eine klare Richtung. Entropie, Leben und Zeit hängen eng zusammen. Sollte es anders laufen, ergibt das wunderbaren Filmstoff.[87]

Die große Frage: Wieso haben komplexe Vorgänge eine Zeitrichtung, obwohl sie doch immer nur eine Zusammensetzung einfacherer Vorgänge sind, für die die Zeit umkehrbar ist? Moleküle in einem Gas haben untereinander ausschließlich elastische Stöße, die zeitlich umkehrbar sind, in der Summe aber nimmt die Entropie des Gases zu und Temperatur- und Druckunterschiede gleichen sich aus, so dass sich ein Zeitpfeil definieren lässt. Auf diesen Widerspruch wurde der Chemiker Josef Loschmidt im 19. Jahrhundert auf-

87 *Der seltsame Fall des Benjamin Button*, Regie: David Fincher, 2008.

merksam und bis heute gibt es keine endgültige Antwort auf das nach ihm benannte *Loschmidt Paradox*.

Ursache und Wirkung

Wenn die Welt eine Kette von Ursachen und Wirkungen ist, die vollständig den Naturgesetzen folgen, kann dann zum Zeitpunkt der Gegenwart überhaupt aktiv eingegriffen werden? Pierre-Simon Laplace kam Anfang des 19. Jahrhunderts zu dem Schluss: Die Zukunft ist durch den gegenwärtigen beziehungsweise durch frühere Weltzustände vollständig vorherbestimmt. Nach diesem *Determinismus* läuft die Welt wie ein Uhrwerk. Mit genügend Einblick in den aktuellen Zustand könnte man die Zukunft vollständig vorhersagen. Auch heute schließt sich mancher Schuwi dieser Meinung an. Da bleibt kein Platz für freien Willen, nicht einmal für Zufall. Die Gegenwart wird bedeutungslos, Eckhart Tolles „Jetzt!"-Lehre[88] wäre widerlegt. Eso hört das gar nicht gerne, denn für ihn ist die Gegenwart der Dreh- und Angelpunkt, um sein Leben und die Welt zu gestalten. Und so fühlt es sich wohl auch für uns alle an.

Chaos ist kein Zufall

Wie kann die Gegenwart Unvorhergesehenes bringen, wie kann das Jetzt seine Kraft entfalten? Bevor es in Kapitel 9 um den freien Willen geht, beginnen wir hier bescheidener und gehen auf die Suche nach echtem, nicht vorherbestimmtem Zufall.

In Computern gibt es Zufallszahlen-Generatoren, die auf Wunsch jeweils eine neue „zufällige" Zahl liefern. Ist das Zufall? Leider nein. Computer können nur rechnen, nicht würfeln. Daher werden *Pseudo*zufallszahlen nach festen Rechenregeln bestimmt, allerdings so, dass sie zufällig aussehen und gleichmäßig in dem gewünschten Wertebereich verteilt sind.

Gibt es zufällige physikalische Prozesse, etwa wenn eine Kugel durch ein Gitterraster fällt (Abb. 7.5)? Sie wird wild zwischen den Stäben hin und herspringen und wir können nicht vorhersagen, wo genau sie landen wird. Das liegt aber daran, dass kleine Änderungen des Startwerts große Auswirkungen auf das Ergebnis haben. Immerhin lässt sich eine Wahrscheinlichkeitsverteilung für die Endpositionen angeben. Fallen viele Kugeln hinein, ergibt sich hier ein entsprechender Hügel in Form einer Glockenkurve.

Es sieht aus wie Zufall, ist aber *Chaos*! Ein chaotischer Prozess kann vollständig vorherbestimmt ablaufen, jedoch führen minimale, kaum wahrnehm-

88 Eckhart Tolle, *Jetzt! Die Kraft der Gegenwart*, 2006.

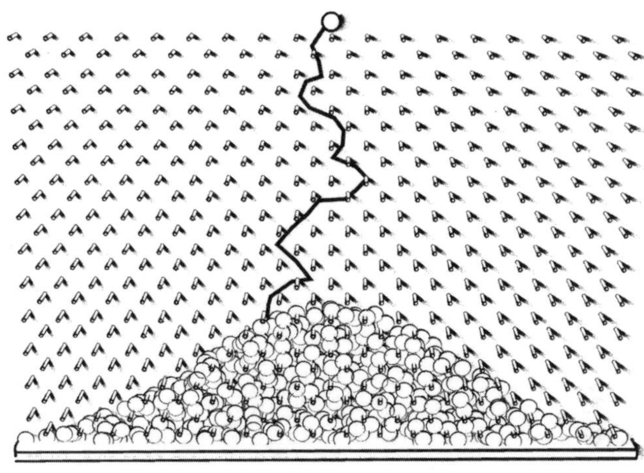

Abbildung 7.5: Zufallsmaschine

bare Änderungen der Bedingungen zu deutlich unterschiedlichen Ergebnissen. Der berühmte Schmetterlingseffekt spitzt das zu: Der Flügelschlag eines Schmetterlings kann letztlich einen Sturm auslösen. Chaos sorgt dafür, dass die Wettervorhersage schon für die nächste Woche sehr unsicher ist, während sich andererseits dank der stabilen Himmelsmechanik die Planetenstellungen für Jahrtausende voraussagen lassen. Chaos ist das Gegenteil von Stabilität. Wenn Sie einen Ball auf der Fingerspitze balancieren, kann er in alle denkbaren Richtungen fallen. Das ist die große Chance für die „Kraft des Jetzt". Minimale Ursachen (durch Zufälle, freien Willen oder Gott?) können große Wirkungen entfalten. Voraussetzung ist, dass sie dort ansetzen, wo die physikalische Welt instabil ist, wo es geeignete Kipppunkte (*Tipping points*) gibt.

Quanten – Gottes Würfel?

Einstein war überzeugt, dass es in der Physik keinen Zufall gibt: Gott würfelt nicht! Das heute gängige Verständnis der Quantenphysik widerspricht ihm jedoch und bietet viel Platz für Zufall. Instabile (radioaktive) Elemente haben eine sogenannte Halbwertszeit. Innerhalb dieser Zeitspanne zerfällt die Hälfte aller Atome, bzw. ein einzelnes Atom mit fünfzig Prozent Wahrscheinlichkeit. Welche Atome zerfallen und welche stabil bleiben, scheint vollkommen zufällig zu sein. Damit kann man einen echten Zufallszahlengenerator bauen.

Einige Forscher vermuten jedoch, dass sich hinter diesem Zufall wieder präzise Gesetze verbergen, die wir nur noch nicht kennen. Vielleicht ist hier aber auch ein Hebel zu finden für Gott oder unser Bewusstsein und den freien Willen? Das geht auch ohne radioaktive Atome, denn in der Quantenmechanik wimmelt es von Wahrscheinlichkeitsverteilungen. Wann immer diese „auskondensieren", wird Jetzt, wird Realität erschaffen. Wer dabei die Finger im Spiel hat, ist letztlich ungeklärt.

Schneller als das Licht erlaubt

Apropos ungeklärt: Die Zeit ist auch heute noch Forschungsthema. Seit Einsteins Relativitätstheorie ist die Zeit kein universelles, überall gleich laufendes Maß mehr, sondern sie hängt vom Bezugssystem ab. Eine Uhr, die schnell durch den Raum fliegt, tickt langsamer als eine, die sich nicht bewegt. Sie wollen langsamer altern? Kein Problem: Bewegen Sie sich nahe der Lichtgeschwindigkeit. Nach Stunden Ihrer Zeit sind auf der Erde Wochen oder Jahre vergangen. Als Anti-Aging-Maßnahme ist das nicht zu empfehlen, da Sie wahrscheinlich nicht in Kauf nehmen möchten, dass bei der Beschleunigung Ihre Masse gegen unendlich wächst. Aber es ist ein realer Effekt, der zum Beispiel bei den Uhren der Satelliten für unsere Navigationssysteme berücksichtigt wird. Zeitreisen sind prinzipiell kein Problem, solange Ihnen die einfache Fahrt in die Zukunft genügt. Rückfahrscheine gibt es leider nicht.

Letztlich steckt dahinter, dass die Geschwindigkeit durch die Raumzeit, also die vierdimensionale Kombination von Raum und Zeit, konstant ist. Je schneller es durch den Raum geht, desto langsamer geht es durch die Zeit. Lichtteilchen (Photonen) bewegen sich mit 300.000 Kilometern pro Sekunde durch den Raum und stehen in der Zeit still, sie altern nicht. Wegen dieser Geschwindigkeitsbegrenzung sehen wir immer nur die Vergangenheit. Das Licht eines Menschen, der drei Meter vor uns steht, ist eine Hundertmillionstel Sekunde zu uns gereist, das Licht entfernter Sterne Millionen bis Milliarden Jahre.

Doch vielleicht ist Überlichtgeschwindigkeit doch möglich? Rechnerisch sind solche Teilchen, Tachyonen genannt, durchaus denkbar. Sie hätten sonderbare Eigenschaften, die Eso schwärmen lassen von unbeschränkter Energieversorgung mit Tachyonen-Generatoren, während Schuwi über ihre imaginäre Masse, deren Quadrat also negativ wäre, grübelt. Jedenfalls schließt auch Schuwi Überlichtgeschwindigkeit nicht grundsätzlich aus. So gab es 2011 die Meldung, dass sich in einem Experiment Neutrinos möglicherweise schneller als das Licht bewegt hätten.[89] Anschließende Überprüfungen zeigten aber, es handelte sich um einen Messfehler.

---

89 Eugenie Samuel Reich, „Neutrino experiment replicates faster-than-light finding", in: *Nature News*, 18.11.2011.

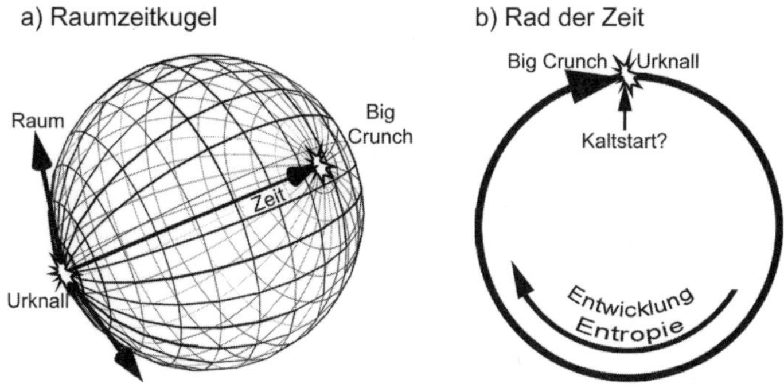

Abbildung 7.6: Die Zeit, rundgemacht

Zeit, eine runde Sache

Ist die Zeit unendlich oder gibt es Anfang und Ende? Beide Vorstellungen bereiten dem menschlichen Verstand Schwierigkeiten. „Was war vor dem Anfang der Zeit“ ist eine unsinnige Frage, da es die zeitliche Beziehung „vor“ erst mit Beginn der Zeit gibt. Aber beim Anblick des linearen Zeitpfeils will der Verstand immer weiter nach links oder rechts schauen, um zu sehen was dort ist.

Nach Schuwis Weltbild begann mit dem Urknall nicht nur das Universum, sondern auch die Zeit. Mit null beginnend, dehnte sich der Raum immer weiter aus, und sollte auch die Big-Crunch-Theorie stimmen,[90] wird er wieder in sich zusammenstürzen, so dass die gesamte Raumzeit eine Art Kugel wäre (Abb. 7.6). Das sieht gut aus, und die Frage nach dem Davor und Danach verschwindet von alleine. Sie macht so wenig Sinn wie die Frage, was räumlich rechts neben dem Universum liegt. Das Universum ist nicht *im* Raum und *in* der Zeit, sondern Zeit und Raum sind Teil des Universums.

Man kann gedanklich noch weiter gehen und die Zeit zu einem Kreis verbiegen. Kreisläufe wie Tag, Monat (Mondumlauf), Jahr oder auch die Generationen von Lebewesen waren den Menschen stets vor Augen. Da lag es nahe, dass viele Traditionen noch größere Kreisläufe annahmen, bis hin zu einem zyklischen Dasein der gesamten Welt. Die Zeit ist ein Rad, mit ewigem Neuanfang und Wiederkehr.

---

90 Die konkurrierende Big-Freeze-Theorie geht von einer ewigen Ausdehnung des Universums aus.

Doch wie oft dreht es sich? Auch unsere kreisförmigen Zifferblätter und Uhrzeigerumläufe erklären ja keineswegs, „wie unendlich" die Zeit wirklich ist. Dass Wiederholung nicht bedeuten muss, alles geschähe völlig gleich, ist der geniale Kern des Films „Und täglich grüßt das Murmeltier".[91] Das Rad der Zeit hat ein Problem: Eine Welt, die sich stets weiterentwickelt, in der die Entropie zunimmt, kann nicht einfach zu einem früheren Zeitpunkt zurückkehren. Das erforderte einen harten Schnitt, einen kompletten Neustart von Materie und Energie, vielleicht sogar der Naturgesetze. Die Vorstellung eines gleichmäßig laufenden Rades erscheint da irreführend, eher könnte man sagen, irgendwann entlang des Zeitpfeils werde der Reset-Knopf gedrückt oder das System heruntergefahren, und zwar so, dass die gesamte Arbeit von der Festplatte gelöscht wird. Einen solchen Computer würde niemand haben wollen, ein solches Universum doch wohl erst recht nicht?

Akasha-Chronik

Ist es möglich, auf die Vergangenheit oder Zukunft zuzugreifen, Informationen zu erhalten oder sie gar zu beeinflussen? In George Orwells Roman „1984" nutzt das Regime die Flüchtigkeit der Vergangenheit, indem es nach Belieben die Geschichtsschreibung manipuliert und behauptet, damit die tatsächlichen Geschehnisse zu ändern. Sind die Gegenwart und die Erinnerung das Einzige, was von der Vergangenheit bleibt, oder gibt es irgendwo eine Sicherheitskopie des Originals?

Eso hat die Vorstellung eines ultimativen Geschichtsbuchs (oder einer ganzen Bibliothek), in dem die gesamten Geschehnisse der Welt stehen, jedes noch so kleine Detail, einschließlich der Zukunft. Rudolf Steiner, der Begründer der Anthroposophie, hat dafür den Begriff *Akasha-Chronik* geprägt. Wer etwas über die Vergangenheit oder Zukunft erfahren möchte, muss sich nur den entsprechenden Büchereiausweis besorgen.

Hier ergibt sich ein Problem. Gehört die Akasha-Chronik auch zur Welt? Dann sollte sie ihre eigene Geschichte speichern. Ein Ereignis in der Welt führt zu einem Chronikeintrag, der aber wieder Teil der Welt ist, also auch eingetragen werden muss. Jede Eintragung fordert zyklisch eine weitere. Die Akasha-Bibliothekare bekämen gewaltigen Platzmangel. Ein Ausweg bestünde darin, dass sich in einer hinreichend langweiligen Welt die Informationen komprimiert speichern ließen. Genau das ist das Prinzip von Sicherheitskopien, die die Geschichte der Festplatteninhalte des Computers wiederum auf Festplatte speichern.[92]

---

91 Regie: Harold Ramis, 1993.

92 Die Sicherungsfunkionen der „Time Machine" auf Apple-Rechnern ist also keineswegs ein

Doch braucht es überhaupt eine Chronik, um die Vergangenheit zu sichern? Geschichtsschreibung gibt es, weil wir in der Gegenwart „gefangen“ sind. Betrachten wir zum Vergleich statt der Zeit-Dimension den Raum. Ein Stadtplan wäre die Akasha-Chronik der realen Stadt. Um alle Details zu erfassen, wäre er womöglich so groß wie die Stadt selbst. Nehmen wir aber an, er wäre irgendwie auf handliche Größe zusammengefaltet. Wenn wir in unserer Wohnung festsäßen, wäre so ein Plan eine feine Sache, um zu wissen, wie es draußen aussieht. Aber die Stadt braucht ihn nicht, sie ist immer da. Sobald wir die Wohnung verlassen, können wir alles direkt ansehen.

Dieses Bild lässt sich auf die Zeit übertragen. Wenn wir unsere Wohnung, die Gegenwart, verlassen könnten, bekämen wir direkten Zugang zu Vergangenheit und Zukunft. Zeitlandkarte oder Chronik wären überflüssig, denn die Zeit ist wie ein begehbarer Raum, in dem alle Zeitpunkte nebeneinander liegen. Es gilt nur, dem Bewusstsein beizubringen, die Zeit nicht Schritt für Schritt, Sekunde für Sekunde vorwärts abzuschreiten, sondern sich die Freiheit zu großen Sprüngen in Vergangenheit und Zukunft zu erlauben. Das klingt vielleicht weit hergeholt, doch die Physik kennt kein Gesetz, das der Gegenwart irgendeine besondere Bedeutung verleiht oder vorschreibt, welcher Zeitpunkt t das Jetzt ist. Das Erleben von Zeit ist vor allem eine Frage unseres Bewusstseins – und das lässt sich erweitern (s. Kapitel 9).

Kleine, unscharfe Quanten

In manchen Eso-Büchern wimmelt es von mit „Quanten-“ zusammengesetzten Wörtern, dass man meinen könnte, Werner Heisenberg höchstpersönlich zu hören. Allerdings: Heisenberg wusste, wovon er sprach. 1932 erhielt er für seine Quantenmechanik den Nobelpreis. Eso verehrt die Quantenphysik wohl eher wie manche Menschen ihren Lieblingskinostar. Er erscheint großartig, mysteriös, verheißungsvoll, und da man ihn niemals kennenlernt, kann man in den eigenen Wunschträumen alles mit ihm anstellen. Auch heute, da die Quantenphysik Greisenalter erreicht hat, wirkt sie geheimnisumwittert und unverstanden wie eine Diva.

Erste Sprünge der Quanten

Der Reihe nach: 1900 kam Max Planck auf die Idee, dass nicht nur Materie, sondern auch Energie in kleinsten, unteilbaren Paketen daherkommt. Zur Belohnung wurde die entsprechende Naturkonstante als *Plancksches Wirkungs-*

Beleg für übernatürliche Fähigkeiten von Steve Jobs, auch wenn das die Apple-Jünger nicht gerne hören.

quantum[93] benannt. Anderthalb Jahrzehnte später folgerte Nils Bohr, dass Elektronen im Atom auch nur stufenweise ihren Energiezustand verändern können und daher „von Bahn zu Bahn" springen. Ein solcher *Quantensprung* ist zwar sehr klein, aber doch beeindruckend, da er abrupt, ohne Zwischenzustände erfolgt. Mitte der Zwanzigerjahre versuchte Erwin Schrödinger, die zeitlichen Veränderungen in solchen Quantensystemen zu beschreiben, und entwickelte die *Schrödinger-Gleichung.* Heisenberg schließlich stellte fest, dass das Plancksche Wirkungsquantum auch eine Obergrenze für die Genauigkeit ist, mit der Position und Geschwindigkeit von Teilchen bestimmt sind. Je schärfer die Position ist, desto unschärfer die Geschwindigkeit, und umgekehrt. Bei dieser *Unschärferelation* geht es nicht etwa um Messfehler, sondern um ureigene Eigenschaften der Teilchen.

Wahrscheinlichkeiten dingfest machen

Hier wird es interessant für Eso. Solange niemand hinschaut, kann ein Quantensystem ungestört in seinen Wahrscheinlichkeitsverteilungen herumwabern. Das irgendwann zerfallende radioaktive Atom existiert in der Quantenmechanik als Überlagerung der Möglichkeiten „Atom ganz" und „Atom zerfallen". Schrödinger hat in einem Gedankenexperiment darauf einen perfiden Mechanismus aufgebaut, bei dem das zerfallende Atom eine Apparatur in Gang setzt, die eine Katze tötet. Wenn das Ganze vor dem Beobachter verborgen in einer Kiste untergebracht ist, müsste nicht nur das Atom in beiden möglichen Zuständen überlagert vorliegen, sondern auch *Schrödingers Katze* gleichzeitig tot und lebendig sein.

An diesem Problem knabbern die Physiker bis heute herum. In der sogenannten *Kopenhagener Deutung* von Heisenberg und Bohr ist der Wahrscheinlichkeitszustand der Quantenwelt ein Raum der Möglichkeiten, der erst durch Messung oder Beobachtung zur konkreten Realität wird. Doch was passiert da genau: Ist es tatsächlich der Beobachter, der aus Wahrscheinlichkeiten Realität macht? Was ist ein Beobachter? Ist es vielleicht gerade Merkmal des Bewusstseins, in der Quantenwelt diesen *Kollaps der Wellenfunktion*, also den Wandel von Möglichkeiten in eindeutige Realität, zu erzwingen? Diese Sicht gefällt Eso, denn damit wird das Bewusstsein zum wesentlichen Realitätserzeuger.

Mancher Schuwi ist hingegen einfach der Meinung, dass hinreichend große Objekte genügen, um die Wahrscheinlichkeiten der Quantenwelt verschwin-

---

93 $h = 6{,}62606957 \cdot 10^{-34} J \cdot s.$

den zu lassen. Die Katze ist eindeutig tot oder lebendig, auch wenn keiner zuschaut. Auf andere Weise versucht David Bohm mit seiner *impliziten Ordnung*[94] den Möglichkeitsraum in den Griff zu bekommen. Er vermutet hinter den Wahrscheinlichkeiten präzise Gesetze, die es aber noch zu entdecken gilt.

Viele Welten für Schuwi

Eine weitere Deutung spricht von Paralleluniversen. In einem Universum lebt die Katze, in dem anderen ist sie tot, alles andere ist gleich. Je nachdem wie unsere Beobachtung ausfällt, landen wir in dem einen oder dem anderen Universum. Für jedes wankelmütige Haustier die Zahl der Universen zu verdoppeln, zeugt nicht gerade von Schuwis Bescheidenheit. Ein noch größeres Problem ist, dass die anderen Universen für Experimente und Beobachtungen vollkommen unzugänglich sind. Es ist also keine falsifizierbare, wissenschaftliche Theorie. Wenn Eso mit solch verschwenderischen, nicht überprüfbaren Ideen käme, würde Schuwi sie ihm um die Ohren hauen. In seinen eigenen Spekulationen hingegen schwelgt er mit Genuss.[95]

Synchronizität

1935 entwickelten Einstein, Podolski und Rosen ein Gedankenexperiment, das der Quantentheorie einen ernsthaften Realitätsverlust nachweisen sollte.[96] Ausgangspunkt ist, dass zwei Teilchen in der Quantenwelt in einem sogenannten *verschränkten Zustand* zueinander stehen können. Wenn sie sich jeweils um die eigene Achse „drehen“, stehen ihre Achsen immer senkrecht zueinander.[97] Diese Verschränkung bleibt bestehen, wenn sich die Teilchen räumlich voneinander entfernen. Jetzt kommt der Knackpunkt: Wird dann eines der beiden Teilchen vermessen, kann seine Drehachse in eine definierte Richtung gezwungen werden. Aufgrund der Verschränkung muss das andere Teilchen aber weiterhin senkrecht dazu drehen, sich zeitgleich der Veränderung anpassen.

In Experimenten konnte dieser Effekt der *Quantenteleportation* tatsächlich

---

94 David Bohm, *Wholeness and the Implicate Order*, 1980.

95 Z.B.: David Deutsch, *The Fabric of Reality: The Science of Parallel Universes – and Its Implications*, 1998. Brian Greene, *The Hidden Reality: Parallel Universes and the Deep Laws of the Cosmos*, 2011.

96 A. Einstein, B. Podolsky, N. Rosen, „Can Quantum-Mechanical Description of Physical Reality Be considered Complete? “ in: *Physical Review*, 47, 1935.

97 Hier geht es nicht wirklich um rotierende Körper, aber der sogenannte Spin hat ähnliche Eigenschaften wie Drehungen.

gezeigt werden.[98] Die beiden Teilchen verhalten sich vollkommen synchron. Erklärungen, die von einer Art Benachrichtigung des entfernten Teilchen ausgehen, greifen nicht, da sie nur in Lichtgeschwindigkeit zeitverzögert erfolgen könnte. Stattdessen steht das Teilchen mit seinem Partner in unmittelbarer, von der Entfernung unabhängiger Verbindung. Diese *Synchronizität* ist ein völlig neues Ordnungsprinzip in der Physik, das sich von Ursache-Wirkung-Beziehungen grundlegend unterscheidet.

Eso frohlockt: Wenn Verschränkung im Allerkleinsten möglich ist, dann vielleicht ja auch im Großen. Können zwei Menschen (oder deren Bewusstsein) miteinander verschränkt sein und so über große Entfernungen hinweg vom Zustand des anderen etwas erfahren? Das wäre eine physikalische Grundlage für Telepathie. Verschränkungen des Menschen mit anderen Dingen der Welt könnten Hellsichtigkeit erklären. Die Synchronizität könnte unerwartete Zusammenhänge begründen, die sich nicht als Ursache und Wirkung erklären lassen und bei denen von Zufall auch keine Rede sein kann. Der Psychologe Carl Gustav Jung hat sich im engen Austausch mit dem Physiker Wolfgang Pauli an diesen Möglichkeiten abgearbeitet und bereits in den Fünfzigerjahren den Begriff der Synchronizität geprägt.[99]

Aus dem Nichts und durch Wände

Aufgrund der Unschärferelation haben Teilchen keine eindeutige Position, sondern eine Aufenthaltswahrscheinlichkeit im Raum, die auch Wände (der Physiker sagt: Potenzialbarrieren) durchdringen kann! Mit einer gewissen Wahrscheinlichkeit erscheint das Teilchen jenseits der Wand. Dieser *Tunneleffekt* spielt bei vielen praktischen Anwendungen ein Rolle, zum Beispiel wenn Bits und Bytes in USB-Sticks gespeichert werden, indem Ladungen zum Tunneln veranlasst werden. Mittlerweile wurde obendrein nachgewiesen, dass dieses Tunneln mit Überlichtgeschwindigkeit geschehen kann.[100] Ob damit überlichtschnelle Informationsübertragung möglich wird und auch manch andere physikalische Überzeugung ins Wanken käme, ist noch umstritten.

Wie viel Energie ist in einem leeren Raum, in dem sich weder Teilchen noch Felder befinden, im sogenannten Quantenvakuum? Null? Für einen begrenzten Raum, so die Unschärferelation, ist keine absolut präzise Angabe der ent-

98 Z.B.: Xiao-Song Ma, et al., „Quantum teleportation over 143 kilometres using active feed-forward“, in: *Nature*, 489, 2012.

99 C. G. Jung, „Synchronizität als ein Prinzip akausaler Zusammenhänge“, in: Jung, Pauli (Hrsg.) *Naturerklärung und Psyche*, 1952.

100 A. Enders, G. Nimtz, „On superluminal barrier traversal“, in: *Journal de Physique I*, 2, 1992, S. 1693-1698.

Abbildung 7.7: Akrobatik der Quanten

haltenen Energie möglich – null wäre eine präzise Angabe. Stattdessen unterliegt die Energie auch in völliger Leere einer Wahrscheinlichkeitsverteilung, die letztlich bedeutet, dass es eine gewisse *Vakuumenergie* gibt und Teilchen spontan aus dem Nichts entstehen können.

Sofort ist Eso auf dem Plan und will diese „freie Energie" anzapfen, die wohl nur wegen der gierigen Ölkonzerne noch nicht genutzt werde. Gewiss gibt es hier noch viel zu erforschen, aber man sollte nicht zu früh frohlocken. „Freie Energie" könnte Eso sonst ja auch der Atmosphäre entnehmen, indem er die Wärmebewegungen der einzelnen Luftmoleküle nutzt. Doch wir brauchen niedrige Entropie, hohe Ordnung. Das willkürliche Erscheinen von Quanten im Vakuum ist da nicht gerade vielversprechend.

Was die Quanten können…

Wenn Schuwi Esos Vorstellungen von der Wirklichkeit als aberwitzig kritisiert, sollte er sich an die Fähigkeiten seiner Teilchen der Quantenwelt erinnern (Abb. 7.7): Sie tauchen aus dem Nichts auf, durchdringen Wände, kommunizieren über beliebige Entfernungen ohne Zeitverzug, halten sich an mehreren Orten gleichzeitig auf und verwandeln sich, sobald ein bewusster Beobachter zuschaut. Wenn unsere Alltagswelt nur „ein bisschen" (ungefähr zehn Zehnerpotenzen) kleiner wäre, wäre vieles aus Esoland eine Selbstverständlichkeit.

Doch vielleicht kann mancher Quanteneffekt auch in unserer Größenordnung, bei den Menschen und den Dingen der Welt, seine Wirkung entfalten. Die Physiker sind sich bis heute nicht einig, ob an einer bestimmten Grenze die Quantenwelt endet und die gewohnte Realität beginnt. Schrödingers Katze muss vorerst weiter ihr beschwerliches Tot-lebendig-Doppeldasein führen.

Raum und All

Soweit heute bekannt ist, leben wir in einem Universum mit einem Durchmesser von mindestens 10^{24} Kilometern, das pro Kubikmeter im Schnitt nur die Masse weniger Wasserstoffatome hat. Welch Platzverschwendung – bevor Eso nach höheren Dimensionen verlangt, sollte er die vorhandenen drei erst einmal bewundern! Zum Glück ist die wenige Materie sehr ungleichmäßig verteilt und meist zu Kugeln aufgehäuft, von denen wir einige am Himmel bewundern können. Bei hundert Milliarden Galaxien ist unsere Milchstraße nicht gerade etwas Besonderes, und sie hat wiederum mehrere hundert Milliarden Sterne, von denen wir nur die Sonne wirklich brauchen.

Angesichts dieser Zahlen drängt sich die Existenz außerirdischen Lebens geradezu auf, und immerhin werden zunehmend Planeten außerhalb des Sonnensystems (Exoplaneten) nachgewiesen. Doch ihre Anzahl ist letztlich egal, solange kein Faktor für die Wahrscheinlichkeit bekannt ist, mit dem Leben auf Planeten (unter bestimmten Bedingungen, innerhalb einer bestimmten Zeit) entsteht. Auf der Erde hat es irgendwie geklappt, doch diese eine Stichprobe ist zu wenig für Berechnungen. Bleibt also nur der Glaube: Entweder an unsere göttliche Einzigartigkeit oder an unzählige außerirdische Mitbewohner.

Anthropisches Prinzip

Warum sollten wir uns darüber wundern, dass es in unserem Universum Menschen gibt? Menschen können ja nur ein Universum entdecken, in dem es menschliches Leben gibt. Man bezeichnet das als *anthropisches Prinzip.* Mit diesem Prinzip kann man auch andere Fragen beantworten: Warum gibt es überhaupt etwas, und nicht nichts? Weil sonst keiner da wäre, um die Frage zu stellen!

Manche halten das anthropische Prinzip für einen billigen Trick, um unbequeme Fragen zu vermeiden. Doch auch wenn es Sie überzeugt, so kann es nicht die Fragen beantworten, warum das Universum so verschwenderisch groß ist. Wäre Gott Vermieter, würde er doch nicht so einen gewaltigen Leerstand seiner prächtigen, mietgünstigen Wohnräume hinnehmen? Um nachts leuchtende Punkte an den Himmel zu zaubern, hätten einfachere Lösungen gereicht, etwa eine einzige Milchstraße mit einigen tausend Sternen. Auch da wäre für Klingonen, Vulkanier und andere Raumschiff-Enterprise-Gestalten noch genug Platz.

Wie kann Schuwi da behaupten, er verstünde die Welt? Wäre nicht angesichts der unsinnigen Größe des Universums ein demütiges „wozu das alles?" angemessener? Einerseits zeigen das Universum oder Gott gröbstes Gießkannen-Prinzip: Bei Billiarden von Sternen wird schon irgendwo Leben entstehen. Andererseits lassen die Naturkonstanten ausgefuchste Präzisionsarbeit vermuten. Kleinste Abweichungen der Stärke der elektromagnetischen Wechselwirkung oder der Massen von Protonen und Elektronen könnten unser Universum unmöglich machen (wobei sich die Forscher auch hier nicht einig sind).

Aller guten Dinge sind drei – Dimensionen

Bei der Entwicklung eines funktionstüchtigen Universums gibt es eine weitere Entscheidung zu treffen: Wie viele Raumdimensionen soll es haben? Gibt es einen zwingenden Grund dafür, dass wir in einer dreidimensionalen Welt leben? Das zweidimensionale Flächenland aus Kapitel 4 erscheint vielleicht langweilig, aber immerhin leben wir ja auf einer Erdober-*Fläche*, Plattfische kommen auch gut klar, warum nicht Platt-Menschen? Oder wie wäre es mit vier Dimensionen: Denken Sie nur daran, wie reizvoll diverse Ballsportarten wären, wenn das Spielfeld zum Spielraum wird und beim Torschuss Höhe, Breite und Tiefe stimmen müssen! Zwar legen manche Berechnungen nahe, dass drei Dimensionen eine gute Wahl sind, weil Sonnensysteme sonst instabil wären. Aber vielleicht täuscht da auch nur ein zu enges 3D-Denken.

Einstein hat die Perspektive dank der vierdimensionalen Raumzeit deutlich erweitert – und dann auch noch Beulen hineingehauen. Er zeigte, dass die Schwerkraft den Raum krümmen kann, so wie sich in eine ebene Fläche eine Delle drücken lässt. 1919 wurde das experimentell nachgewiesen anhand von Sternenlicht, das durch die Schwerkraft der Sonne leicht abgelenkt wurde.

Doch Schuwi will mehr. Seine String-Theorien fordern zehn oder mehr Dimensionen, um unsere beobachtbare Welt zu erklären. Wenn ein Flächenland im 3D-Raum platt ist, wie platt müssen wir uns da erst fühlen angesichts so vieler unzugänglicher Dimensionen. In den String-Theorien sind sie obendrein winzig verwickelt auf Ebene der Elementarteilchen. Ein auf uns herabschauender Gott wird sich dort kaum hineinzwängen.

Wenn Eso sagt, die Welt befinde sich im Aufstieg in die fünfte Dimension oder höherdimensionale Lichtwesen beobachten uns, ist er in gewisser Hinsicht gar nicht so weit von Stringforschern entfernt: Es klingt alles (streichen

Sie nach Belieben eines der beiden Wörter) unglaublich spannend, und das meiste entzieht sich bislang der Überprüfbarkeit.

Vielleicht liegt die Wahrheit in der Mitte. Der 2001 verstorbene Physiker Burkhard Heim hatte eine lange Forscherkarriere, obwohl er als Neunzehnjähriger bei einem Unfall Augenlicht und Gehör fast vollständig verlor. Vielleicht half ihm diese Einschränkung, ohne Ablenkung durch die wahrnehmbare Welt mit seinem Denken die tatsächlichen Dimensionen zu erschließen? Er entwickelte ein sechs-dimensionales Modell zur Beschreibung der Welt, das allerdings vom wissenschaftlichen Mainstream kaum zur Kenntnis genommen wurde – vielleicht auch, weil es zu schwer zu verstehen war. Eso jedenfalls liebt Heim als Außenseiter mit neuen Ideen; die Detailarbeit, sich ernsthaft mit seinen Formeln auseinanderzusetzen, käme ihm nicht in den Sinn.

Urknall und dunkle Materie

Nach heutigem Verständnis ist das Universum knapp vierzehn Milliarden Jahre alt und begann mit einem großen Knall. Mit diesem Bild können alle gut leben. Die Religion sieht einen göttlichen Funken, der alles in Gang setzte. Eso freut sich, dass das Universum geboren wurde und sich entwickelte – wie ein Lebewesen, vielleicht sogar mit Bewusstsein. Schuwi muss sich nicht mit Unendlichkeiten herumschlagen und kann alles sauber zurückrechnen bis zum winzigen energiegeladenen Anfang der ersten Sekundenbruchteile.

So weit so gut. Doch leider passen Schuwis Beobachtungen und Theorien nicht ganz zusammen, irgendetwas fehlt. Die Theorie der dunklen Materie und dunklen Energie fordert, dass es im All noch mehr geben muss. Da es für kein Fernrohr und kein Messinstrument sichtbar ist, wird es als „dunkel“ bezeichnet. Und es muss eine ganze Menge sein, unser Universum könnte zu 95% aus diesem unbekannten Etwas bestehen. Einem Kaufmann, der behauptet, er habe seine Buchhaltung im Griff, er müsse nur noch die 95% dunklen Gelder finden, würde wohl niemand trauen. Schuwi hingegen genießt weiterhin größtes Vertrauen.

Die Teile und das Ganze

Je intensiver Schuwi die Welt unter die Lupe nimmt, desto mehr scheinen sich ihre Bestandteile aufzulösen. Der erste Blick sieht nur Materie, doch das Universum ist fast leer. Hat man das Glück, Atome anzutreffen, so herrscht auch in ihnen gähnende Leere. Der Atomkern ist winzig, die Elektronen in der Hülle ebenso und obendrein zerfließen sie zu Wahrscheinlichkeitsverteilungen. Materie ist fast nirgends, Felder hingegen gibt es überall. Hans-Peter

Dürr weist auf den sprachlichen Unterschied hin: Interessanter als die Realität, die Welt der Dinge (lat. res = Sache, Ding), ist die Wirklichkeit, die Welt der Wirkungen.[101] Im Innersten besteht unsere Welt nicht aus greifbaren Dingen, sondern aus Beziehungen, Prozessen des Werdens, Wahrscheinlichkeiten und damit letztlich Information, in der auch sprachlich das „in Form" bringen, das Gestalten steckt.

Universelle Beziehungen

Der Spielraum der Wirkungen wird immer größer. Früher glaubte man, nur sich berührende Objekte könnten einander kausal beeinflussen. Dann kamen die Felder mit ihren Fernwirkungen ins Spiel. Die Relativitätstheorie hat weitere Gewissheiten aufgelöst. Es gibt keine absolute, überall gleich laufende Zeit, Masse und Form von Objekten verändern sich abhängig von der Geschwindigkeit, der Raum ist gekrümmt.

Die Quantenphysik hat Selbstverständlichkeiten auf den Kopf gestellt mit ihrer Nicht-Lokalität, Nicht-Kontinuität und Nicht-Kausalität. Teilchen haben statt definierter Positionen Aufenthaltswahrscheinlichkeiten, sie machen abrupte Quantensprünge, sie können in Verbindung stehen, ohne im herkömmlichen Sinn Informationen zu übertragen. Angesichts solch universeller Beziehungen wird es immer fraglicher, ob Schuwi durch sein Abtrennen und Isolieren einzelner Untersuchungsobjekte ein vollständiges Bild der Welt erhalten kann.

Ähnliche Veränderungen des Weltbildes gibt es auch auf gesellschaftlicher Ebene. Globalisierung bedeutet, dass Beziehungen die gesamte Erde vernetzen, dass es Fernwirkungen und vielleicht auch Synchronizität gibt. Ein Erdbeben in Japan führt zum deutschen Atomausstieg. Selbst Kleinbetriebe sind von der Weltwirtschaft abhängig. Entgegen der Redensart, interessiert es heute durchaus, wenn „in China ein Sack Reis umfällt". Wenn nicht einmal Elementarteilchen unabhängig vom Rest der Welt sind, wie falsch muss da Egoismus sein, also jenes Denken, das eine klare Grenze zieht zwischen dem eigenen Wohl und dem Wohl der anderen!

Emergenz

Was sich in der Physik an Weltvernetzung zeigt, scheint kaum in die Köpfe der Menschen gedrungen zu sein. Der analytische, auf das Aufteilen trainierte Verstand übersieht gerne, dass das Ganze mehr als die Summe der Teile ist.

---

101 Dürr, *Geist, Kosmos und Physik*, 2013.

Mancher Schuwi glaubt, wenn die Physik als Grundlage der Welt erst einmal verstanden ist, lässt sich der Rest daraus folgern. Aus den Elementarteilchen und ihren Wechselwirkungen müssten sich doch die Eigenschaften von Molekülen und ihren Verbindungen herleiten lassen? Dann wäre die Chemie gleich miterledigt. Und da Lebewesen aus Molekülen bestehen, fehlt nur ein Schritt, bis die Biologie überflüssig wird.

Doch so einfach ist es nicht. Auf jeder Ebene des Zusammenfügens der Teile ergeben sich völlig neue Eigenschaften, die sich nicht aus den Teilen vorhersagen lassen. Man spricht auch von *Emergenz*.

Das vorgestellte Loschmidt-Paradox ist so ein Beispiel. Plötzlich hat die Zeit eine Richtung bekommen, wie und warum weiß keiner. Auch ist bisher niemand in der Lage, aus der Physik die Eigenschaften der chemischen Elemente vorherzusagen. Werden Elemente zu Molekülen kombiniert, kann es wieder neue Überraschungen geben, wie bei den vielen Anomalien des Wassers.[102]

Die größte und beeindruckendste Frage lautet aber vielleicht: Was veranlasst bestimmte komplexe Anordnungen von Materie dazu, Willen, Zielstrebigkeit, Intelligenz und Geist zu zeigen? Was ist Leben?

102 Z.B. dass es sich im Gegensatz zu anderen Flüssigkeiten beim Gefrieren ausdehnt.

8

DAS LEBEN

Biologie, Ökologie, Biochemie, Zellforschung, Genetik, Medizin... Viele Wissenschaften widmen sich dem Leben, doch die zentrale Frage ist bis heute unbeantwortet: Was ist das überhaupt – Leben?

Lebt das?

Wann ist etwas lebendig, wann tot? Ein Ziegelstein ist wohl tote Materie. Sie, die Sie gerade diese Sätze lesen, sind sicherlich am Leben. Ihre Zimmerpflanzen hoffentlich auch. Doch wie ist es mit Schnittblumen in einer Vase? Sind die beim Abschneiden gestorben und dekorieren jetzt Blumenleichen den Tisch oder sterben sie erst langsam beim Verwelken? Wenige Menschen haben Mitgefühl mit Schnittblumen oder wollen deren Todeszeitpunkt eindeutig bestimmen. Doch wenn es um Menschen geht, kommen wir an der Frage nicht mehr vorbei, und auch dort ist sie manchmal nicht zu beantworten.

Tot oder lebendig

Die Wörter tot und lebendig gaukeln eine Genauigkeit vor, die es nicht gibt. Leben und Tod sind oft ohne scharfe Trennlinie, sogar beim Menschen. Das Bewusstsein verschwindet schon im Schlaf. Herzstillstand, das Aussetzen des Atems oder der Gehirnaktivität sind Zeichen weichenden Lebens, aber ab welcher Dauer nichts mehr geht, sind unsichere Erfahrungswerte. Dass auch längere Aufenthalte in der schmalen Grauzone möglich sind, zeigen Wachkoma-Patienten. Die Diskussion um den Schutz ungeborenen Lebens ist die andere ungeklärte Seite. Wann beginnt Leben?

An den Übergängen vom Noch-nicht-Leben zum Leben und zurück zum Nicht-mehr-Leben beißen sich Mediziner und Ethiker die Zähne aus, mit wichtigen Konsequenzen für Gesellschaft und Gesetzgebung. Was darf die Pränataldiagnostik? Wann ist Abtreibung, wann Sterbehilfe berechtigt? Dürfen bei Koma-Patienten die Geräte abgeschaltet werden? Wenn Unfallopfern

Organe entnommen werden, ist der Widerspruch geradezu eingebaut. Der Mensch muss tot sein, das Organ aber noch leben. Gleichzeitig definiert man den Tod des Menschen aber über den Tod eines Organs, des Gehirns.

Auch hinsichtlich der Komplexität gibt es viele Abstufungen. Ein Einzeller ist ein Lebewesen, aber eine einzelne Zelle des Menschen nicht. Wie viele Zellen müssen zusammenkommen und in welcher Form, damit man von Leben sprechen kann? Irgendwo zwischen Fingernägeln und Haaren, Geweben und Organen liegt ein Übergang. Werden solche Teile dem menschlichen Körper entnommen, sterben sie schnell. Sie sind kein Lebewesen, kein unabhängiges Individuum. Doch auch der Mensch ist keineswegs unabhängig. Wenn er nicht von anderem Leben umgeben ist, stirbt er in kürzester Zeit. Er verhungert.

Checkliste Leben

Definitionen von Leben umfassen typischerweise die folgenden Merkmale:

- Das Lebewesen ist ein offenes System, das im Austausch mit der Umgebung steht, durch Stoffwechsel Nahrung aufnimmt und Abfallstoffe abgibt.
- Es benötigt die Zufuhr von Energie (mit hoher Ordnung, niedriger Entropie), z.B. über das Sonnenlicht oder die Nahrung.
- Es nutzt die zugeführte Ordnung, um durch Selbstorganisation (Autopoiese) die innere Ordnung aufrechtzuerhalten. Durch Selbstheilung (Regeneration) können Schäden bis zu einem gewissen Ausmaß repariert werden.
- Das Lebewesen verändert sich während seiner gesamten Lebenszeit, es wächst und entwickelt sich.
- Das Lebewesen hat eine begrenzte Lebensdauer, kann sich aber fortpflanzen, so dass die Art in den Nachkommen weiterlebt.

Die genannten Merkmale sind wichtig, aber nicht perfekt. Lebt ein Salzkristall, der in einer Salzlösung wächst? Er nimmt Salz aus der Lösung auf, organisiert sich in einer Kristallstruktur und falls Teile abbrechen, gibt es sogar Fortpflanzung. In einer Radiosendung gab es ein besonders schönes Beispiel: „Das Auto nimmt Nahrung auf. Nämlich den Sprit. Es verbrennt, also verdaut den Treibstoff und scheidet Restprodukte wie Kohlenmonoxyd, Kohlendioxyd und so weiter wieder aus. Außerdem vermehrt sich das Auto nahezu identisch mit Hilfe eines Parasiten, Mensch genannt, in eigens dafür konstruierten Gebäuden."[103]

Bausteine

Um ein komplexes System zu verstehen, nimmt Schuwi es auseinander und versucht dann, Teile nachzubauen. Sind die Materialien bekannt, aus denen ein Lebewesen besteht, müsste das doch genauso gehen. Schon Dr. Frankenstein wollte in der berühmten Geschichte ein künstliches Lebewesen erschaffen.[104] Da Materialtechnik, Chemie und Molekularbiologie noch nicht so weit waren, machte er es sich (zumindest in späteren Interpretationen der Vorlage) einfach und nahm komplette Arme, Beine und andere Leichenteile. Doch um der Materie schließlich Leben einzuhauchen, war ein besonderer Funken nötig. Damals schien die Elektrizität als geheimnisvolle, unsichtbare Energieform besonders geeignet. Heutige Autoren würden vielleicht Quanteneffekte nutzen.

Lebensmaterial

Die Bausteine alleine können Leben nicht erklären, aber ohne die richtigen Bausteine funktioniert Leben auch nicht. Auf der Erde besteht es aus Kohlenstoffverbindungen. Schon die Chemie ist aufgeteilt in organische Chemie, die sich mit diesen Verbindungen beschäftigt, und den Rest, die anorganische Chemie.

In Biochemie und Molekularbiologie werden die Lebensmoleküle und ihre Reaktionen genau angeschaut. So ist der Aufbau von Eiweißen, Fetten, Zucker und Nukleinsäuren gut bekannt. Die sich dort tummelnden Moleküle können beachtliche Ausmaße annehmen und aus vielen tausend Atomen bestehen, wie etwa die berühmte Doppelhelix der DNS.

Aus Schuwi-Sicht ist die Entstehung von Leben einfach. Man nehme die passende Menge an Kohlenstoff, Wasserstoff, Sauerstoff, Stickstoff und ein Dutzend weiterer, in geringeren Mengen benötigter Elemente. Dann wird die Mischung ordentlich geschüttelt (nicht gerührt) und mit etwas Glück entstehen genau die von Lebewesen bekannten Strukturen. Es muss ja nicht gleich ein fertiger Mensch sein, ein paar Lebensmoleküle reichen für den Anfang, die werden sich dann schon zu komplexeren Strukturen zusammenfinden und schließlich einen Einzeller ergeben, unser aller „Adam".

---

103 Sendung auf SWR2: *Wie das Leben auf die Erde kam*, 16. Mai 2009.

104 Mary Shelley, *Frankenstein or The Modern Prometheus*, 1818.

Ursuppenschwangerschaft

Irgendwie so soll es damals vor rund vier Milliarden Jahren auf der Erde in der *Ursuppe*, einem Gemisch einfacher Stoffe wie Wasser, Methan und Ammoniak, losgegangen sein. Vielleicht hat auch elektrische Energie durch Gewitterblitze geholfen, fast wie bei Dr. Frankenstein. In einem gleichsam magischen Geschehen ist dann aus einem chaotischen Gemisch toter Materie erstes Leben entstanden.

Wie wahrscheinlich ist es, dass aus Unordnung durch nicht zielgerichtete Prozesse so große Ordnung entsteht, wie sie das Leben erfordert? Wie oft muss man einen Karton mit Puzzleteilen schütteln, damit beim Öffnen zufällig das fertige Puzzle zu sehen ist? Zunächst spielt natürlich die Anzahl der Teile eine Rolle. Wenn es für sechs Teile nur eine richtige Reihenfolge gibt, hat man pro Wurf die Trefferchance 1 zu 720 (= 6·5·4·3·2·1). Mit jedem weiteren Element sinken die Chancen immer schneller. Räumliche Anordnungen und Bedingungen für chemische Reaktionen machen es eher noch schwieriger. Für Eso ist die Sache klar, die komplexen Strukturen des Lebens können nicht zufällig entstehen, das ist zu unwahrscheinlich.

Schuwi sieht aber auch Faktoren, die dem Zufall zu Hilfe kommen. Die Zielstruktur muss nicht auf Anhieb in einem Wurf entstehen, sondern vielleicht gibt es Teillösungen, die stabil bleiben, wenn sie erst einmal erwürfelt sind. Passen zwei Puzzleteile zusammen, gehen sie eine Bindung ein, die bis zum fertigen Ergebnis erhalten bleibt. Das könnte ein Riesentrumpf für den Zufall sein – oder ein großer Haken wegen der nur lokalen Optimierung. Was kurzfristig als richtiger Schritt zur Verbesserung erscheint, kann langfristig gerade verhindern, die tatsächliche Lösung zu erreichen.

Damit gibt es genug Wenn und Aber, um sich trefflich zu streiten. In künstlich hergestellten Ursuppen entstanden zwar komplexere Grundbausteine, aber bisher hat es niemand geschafft, im Labor Leben zu erzeugen.

Synthetische Biologie

Trotzdem gibt es Forscher, die stolz behaupten, sie würden „synthetische Biologie“ betreiben, also Leben künstlich zusammensetzen. Konsequent wäre es immerhin. Auch die Chemie begann mit der Analyse, dem Zerlegen und Untersuchen vorhandener Stoffe. Längst ist die chemische Synthese neuer, nie dagewesener Stoffe eine Selbstverständlichkeit. Bei Kunststoffen denkt man kaum noch an die gewaltige ursprüngliche Wortbedeutung. Das gezielte Erzeugen von Stoffen hat neben großartigen Errungenschaften auch Riesenprobleme mit sich gebracht. Kunststoffe sind für Lebewesen und Mikroorganismen als Futter meist unbrauchbar, und so sammeln sich diese chemischen Frankenstein-Monster als ewig haltbarer Müll in der Umwelt, einschließlich eines gewaltigen Plastikstrudels im Pazifik.[105]

Da will die Biologie nicht nachstehen. Das Leben zu untersuchen, reicht nicht mehr, man möchte Lebewesen gezielt verändern oder sogar herstellen. Entsprechende Schlagzeilen gibt es auch schon, in denen von Erschaffung des Lebens oder Konkurrenz für Gott die Rede ist – doch Gott wusste wohl, was er tat. Wir hingegen verstehen nicht einmal, was Leben wirklich ist.

Die Kombination von Unwissenheit und Überheblichkeit ist gefährlich. Könnten tatsächlich vollständig künstliche Lebewesen erzeugt werden, wäre es vielleicht ethisch vertretbarer, als das, was heute in den Labors ausprobiert wird. Die als synthetische Biologie vermarkteten Techniken erinnern an Dr. Frankenstein, allerdings sind den Forschern Leichenteile längst nicht genug. Sie benötigen lebendige Wesen wie Bakterien, in die sie ihre künstlich erzeugten Bausteine, wie die DNS, transplantieren.[106] Zugleich definieren sie den Begriff „Leben“ einfach um. Die lebendige Zelle wird zur bloßen Plattform degradiert, die künstlich erzeugte DNS zum einzigen Lebensmerkmal hochstilisiert. Da könnte man (mit etwas Übertreibung) auch sagen, die synthetische Biologie erschaffe Leben, indem sie künstliche Kniegelenke in schmerzgeplagte Sofahocker einsetze und sie so zu neuen Menschen voller Beweglichkeit und Lebensfreude mache.

Menschen können selbst über solche Operationen entscheiden. Andere Lebewesen, von Bakterien bis hin zu Säugetieren, sind hingegen wehrlos wesentlich tiefer gehenden, brutalen Eingriffen ausgeliefert.

Lebensbaustein: Information

Ob etwas lebt oder tot ist, lässt sich nicht an der Materie erkennen. Leben zeigt sich vor allem in Vorgängen, Beziehungen, Wirkungen, Organisation und letztlich: Information. Leben ist Materie, die *in Form* gebracht und gehalten wird. Die DNS spielt dabei eine wichtige Rolle als Mechanismus, um Informationen zu speichern und zu kopieren.

Im Jahr 1970 kam John Horton Conway auf die Idee, auf einfache Weise Leben im Computer zu simulieren. Seinem *Game of Life* genügen wenige Regeln. Stellen Sie sich ein kariertes Blatt als Lebensraum vor. Jedes Kästchen

105 Filmtipp: *Plastic Planet*, Dokumentarfilm, Regie: Werner Boote, 2009.

106 Daniel G. Gibson et al., „Creation of a Bacterial Cell Controlled by a Chemically Synthesized Genom“, in: *Science*, 329, 2010, S. 52–56.

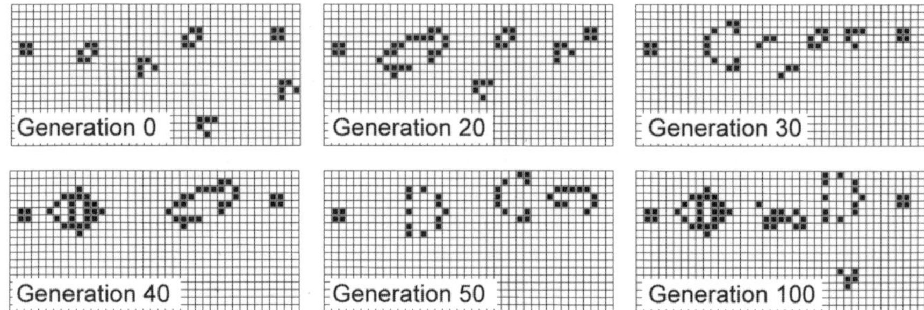

Abbildung 8.1: Game of life: Der Computer simuliert Leben

ist entweder lebendig oder tot. Abhängig von der Anzahl lebendiger Nachbarn ändert sich der Zustand in festen Zeitschritten. Gibt es beispielsweise genau drei lebendige Nachbarn, so entsteht neues Leben, gibt es zu viel oder zu wenige, so stirbt auch eine bereits vorhandene Zelle ab.

Schon solche Regeln ergeben komplexe, an Leben erinnernde Entwicklungen (Abb. 8.1). Es können sich Strukturen bilden, die sich bewegen, auf der Stelle pulsieren oder Nachkommen erzeugen und in die weite Kästchenwelt hinausschicken. Für Schuwi ist das ein schönes Beispiel für Emergenz. Aus einfachen Bausteinen und Regeln entsteht eine neue Ordnung und Komplexität. Auf solche Weise müsste doch auch aus toten Molekülen und chemischen Reaktionen Leben entstehen können?

Lecker, negative Entropie!

Damit Leben seine innere Ordnung entwickeln und aufrechterhalten kann, muss es äußere Ordnung, Energie mit niedriger Entropie, aufnehmen und innere Unordnung abgeben, etwa über Körperwärme, also Energie mit hoher Entropie, und Ausscheidungen, denen man schon ansieht, dass sie deutlich „ungeordneter" sind als die aufgenommene Nahrung. Die Energiebilanz ist letztlich null. Leben ernährt sich von negativer Entropie.

Pflanzen nutzen die Urquelle aller geordneten Energie, das Sonnenlicht, und speichern es mit Hilfe der Photosynthese, z.B. in Kohlenhydraten, zur weiteren Verwendung. So führt die Nahrungskette und damit auch die Energieversorgungskette weiter über das Tier und endet beim Menschen (meistens – Hai-Attacken und menschenfressende Tiger sind zum Glück die Ausnahme).

Offenheit und Austausch

Ein Mensch, in Frischhaltefolie gewickelt, bleibt nicht ewig jung, sondern stirbt. Die Verpackung unserer Lebensmittel verhindert gerade das, was das Leben eigentlich mit abgetrennten Pflanzenteilen oder toten Tieren machen möchte, nämlich sie mit Pilzen und Bakterien zu zersetzen und möglichst schnell für neues Leben nutzbar zu machen.

Mehr als Atmung und Stoffwechsel

Lebewesen brauchen den Austausch mit der Umwelt. Mit Atmung und Stoffwechsel beginnt es, doch das können auch Verbrennungsmotoren. Lebewesen nutzen die Nahrung nicht nur als Energiequelle, sondern um Bestandteile daraus in sich selbst einzubauen und defekte Teile auszutauschen. Das soll mal ein Auto nachmachen: Ein bisschen Eisen ins Benzin und schon wachsen die Zahnräder des Getriebes wieder nach!

Ohne Stoffwechsel geht es nicht. Doch je komplexer die Lebensform, desto wichtiger werden weitergehende Beziehungen zur Umwelt. Eine Alge kann ihren Lebensalltag zufrieden mit Stoffwechsel verbringen, den meisten Menschen reicht das nicht. Die Entwicklung des Lebens auf der Erde zeigt eine Tendenz zu immer mehr Offenheit und Austausch. Algen gibt es länger als Menschen. Aus Saurierpanzern und dicken Reptilienhäuten wird weiches Fell und schließlich die dünne, mit unzähligen Nervenzellen hochempfindliche Menschenhaut. Statt Reißzähnen haben wir harmlose Kauerchen, die sich obendrein meist verstecken hinter hoch sensitiven Lippen, mit denen besonders angenehme Berührungen von Mensch zu Mensch möglich sind. Was für ein schöner Fortschritt!

Der Geruchssinn, so fein er auch sein mag, liefert vergleichsweise wenige Daten und auch nur über die nähere Umgebung. Er verliert an Bedeutung. Sehen und Hören (die nicht Materie, sondern Energie erfassen) ermöglichen eine detaillierte Wahrnehmung der Welt mit einer Reichweite bis zum Horizont, ja bis zur Sonne und den Sternen. Auch der Bewegungsspielraum ist von der Pflanze zum Tier zum Menschen immer größer geworden.

Sehen und gesehen werden

Offenheit bedeutet aber auch Verletzlichkeit. Lebewesen, die sich mit Panzern und Schalen schützen, spüren weniger und sind unflexibel im Umgang mit der Welt. Das Wagnis des dünnhäutigen Menschen hat sich gelohnt, er ist Schildkröten, Muscheln und Schnecken weit voraus.

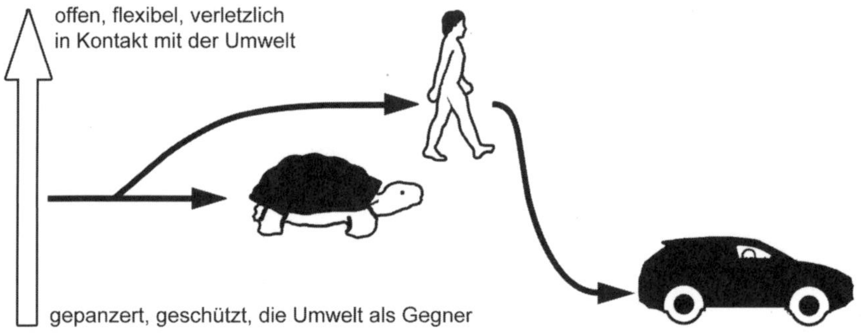

Abbildung 8.2: Fehlentwicklung der Evolution?

Doch es gibt erstaunliche Rückentwicklungen. Vielen Menschen reicht die Kleidung zum Schutz vor Kälte nicht mehr aus. Sie hüllen sich in übergroße Metallpanzer, was aus Sicht des Lebens nur begründbar ist mit Angst vor der Umwelt und fehlender Kraft und Intelligenz (Abb. 8.2). Im Gegensatz zur Werbung der Autoindustrie wird damit Mobilität und Flexibilität *eingeschränkt*: Menschen können überall hin, durch Wiesen und Wälder laufen oder auf Plätzen und in Fußgängerzonen einander begegnen. Weil Autos so unflexibel sind, müssen breite Straßen und riesige Einkaufszentren am Rande der Stadt gebaut werden.

Wer Leben schön findet, wird Autos vielleicht immer hässlicher finden. Das liegt nicht nur an unverhältnismäßigen Größen. Amerikanische Straßenkreuzer waren auch groß, aber zugleich licht und offen. Bezogen auf die Karosserie sind die Fenster immer kleiner geworden und werden obendrein getönt. Der Rest ist graue oder schwarze Farblosigkeit; Tarnung war schon immer eine Strategie primitiven Lebens. Wegen der eingeschränkten Wahrnehmung der Insassen braucht man nun Sensoren zum Rückwärtsfahren und Einparken. Die Lebensqualität Austausch und Offenheit wird künstlich reduziert, Rausgucken geht gerade noch, Hineinschauen nicht mehr. Wenn Fenster zu Schießscharten werden, sollte man sich über Rücksichtslosigkeit nicht wundern.

Solche lebensfernen Techniken können wohl nur Schuwi einfallen, der auf die eigene Wahrnehmung wenig gibt, die Welt lieber mit technischen Geräten erkundet und so ungesunde Einbahnstraßen schafft. Überwachungskameras übertragen ihre Beobachtungen in ferne Sicherheitszentralen mit anonymen Menschen vor den Monitoren. Unternehmen wie Facebook und Google sammeln umfangreiche intime Details über die (leichtfertig offenherzigen) Menschen, geben aber nichts über ihre internen Mechanismen preis oder wie sie

Abbildung 8.3: Offenheit ist schöner

ihre Datenbestände zur Auswertung an Dritte weiterverkaufen. Das Internet bietet großartige Möglichkeiten für Menschen, miteinander in Austausch zu treten, aber es ist wichtig, dass nicht Parasiten das gesunde Ökosystem gefährden.

Offener Austausch, schönes Leben

Auch unser ästhetisches Empfinden scheint das Offene, Lebendige zu bevorzugen. Die Augen sind nicht nur unser wichtigstes Sinnesorgan, sondern auch Ausdruck menschlicher Schönheit. Auch die Lippen, mit ihrer besonders empfindlichen Wahrnehmung, sind ein Hingucker. Welches Gesicht in Abbildung 8.3 finden Sie schöner? Wahrscheinlich das rechte. Babies haben im Verhältnis zum Kopf die größten Augen; alle lieben Babies.

Mangelnde Offenheit und blockierter Austausch sind Anzeichen für eine rückwärtsgewandte oder lebensfeindliche Beziehung zur Welt. Kriegsgeräte haben keine Schaufenster. Oder denken sie an Menschen, die im Dunkeln Sonnenbrillen tragen, Häuser mit kleinen Gitterfenstern, Sturmhauben und vielleicht auch die Burka als Ganzkörperverhüllung mit Augenschlitz.

Echte Offenheit geht in beide Richtungen. Es ist ein Unterschied, ob sich nackte Haut als schönes Sinnesorgan an einem Badestrand zeigt, wo jeder gleichermaßen sieht und gesehen wird, oder ob sie passiven Medienkonsumenten einseitig serviert wird.

Die ultimative Nacktheit

Seinen Körper nackt zu zeigen, erfordert Mut. Noch mehr Mut erfordert es, sein Inneres, seine Gefühle, die Seele nackt zu zeigen. Manche Menschen mögen einen perfekten Körper haben, aber wer hat die perfekte Psyche? Sich

Abbildung 8.4: Phrasenpanzer machen unbeweglich

offen zu zeigen, einschließlich der eventuellen persönlichen Schwächen, ist eine große Lebensübung. Wie viel Lebenskraft steckt in guten Gesprächen mit Freunden, in denen sich jeder mit seinen Sorgen, Ängsten und Wünschen nackt zeigt, ohne die Angst, verletzt zu werden. Wahrhaftigkeit ist Leben!

Vielleicht erscheinen deshalb Politiker oft so hässlich und unlebendig. Auf ihre nackten Körper lässt sich gewiss gut verzichten, aber sie mögen doch einmal ihre Panzer aus leeren Phrasen ablegen und zeigen, auch sie sind Menschen mit Ängsten, Zweifeln und Fehlern (Abb. 8.4). Dann können sie lebendig werden und flexibel handeln wie reife Menschen, nicht wie Schildkröten, die bei Problemen den Kopf einziehen, oder wie Krokodile, die zu beißen anfangen.

Wachstum und Entwicklung

In der Robotikforschung versucht Schuwi schon lange, Lebewesen nachzubauen. Maschinen krabbeln wie Spinnen oder Krebse, und auch vier- und zweibeinige Laufroboter sind prinzipiell kein Problem mehr. Der ASIMO der Firma Honda sieht aus wie ein kleiner Mensch im Raumanzug, dagegen erscheinen die Krieg-der-Sterne-Roboter wie behäbige Blechkisten. Auch die vielleicht wichtigsten Lebewesen (zumindest hinsichtlich öffentlichem Interesse und Gehältern) werden seit vielen Jahren nachgebaut: Im RoboCup spielen Roboter gegeneinander Fußball.

Das sieht doch alles ziemlich lebendig aus? Ja, wenn man flüchtig hinschaut.

Für die Robotik steht im Mittelpunkt, dass sich etwas selbstständig bewegt und mit der Umwelt interagiert. Vielleicht halten deshalb auch viele Menschen Autos für lebendiger als Korallen, zum Überlebensvorteil von Autos und zum Nachteil der weltweit rasant absterbenden Korallen. Nur mit Geduld ist der entscheidende Unterschied wahrzunehmen: Lebewesen wachsen, Maschinen nicht.

Wachstum

Alle lieben Wachstum. Wer hat sich als Kind nicht gefreut, wenn die Oma sagte, du bist aber groß geworden! Die gesamte Wirtschaft denkt ebenso. Sie will wachsen, Wirtschaftswachstum ist Selbstzweck geworden, sogar ganz ohne das Lob der Oma. Wer nicht zu gierig erscheinen will, sagt vielleicht, er strebe organisches, gesundes Wachstum an. Aber aufhören soll es trotzdem niemals.

In Wirtschaft und Gesellschaft bedeutet Wachstum, immer mehr vom Gleichen zu wollen. Meist geht es um Geldbeträge. Wachstum in der Natur sieht anders aus. Ein ungehemmtes, rein mengenmäßiges Mehr gibt es selten, und meist ist es krankhaft, wie bei Krebsgeschwüren. Wo Natur gesund funktioniert, ist Wachstum begrenzt. Wohl nur Basketballer könnte es freuen, wenn sie als Dreißigjährige gelobt würden, wieder ein paar Zentimeter größer geworden zu sein. Das Längenwachstum des menschlichen Körpers endet ungefähr mit der Volljährigkeit. Doch das bedeutet keineswegs Stillstand (und damit ist jetzt nicht der Bauch gemeint, der ja leider später noch munter weiter wächst).

Entwicklung

Die Natur hat etwas noch Besseres als Wachstum: Entwicklung. Statt einem Länger, Größer, Mehr geht es um qualitative Veränderung. Aus Eicheln werden Eichen, aus Sporen Pilze, aus Raupen Schmetterlinge, aus Eiern Hühner, aus Eizellen Menschen. Das sind gewaltige Transformationen, über die man immer wieder staunen könnte, wenn wir uns nicht schon an die Fähigkeiten des Lebens gewöhnt hätten. Maschinen oder Roboter können nicht wachsen, geschweige denn sich entwickeln. Auch beim *Game of life* verändert sich nur die Zahl und Größe der Zellstrukturen, aber wirklich Neues entsteht nicht. Entwicklung, Transformation, Metamorphose sind Alleinstellungsmerkmale des Lebens.

In unserer Gesellschaft werden Wachstum und Entwicklung oft nicht unterschieden. Bruttosozialprodukt, Exportquoten oder Arbeitslosenzahlen steigen und fallen, aber sie können sich nicht *entwickeln*. Bei diesen Zahlen von Entwicklung zu sprechen, ist so sinnlos, wie zu sagen, eine 7 habe sich zur 9

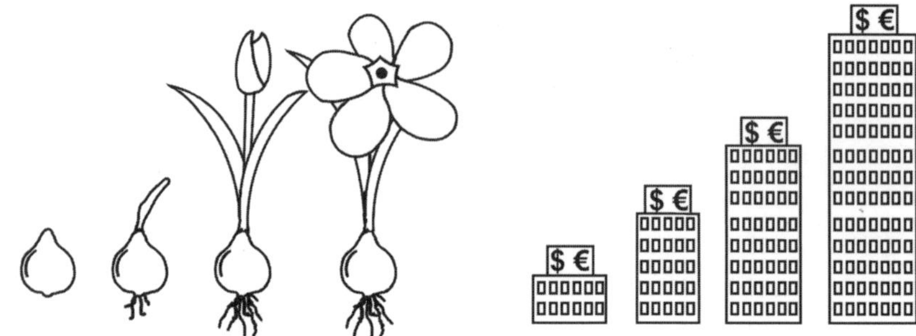

Abbildung 8.5: Entwicklung ist besser als Wachstum

„entwickelt". Die bewusste Verwendung der Wörter könnte helfen, krankes Wachstum und gesunde Entwicklung besser zu erkennen.

Ein wichtiger Unterschied

Wenn sich Menschen „entwickelten" wie die Wirtschaft, wären Erwachsene einfach nur zehn Meter große Riesenbabys, die zwar lauter und kräftiger schreien als Neugeborene, aber nicht mehr Verstand haben. Der Mensch entwickelt sich sein Leben lang. Auch wenn der Körper nicht mehr wächst, ist großer Wandel möglich zu mehr Bewusstsein, Reife oder gar Weisheit. Lebensqualität ist wichtiger als Lebensquantität. Entwickelte sich die Wirtschaft wie ein gesundes Lebewesen, so bliebe in den Industrieländern das Bruttosozialprodukt wahrscheinlich weitgehend konstant, und es gäbe eine Verlagerung von der Produktion von Konsumgütern zu einer größeren Entfaltung von Bildung, Kultur und sozialem Miteinander, womöglich mit spürbaren Lebensverbesserungen (Abb. 8.5).

Mit den heutigen Geld-basierten Messgrößen sind solche Entwicklungen aber kaum erfassbar und werden erst recht nicht wertgeschätzt und gezielt angestrebt. Beurteilte man Lebewesen nur nach Gewicht und Größe, könnte man den Unterschied zwischen Raupe und Schmetterling übersehen. Statt sich an Schmetterlingen zu erfreuen, würde man immer dickere Raupen fordern.

Innere Qualitäten

Die beeindruckende Entwicklung von Lebewesen scheint oft einem Sinn und einer vorgegebenen Richtung zu folgen. Eso wird vielleicht sagen, auf einer tiefen Ebene ahne die Raupe, dass sich das Futtern lohnt, um irgendwann zur Belohnung als prächtiger Schmetterling herumzuflattern. Das Verhalten sei *teleologisch*, auf ein Ziel ausgerichtet. Doch bei solch großen Absichten und Masterplänen wird Schuwi nervös, womöglich soll hinter allem gar noch ein göttlicher Wille stecken?

Teleologie oder Autopoiese

Schuwi spricht lieber von *Autopoiese*: Ein System regelt und entwickelt sich selbstständig. Das ist immerhin mehr als ein Auto*mobil*, das sich nur selbstständig *bewegt*. Wieder eine Front für Eso und Schuwi: Haben wir einen zielorientierten Prozess oder entwickelt sich Leben schlichtweg durch selbstgesteuerte Vorgänge, ohne höheres Ziel? Das ist letztlich eine Glaubensfrage, die sich durch objektive Beobachtung nicht beantworten lässt. Ein Ziel ist etwas Subjektives und nur aus der Innenschau heraus erfahrbar. Sie kennen Ihre eigenen Ziele, aber ob ein anderer Mensch aufgrund von Zielen handelt, können Sie bestenfalls ahnen, unter der Annahme, sein Inneres funktioniere ähnlich wie das Ihre.

Wenn sich ein Auto bewegt, hat es ein Ziel? Der Name Automobil ist irreführend, denn aus eigenem Antrieb macht das Auto gar nichts. Nicht das Auto, sondern der Fahrer hat ein Ziel. Das wissen wir, weil wir Menschen sind und das innere Wollen von Menschen kennen. Würde ein Außerirdischer von oben auf die USA schauen, hätte er ein Problem. Da sich Menschen dort nur unsichtbar in Gebäuden oder in Autos aufhalten (zugegeben, eine geringfügige Vereinfachung), könnte er nicht erkennen, ob und wie ein Wille ins Auto gelangt oder ob nur strukturierte, aber ziellose Bewegungen toter Blechbüchsen zu sehen sind.

Mit Autos und Menschen kennen wir uns aus. Wie ist es mit Pflanzen und Tieren? Wieder eine Glaubensfrage. Je mehr jemand seine Mitgeschöpfe liebt und in Kontakt mit ihnen ist, desto eher wird er sagen: „Die sind ein bisschen wie ich, die haben einen Willen, Bewusstsein und inneres Erleben." Mittlerweile gehen sogar Neurowissenschaftler davon aus, dass Tiere in irgendeiner Weise bewusst sind, und haben auf einer Konferenz eine entsprechende Erklärung verfasst.[107] Schön, wie schnell die Forschung zu Einsichten gelangt, die jeder Haustierfreund schon immer hatte.

Zielstrebige Lebewesen und willenlose Maschinen

Gemäß der Biologie geht es Lebewesen um Selbsterhaltung und Arterhaltung, um Nahrung und Sex. Angesichts des Erfindungsreichtums und Tatendranges der Natur erscheint es gerechtfertigt, von Zielen und Lebenswillen zu sprechen. Lebewesen sind Subjekte, ihr innerer Drang begründet das von außen

---

107 „The Cambridge Declaration on Consciousness", *Francis Crick Memorial Conference*, 7. Juli 2012.

zu beobachtende Verhalten. Vielleicht widerspricht Schuwi und argumentiert, es seien einfach selbstregulierte Systeme, und man brauche keinen Willen als überflüssiges Konzept darüberzustülpen. Quasi zum Beweis baut er Maschinen mit komplexem Verhalten, bastelt ihnen schöne Hüllen oder gar Gesichter, damit sie wie Lebewesen aussehen. Er verwendet biologische oder psychologische Begriffe, um die Bewegungen der Mechanik zu beschreiben: Der Roboter will, möchte, versucht und so weiter. Schuwi ist zufrieden: Siehst du, ist doch beides das Gleiche.

Doch damit stellt er die Wissenschaft auf den Kopf. Sein Dogma sagt, Lebewesen seien Automaten, und so spricht er in der Folge seinen Automaten Gefühle, Willen und andere Lebensmerkmale zu und ignoriert offensichtliche Alleinstellungsmerkmale des Lebens.

Maschinen kennen kein Wachstum, keine Entwicklung, aber auch ihr Lebenswille und die Fähigkeit zur Autopoiese sind erbärmlich, so sehr sich die Ingenieure auch bemühen. Im Gegenteil, je komplexer die Maschine, desto größer die Tendenz, aus unsinnigsten Gründen kaputtzugehen. Wenn Auto und Computer nicht ständig von uns Menschen gehätschelt und getätschelt würden, wären sie längst ausgestorben. In der Maschinenwelt führt höhere Komplexität und Flexibilität oft zu geringerer Überlebensfähigkeit. Schraubenzieher halten länger als Akkuschrauber, aber Menschen leben, während Saurier ausgestorben sind. Das ist ein fundamentaler Unterschied zwischen Mechanismen und Organismen.

Lebenskraft und Vitalismus

Vom Wollen und Streben der Lebewesen ist es nur noch ein Schritt, um in allem Leben eine innere Lebenskraft zu vermuten. Diese als *Vitalismus* bekannte Idee tauchte immer wieder in der Geschichte der Wissenschaft auf.

Schuwi kann mit solchen Vorstellungen nichts anfangen, denn sein Weltbild kennt keine entsprechenden physikalischen Größen. Doch das Problem bleibt. Der Materie sieht man nicht an, ob sie Teil eines Lebewesens ist. Wenn alles nur Materie ist, woher kommen die Kategorien lebendig und tot? Im Augenblick des Todes eines Menschen passiert auf materieller Ebene nicht notwendigerweise eine nachweisbare Veränderung. Bis heute streiten die Mediziner daher, wann ein Mensch tot ist und wie der Todeszeitpunkt ethisch vernünftig *definiert* werden kann. Wohlgemerkt: definiert, nicht festgestellt. Der Hirntod, also dass das Gehirn keine elektrischen Signale mehr aussendet, ist so eine Krücke, um einen verborgenen Vorgang physikalisch messbaren Daten zuzuordnen.

Vitalismus begegnet diesen Problemen und sagt, es gibt ein besonderes Merkmal, eine Lebenskraft, die allem Lebendigen innewohnt. Damit ist zwar noch nicht erklärt, was das ist, aber es ist immerhin eine Hypothese, die den qualitativen Unterschied zwischen tot und lebendig ernst nimmt.

Lebensenergie Qi

Lebenskraft oder Lebensenergie ist eine uralte Idee in vielen Kulturen, und so spricht Eso gerne von *Prana*, *Ki* oder *Qi* (auch: *Chi*) und macht sich damit Begriffe aus Indien, Japan und China zu eigen. Für Schuwi sind das überflüssige Konzepte aus Zeiten, in denen man kein besseres Verständnis von Medizin und Biologie hatte. Dabei übersieht er, dass er mit seinen Theorien bis heute das Leben letztlich auch nicht erklären kann.

Als Ausgangspunkt ist Qi sicherlich ein anschauliches Bild, um Kraft, Energie und Gesundheit in Lebewesen zu beschreiben und Veränderungen zu erklären. Für Eso ist Qi aber nicht nur ein Bild, sondern eine tatsächliche, wichtige Qualität von Lebewesen und der Welt. Sie lässt sich durch seit Jahrtausenden erprobte Praktiken wie Qi Gong oder Yoga unmittelbar erfahren und spielt auch in der heutigen „Energiemedizin" eine zentrale Rolle. Wenn das Qi ausschließlich auf belebte Materie einen Einfluss ausübt, wäre auch klar, warum Schuwi es mit seinen toten Messgeräten nicht feststellen kann. Der Mensch kann es jedoch spüren und beeinflussen. Auch wenn dadurch Subjektivität unvermeidlich wird, liefern die umfangreichen Quellen, Techniken und Beobachtungen letztlich viele übereinstimmende Aussagen. Eine Hypothese zum Phänomen der Lebensenergie Qi sollte wahrscheinlich die folgenden Punkte berücksichtigen:

1. Qi ist eine Qualität (Energie, Kraft, Schwingung o.ä.), die in Lebewesen vorhanden ist. Ohne Qi kein Leben. Qi-Mangel bedeutet Krankheit oder Tod.
2. Qi gibt es in unterschiedlichen Mengen und Arten, wie „neues" und „verbrauchtes" Qi. Qi, oder in verschiedenen Farben oder Frequenzen.
3. Qi und sein Fluss lässt sich im Körper spüren, die entsprechende Sensibilität dafür kann trainiert werden.
4. Qi kann mit Übungen oder in therapeutischen Behandlungen aktiv gesammelt und gelenkt werden. Die Übertragung von Qi kann auch berührungslos und über Distanzen erfolgen (Heilung ohne Berührung, Fern-Reiki). Das Qi-Feld eines Lebewesens erstreckt sich über den Körper hinaus in den Raum (Aura).

5. Qi ist in der Erde und im All vorhanden und kann von dort angezapft werden (z.B. bei Qi Gong Übungen). Einen Erhaltungssatz wie bei der Energie scheint es nicht zu geben.

Mit dieser Checkliste lassen sich Experimente entwickeln, um zu verstehen, was Qi wirklich ist. Kann die Qi-Übertragung durch Abschirmungen blockiert werden, wie etwa Röntgenstrahlung durch eine Bleiweste? Lässt sich unbelebte Materie, wie Wasser oder Steine, energetisieren, so dass ein geübter Qi-Wahrnehmer einen Unterschied feststellt? Können unterschiedliche Qualitäten von Qi zuverlässig erkannt werden, wenn geübte Probanden einander Energie übertragen?

Solche Fragen könnten helfen einzugrenzen, was Qi letztendlich ist. Die denkbare Spanne ist weit: Sie reicht von Schuwis Vorstellung, dass es sich um reine Einbildung handelt, oder um bekannte Vorgänge im Körper, wie etwa Wärmeempfinden, bis hin zu der Möglichkeit, dass sich sogar mehrere verschiedene Phänomene dahinter verbergen.

Heutige Forschung beschränkt sich meist darauf, die Wirksamkeit von mit Qi arbeitenden alternativen Heilverfahren zu untersuchen.[108] Es ist fraglich, ob allein über diesen Weg Qi wirklich besser verstanden werden kann, zumal nachgewiesene Heilwirkungen von Schuwi gerne als Placebo-Effekt abgetan werden. Das ist ein häufiges Problem in Esos Forschungsgebieten: Immer wieder soll die bloße Existenz des Forschungsgegenstands bewiesen werden, anstatt die nächsten Schritte zu einem tieferen Verständnis zu gehen. Das ist, als müsste man Skeptikern immer wieder zeigen, dass es den Mond tatsächlich gibt, weil sie bei Neumond oder in wolkenverhangener Nacht „neue Beweise“ gegen seine Existenz gefunden hätten. Der Bau von Raketen und die Mondlandung wären so nie möglich geworden.

Anregung

Können Sie Qi in Ihrem Körper spüren? Vielleicht fühlt es sich für Sie wie ein Kribbeln oder Pulsieren an? Nehmen Sie es wahr, ohne sofort deuten zu wollen, was Sie da spüren. Versuchen Sie mit Übungen wie beim Qi Gong das Qi zu lenken und beobachten Sie Ihre Wahrnehmung. Auch die Behandlung bei einem energetisch arbeitenden Heilpraktiker kann ein Zugang sein, um Qi im eigenen Körper bewusst und intensiv zu spüren.

---

108 S. z.B. Journal of Alternative and Complementary Medicine.

Ordnung, Information, Wissen

Manches scheint mir dafür zu sprechen, dass Qi im Kern etwas mit Ordnung und Information, mit niedriger Entropie zu tun hat. Der Stoffwechsel ermöglicht Lebewesen, die innere Ordnung aufrechtzuerhalten, indem materielle Nahrung die entsprechende Energie zuführt. Vielleicht sind Energiearbeit und das gezielte Lenken von Qi ein weiterer Weg, diese Ordnung zu beeinflussen. Wenn Sie Ordnung in Ihrer Wohnung herstellen wollen, gibt es auch zwei Wege: Defekte Einrichtungsgegenstände werden durch neue ersetzt (materieller Austausch) oder sie werden repariert, indem die vorhandene Materie „geordnet" wird.

Wie schon in der Physik, deutet sich auch hier an, dass hinter der Materie die Information das wichtigere und grundlegendere Basismaterial der Welt sein könnte. Die Materie eines Lebewesens tauscht sich regelmäßig aus, viele Zelltypen leben nur wenige Tage oder Wochen, Lebensdauer von mehreren Jahren sind die Ausnahme. Aus atomarer Sicht werden wir ständig ein neuer Mensch. Wenn wir uns über Jahrzehnte als das eine, gleiche Individuum erfahren, dann kann das kaum von der Materie kommen, sondern eher von Ordnungsstrukturen, letztlich also von Information.

Zum Leben bedarf es einer Menge an Information, und es ist erstaunlich, was selbst einfachste Lebewesen alles wissen. Wo und wie dieses Wissen gespeichert ist, ist längst nicht vollständig verstanden. Für Schuwi sieht es in Kurzform so aus: Die Gene lassen das Lebewesen in der gewünschten Form entstehen, und das Gehirn speichert, was man während des Betriebes so benötigt.

Doch damit lässt sich vieles noch nicht erklären. Wie können Körperzellen miteinander kommunizieren und komplexe Informationen austauschen? Wie können einfache Lebewesen mit nur wenigen Nervenzellen komplexe Verhaltensmuster realisieren? Wie schaffen es Schmetterlinge, wie etwa der Monarchfalter, Wanderbewegungen über mehrere Generationen zu koordinieren?

Der Quellcode

Schuwi liebt die DNS und ihre Gene als geradezu computertechnisch wirkender Informationskopierer. Die DNS ist über große Moleküle (Chromosomen) verteilt, in denen insgesamt drei Milliarden paarweise Verbindungen von Basen Informationen speichern und mit einem „Copy-und-Paste"-Mechanismus vervielfältigt werden können. Diese Datenspeicherung ist so platzsparend und zuverlässig, dass mittlerweile auch die Informatik neugierig wird.[109] Vielleicht sind in den USB-Sticks der Zukunft DNS-Moleküle.

Das Schreiben in die DNS ist noch knifflig, aber das Auslesen klappt schon recht gut. Nach dreizehn Jahren intensiver Forschung wurde im Jahr 2003 das *Human Genome Project* erfolgreich abgeschlossen, die menschlichen Gene waren entschlüsselt. Doch von den großen Erwartungen, was damit alles möglich wäre, blieb nicht viel übrig. So formulierten Lewis Wolpert und Rupert Sheldrake im Jahr 2009 die Wette, ob es bis 2029 wenigstens einmal gelänge, aus dem Genom eines befruchteten Eies eines Tieres oder einer Pflanze die Eigenheiten des sich daraus entwickelnden Organismus vollständig vorherzusagen.[110] Was „in zwanzig Jahren werden wir…" bedeuten kann, wurde ja bereits in Kapitel 4 angesprochen.

Unbekanntes Dateiformat

Vielleicht ist die wichtigste Erkenntnis des Human Genome Project: Gene sind nicht so wichtig wie angenommen. Die menschliche DNS enthält ungefähr 25.000 Gene. Würmer haben etwas weniger (19000), Mäuse etwas mehr (30.000), mit obendrein sehr vielen Ähnlichkeiten zur menschlichen DNS. Aus Informatiksicht ist kaum anzunehmen, dass das vollständige Dateien für die Baupläne von Lebewesen sein sollen. Die Genetiker haderten mit der überraschenden Beobachtung, dass die Gene nur zwei Prozent der menschlichen DNS ausmachen. Der Rest wurde erst einmal als „Schrott" (engl. *Junk-DNA*) bezeichnet. Allmählich aber ahnt man, dass diese Teile andere wichtige, noch weitgehend unbekannte Aufgaben wahrnehmen.

Für die vielen Daten, welche Gestalt und Eigenschaften von Menschen oder anderen Lebewesen beschreiben, scheinen die Gene nicht auszureichen. So hat die Forschungsdisziplin der Epigenetik starken Rückenwind bekommen. Sie beschäftigt sich mit Vererbungsmechanismen jenseits der Gene und stellte fest, dass Organismen Eigenschaften vererben können, die sie während des Lebens erworben haben. Es ist nicht lange her, dass Schuwi solche Vorstellungen als absurden Aberglauben bezeichnet hätte.

---

109 George M. Church, Yuan Gao, Sriram Kosuri, „Next-Generation Digital Information Storage in DNA", in: Science, 337, 28. September 2012.

110 Lewis Wolpert, Rupert Sheldrake, „What can DNA tell us? Place your bets now", in: New Scientist, 8. Juli 2009.

Wo stecken die Informationen?

Es gibt noch ganz andere Denkansätze, wie Gene funktionieren könnten. Ein Beispiel: Wie viele Informationen enthält der Code „http://www.esoschuwi.de"? Ein Gen-Forscher wäre verwundert angesichts der geringen Zeichenanzahl, der Ähnlichkeiten zu anderen Codes und scheinbar überflüssiger Teile. „http://www" ist doch nur Schrott? Und doch schaffen es diese einfachen Codes, das gesamte Wissen der Welt zugänglich zu machen. Der Trick: Der Code ist nicht die eigentliche Information, sondern nur ihre Adresse.[111]

Vielleicht ist es bei Genen ebenso, vielleicht sind sie ein Verweis auf Informationen oder eine Art abgestimmte Antenne. Das eröffnete auch Erklärungsmöglichkeiten, wie die Schmetterlinge ihre Wanderroutenplanung über mehrere Generationen speichern und abrufen können.

Im Physik-Kapitel war bereits von Feldern die Rede, die möglicherweise Information speichern könnten. Sie böten neue Erklärungsansätze für viele unverstandene Phänomene. Bislang konnten solche Felder nicht nachgewiesen werden, und vielleicht ist es prinzipiell unmöglich, so wie die Messung von Lebensenergie mit toter Technik unmöglich sein könnte. Doch Eso hat längst diverse Namen für diese Felder. Besonders bekannt sind die *morphogenetischen Felder*, die Rupert Sheldrake hinter vielen Phänomenen vermutet, wie zum Beispiel bei außersinnlichen Wahrnehmungen. Noch sind diese Felder hauptsächlich ein Platzhalter für unverstandene Informationsquellen. Damit sind sie aber schon weit mehr, als was Schuwi anbietet, denn sie machen deutlich, dass für manche Beobachtungen die etablierten Erklärungen schlichtweg nicht ausreichen.

Des Lebens Wert

Wie wertvoll ist Leben? Unbezahlbar? So viel wie die Lebensversicherungsprämie? Fast nichts, wenn man in einem Krisengebiet mit Hunger und Krieg lebt? Die Bewertung eines Menschenlebens ist aus ethischer Sicht äußerst problematisch. Das zeigt das *Trolley Problem*: Droht eine Straßenbahn fünf Menschen zu überrollen, darf man dann eine Weiche umlegen, so dass sie ausweicht, aber auf dem anderen Gleis eine unbeteiligte Person tötet? Hier spielen Überlegungen zu Unterlassung und aktivem Handeln eine Rolle. Reines Abzählen reicht nicht und ist auch im Grundgesetz verboten: Die Menschenwürde ist unantastbar.

---

111 S.a. Simon Berkovich, *On the Barcode Functionality of DNA, or the Phenomenon of Life in the Physical Universe*, 2003.

So weit die Theorie. In der Praxis gibt es viele Beispiele, wo Menschenwürde (Gesundheit, Leben, Grundbedürfnisse) und Geld in direkter Beziehung stehen. Was bezahlen Krankenkassen? Wie teuer dürfen Medikamente sein? Wohin fließt die Entwicklungshilfe? Wie hoch soll Sozialhilfe sein?

Das sind schwierige Fragen; und so kann man verstehen, dass manche Menschen gar nicht erst darüber nachdenken wollen. Sie sparen sich mühsames Mitgefühl, wollen lieber alles rein finanziell durchrechnen und sagen, das sei letztlich am gerechtesten. Aber auch da verbirgt sich viel Inkonsequenz. Wer alles berechnen möchte, sollte auch in der Gleichung haben, dass bei uns ein kleiner Verzicht auf Überflüssiges in anderen Teilen der Welt ganze Familien retten könnte.

Pflanzen, Tiere – Dinge?

Es ist schon schwer genug, sich mit dem Wert menschlichen Lebens zu beschäftigen, da soll der Rest wenigstens einfach sein: Tiere, Pflanzen und die Erde haben für viele Menschen keinen Wert an sich, sondern definieren sich über den Nutzen für den Menschen. Tierschutzgesetze sind eine sehr neue Erfindung in der Geschichte der Menschheit, und bis heute werden Pflanzen und Tiere im Wesentlichen (zum Beispiel in der Rechtsprechung) als Dinge behandelt. Die willkürlichen, kulturabhängigen Ausnahmen machen das nicht glaubwürdiger. Dem Hund ein warmes Leibchen zu stricken und das Schwein zu essen, lässt sich aus Sicht des Lebens kaum rechtfertigen. Den Chinesen wird da manchmal mehr Konsequenz nachgesagt, wenn es heißt: „Die essen alles mit vier Beinen, außer Tische und Stühle." Und das zeigt auch die andere Seite des Problems: Wir können uns nicht von Tischen, Stühlen oder anderen *Dingen* ernähren. Leben frisst anderes Leben. Nur die Pflanzen habe eine reine Weste, sie leben von Sonnenlicht und toter Materie.

Leben ohne Grenzen

Welches Leben ist wertvoll und schützenswert, welches nicht? Wer hier eine Grenze zieht, handelt willkürlich. Dem überzeugten Vegetarier könnte man entgegnen: Ich esse nur Tiere, weil mir die Kohlköpfe, Kartoffeln und anderen pflanzlichen Mitgeschöpfe so leid tun. Veganer haben kein Verständnis für Vegetarier, die ungeborene Hühner essen und Kuhbrüste leersaugen. Ein argentinischer Freund von mir hingegen fragte, als es auf dem Grill nur Schwein und Pute, nicht aber Rindfleisch lag: Seid Ihr Vegetarier? In der Religion des Jainismus ist das Töten von Lebewesen gänzlich verboten. Für die Ernährung kommt nur in Frage, was die Pflanzen freiwillig hergeben: Früchte und Samen. Gut, dass die Religionsgründer nichts von Mikroorganismen wussten und davon, was für ein brutaler Killer ihr eigenes Immunsystem ist. Leben lebt von Leben und Leben ist ein Kontinuum.

Seit dem ersten Einzeller hat sich das Leben auf der Erde zu immer komplexeren Arten weiterentwickelt. Das könnte ein Kriterium für Wert und Schutzbedürftigkeit sein. Säugetiere sind höher entwickelt als Pflanzen und verdienen vielleicht größere Rücksicht. Irgendwo kommen auch Gefühle und Bewusstsein als Merkmale ins Spiel, wobei auch das keine harte Grenzziehung ermöglicht. Wir essen keine schlafenden Menschen, nur weil sie gerade ohne Bewusstsein und Gefühle sind. Für Eso gibt es Bewusstsein ohnehin überall, vom „Zellenbewusstsein" bis zum „kosmischem Bewusstsein". Und ob Pflanzen Gefühle haben, lässt sich letztlich nicht beurteilen, da sie uns eventuelle subjektive Wahrnehmungen kaum mitteilen können.

Eine weitere Dimension ist die Lebendigkeit. Ein Lebewesen kann kerngesund, tot oder etwas dazwischen sein. So ist es vollkommen in Ordnung, dass Menschen gefressen werden, sobald sie tot unter der Erde liegen. Hier stehen wir nicht am Ende der Nahrungskette, sondern am Anfang. Die Nahrungskette ist geschlossen wie eine Fahrradkette. Wir werden von Mikroorganismen verspeist. Hätten sie genügend Intelligenz, würden sie vielleicht den Menschen vor dem Aussterben schützen, damit es weiterhin auf Friedhöfen leckeres Futter gibt.

Dimensionen des Lebens

Abbildung 8.6 veranschaulicht, wie sich Lebewesen nach Lebendigkeit und Grad der Entwicklung unterscheiden können. Dabei geht es eher um einen Denkanstoß als um eine verbindliche Sortierung. Rechts oben ist das Leben gewissermaßen am wertvollsten, die Fressrichtung zeigt oft, aber keineswegs immer in die entgegengesetzte Richtung. Klare Grenzen, was wem zur Nahrung dienen sollte, lassen sich offensichtlich nicht ziehen, so dass strenge Gebote von Veganern, Vegetariern oder verschiedenen Religionen letztlich willkürlich sind. Sinnvoller als Dogmen erscheint mir daher, bewusst maßzuhalten und hohe Komplexität und Lebendigkeit zu schonen. Es ist gewissermaßen ein großer, unvermeidlicher Akt der Hingabe, dass sich Leben für anderes Leben opfert. Vielleicht lässt sich das am besten wertschätzen, indem wir uns den Teller nicht zu voll laden und stets mit Genuss und Achtsamkeit essen.

Immerhin scheinen die Menschen zunehmend den ureigenen Wert von Lebewesen jenseits von Kosten/Nutzen-Abwägungen zu erkennen. Es gibt im-

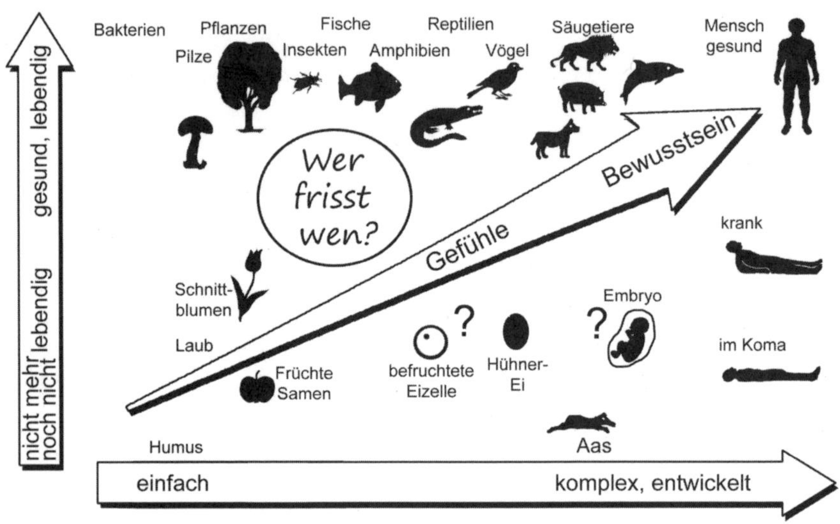

Abbildung 8.6: Lebendigkeit und Entwicklung

mer mehr Tierschützer, Vegetarier und Naturfreunde – und immer weniger Kannibalen. Doch maßen sich Menschen in vielen Teilen der Welt noch immer das Recht an, andere Menschen zu töten, und zwar nicht aus Notwehr oder Hunger, sondern ganz kalkuliert durch die Todesstrafe oder (oft genauso kaltblütig) im Krieg. Schon das ist ein Grund, sich über jeden Vegetarier zu freuen. Wer tierisches Leben achtet, ist wahrscheinlich auch nicht bereit, Menschen zu töten. Wie viele Scharfrichter ernähren sich wohl vegetarisch?

Anregung

Wie beurteilen Sie die Ordnung in Abbildung 8.6? Wo würden Sie andere Lebewesen einsortieren? Wo sollten die mit Fragezeichen markierten Einträge Ihrer Meinung nach stehen? Wo würden Sie die Grenze zwischen schützenswerten Mitgeschöpfen und „nützlichen Dingen" ziehen? Gibt es für Sie Sonderbehandlungen, die nicht zu der Ordnung passen, z.B. für Haustiere?

Holarchie des Lebens

In Abbildung 8.6 fehlt ein anderer Aspekt: Komplexes Leben setzt sich aus einfacherem zusammen. Zwar werden Ihnen Organe wie Leber oder Niere nicht in freier Wildbahn begegnen, aber dennoch sind sie in gewisser Hinsicht ei-

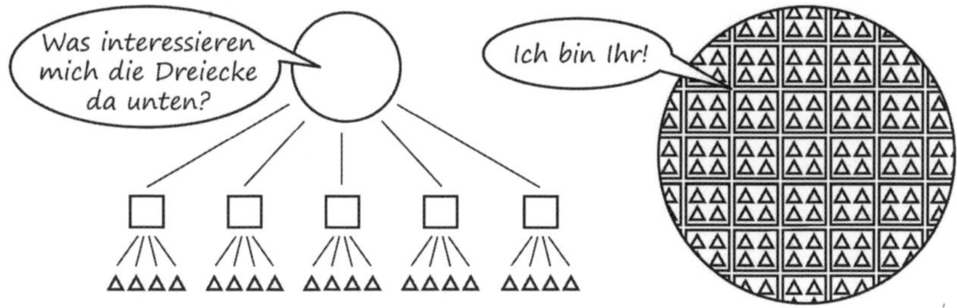

Abbildung 8.7: Hierarchie und Holarchie

genständige Lebenseinheiten. Bei Transplantationen werden sie eine Zeit lang außerhalb des Körpers am Leben gehalten, bis sie in einem neuen Lebensraum angekommen sind. In ähnlicher Weise hat auch der Mensch außerhalb seines Lebensraums aus Natur und Mitmenschen nur kurze Überlebenschancen.

Der Mensch besteht aus Organen, diese aus Gewebe, diese aus Zellen. Und vielleicht kann man Zellen als Lebensgemeinschaften komplexer Moleküle sehen, in denen sich wiederum die passenden Atome zusammengetan haben. Es geht auch in die andere Richtung. Menschliche Gemeinschaften sind lebendige Organismen, mit Menschen als „Zellen".

Leben organisiert sich als *Holarchie*, das ist eine Art Hierarchie, bei der allerdings die übergeordneten Elemente die untergeordneten *beinhalten*.[112] In einer Hierarchie *hat* der Chef Mitarbeiter, in einer Holarchie *besteht* er aus seinen Mitarbeitern, so wie ein Mensch aus Organen besteht und diese aus Zellen (Abb. 8.7). Unternehmen und Organisationen, die sich als Holarchie begreifen, wissen, dass sie Mitarbeiter nicht besitzen, sondern aus ihnen bestehen. Sie werden sie daher eher fürsorglich behandeln. Holarchisches Denken macht lebensfähig. Anstatt dass Teile des Systems konkurrieren, steht das gemeinsame Wirken im Vordergrund.

Leben ist Gemeinschaft

Diese Gemeinschaft kann sehr weit gehen. Stellen Sie sich vor, jeden Tag sterben Abermillionen, widmen ihr Dasein einzig dem höheren Ziel – dem Wohl des Ganzen. Viele leben nur wenige Tage oder Wochen, den ersten Geburtstag

112 Der Begriff geht auf Arthur Koestlers „Ghost in the Machine" (1967) zurück, ist heute aber auch durch Ken Wilbers Arbeiten bekannt, z.B. „A Brief History of Everything".

feiern die Wenigsten. Niemand vergießt eine Träne bei ihrem Tod, nicht einmal *Sie*. Es geht um die Zellen in Ihrem Körper!

Körperzellen und Organen wird gewöhnlich kein Recht auf ein gutes Leben zugestanden, sie haben der Holarchie namens Mensch zu dienen. Manche Mächtige haben dieses Konzept übertragen und die Trennlinie zwischen dienendem Teil und großem Ganzen weit nach oben verschoben. Der einzelne Mensch ist nichts, er hat dem Staat, der Organisation oder der „guten Sache" zu dienen. Ein hoher Manager meines früheren Arbeitgebers erzählte gerne eine Geschichte über Mao Zedong: Bei dessen *Langem Marsch* sollte die Truppe eine Schlucht über eine schmale Brücke überqueren. Auf der anderen Seite standen die Maschinengewehre des Gegners, so dass von vornherein klar war, die ersten hundert Männer müssten für das Vorankommen ihr Leben lassen. Jener Manager begründete damit, wie gut und unverzichtbar Entlassungen für die „überlebenden" Mitarbeiter seien. Interessant, wie einig sich Kapitalismus und Kommunismus manchmal sind in der Abwertung des einzelnen Menschen. Solches Denken ist gefährlich, unmoralisch und letztlich ungesetzlich, denn noch einmal: Die Würde des Menschen ist unantastbar.

Menschlichkeit beginnt, wo das Berechnen aufhört. Vielleicht wäre manche Entlassung vermeidbar, wenn man sich vor dem Rechnen erinnerte, dass jeder Mensch, jeder Mitarbeiter einen (auch buchstäblich) unschätzbaren Wert hat. Vielleicht sollte die Linie zwischen dem dienenden Teil und dem schützenswerten Ganzen nicht nach oben, sondern nach unten verschoben werden. Auf den eigenen Körper bezogen, muss das nicht gleich heißen, dass die fleißige Leber ihren Rechtsanspruch auf dreißig Tage Urlaub einklagen kann. Aber vielleicht ist die Führung ja freiwillig zu Zugeständnissen bereit und erinnert sich, dass es dem Menschen insgesamt nur gut geht, wenn die vielen Mitarbeiter gesunde Arbeitsbedingungen vorfinden.

Anregung

Vielleicht ist das eine Gelegenheit, Ihrer Bevölkerung aus Zellen, Gewebe und Organen zu danken für deren dienendes Dasein? Fordern Sie manchmal zu viel von Ihren Mitarbeitern? Was halten Sie von Gehaltserhöhungen in Form gesünderer Nährstoffe oder besseren Arbeitsbedingungen mit Sport und Muße?

Evolution

Das einzelne Lebewesen wächst und entwickelt sich, und so macht es auch das Leben insgesamt. Jede Art verändert sich im Laufe der Generationen, und auch die Menge aller Arten verändert sich, Arten sterben aus, neue entstehen. Die Evolution ist die Ausdehnung des Lebensprinzips „Vorwärts-immer-weiter" vom Individuum auf die Gesamtheit allen Lebens. Es wäre ja auch sonderbar, wenn jedes Individuum im Laufe seines Lebens mühsame Wachstums- und Entwicklungsschritte machte, diese aber von allen Folgegenerationen absolut identisch wiederholt würden.

Schuwi hat eine einfache Erklärung, wie Evolution funktioniert: Versuch und Irrtum. Durch neue Zusammenstellungen (Rekombinationen) und zufällige Veränderungen (Mutationen) der Gene entstehen Varianten von Lebewesen. Sind sie besser als das Original, haben sie größere Überlebenschancen, bringen mehr Nachkommen in die Welt und setzen sich letztlich durch (Selektion). Dieser *Neodarwinismus* geht über Charles Darwin hinaus, der in seinem Werk „Über die Entstehung der Arten"[113] die Evolutionstheorie und die natürliche Selektion begründet hat, aber nicht über das Wissen der Genetik verfügte, um Rekombinationen und zufällige Mutationen ins Spiel zu bringen. Gerade diese Zufälligkeit ist vielleicht Schuwis liebstes Argument, aber auch der größte Angriffspunkt für die Gegner.

Dogma gegen Dogma

Vor allem in den USA kritisieren konservativ-religiöse Gruppen die Evolutionstheorie massiv. Sie stellen ihr ihre „Theorie" des *Kreationismus* entgegen. Der Schöpfergott habe die Arten, so wie sie sind, in Vollendung erschaffen. Es stehe alles in der Bibel, und sogar das Alter der Schöpfung lasse sich damit schätzen, auf rund zehntausend Jahre. Weil sie die biblische Geschichte im Wettstreit mit einer wissenschaftlichen Theorie sehen, sollen beide im Biologie-Unterricht gelehrt werden.

Bei so weit auseinander liegenden Standpunkten geht es längst nicht mehr um wissenschaftliche Argumente, sondern um einen Glaubenskrieg. Vielleicht sind die Kreationisten die Vorherrschaft der Wissenschaft endgültig leid und wollen sie nun mit deren eigenen Waffen schlagen, indem sie ihre religiöse Lehre als wissenschaftlich begründet vermarkten. Ein allmächtiger Gott, der zu einem bestimmten Zeitpunkt die Welt in Gänze erschaffen hat,

113 Charles Darwin, *On the Origin of Species by Means of Natural Selection, or the Preservation of Favoured Races in the Struggle for Life.*, 1859.

ist aber als Theorie wertlos, weil nicht widerlegbar. Zu jeder Beobachtung und zu jedem Gegenargument kann der Kreationist sagen: Und genau so hat Gott es eben eingerichtet. Gott hat absichtlich Dinosaurierskelette vergraben, damit die Ungläubigen darauf hereinfallen und eine ketzerische Evolutionslehre entwickeln, für die sie in der Hölle schmoren müssen. Genauso gut könnte Gott die Welt erst vor fünf Minuten erschaffen und uns die Erinnerungen an gestern ins Gehirn eingepflanzt haben.

Wer sich nicht für wissenschaftliches Vorgehen interessiert, sollte auch nicht wissenschaftliche Theorien bekämpfen. Wenn Kreationisten mit der Wissenschaft streiten, begeben sie sich auf ein Gebiet, wo sie wenig zu bieten haben. Wer die biblische Genesis vom vielschichtig-symbolischen, sinnstiftenden Schöpfungsmythos zu einer nüchternen „Schöpfungstheorie“ machen will, macht sie nicht größer, sondern kleiner. Wären Grimms Märchen wertvoller, wenn sie als wissenschaftliche Theorien für Psychologie und soziale Beziehungen herhalten müssten? Wohl kaum. Dennoch enthalten sie viel Wissen, Bedeutung und Wahrheit.

Ausgerechnet die religiösen Kreationisten zeigen sich damit geradezu wissenschaftshörig. In unserer rationalen Welt, in der immer weniger der Wert von Mythen und Geschichten verstanden wird, wollen sie ihren eigenen Mythos retten, indem sie ihn als Wissenschaft verkleiden. Wäre es nicht sinnvoller, mit der gleichen Kraft die Menschen daran zu erinnern, dass es neben der Wissenschaft andere Wahrheiten geben kann, die für uns sogar wichtiger, erfüllender und sinnvoller sein können?

Es ist kaum anzunehmen, dass die Argumente des Kreationismus Schuwi vom Neodarwinismus abbringen. Allerdings hat der Streit dazu geführt, dass Schuwi seinerseits seine Position mitunter mit fragwürdigen Argumenten verteidigt. Er wischt Gegenargumente beiseite, behauptet, die Evolutionslehre sei bewiesen, Zweifel seien unzulässig und verwandelt sich selbst vom Wissenschaftler zum Dogmatiker.

Der Zufall als Alleserklärer

Es gibt durchaus Gründe zu zweifeln, dass die Evolution heute vollständig verstanden ist. Eine gute Theorie sollte alle Beobachtungen erklären können und Angebote zur Falsifizierbarkeit machen. Welches Experiment oder welcher Fund würde sie widerlegen?

Schuwis Evolutionstheorie hat nicht das Problem, dass sie zu wenig erklären kann, sondern zu viel. Die zufällige Mutation macht es möglich. Aus einem Einzeller entsteht ein Vielzeller? Zufall! Aus dem Affen ein Mensch? Zufall!

Aus lichtempfindlichen Zellen ein Auge mit Linse? Zufall! Je größer der Abstand von einer bewährten Lebensfunktion zu einer neuen, besseren ist und je mehr unbrauchbare, nicht überlebensfähige Zwischenzustände zu überwinden sind, desto schwieriger wird es, mit zufälligen Sprüngen zum Ziel zu kommen.

Was alles möchte man dem Zufall zumuten? Kann aus einer Mücke ein Elefant werden? So lange Schuwi keine Grenze zieht, ist alles möglich. Dann sind seine Erklärungen nicht widerlegbar, seine Evolutionstheorie wird zur Schöpfungsgeschichte.

Probieren statt Studieren?

Schuwis Evolution ist ausgesprochen denkfaul. Statt für komplexe Lebensprobleme gezielt Lösungen zu entwickeln, probiert sie willkürlich herum, und wenn zufällig etwas Besseres herauskommt, nimmt sie es. Eine solch stumpfsinnige Lösungssuche anstelle mühsamen Denkens klingt durchaus verlockend. Auch für die Informatik: In den Sechzigerjahren kam der Computerwissenschaftler John Holland auf die Idee, dieses Prinzip für die Programmierung zu nutzen. Warum sich mit Zieldefinition und Problemanalyse plagen, wenn ein *genetischer Algorithmus* im Stile der Evolution eine gute Lösung findet, ohne das Problem zu verstehen?

Das Grundprinzip eines Algorithmus besteht darin, für Eingaben mit Hilfe definierter Verarbeitungsschritte passende Ausgaben zu erzeugen. Sich diese Schritte genau zu überlegen, ist der Job von Informatikern und Software-Entwicklern. Beim genetischen Algorithmus genügt es, die Qualität der Ausgaben zu beurteilen. Wie sie sich systematisch erzeugen lassen, soll die simulierte Evolution selbst durch blindes Probieren mit Mutation, Rekombination und Selektion herausbekommen. Obendrein kann der Computer in Millisekunden zahllose Generationen durchrechnen, wofür das Leben viele Jahre benötigt. Wenn das Leben mit seinen schwerfälligen Prozessen sogar Menschen hervorbringt, müssten Computer doch locker in ein paar Stunden oder Tagen brauchbare Programme selbstständig entwickeln können?

Genetische Algorithmen haben trotz jahrzehntelanger Forschung fast keine praktische Bedeutung. Glauben Sie mir, das liegt nicht an einer Informatiker-Verschwörung aus Angst vor Arbeitslosigkeit, wenn ihr zielgerichtetes Denken überflüssig werden würde. Genetische Algorithmen liefern schlichtweg kaum überzeugende Ergebnisse. Auch heute gilt: Will man in der Informatik ein Problem gut lösen, kommt man um dieses Verstehen, Zielen und Entwickeln nicht herum.

Das ist doch komisch: Schon um ein kleines Programm zu entwickeln, das die Uhrzeit auf dem Handy anzeigt, braucht es menschliche Intelligenz. Um aber einen intelligenten Menschen zu entwickeln, soll der Zufallsalgorithmus der Evolution ausreichen?

Das Leben weiß mehr als der Mensch

Vielleicht ist die Evolution doch nicht so einfach und beschränkt, wie Schuwi meint. Das neue Forschungsgebiet der Epigenetik beginnt gerade erst, die Vorstellungen von Vererbungsmechanismen deutlich zu erweitern. Warum sollte sich das Leben insgesamt mit dümmeren Verfahren entwickeln als einzelne Lebewesen? Das wäre das Gegenteil von Emergenz: Das Ganze kann weniger als seine Teile. Individuen nutzen zwar auch Versuch und Irrtum, etwa um Verhaltensweisen ausprobieren, aber ihr Wachstum und ihre Entwicklung gehen mit einer Art Zielorientierung weit darüber hinaus. Viele Entwicklungsschritte können dramatisch sein und sind bis heute kaum verstanden. Woher weiß die Raupe, wie sie sich in einen Schmetterling verwandelt?

Vielleicht verfolgt auch das Leben insgesamt mit der Evolution gewisse Ziele. Ob und wie das gehen könnte, liegt im Dunkeln. Doch wenn das Leben es geschafft hat, mit einfachen Molekülen beginnend, letztlich uns Menschen hervorzubringen, ist es vielleicht ohnehin viel intelligenter als wir. Wir sollten uns nicht wundern, wenn wir es niemals vollständig verstehen werden.

9

DER MENSCH

Jedes Kind lernt, wie der menschliche Körper aufgebaut ist: Das Herz als Blutpumpe, die Lunge zur Sauerstoffzufuhr, Magen und Darm zur Verwertung der Nahrung, Muskeln und Knochen als Bewegungsapparat. Dann gibt es noch die Sinne und den Kopf mit dem Gehirn als Steuereinheit. Das klingt gut strukturiert, Schuwi ist zufrieden. Für Eso ist das bestenfalls nur eine Seite des Menschen, und zwar die langweilige, materielle. Für ihn hat der Mensch eine Seele, ist von Lebensenergie durchströmt, die als Aura auch über den Körper hinaus reicht, und obendrein sind alle Menschen miteinander verbunden. Vor allem aber ist es kein Zufall der Evolution, dass wir hier sind, sondern wir haben eine Aufgabe.

Bio-Maschine oder Energiewesen?

Ich erinnere mich, wie bei einer meiner ersten Konferenzteilnahmen der bekannte Robotikforscher Rodney Brooks bei einem Vortrag demonstrativ auf seinen Körper klopfte und sich als Beutel von Atomen bezeichnete.[114] Ihm ging es darum, dass künstliche Intelligenz und Roboter das Gleiche leisten können wie Menschen, weil Menschen eben auch nur aus Atomen gebaut sind.

Du Atombeutel!

Das Problem dieser Argumentation wird deutlich, wenn so ein Schuwi-Atombeutel einem Eso-Atombeutel begegnet, der dreist von sich behauptet, er besitze eine Seele. Anstatt die Eso-Atome sich selbst zu überlassen, entwickeln die Atome im Schuwi-Beutel eine erstaunliche Willenskraft, um dem anderen Atombeutel seine Überheblichkeit auszutreiben. Roboter-Atome machen so etwas nicht.

114 IROS - International Conference on Robotic Systems, Tokio, Japan, 1995.

Emotionen lassen sich nicht mit Atomen erklären. Doch natürlich ordnet Schuwi die Atome auch zu komplexeren Strukturen, von Molekülen über Zellen, Gewebe, Organe bis hin zum ganzen Menschen als raffinierte biologische Maschine. Die Schulmedizin spiegelt zu einem wesentlichen Teil dieses Menschenbild wider und ist damit oft sehr erfolgreich. Ist der Mensch krank, muss seine Bio-Maschine repariert werden. Ein Knochenbruch wird zusammengenagelt. Wenn es im Inneren reibt oder schabt, gibt es den passenden chemischen oder biologischen Schmierstoff als Medizin.

Doch leider wird das schöne Bild getrübt. Wieso kann teuer ausgetüftelte Medizin mitunter durch Zuckerpillen und Zuspruch ersetzt werden? Warum erzielen gleiche Wirkstoffe unterschiedliche Ergebnisse und unterschiedliche Wirkstoffe gleiche Ergebnisse? Wenn Mensch und Maschine so ähnlich wären, wie Rodney Brooks sagt, müsste man doch auch in Autos das teure Motorenöl durch Zuckerwasser und einen liebevollen Mechaniker ersetzen können. Und da sich Maschinen sogar bei Totalschaden mit genügend Aufwand und Ersatzteilen wieder zum Laufen bringen lassen, sollte das gleichermaßen bei todkranken Menschen funktionieren.

Ein beseeltes Energiewesen

Menschen sind keine Maschinen. Heilung bedeutet weit mehr, als Listen abzuarbeiten, die besagen, welche Ersatzteile oder Betriebsstoffe bei welchen Problemen einzusetzen sind. Der Mensch ist nicht sein Körper. Der Mensch *hat* einen Körper, aber auch ein nicht-materielles Innenleben mit vielen Facetten und Namen wie Psyche, Bewusstsein, Seele, Geist oder Lebenskraft. Wenn die Psyche krank ist, wird eine Reparatur des Körpers nicht helfen. Das weiß auch Schuwi und spricht von *Psychosomatik*, der Verbindung von Psyche und Körper.

Doch für Eso gehört noch viel mehr dazu:

- *Lebensenergie* durchströmt den Körper. Energiemangel oder Stauungen zeigen sich als Krankheiten und können auf energetischer Ebene behandelt werden.

- *Meridiane* sind Energiebahnen, die beispielsweise durch Akupunktur behandelt werden können. Es gibt sieben *Chakras*, die als Energiezentren über Rumpf und Kopf verteilt sind und verschiedene Bedeutungen und Aufgaben haben.

- Auf der Stirn zwischen den Augenbrauen liegt das sechste Chakra, welches auch *drittes Auge* genannt wird und außersinnliche Wahrnehmungen ermöglicht.
- Der physische Körper ist von einer *Aura* umgeben, die sich in mehreren Schichten in den Raum hinaus bis zu einer Entfernung von ungefähr einer Armlänge ausdehnt.
- Der Mensch hat nicht nur Bewusstsein und Psyche in Schuwis Sinne, sondern weitere Schichten wie *Seele* und *höheres Selbst*. Die geistigen Anteile können den Körper verlassen, sei es im Schlaf, in Trance oder beim Tod.
- Der Mensch ist nicht isoliert, sondern mit anderen Menschen verbunden. Er hat Geistführer, Engel, Krafttiere oder andere Wesen aus der nicht-physischen Welt, die ihm helfen und ihn begleiten.

Diese Vorstellungen sind keineswegs Erfindungen von Eso. Es gibt sie auf ähnliche Weise in vielen alten Lehren, im indischen Ayurveda, der Traditionellen Chinesischen Medizin, fernöstlichen Kampfkünsten oder indigenen schamanischen Traditionen.

Symbolik und Wirklichkeit

Auch in unserer Alltagssprache findet sich vieles wieder und ist Hinweis auf die innere Stimmigkeit und Erklärungskraft dieses Menschenbildes. So sitzt das für Gefühle zuständige Chakra im Bauchbereich, wo wir auch umgangssprachlich viele Gefühle verorten, sei es, dass sich dort Schmetterlinge tummeln oder uns etwas (im übertragenen Sinn oder buchstäblich) auf den Magen schlägt. Liebe hat mit dem Herzen zu tun, doch wohl kaum weil dessen medizinische Funktion als Blutpumpe besonders romantisch ist, schon eher weil hier auch das für die Liebe zuständige Herz-Chakra sitzt. Die Zunahme von Herzerkrankungen passt auf symbolischer Ebene zur zunehmenden Herzlosigkeit der Gesellschaft. Auch von Aura und Ausstrahlung hört man in der Alltagssprache, vielleicht sind sie nicht nur Metapher, sondern Realität. Das würde erklären, wie Künstler auf die Idee kommen konnten, erleuchtete Menschen mit einer sichtbaren Aura als Heiligenschein zu malen.

Aura, Ausstrahlung oder Energie könnten auch erklären, warum sich die Nähe zu manchen Menschen gut oder schlecht anfühlt und warum einige eine geradezu magische Anziehungskraft besitzen. So reist die Inderin Mata Amritanandamayi, bekannt als „Amma“ (Mutter), durch die Welt, um vielen Millionen Menschen jeweils eine kurze körperliche Umarmung zu schenken. Diese nur Sekunden dauernden Kontakte haben zu einer immer weiter wachsenden Schar von Anhängern geführt, die die Begegnung als liebevoll, berührend und teils lebensverändernd empfunden haben, so dass sie begeistert davon erzählen und viele Spendengelder für Ammas wohltätige Projekte gesammelt werden.

Schuwis Menschenbild bietet keinerlei Erklärung, wie ein kurzer Körperkontakt derartige Wirkungen entfalten kann. An einer besonders ausgefuchsten Umarmungstechnik von Amma wird es kaum liegen, und gewiss gibt es viele Menschen, die gerne mit Umarmungen Geld verdienen würden, es aber nicht wie Amma hinbekommen. Für Eso ist klar, Amma ist ein besonderer, vielleicht erleuchteter Mensch mit großer Ausstrahlung und unermesslicher Liebe, in ihrer Gegenwart können das viele Menschen unmittelbar spüren – Atombeutel und Roboter jedoch nicht.

Körper, Geist, Heilung

In der Geschichte der Menschheit war es lange ein Tabu, den menschlichen Körper aufzuschneiden und nachzuschauen, wie er wohl funktioniert. Anfang des 14. Jahrhunderts kam Schwung in die Sache. Zwar kamen nur hingerichtete Menschen und Selbstmörder in Frage für solch gottloses Aufschneiden ihrer Überreste, doch daran mangelte es nicht.

Heute ist der anatomische Aufbau des Menschen bestens bekannt, Zuständigkeiten und Funktionen von Organen sind weitgehend verstanden. Vorbei sind die Zeiten, da man das Gehirn für einen Blutkühler hielt oder nicht erkannte, dass das Herz eine Blutpumpe ist. Ähnlich wie in der Physik entwickelte sich das Verständnis ausgehend von der Materie über Wechselwirkungen bis hin zur Information, wie etwa bei psychischen Einflüssen oder körpereigenen Kommunikationsmechanismen. Auch Heilung kann auf diesen verschiedenen Ebenen geschehen. Während Schuwi meist auf materieller Ebene, mit Medikamenten oder Operationen, behandelt, arbeitet Eso mit (Lebens-)Energie oder Informationen.

Der Weg der Krankheit

Wenn etwas nicht funktioniert, ist das lästig, aber auch eine Chance zum Lernen. Bei Autopannen erfahren wir etwas über das Innenleben von Autos, Streit mit dem Partner kann unangemessene Muster in der Beziehung aufdecken, und Krankheiten erinnern daran, was der Mensch zum gesunden Leben braucht.

Wenn die Nase läuft und der Hals kratzt, ist vieles im Verborgenen geschehen. Viren sind über die Atemwege in den Körper gelangt und haben sich in den Schleimhäuten ausgebreitet, das Immunsystem hat seinen Abwehrkampf aufgenommen und zur Unterstützung vielleicht auch die Körpertemperatur erhöht. Oft gibt es dann ein Medikament gegen die Symptome, die uns besonders plagen, denn die Ursachen der Krankheit sind schwieriger zu beseitigen. Das ist ein bisschen, als baute die Werkstatt gegen einen klappernden Auspuff ein lauteres Autoradio ein.

Doch wie konnte es überhaupt so weit kommen? Hat ein geschwächter Körper es den Viren zu einfach gemacht? Warum konnte sich das Immunsystem nicht besser wehren, während es bei anderen, harmlosen Anlässen wie Pollen, Erdnüssen oder Katzen mit einer Allergie geradezu ausrastet? Darauf gute Antworten zu geben, ist schwieriger, als ein Medikament zu verschreiben. Es geht um Dinge, für die sich Ärzte selten zuständig fühlen: Lebenswandel, Umweltreize, Stress, Gefühlsleben, Psyche.

Doch auch Schuwi kommt nicht mehr um diese Fragen herum und muss sein Verständnis der menschlichen Bio-Maschine erweitern. Neuerdings gibt es Disziplinen wie die Psychoneuroendokrinoimmunologie. Schon der Name zeigt, es ist schwierig und vieles spielt eine Rolle, die Psyche, das Nervensystem, die Hormone und das Immunsystem.

Der Ursprung des Wohlbefindens

Von den Symptomen zu den Ursachen ist es ein weiter Weg für Schuwi. Dagegen hat es Eso einfach, für ihn beginnt Gesundheit auf der „energetischen Ebene“. Fließt die Qi-Energie, ist der Mensch gesund. Wer braucht da ein Medizinstudium? Das ist verlockend einfach und hat auch Wahrheit in sich, wie sich bei teils erstaunlichen Behandlungen guter Heiler erleben lässt.

Gelingt es, dem Patienten nachhaltig genügend Qi zuzuführen, so können Heilungsprozesse auf verschiedenen Ebenen angestoßen werden. Das Immunsystem wird stärker, vielleicht verschwinden Allergien, oder psychische Probleme werden klarer gesehen und aufgelöst. All das dank derselben Medizin, dem Qi. Das ist natürlich ein Graus für Pharmakonzerne, deren Geschäft darauf basiert, für jedes einzelne Symptom ein teures Spezialmedikament anzubieten. Wer nicht mit Materie heilt, kann keine Produkte verkaufen.

Information wirkt

Angesichts der im vorigen Kapitel erläuterten Merkmale der Lebensenergie Qi, stecken hinter Esos Heilbehandlungen im Grunde vermutlich Ordnung und Information, die den Patienten unterstützen. Das ist auch das Prinzip der Homöopathie, bei der der Wirkstoff so stark verdünnt wird, dass materiell davon nichts mehr in der Lösung übrig ist. Homöopathen gehen davon aus, die Informationen des Wirkstoffs bleiben erhalten und werden sogar verstärkt. Schuwi kann das nicht akzeptieren, da für ihn nur Materie heilen kann und angeblich gespeicherte Informationen in der Lösung nicht technisch nachweisbar sind.

Allerdings gibt es andere, letztlich wichtigere Nachweise: Viele Patienten freuen sich über erfolgreiche Behandlungen, selbst wenn sie vorher Homöopathie für Unfug gehalten haben. Immer mehr Krankenkassen, die bekanntlich ein Interesse an wirksamer Heilung bei niedrigen Kosten haben, bezahlen homöopathische Behandlungen.

Anregung

Bitte lächeln Sie jetzt! Ja, bitte, schön fröhlich und kraftvoll! Hat es geklappt, haben sich Ihre Mundwinkel bewegt? Großartig! Dann ist Ihnen und mir soeben der Beweis für das geglückt, was Schuwi immer wieder abstreitet: Allein durch Informationsübertragung (dieser Text) war es möglich, eine körperliche Veränderung in Ihnen auszulösen, die sich vielleicht sogar noch gut angefühlt hat.

Die Lächelbitte ist von Ihnen bewusst wahrgenommen worden, aber die meisten Informationen werden unbewusst verarbeitet. Wir bekommen nicht unmittelbar mit, wo sie auf welche Weise wirken. Das heißt aber keineswegs, dass diese Informationen unwirksam wären.

Längst weiß auch Schuwi von der starken Wirkung von Informationen. Schon der Satz des Arztes „Das wird Ihnen gut tun" kann heilen. Schuwi mag das nicht besonders, denn es widerspricht seinem Konzept, dass Heilung Wirkstoffe benötigt. Bei seinen Placebo-kontrollierten Doppelblindstudien geht es ihm vor allem darum, die Vormachtstellung von Wirkstoffen zu retten, indem er die Einflüsse von Hoffnung und lieben Worten neutralisiert.

Wäre es nicht viel sinnvoller, die Wirkung von Informationen, Hoffnung und Gefühlen zu stärken, so dass es im Gegenzug weniger Wirkstoffe bedarf? Für die zahlenmäßige Beurteilung von Dosierungen und für statistische Studien ist das schlecht, aber für den Patienten deutlich besser. Statt über unerwünschte Placebo-Effekte zu jammern, könnten man sich freuen: Hurra, hier ist ein weiterer Beleg, wie ohne materiellen Wirkstoff, nur durch gutes Qi, die Kraft des Geistes, durch die richtigen Informationen ein Mensch geheilt wurde. Lasst uns das genauer untersuchen, damit es nächstes Mal noch besser gelingt!

Wie fühlen Sie sich?

Seit meiner Kindheit reichte ein Erdnusskrümel, um mich mit Allergieschock, Erbrechen und geschwollenen Schleimhäuten mindestens einen halben Tag lahmzulegen. Vor einiger Zeit wurde diese Allergie mit alternativen Verfahren behandelt. Irgendwann danach, bei einem Essen im Restaurant waren (wie sich später auf Nachfrage herausstellte) Erdnüsse in meiner Mahlzeit. Innerhalb kürzester Zeit hatte ich das bekannte, unangenehme Gefühl im Mund. Ich machte mich sofort auf den Heimweg, doch die schon fest erwarteten heftigen Allergie-Reaktionen blieben erstmals aus. Das ist nur eine Anekdote (mit zwei unfreiwilligen Wiederholungen, die ähnlich glimpflich ausgingen), aber für mich ist sie wichtiger als jede statistische Studie zu Allergien.

Wenn Schuwi sagt, das sei natürlich ein Placebo-Effekt, kann ich nur erwidern: Prima, dann nutze ihn doch bitte auch, anstatt mit mühsamen Desensibilisierungstherapien an Allergien herumzudoktorn. Vielleicht würde die Schulmedizin deutlich gesünder, wenn ihre Ärzte selbst einmal zu alternativ arbeitenden Heilern gingen und von und mit ihnen lernten.

Das könnte auch bei den diagnostischen Verfahren daran erinnern, dass es bei allem Untersuchen und Messen letztlich darum geht: Ist der Mensch gesund? Fühlt sich der Mensch gesund? Geht es dem Menschen gut, auch wenn er vielleicht nicht gesund ist? Es zählt also nicht allein die körperliche Gesundheit, sondern auch die seelische. Einem unter starken Depressionen leidenden Menschen nützt es nichts, wenn der Arzt sagt: „Alles bestens, Ihnen fehlt nichts." Eine Medizin, die nur auf Objektivität setzt, ist krank, denn sie vergisst, dass Gesundheit letztlich subjektiv empfunden wird.

Manche Menschen vertrauen so sehr der allseits geschätzten Objektivität, dass sie ihre eigene Wahrnehmung vernachlässigen. Selbst wenn es eine Weiterempfehlung begeisterter Freunde ist, lassen sie alternative Verfahren mit großen Heilungschancen ungenutzt, nur weil Schuwis Studien die Wirkung nicht belegen konnten.

Anregung

Wie geht es Ihnen? Fühlen Sie sich gut und gesund? Vertrauen Sie Ihrer Wahrnehmung oder überlassen Sie es Ärzten, Psychologen (oder Energietherapeuten), Ihnen zu sagen, wie sie sich fühlen „sollen" und was gut für Sie ist?

Heil sein

Ein gesunder Mensch ist heil und damit ist auch Ganzheit gemeint, ihm *fehlt nichts.* Heilung ist ein Anklang an das Heilige. Kennen Sie Menschen, die rundum glücklich und zufrieden sind, die nirgends Mangel spüren? Das ist wahre Gesundheit und muss keineswegs mit einem jungen, unversehrten Körper zu tun haben. Körperlich intakte Menschen, die unter permanentem Mangel an Besitz, Status oder Anerkennung leiden, sind vermutlich kränker als ein innerlich erfüllter Rollstuhlfahrer.

Diese tiefere Bedeutung von Gesundheit wird oft vergessen. Da wird bei Sterbenskranken bis zum letzten Tag der Körper behandelt, wo eine gute Begleitung des seelischen Befindens viel mehr bewirken könnte. Auch wenn im Sinn der Psychosomatik längst der enge Zusammenhang von Körper und Geist bekannt ist, so wird fast immer erst der Körper behandelt und der Geist oft genug vergessen. Das spiegelt sich in vielen Bereichen des Gesundheitssystems wider, wie in der Vormachtstellung von Ärzten gegenüber Psychotherapeuten und Heilpraktikern. Ärzte müssen im Konsiliarbericht ihre Zustimmung zu einer psychotherapeutischen Behandlung geben. Stellte man den Geist über die Materie, liefe es umgekehrt. Erst nach Untersuchung und Behandlung der Psyche würde über körperliche Eingriffe entschieden.

Heilung betrifft Körper und Geist gleichermaßen, der aufrechte Gang des Menschen kann daran erinnern. Wir brauchen Erdung, die kraftvolle körperliche Verbindung mit den Füßen auf dem Boden; der Kopf behält den Überblick und die Verbindung zum Geistigen, zur Spiritualität, zum Himmel; und das Herz verbindet beides in der Mitte.

Intelligenz, Gehirn und Bewusstsein

Als die alten Ägypter ihre Pharaonen einbalsamierten, kümmerten sie sich sehr sorgsam um den Körper und die Organe, das Gehirn jedoch wurde durch die Nase aus dem Schädel geschabt und landete im Müll. Wenn sich heute reiche Wahnsinnige nach ihrem Tod einfrieren lassen, machen sie es umgekehrt, nur das Gehirn wird aufgehoben. Schuwis wichtigstes Körperteil ist der Kopf mit dem Gehirn, Sinnbild der Intelligenz. Das Streben nach Schönheit geben viele Menschen irgendwann auf, aber auf Intelligenz will niemand verzichten, und sei es, dass man wie in einer Werbung brüllt: Ich bin doch nicht blöd!

Dummheit ist weniger sichtbar als Hässlichkeit, und so kommen viele Menschen gut getarnt über die Runden. Manche schaffen es in Führungspositionen von Wirtschaft und Politik. Dort versprechen sie „intelligente

Lösungen“ für unsere Probleme. Eine Lösung kann gut oder schlecht sein, aber intelligent? Mir wäre lieber, wenn die Menschen intelligent wären und nicht der Lösung noch das Denken aufhalsen wollten. Auch die Produkte der Industrie werden angeblich immer intelligenter. Als relative Aussage ließe sich das akzeptieren. Ein technisches Gerät mit null Intelligenz wird im Verhältnis intelligenter, wenn die Konsumenten dümmer werden. Eine Autowerbung prahlt gar von „intelligentem Allradantrieb“. Menschen, die für den normalen Straßenverkehr allradbetriebene Spritfresser kaufen, haben mit so einem Fahrzeug in puncto Intelligenz gewiss einen ebenbürtigen Partner an ihrer Seite. Amüsanterweise haben die Hersteller für solche sinnlosen Modellreihen auch gleich die passenden Buchstaben gewählt: Auf Q und X lässt sich gut verzichten. Wem die eigene Intelligenz nicht genügt, der sollte sich lieber ein Haustier zulegen. Schon eine Stubenfliege hat mehr Intelligenz als Autos.

Wer Maschinen liebt, definiert Intelligenz als das, was Maschinen können. Dann heißt die wachsende Rechenleistung von Computern und Telefonen plötzlich Intelligenz. Für andere ist Intelligenz einfach das, was Intelligenztests messen. Da der so ermittelte IQ-Wert stets auf den Bevölkerungsdurchschnitt (IQ=100) normiert wird, würde damit eine globale Verblödungsepidemie nicht einmal bemerkt werden.

Im Folgenden sei Intelligenz die geistige Fähigkeit, die Welt zu erkennen, zu verstehen und neue Aufgaben flexibel und wirksam zu lösen. Autos sind definitiv nicht intelligent. Die meisten Autoingenieure leider auch nicht. Wären Computer intelligent, müssten nicht wir ihre Bedienung erlernen, sondern sie würden aus jeder falschen Eingabe lernen, wie sie uns nächstes Mal das Leben einfacher machen könnten.

Künstliche Intelligenz

Intelligenz ist nicht programmierbar. Programmieren heißt, für klar umrissene Probleme Lösungsverfahren zu entwickeln, die dann entlang der vorgegebenen Bahnen abgearbeitet werden. Programmieren erfordert menschliche Intelligenz, der Computer bleibt Sklave der Vorschriften. Die Vorstellung, Computer programmierten sich selbst, wird wohl weiter ein Traum von Informatikern und Science-Fiction-Autoren bleiben, auch wenn sie sogar schon den Begriff *technologische Singularität* ausgedacht haben für den Zeitpunkt, da die künstliche Intelligenz der Maschinen ausreicht, dass sie sich aus eigener Kraft weiterentwickeln können.

Heute wie vor fünfzig Jahren ist die künstliche Intelligenz konstant, nämlich null. Noch hat kein Computer irgendeine Einsicht gehabt oder etwas verstanden. Das ändert sich auch nicht, wenn sich die Rechenleistung wieder einmal verzehnfacht hat. Zwar können Computer mittlerweile gegen Schachgroßmeister gewinnen, aber wenn der Mensch als intelligente, neue Lösung schummelt und eine Figur aus dem Spiel nimmt, ist der Computer mit seinem Regelwerk sofort am Ende.

Bei dem in Kapitel 5 erwähnten *Turing-Test* hat es bisher noch kein Computer endgültig geschafft, seinen menschlichen Dialogpartnern vorzugaukeln, er selbst sei ein Mensch. Computer werden besser darin, aber nur, indem sie große Datenbestände echter menschlicher Unterhaltungen verwenden und dort nach Mustern suchen – Rechenleistung statt Verstehen.

Ken Wilber bietet eine radikalere Definition an: Eine Maschine ist intelligent, wenn sie auf die Idee kommen kann, sich umzubringen.[115] Das erfordert die Fähigkeit, sich als ein Selbst, als Subjekt zu erkennen. (Wirkliche Intelligenz wird hoffentlich auch feststellen, dass Selbstmord die denkbar schlechteste Lösung von Problemen darstellt.)

Gehirn-Computer, Computer-Gehirn

Vielleicht traut Schuwi Computern Intelligenz zu, weil er dem Menschen so wenig zutraut und das Gehirn als Computer betrachtet. In der *Kybernetik* untersucht er Steuerungs- und Regeltechnik in Organismen und Mechanismen und unterstellt damit zugleich, dass beide gleichartig funktionierten. Wer alles in eine Suppe rührt, wird den Geschmack der Zutaten nicht mehr unterscheiden.

Computer und Gehirne werden gerne verglichen oder zu einem Wort kombiniert. Die zentrale Recheneinheit (CPU, *Central Processing Unit*) wird zum Gehirn des Computers, und der „Gehirn-Computer“ des Menschen soll suggerieren, man verstünde das Gehirn so gut wie ein technisches Gerät.

Immerhin gibt es Gemeinsamkeiten: Gehirne und Computer sind komplex, können Informationen verarbeiten, speichern und haben Verbindungen mit der Umgebung zur Ein- und Ausgabe. In beiden fließt elektrischer Strom abhängig von der jeweiligen Aktivität. Außerdem haben die meisten Menschen weder Ahnung wie Computer noch wie Gehirne funktionieren, also „müssen“ beide ähnlich sein. Immerhin ist der Vergleich mit Computern besser als der mit Dampfmaschinen oder Fernschreibern. Damit wurde das Gehirn verglichen, bevor es Computer gab, und zumindest für den Fernschreiber treffen die obigen Gemeinsamkeiten genauso zu.

---

115 Ken Wilber, *Boomeritis*, 2002.

Schauen wir genauer hin. Das Gehirn ist ein Organ aus ungefähr 1,3 kg Nervengewebe, gut geschützt in die Schädelknochen verpackt, denn wenn es kaputtgeht, haben wir ein Problem. Es hat etwa zehnmal so viele Nervenzellen (Neuronen) wie Menschen auf der Erde leben. Wäre ein Neuron bei Facebook, hätte es tausende Freunde, mit denen es in Kontakt stünde. Es würde je nach Lust und Laune gelegentlich eine Nachricht schicken oder auch mal Hunderte pro Sekunde, die ungefähr Facebook-Niveau hätten: Hallo, ich bin aktiv! Abgesehen vom Kleinhirn und einigen Drüsen ist das Gehirn eine recht einheitliche Masse, in der allerdings Bereiche für verschiedene Aufgaben wie Sehen, Hören, Sprechen oder Erinnern ausgemacht wurden.

Die Schaltkreise eines Computers sind alles andere als eine homogene Masse. Der gesamte Aufbau ist bis zum letzten Transistor eine ausgetüftelte, hochkomplexe, aber unveränderliche Struktur. Der Computer arbeitet deterministisch, kausal und lokal. Man kann ihn im Prinzip durch eine große Zahl einfachster Schalter und Verbindungen als großen Automaten nachbauen, wie es bei seinen Urahnen geschah.[116]

Wenn von der Milliarde Transistoren auch nur ein einziger ausfällt, geht meist nichts mehr. So eine Fehleranfälligkeit würde sich das Leben nie leisten. Es wurden Menschen untersucht, deren Gehirn zu neunzig Prozent zerstört war, die aber ein völlig normales Leben führten.[117] Bei Hirnschädigungen können oft andere Teile des Gehirns die Aufgaben übernehmen. Diese Flexibilität ist eine Qualität des Lebens, die es in der Technik nicht gibt.

Die Funktionsweise von Computern ist vollständig verstanden, Menschen können Computer herstellen. Weder Gehirn noch Gehirnteile können hergestellt werden, und viel verstanden ist auch noch nicht. Nicht einmal die scheinbar so grundlegende Trennung von Informationsverarbeitung und Speicherung lässt sich erklären. Im Computer hat jede Information eine eindeutige Adresse, wird der Speicher gelöscht, geht genau diese Information verloren. Eine Zuordnung von Erinnerungen zu Nervenzellen scheint hingegen unmöglich.

Neurowissenschaft

Schuwi entwickelt immer bessere Methoden, um das Gehirn im Inneren bei der Arbeit zu beobachten, zum Beispiel indem Durchblutung oder elektromagnetische Effekte gemessen werden. Schon schwärmt er von neuen Forschungsgebieten wie Neuromarketing, Neuroökonomie, Neurotheologie oder

116 Quanteneffekte wie der Tunneleffekt spielen für die Miniaturisierung durch Halbleiter eine Rolle, die Funktionsweise folgt aber weiterhin einer simplen null/eins-Logik.

117 R. Lewin, „Is your brain really necessary? " in: *Science*, 210, 1980.

Neuroethik und kündigt an, anhand farbiger 3D-Bilder Gedanken zu lesen und tiefste menschliche Beweggründe zu erkennen.

Müssten Informatiker mit ähnlich groben Beobachtungen von außen die Funktion ihrer Computerprogramme überprüfen, würden sie den Kopf schütteln. Weder die Ströme auf den Platinen noch die innere Wärmeverteilung der CPU können auch nur entfernte Hinweise geben, was im Computer passiert. Neurowissenschaftler versuchen aber genau das mit dem Gehirn – notgedrungen, denn die Funktion der Gehirnsoftware ist unbekannt und ihren Entwickler können sie auch nicht fragen. Wer heute mit großem technischen Aufwand das Gehirn von außen vermisst, um spärliche Einblicke zu erlangen, sollte sich daran erinnern, dass eine andere Forschungsdisziplin die „Software" des Menschen schon sehr gut versteht: Die Psychologie spricht einfach mit Menschen, um herauszufinden, wie sie denken und fühlen.

Daran müssen sich die Ergebnisse der Gehirnforscher messen lassen. Wenn das Neuromarketing feststellt, bei Kaufentscheidungen werden bestimmte Bereiche im Gehirn aktiviert, wird behauptet, die Ursache für das Verbraucherverhalten sei gefunden. Doch was soll das bedeuten? Mit weniger Aufwand könnte man beobachten, dass Kaufentscheidungen in eindeutigem Zusammenhang mit Armbewegungen stehen, nämlich wenn der Verbraucher das Produkt aus dem Regal in den Einkaufswagen legt. Der Arm wird zur Kaufursache, bitte mehr Fördergelder für Arm-Marketing-Forschung! Die Neurowissenschaften beschäftigen sich mit Korrelationen des Denkens und Fühlens zu Gehirnvorgängen, das ist gut und wichtig, bedeutet aber nicht, dass man auch Ursachen erkannt hat. Oft werden nur Selbstverständlichkeiten herausgefunden, die dann mit kompliziertem „Neuro-Sprech" aufgewertet werden (Abb. 9.1).

Neuronale Netze

Genetische Algorithmen waren bereits ein Beispiel, wie die Informatik versucht, das Leben nachzuahmen. Auch an das Gehirn hat sie sich herangewagt. Künstliche *neuronale Netze* sollen vom großen Vorbild profitieren, indem im Computer Neuronen, ihre Verbindungen und die gegenseitige Anregung simuliert werden.

Das Problem: Es ist zwar bekannt, wie das Gehirn aufgebaut ist, nicht aber, wie es wirklich funktioniert. Mit den Neuronalen Netzen der Informatiker ist es ein bisschen so, als wenn ein Kind aus Legosteinen ein Flugzeug baut. Es sieht ähnlich aus, fliegt aber nicht. Neuronale Netze finden in der Computerwelt vergleichsweise wenig Anwendung. Sie sind keineswegs so intelligent wie ein Gehirn, aber bieten immerhin die Möglichkeit, bestimmte Berechnungen durchzuführen, bei denen die Regeln vorab nicht klar spezifiziert sind und die

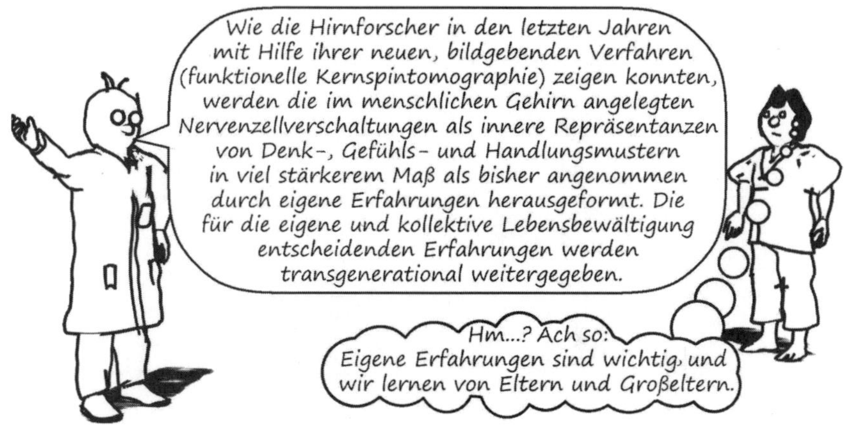

Abbildung 9.1: Neuro-Sprech[118]

mit den Netzen gelernt werden können. Wie viel das mit den „Berechnungen" im menschlichen Gehirn zu tun hat, bleibt allerdings die Frage.

Bewusstsein und freier Wille

Das Bewusstsein ist eine der großen ungelösten Fragen der Wissenschaft. David Chalmers hat den Begriff des „harten Problems" (*hard problem*) geprägt:[119] Warum haben wir überhaupt bewusste Erfahrungen? Was ist das Bewusstsein, wie entsteht es, wie ist seine Verbindung zum Körper (Körper-Geist-Problem bzw. Leib-Seele-Problem)? Haben wir einen freien Willen, und wie kann dieser auf die physikalische Welt wirken?

Schuwi hat eine einfache Antwort: Das Bewusstsein ist nur Nebeneffekt der Gehirntätigkeit, es hat keine Bedeutung an sich. Bewusstsein ist die Summe der Denkprozesse, und so könnte man auch Computern Bewusstsein zugestehen. Auch der freie Wille ist nur eine Illusion.[120] Es gibt kein hartes Problem, es gibt gar kein Problem.

---

118 Schuwi-Zitat: Gerald Hüther, http://www.gerald-huether.de/populaer/veroeffentlichungen-von-gerald-huether/texte/maerchen-gerald-huether/index.php, zugegriffen am 6.4.2013. (Hüthers Ideen und Wirken verdienen gewiss große Anerkennung, aber ist solches „Neuro-Sprech" nötig?).

119 David J. Chalmers, „Facing Up to the Problem of Consciousness", in: *Journal of Consciousness Studies*, 2(3), 1995, S. 200-219.

120 Z.B. Daniel Wegner, *The illusion of conscious will*, 2002.

Abbildung 9.2: Schlagende Argumente

Um mit so einer Antwort zufrieden zu sein, muss man sich schon weit vom wirklichen Leben entfernt haben (Abb. 9.2). In unserem Alltag erleben wir uns als bewusste, willentlich handelnde Wesen. Das ist zwar nur eine subjektive, von außen nicht überprüfbare Wahrnehmung, aber wir Menschen teilen sie miteinander, machen ähnliche Erfahrungen. Somit sind sie der Forschung durchaus zugänglich. Disziplinen wie die Psychologie wären ohne Bewusstsein sinnlos. Wer Bewusstsein und freien Willen als Illusion abtut, wird uns kaum helfen, die Welt zu verstehen und zu gestalten. Handeln erfordert einen Willen. In einer Welt von Bio-Automaten wäre Wissenschaft sinnlos.

Verschiedene Experimente versuchen, dem freien Willen auf die Schliche zu kommen. Benjamin Libet hat den zeitlichen Verlauf von Willensentscheidungen, Gehirnaktivität und Handlungen erforscht.[121] Nach seinem Verständnis dringen bereits getroffene Entscheidungen erst ungefähr eine halbe Sekunde verzögert in das Bewusstsein und werden vom Gehirn rückdatiert. Das Bewusstsein hätte also nichts mehr zu vermelden.

Bei den Experimenten ging es um Handbewegungen und ja/nein-Entscheidungen von den Probanden. Libets Argumente gegen den freien Willen sind durchaus bemerkenswert. Auf das Für und Wider soll hier nicht weiter eingegangen werden, denn es gibt noch einen anderen Haken. Weil er bei diesem Experiment, in dem die Entscheidungen für die Probanden letztlich völlig be-

121 Benjamin Libet, „The Timing of Mental Events: Libet's Experimental Findings and Their Implications“, in: *Consciousness and Cognition*, 11, 2002, S. 291–299.

deutungslos waren, keinen freien Willen findet, folgert er, es gebe ihn nicht. Das ist das Muster, mit dem Schuwi auch Telepathie widerlegen möchte, weil sie beim Durchackern belangloser Kartenstapel schlecht funktioniert.

Mein eigenes Bewusstsein und Wollen erlebe ich als komplexen zeitlichen Prozess. Wenn ich zufällig eine Taste drücken soll, wird mein Bewusstsein wahrscheinlich kaum aktiv. Wenn es darum geht, wie ich mein Leben gestalte, sehr wohl. Angenommen, es geht um ein wichtiges, schwieriges Gespräch. Soll ich anrufen? Jetzt? Was soll ich sagen? Vieles wird im Vorfeld unbewusst und bewusst abgewogen. Irgendwann gibt es einen Impuls zum Handeln, dann hebe ich vielleicht den Hörer wie automatisch ab, und das Gespräch verläuft in reiner Präsenz, ohne Nachdenken.

Bewusstsein ist weit mehr als binäre Entscheidungen über einzelne Muskelbewegungen. Es geht um das Wahrnehmen von Zusammenhängen und die Entwicklung eigener Ziele, die dann auch schnelles, scheinbar spontanes Handeln ermöglichen. Hinterher werde ich sagen, ich habe es so gewollt. Oder manchmal eben auch: Da war ich zu schnell, das war eine Affekthandlung.

Schuwi geht davon aus, dass Bewusstsein ein kausaler Prozess ist, der zeitlich synchron mit physikalisch messbaren Vorgängen im Gehirn laufen muss. Doch vielleicht ist dieses Bild viel zu eng und auch nur Ausdruck dafür, wie wenig das Gehirn bisher verstanden ist. Vorerst dürfen Sie sich also weiterhin frei entscheiden, ob Sie für sich Bewusstsein und Willensfreiheit in Anspruch nehmen – oder nicht.

Anregung

Haben Sie sich selbst schon einmal dabei beobachtet, wie sie Entscheidungen treffen? Wie entscheiden Sie am Wochenende, morgens im Bett, ob Sie aufstehen wollen? Wie treffen Sie wichtige, z.B. berufliche Entscheidungen? Wann ist das Bewusstsein dabei und wann handeln Sie eher spontan? Hilft es Ihnen bei Ihren Entscheidungen, wenn die Wissenschaft sagt, Sie hätten keinen freien Willen?

Wie wenig wir wissen

Nehmen wir einmal an, in einem Land ohne Telefone bekommt ein Hirnforscher ein Handy in die Finger: Ein Ding, mit dem man sprechen kann, das sinnvoll antwortet, denkt und erinnert. Bei seinen Messungen entdeckt er Bereiche, die besonders aktiviert sind, wenn das Gerät spricht (Lautsprecher, Verstärker) und wenn das Gerät hört (Mikrofon). Testweise legt er diese Teile durch einen Eingriff lahm und beweist, es handelt sich tatsächlich um die vermuteten Hör- und Sprachzentren. Schießlich entdeckt er sogar das Bewusstsein des Gerätes. Die gezielte Manipulation (der Antenne) führt zu Aussetzern der Intelligenz, obwohl Sprach- und Hörzentrum intakt bleiben. Der Forscher ist stolz: Ich weiß jetzt genau, wie das Handy funktioniert!

Leider falsch. Intelligenz, Denken und Erinnerung sitzen ganz woanders, das Handy stellt nur die Verbindung zu ihnen her. Vielleicht gilt das auch für das Gehirn?

Es gibt Überlegungen, die das Gehirn nicht als Bewusstseins-Computer, sondern als Sender und Empfänger zu Bewusstseinsfeldern betrachten. Oder um beim Computervergleich zu bleiben: Das Gehirn ist nicht die zentrale Recheneinheit, sondern ein Internet-Browser. Der Grund, weshalb unklar ist, wie es umfangreiche, detaillierte Erinnerungen speichern kann, liegt dann einfach daran, dass es sie überhaupt nicht speichert. Sind erst einmal entsprechende Lesezeichen gesetzt, kann darüber auf die Informationen zugegriffen werden. Die Hyperlinks, welche Webseiten miteinander verbinden, wären ein gutes Sinnbild für unser assoziatives Denken und Erinnern. Diese Vorstellung könnte auch Telepathie oder Hellsichtigkeit erklären, in denen das Bewusstsein Zugriff auf Informationen erlangt, die nicht über die Sinne in das Gehirn gelangen können.

Die Erklärung bietet einige Vorzüge, führt aber auch zu dem neuen Problem, wie man sich jene Bewusstseinsfelder vorzustellen hat und wie das Gehirn in Verbindung mit ihnen tritt. Solange aber auch Schuwis Erklärungen noch große Fragen offen lassen, sollten solche alternativen Hypothesen nicht vorschnell abgetan werden. Vielleicht hilft es dabei, nicht nur das Alltagsbewusstsein zu untersuchen, sondern auch außergewöhnliche Bewusstseinszustände.

Jenseits des Alltagsbewusstseins

Schuwis Gehirn-Forschung beschäftigt sich vor allem mit dem Alltagsbewusstsein. Das ist ein bisschen, als erkundete man die Erde, indem man sich in der eigenen Heimat umschaut und sagt, in den fernen Ländern gebe es ohnehin nichts anderes zu entdecken.

Jenseits des Alltagsbewusstseins gibt es eine Fülle unterschiedlicher Bewusstseinszustände, die einiges über das Zusammenspiel von Körper und Geist verraten könnten. Einige davon kennt fast jeder (z.B. Traumbewusstsein), andere lassen sich mit einiger Übung erkunden (z.B. Meditation) und manche scheinen nur wenigen Menschen vergönnt zu sein (z.B. mystische Ekstase). Teilweise lassen sich diesen Zuständen auch Frequenzbereiche der

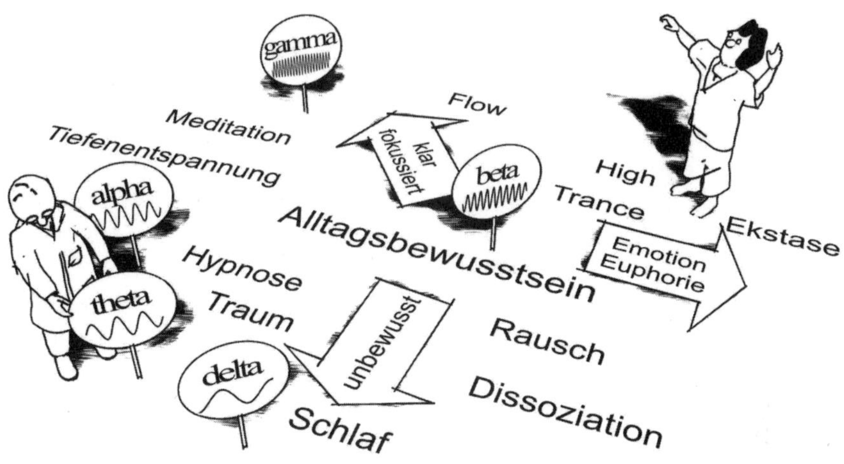

Abbildung 9.3: Bewusstseinszustände

elektrischen Gehirnaktivität zuordnen (welche mit griechischen Buchstaben bezeichnet werden, Abb. 9.3).

Bewusstseinszustände lassen sich nach verschiedenen Kriterien ordnen. Ist man gesammelt und fokussiert, weit geöffnet oder gar zerstreut? Ist man ruhig oder erregt oder beides zugleich? Ist man wach und klar oder eher dumpf und unbewusst? Fühlt man sich gut verbunden und geerdet oder „außer sich", wie es das Wort Ekstase besagt?

Veränderte Bewusstseinszustände können einiges bewirken. In einer religiösen Ekstase erfahren sich Menschen gar als unmittelbar mit Gott verbunden. Zweifel und Angst lösen sich auf, und es gibt eine absolute Gewissheit, dass das Erlebte die größere Wahrheit ist. Das kann einen tiefgreifenden Wandel im Leben bewirken. Das einzige Problem: Für Außenstehende können Ekstase und Wahnsinn ziemlich ähnlich aussehen. Wer eine solche Gotteserfahrung hatte, kann ein erleuchtetes Leben als spiritueller Meister führen – oder in der Psychiatrie landen.

Körper, Atem und Bewusstsein

Es ist bekannt, dass der Geist den Körper steuert. Wer wütend ist, haut mit der Faust auf den Tisch, wer verliebt ist, streichelt lieber. Es geht aber auch umgekehrt. Wenn wir joggen oder einfach einige tiefe Atemzüge nehmen, können Wut und Ärger verschwinden. Der Körper beeinflusst den Geist. So kann der Körper zum Werkzeug werden, um in außergewöhnliche Bewusstseinszustände zu gelangen. Nicht umsonst spielen Körperhaltung, Bewegung und Atemtechniken seit Jahrtausenden eine wichtige Rolle in der Bewusstseinserforschung des Menschen, sei es bei Tanz, Meditation, Yoga oder rituellen Körperhaltungen.

Auch heute gieren die Menschen nach veränderten Bewusstseinszuständen. Kinder drehen sich im Kreis, bis ihnen schwindlig wird. Der allgegenwärtige Alkohol dämpft oder muntert auf. In Diskotheken wirkt mitunter ein ganzes Bündel an Techniken der Bewusstseinsveränderung: Stundenlanges Tanzen, Stroboskoplicht, laute, gleichförmige Trance-Musik, bewusstseinsverändernde Substanzen von Alkohol bis Ecstasy. In gewissem Sinn ist das ganz natürlich. Menschen haben schon immer ihr Bewusstsein auf vielfältige Weise erforschen wollen. Das Problem ist, dass im Gegensatz zu alten Kulturen die jungen Menschen weder von Schamanen noch von Yogis begleitet werden, sondern sich ungeschützt alleine ausprobieren. Es gibt bei uns keine Kultur des wissenden, achtsamen Umgangs mit veränderten Bewusstseinszuständen.

Es müssen auch nicht immer extreme Erfahrungen sein. Schon der Atem ist ein großartiges Bewusstseinswerkzeug. In Meditationen dient er als Fokus für die Aufmerksamkeit. Schnelle Atemtechniken können ekstatische Erfahrungen hervorrufen. Langsames, tiefes Atmen beruhigt. Wir sollten uns daran erinnern, was es mit unserem Bewusstsein macht, wenn wir den ganzen Tag auf Bürostühlen kauern und flach und unbewusst atmen.

Anregung

Das ist vielleicht eine Gelegenheit für einige tiefe Atemzüge. Machen Sie doch gelegentlich einmal das, was die Raucher machen, nur ohne Zigarette: Eine Pause, um genüsslich tief und bewusst an der frischen Luft einzuatmen. Sie können spaßeshalber beim Ausatmen auch die Lippen spitzen und den Atem wie ein Raucher in die Gegend pusten. Werden Sie innerlich ruhig, stellt sich gar Zufriedenheit ein?

Traum und Erwachen im Traum

Der Traum ist ein Bewusstseinszustand, den jeder kennt und der doch geheimnisvoll und spannend ist. Träume sind wichtig für den Menschen, darüber herrscht weitgehend Einigkeit. Das belegen Experimente, bei denen es Menschen, die gezielt während ihrer Traumphasen geweckt wurden, schlechter ging als bei zufälligem Wecken. Das lässt sich in Schlaflabors gut untersuchen, da vor allem während des *Rapid Eye Movement* (REM) geträumt wird und sich diese Phasen durch die unter den Lidern abzeichnenden Pupillenbewegungen erkennen lassen.

Doch warum ist Träumen wichtig? Schuwi macht es sich einfach: Während der Träume räumt das Gehirn auf und sortiert vergangene Eindrücke. Diese Hypothese erklärt immerhin, warum sich oft das Tagesgeschehen im Traum widerspiegelt. Sie erklärt aber nicht, warum Träume manchmal überhaupt nichts mit vorherigen Erlebnissen zu tun haben. Würde man Schuwis Neuronen-Hausputz-Hypothese wissenschaftlich streng beurteilen, wäre sie durch jeden realitätsfernen Traum bereits widerlegt.

Dass Traumentzug dem Menschen nicht bekommt, lässt sich auch anders deuten. Für Eso löst sich im Traum der Geist vom Körper, reist in andere Welten, macht Urlaub oder erhält Informationen, um Lebenslektionen vor- oder nachzubereiten. Eso schätzt Träume als Symbole, Hinweise und Vorankündigungen für sein Leben.[122] Im Gegensatz zu Schuwis Hypothese bietet diese Sicht immerhin eine Erklärung, warum Träume so vielschichtig und fern des Alltags sein können.

Besondere Forschungsmöglichkeiten bietet das Klarträumen, auch *luzides Träumen* genannt. Hier ist sich der Träumer bewusst, dass er träumt. Untersuchungen zufolge haben die meisten Menschen schon einmal solche Träume erlebt. „Profi-Klarträumer" können gar auf mehrere Klarträume pro Woche kommen. Ich selbst habe etwa ein Dutzend Klarträume pro Jahr, und es ist immer eine spannende Erfahrung. Wenn das Bewusstsein im Traum erwacht und man erkennt, dass es ein Traum ist, lässt sich allerhand ausprobieren – ohne Risiko. Geht etwas schief, wacht man einfach auf. Der Klartraumforscher Paul Tholey soll das Einradfahren im Traum erlernt haben. In Studien der Sportpsychologie trainierten Sportler in Klarträumen komplizierte Bewegungsabläufe.[123] Wie viel Wirklichkeit in Klarträumen steckt, wissen aber auch die Klarträumer letztlich nicht. Manche fragen sich daher, wie sie den Menschen in ihren Träumen begegnen sollen. Sind das nur Illusionen, mit denen man alles probieren darf, oder steckt dahinter ein echtes Bewusstsein, so dass auch hier Moral und Mitmenschlichkeit gelten sollten?

---

122 2006 hatte ich einen nächtlichen Traum, in dem ich ein Buch über Wissenschaft und Esoterik schreiben wollte. Am nächsten Morgen erschien mir das ziemlich absurd, aber ich notierte es in meinem Tagebuch, bevor ich es, wie die allermeisten Träume, wieder vergaß. Vor kurzem stieß ich zufällig auf diese überraschende Aufzeichnung: Spannend, aber als ein Indiz für Hellsichtigkeit viel zu vage.

123 Daniel Erlacher, *Motorisches Lernen im luziden Traum: Phänomenologische und experimentelle Betrachtungen*, Dissertation, Heidelberg 2005.

Anregung
Schätzen Sie Ihre Träume? Erinnern Sie sich gut an Ihre Träume? Erkennen Sie Symbole und Hinweise und nutzen Sie sie als Anregung? Kennen Sie das Klarträumen oder möchten Sie es erlernen? Mit etwas Disziplin lässt es sich gezielt üben, z.B. mit Techniken wie dem Reality-Check*: Fragen Sie sich im Alltag regelmäßig, ob Sie wachen oder träumen, dann werden Sie irgendwann auch im Traum diese Frage stellen und können sich des Traumes bewusst werden.*[124]

Techniken zur Bewusstseinsveränderung

Schon tiefes Durchatmen kann das Bewusstsein verändern. Die Möglichkeiten intensiver Atemarbeit lassen sich beim *holotropen Atmen* oder *Rebirthing* erleben. Der Bewusstseinsforscher Stanislav Grof nutzte solche Techniken als Alternative, nachdem psychiatrische Behandlungen mit LSD verboten wurden. Mit der Unterstützung durch geeignete Musik und einen therapeutischen Rahmen können im veränderten Bewusstseinszustand nachhaltige Lebensveränderungen angestoßen werden.

Doch selbst das Atmen ist Schuwi nicht geheuer, und er kritisiert es als gefährliche Hyperventilation. Vermutlich verfügen die meisten Kritiker über keine eigene Erfahrungen mit dieser bemerkenswerten Technik. Risikoabwägungen sind wichtig, aber sie müssen auch im Verhältnis zum Nutzen gesehen werden. Bei jeder Medikamentenzulassung ist das selbstverständlich, doch bei Esos Techniken werden von Schuwi nur noch die Risiken gesehen.

Es nützt nichts, Leitern vom Boden aus zu beurteilen und sie pauschal zu verbieten, weil unvorsichtige Menschen herunterfallen könnten. Man muss sie auch hinaufsteigen und die Aussicht genießen (Abb. 9.4). Viele Menschen sind mit Techniken zur Bewusstseinsveränderung weit nach oben gekommen, haben wunderbare Überblicke und Einblicke genossen und sind dank professioneller Begleitung auch wieder sicher auf dem Boden angekommen. Hier ein kleiner Überblick über vielfältige Bewusstseinsleitern:

Reizentzug: Lenkt die äußere Welt nicht mehr ab, kann sich die innere zeigen. Meditation ist ein solcher mitunter mühsamer Weg. Auch die Technik kann helfen: In der PSI-Forschung bekommen die Augen mit sogenannten *Ganzfeld-Brillen* eine gleichmäßige Lichtfläche zu sehen, und über Kopfhörer

124 Z.B. Stephen La Berge, Howard Rheingold, *Exploring the World of Lucid Dreaming*, 1990.

Abbildung 9.4: Leitern: gefährlich oder nützlich?

wird neutrales Rauschen eingespielt. In den zunehmend populären *Floating Tanks* schwebt man in einer großen Badewanne mit Deckel in völliger Dunkelheit und Stille in einer körperwarmen Salzlösung.

Doch schon einige unverplante Urlaubstage in der Natur können viel bewirken. Wer stets unter Strom steht, merkt vielleicht, wie sehr Stille und Leere Herausforderung und Chance für neues Wahrnehmen sein können.

Körperarbeit: Qi Gong, Tai Chi, Yoga, aber auch Sport oder Tanzen helfen, dass sich durch Konzentration auf den Körper der Geist beruhigt und ausrichtet. Es lassen sich sogar ekstatische Bewusstseinszustände erreichen, sei es durch intensive Anstrengung (*Runner's High*), wildes Herumwirbeln (Derwisch-Tanz) oder spezielle rituelle Körperhaltungen, die Felicitas Goodman auf Basis von Körperbildnissen alter Kulturen systematisch herausgearbeitet hat.[125]

Klang und Rhythmus: Seit ewigen Zeiten nutzen Schamanen Trommelrhythmen, um Bewusstseinsveränderungen und sogenannte schamanische Reisen zu ermöglichen.[126] Techno- und Trance-Musik setzen diese Tradition in gewisser Hinsicht fort. Auch hier wirken beharrliche Wiederholung und das richtige Tempo. Bei den *Binaural Beats* hingegen bekommen rechtes und linkes Ohr leicht verschiedene Töne zu hören, die sich im Gehirn überlagern und EEG-

125 Nana Nauwald, Felicitas Goodman, *Ekstatische Trance. Rituelle Körperhaltungen, das Praxisbuch*, 2011.

126 Wer nicht gleich ein Seminar besuchen möchte, kann die schamanische Reise ansatzweise per CD kennenlernen: Sandra Ingerman, *Die schamanische Reise: Ein spiritueller Weg zu sich selbst*, 2004.

Frequenzen anregen, die bestimmten Bewusstseinszuständen entsprechen und beispielsweise helfen, in einen Zustand der Meditation zu gelangen. Weniger technisch nachvollziehbar, aber keineswegs weniger wirksam können auch Mantras und Gesänge von Klangheilern (z.B. Tom Kenyon) sein.

Wirkstoffe: Eine Fülle von Substanzen hat Einfluss auf das Bewusstsein, wie Nikotin, Koffein, Alkohol, Amphetamine, Morphine oder Tryptamine. Sie sind teils verboten, teils verschreibungspflichtig, teils selbstverständlicher Teil des Alltags. In welche Kategorie sie fallen, liegt nicht unbedingt am Risiko-Nutzen-Verhältnis, sondern an kulturellen Gewohnheiten und wirtschaftlichen und politischen Interessen. Die Drogenpolitik lässt den Alkohol mit deutschlandweit jährlich vielen tausend Toten unbehelligt, erlaubt es aber, Kindern ein Amphetamin (Ritalin) zu verschreiben und verbietet einige medizinisch und psychiatrisch wertvolle Wirkstoffe vollständig, die dadurch in der Illegalität, mit entsprechenden Gesundheitsrisiken, gewiss nicht weniger konsumiert werden.

Lieber nicht: Auch Überreizung, asketisches Fasten, Schmerzen oder gar Nahtoderfahrungen können ein Weg zu veränderten Bewusstseinszuständen sein. Als gezielte Technik sind sie sicher nicht zu empfehlen. Doch auch hier gibt es fließende Grenzen. Während dem einen presslufthammerlaute Techno-Musik und Stroboskop-Gewitter lebensfeindlich erscheinen, ist es für den anderen die Eintrittskarte in ekstatische Zustände.

Rituale und Gemeinschaft

Ein weiterer wichtiger Einfluss auf das Bewusstsein ist das gemeinsame Erleben mit anderen Menschen. Wie stark so ein Gruppenbewusstsein wirken kann, zeigen große Popkonzerte oder das Geschehen in Fußballstadien. Wäre es nicht großartig, wenn solche Kräfte nicht auf Ballspiele oder Plattenfirmenkunstprodukte, sondern auf höhere Ziele des Menschseins ausgerichtet wären?

Das ist natürlich keine neue Idee, sondern der Grundgedanke vom Gottesdienst in der Kirche. Menschen feiern gemeinsam, in einem festen, Kraft gebenden Rahmen. Sie singen (Atem und Rhythmus), beten (Meditation), nehmen bewusstseinserweiternde Substanzen zu sich (Weihrauch) und richten sich gemeinsam auf eine große Sache aus. Die Trance-Nacht in der Disco und der katholische Gottesdienst haben gewissermaßen gemeinsame Wurzeln. Allerdings scheinen die Rituale der feiernden Jugend hinsichtlich der Intensität der Bewusstseinsprozesse heute gegenüber der Kirche oft die Nase vorn zu haben. Wenn Kirchentage wie Musikfestivals aussehen, könnte man fast meinen, die Kirche möchte sich vom ehemals genialen Erfinder spiritueller Rituale zum Nachahmer kommerzieller Großevents entwickeln.

Verändertes Bewusstsein ist nützlich

Unsere Gesellschaft hat den Sinn für höhere Bewusstseinszustände verloren. Einkehr und Besinnung klingen wie etwas für Faule. Wenn schon veränderte Zustände, dann bitte Ekstase, am besten als grundloses Jubeln und Klatschen, wie es bei Fernsehshows künstlich produziert wird. Ein anderer allseits akzeptierter Zustand ist ausgerechnet die Betäubung des Bewusstseins. Dafür gibt es unzählige Hilfsmittel, wie Fernsehen, Internet, Alkohol, Computerspiele oder 60-Stunden-Arbeitswochen. Doch es bleibt Hoffnung: Musik, Gesang und Tanz, am besten in Gemeinschaft, stehen als wirksame, gesunde und legale Bewusstseinstechniken überall zur Verfügung, man muss sie nur nutzen!

Anregung

Wann haben Sie das letzte Mal intensiv getanzt und das Verschmelzen von Musik, Körper und Tanz-Bewusstsein genossen? Wann haben Sie das letzte Mal bewusst Musik gehört, nicht nebenbei zur Berieselung, sondern um in einen besonderen Zustand zu gelangen?

Veränderte Bewusstseinszustände können Kraft geben, Gemeinschaftsgefühl herstellen, Spaß machen, aber auch neue Einsichten ermöglichen. Erinnerungen und Unbewusstes, vor dem Alltagsbewusstsein Verborgenes, werden zugänglich. Vielleicht kennen Sie das: Die Träume der vergangenen Nacht, die tagsüber vergessen schienen, sind vor dem Einschlafen wieder da. Das Bewusstsein verändert sich in der Einschlafphase, aber man kann diesen *hypnagogen* Zwischenzustand bewusst erkunden und sogar versuchen, das Einschlafen durch eine unbequeme Liegeposition hinauszuzögern. Einen Schritt weiter geht die Hypnose, die mit Hilfe eines Therapeuten gezielt Verborgenes anschaut und bearbeitet.

Im Vergleich zum Alltagsbewusstsein ist die Wahrnehmung im Traumbewusstsein meist gefiltert und gedämpft wie durch einen Schleier, nur in Klarträumen lässt sich überhaupt in das Geschehen eingreifen. Können Sie sich vorstellen, dass es Zustände gibt, gegenüber denen das Alltagsbewusstsein ähnlich fade erscheint? Solange Schuwi sich nicht für Bewusstseinserweiterung interessiert, vergibt er eine große Chance, die Welt besser zu erkennen. Gleiches gilt für Gesellschaft und Medien. Macht, Besitz, Schönheit, sportliches oder künstlerisches Talent, alles scheint zu interessieren. Nur die großen Bewusstseinsmeister sind selten gefragt, obwohl gerade sie mit ihrer Geisteskraft neue Ansichten über die Welt liefern könnten.

Anregung

Wie bewusst erleben Sie sich? Welche Zustände aus Abbildung 9.3 kennen Sie? Möchten Sie gerne Ihr Repertoire an Bewusstseinszuständen erweitern und neue Zugänge zu sich und der Welt kennenlernen? In vielfältigen Selbsterfahrungsseminaren lässt sich das eigene Bewusstsein erkunden und schulen. Wie wäre es mit Meditation, Releasing, rituellen Körperhaltungen, holotropem Atmen, Tanzen …?

Verborgene Quellen

Erweiterte Bewusstseinszustände sind Türen zu neuen Wissensquellen und Fähigkeiten. Sie sind gleichsam das Gegenteil zum mentalen Blackout, wenn unter Stress der Verstand wie gelähmt ist und nichts mehr geht. Kreative wissen, wirklich gute Ideen kommen oft erst, wenn das Denken aufhört. Das kann beim Joggen sein, unter der Dusche oder beim Zähneputzen. Plötzlich ist da eine Eingebung, und schon der Begriff sagt es: Nicht der Verstand nimmt, sondern es wird gegeben.

Unbewusstes und Intuition

Das Bewusstsein hat eine beschränkte Kapazität und kann sich nur mit einer Sache gleichzeitig beschäftigen. Deshalb ist es gut und wichtig, dass die allermeiste Informationsverarbeitung unbewusst geschieht. Ein Ziel unseres bewussten Tuns besteht darin, möglichst viel durch Übung zu automatisieren. Die erste Fahrstunde ist Schwerstarbeit aus Wahrnehmung, Denken und Handeln. Der geübte Autofahrer hört Radio, unterhält sich und wenn er nach vielen Kilometern am Ziel ankommt, hat er von den komplexen Koordinationsaufgaben seines autofahrenden Körpers kaum etwas mitbekommen.

Jenseits des Bewusstseins stehen viel Wissen und Fähigkeiten zur Verfügung, nicht nur für mühelose Autobedienung und Alltagsverrichtungen, sondern auch in Form von Quellen, aus denen sich Neues schöpfen lässt. Hier arbeiten Intuition, Inspiration und Kreativität, bevor sie ihre überraschenden Erzeugnisse an das Bewusstsein übergeben. Eine populäre Geschichte ist die Entdeckung des Benzolrings durch den Chemiker Friedrich August Kekulé. Als ihm im Traum eine Schlange erschien, die sich in den Schwanz biss, erkannte er die Ringstruktur des Benzols.

Offensichtlich werden am bewussten Denken vorbei Informationen verarbeitet – mit durchaus beachtlichen Ergebnissen. Wie das genau geschieht, ist unklar, selbst wo es geschieht, scheint nicht mehr sicher. Es gibt Forscher, die das Bauchgefühl für mehr als ein Bild halten. Der Darm verfügt über ein beachtliches Nervensystem, das vielleicht nicht nur hilft, Nahrung zu verdauen, sondern auch manchen Gedanken.

Eso geht noch weiter. Eingebung und Inspiration, also „Eingeistung", sagen schon, woher die Ideen kommen. Es wird nicht nur unbewusst verarbeitet, was als Wahrnehmung oder Wissen im Gehirn vorhanden ist, sondern der Mensch empfängt Informationen auch von außerhalb: Bei der Telepathie von anderen Menschen, beim Hellsehen auch von unbelebten Dingen, beim Channeling von Wesen aus dem Jenseits, bei der Präkognition aus der Zukunft und bei der Offenbarung direkt von Gott. Diese Vorstellung könnte Beobachtungen erklären, die es in großer Zahl gibt, die Schuwi aber beharrlich leugnet, da sie nicht in sein Weltbild passen.

Ein persönliches Erlebnis

Vor einigen Jahren, in einem Sommerurlaub, lagen meine Frau Heike und ich morgens entspannt im Bett. Gerade wach geworden, hatten wir noch nicht miteinander gesprochen und hingen unseren Gedanken nach. Ich schaute an die Zimmerdecke, und da ich damals hin und wieder mit Filmemachen beschäftigt war, überlegte ich, wie blaustichig bei dem wolkenlosen Morgen das Licht im Zimmer wäre. In dem Moment fragte mich Heike: „Wenn Du jetzt an eine Farbe denken müsstest, welche wäre das?" Ich: „Oh, ich habe tatsächlich gerade an eine Farbe gedacht!" Heike: „Ist es blau? " Das war bemerkenswert, zumal Heike Farbtemperaturen von Lichtquellen herzlich egal sind. Für sie war das Zimmer sonnendurchflutet, aber keineswegs blau, als wir darüber sprachen.

Das wollten wir genauer testen. Heike spielte erneut telepathischer Empfänger. Ich wählte einen möglichst abwegigen Begriff, der nichts mit dem Urlaub oder gemeinsamen Erlebnissen zu tun hatte, und stellte mir ein U-Boot vor. Einen Moment später sagte Heike: „Hat es etwas mit Wasserrohrleitungen zu tun?"

Das hat mich beeindruckt, und später lernte ich, dass es ein typisches Beispiel ist, wie außersinnliche Wahrnehmung funktioniert. Aus qualitativer, assoziativer Sicht haben U-Boote und Wasserleitungen viele Ähnlichkeiten: Metallrohre, strömendes Wasser, Technik. In einer Studie wäre es allerdings kein Treffer, und unser Vorgehen war natürlich auch nicht wissenschaftlich. Aber die Idee, dass meine Frau im Sommerurlaub rein zufällig an Wasserrohre denkt, ist wohl nur Schuwi oder Klempnern plausibel.

Telepathie und Hellsehen

Telepathie, also Gedanken- oder Gefühlsübertragung, ist ein gut untersuchtes mediales Phänomen. Viele Menschen kennen solche Erlebnisse. Vor allem bei engen Bindungen oder in intensiven Situationen können detaillierte Informationen übermittelt werden. Ein verwandtes Phänomen ist das Hellsehen, bei dem jemand Informationen erhält, die nicht von einem anderen Menschen kommen können, sich aber später überprüfen lassen. Da die bekannten Sinne hierbei keine Rolle spielen, spricht man auch von außersinnlicher Wahrnehmung. Weitere, mit größerer Ungewissheit behaftete Phänomene sind das Vorhersehen der Zukunft, Präkognition, und die geistige Beeinflussung von Materie, Telekinese (Abb. 9.5).

Vor allem zu Telepathie und Hellsehen gibt es zahlreiche zuverlässige Berichte und Studien.[127] Amerikanisches und russisches Militär und Geheimdienste haben jahrelang intensiv geforscht. Einige Ergebnisse werden allmählich freigegeben, wie etwa die Techniken des sogenannten *Remote Viewing*.[128] Natürlich könnte man einwenden, ein Militär, das glaubt, es sei gut für den Weltfrieden, möglichst viele Atomwaffen zu sammeln, sollte man nicht allzu ernst nehmen, wenn es um mediale Forschung geht. Doch manche Techniken des Remote Viewing sind erstaunlich einfach,[129] warum sie also nicht einmal selbst ausprobieren? Mich haben entsprechende eigene Experimente nachhaltig beeindruckt.

Allerdings droht hier auch der erwähnte Decline-Effect, nach dem bei wiederholt durchgeführten Experimenten die Stärke der beobachteten Effekte nachlässt. Manche Forscher sagen, statistische Laborexperimente seien zur Erforschung von medialen Phänomenen grundsätzlich ungeeignet.[130] Das ist zwar bedauerlich, aber nicht unwissenschaftlich. Erdbeben und das Sozialverhalten von Elefanten werden auch nicht im Labor untersucht. Für Telepathie gibt es viele Berichte und Beobachtungen aus realen Lebenssituationen. Die Fähigkeiten von Medien, also von Menschen mit besonderen außersinnlichen Begabungen, sind teilweise intensiv über viele Jahre untersucht worden.[131]

Grundsätzlich scheint jeder Mensch zu Telepathie in der Lage zu sein. Das

127 Eine umfassende Zusammenstellung ist z.B.: Edward F. Kelly, Emily Williams Kelly, Adam Crabtree, *Irreducible Mind: Toward a Psychology for the 21st Century*, 2009.

128 Joseph McMoneagle, *Mind Trek: Autobiographie eines PSI-Agenten*, 2007.

129 Manfred Jelinski, *Remote Viewing – das Lehrbuch, Teil 1 - 3*, 2001.

130 Lawrence LeShan, *Unglaublich! Unerklärliche Phänomene*, 2011.

131 Ein bekanntes Medium war z.B. Eileen J. Garrett.

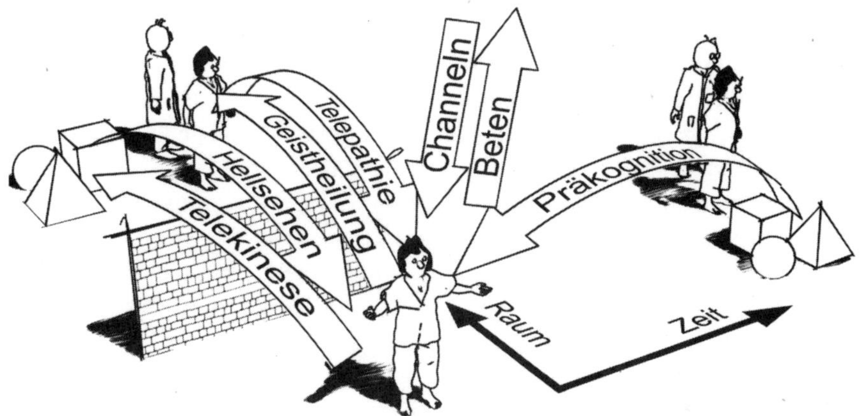

Abbildung 9.5: Mediale Phänomene

kann sich bei alltäglichen Situationen zeigen, etwa wenn man schon kurz bevor das Telefon klingelt an den Menschen gedacht hat, der dann anruft, oder wenn während des Klingelns spontan klar ist, wer anruft. Förderlich für telepathisches Empfangen ist ein entspannter, offener Bewusstseinszustand, wie er sich zum Beispiel in der Meditation einstellt. Weitere Einflussfaktoren sind die persönliche Bindung zum Kommunikationspartner und hoher emotionaler Gehalt oder Nutzen der übermittelten Informationen. Ein Musterbeispiel sind Mütter, die telepathisch wissen, dass ihr Kind in Gefahr ist und ihm dadurch vielleicht zu Hilfe kommen können.

Vor diesem Hintergrund ist klar, dass Studien, in denen zufällig ausgewählte Probanden für Stapel von Pappkarten herausfinden sollen, ob ein Quadrat, Dreieck oder Stern abgebildet ist, kaum der richtige Weg sind, um Telepathie zu beobachten. Doch sogar hier konnten statistisch signifikante Effekte gezeigt werden.

Den Kanal öffnen

Eso liebt es, seine geistigen Antennen auszufahren. Mit zahlreichen Techniken zapft er Quellen jenseits des bewussten Denkens an. Obwohl ihn korrektes Zitieren sonst kaum interessiert, macht er hier mitunter erstaunlich genaue Quellenangaben. So gibt es Botschaften von Geistführern, Verstorbenen, inneren Beratern, Engeln, Wesen vom Sirius oder Gott höchstpersönlich.

Ein Weg, um das störende Denken zu umgehen, führt über nicht bewusst gesteuerte Körperbewegungen. Eine alte Technik ist das Ouija-Brett oder auch das Gläserrücken, bei dem mehrere Menschen ein Glas oder ähnliches als Zeiger bewegen, der zu Buchstaben in einem Kreis wandert und so mühsam Botschaften buchstabiert. Eine einfache, alleine durchzuführende Variante ist das Pendeln, bei dem ein kleines in der Hand gehaltenes Pendel durch seine Schwingungsrichtung Fragen mit Ja oder Nein beantwortet. Die Kinesiologie hat zwar einen wissenschaftlicher klingenden Namen, verwendet aber ebenfalls unbewusste Muskelreaktionen, beispielsweise indem der Kinesiologe dem Probanden Fragen stellt und gleichzeitig versucht, dessen ausgestreckten Arm hinunterzudrücken. Der mitunter erstaunlich unterschiedliche Widerstand wird als Ja oder Nein gedeutet.

Für Schuwi sind diese Quellen zufällig oder zeigen nur eigenes Wunschdenken, für Eso sind sie Zugang zur „Körperintelligenz“ oder anderen, teils geheimnisvollen Quellen. Noch ist lange nicht klar, was alles auf unbewusster Ebene geschieht, doch die erzielten Ergebnisse lassen sich auf jeden Fall bewerten. Wenn Wünschelrutengänger zuverlässig Wasseradern finden, wenn Ouija-Botschaften späteren Überprüfungen standhalten, wenn der Kinesiologe eine gute Heilbehandlung durchführt, dann spricht der Erfolg für sich. Das ist eine große Lernaufgabe für Schuwi: Auch Dinge, die wir nicht verstehen, können gut und wertvoll sein.

Gleiches gilt für die psychische Ebene. Wenn eine gute Eingebung hilft, das eigene Leben besser zu gestalten, ist es egal, ob sie vom höheren Selbst, von Außerirdischen oder von Gott kommt. Das sollte Grund genug sein, die eigene Empfangsbereitschaft zu trainieren, zum Beispiel durch Meditation oder durch Fantasiereisen, wie sie auch in der Psychotherapie genutzt werden.

Neben dem eigenen Empfangen gibt es die Möglichkeit, dass medial begabte Menschen Botschaften channeln, also von jenseitigen Wesen übertragen. Hier gibt es Berichte, in denen Nachrichten von Verstorbenen überbracht wurden, mit detaillierten Informationen, die dem Medium nicht bekannt sein konnten und deren Richtigkeit später unabhängig überprüft wurde. Aber auch die vielen nicht objektiv überprüfbaren Channelings können mit originellen Sichtweisen und innerer Stimmigkeit einen hohen Wert besitzen.[132] Doch sind der eigene verantwortungsvolle Umgang mit solchen Botschaften und ein gesunder Filter stets unverzichtbar. Auch andere Kanäle, wie beispielsweise Fernsehkanäle, sind bekanntlich keineswegs die unmittelbare, objektive Quelle der Wahrheit.

132 Ein Klassiker: Jane Roberts, *Gespräche mit Seth*, 1972. Heute sehr populär: Neale Donald Walsch, *Gespräche mit Gott*.

Gefährliche Abgründe?

Oft warnt Schuwi vor Techniken wie dem Ouija-Brett oder anderen Möglichkeiten, an das Unbewusste zu gelangen. Zwar glaubt er nicht, dass dort fiese Gespenster und Tote auftauchen, aber man kann ja nicht wissen, welche Dämonen und Gefahren jenseits des Verstandes lauern. Gerade sehr rationale Menschen scheinen besondere Angst vor dem Unbewussten und versteckten Gefühlen zu haben. Oft ist das wohl eher ein Kontrollzwang des Verstandes als eine angemessene Risikoeinschätzung. Psychisch instabile Menschen sollten ihre unbekannten Tiefen sicherlich lieber in therapeutischer Begleitung erkunden. Aber aus Angst dauerhaft einen Deckel auf das Unbewusste zu legen, das scheint langfristig die ungesündeste Weise im Umgang mit den inneren Tiefen zu sein. Was unbewusst ist, bleibt unkontrollierbar, wütet im Verborgenen oder bricht irgendwann unvermittelt hervor.

Die Auseinandersetzung mit unbewussten Anteilen kann ein wichtiger Beitrag zur eigenen Entwicklung sein. Es ist schade, wenn psychotherapeutische Arbeit nur als Heilung kranker Menschen gesehen wird oder Selbsterfahrung als Eso-Hobby abgetan wird. Wer auf solche Weise seinen Weg der persönlichen Entwicklung geht, ist wahrscheinlich viel gesünder als diejenigen, die alles unterdrücken, was in ihnen brodelt und arbeitet, und die sagen, sie benötigen so etwas nicht, es gehe ihnen gut.

Anregung

Möchten Sie Ihr Unbewusstes anzapfen? Wie wäre es mit dem „automatischen Schreiben"? Nehmen Sie Stift und Papier, entspannen Sie sich, lassen Sie alle Gedanken ziehen. Schreiben Sie dann alles auf, was aufsteigt. Lesen Sie nicht, bewerten Sie nicht, sondern bleiben Sie in einem gleichmäßigen Schreibfluss. Beurteilen Sie das Geschriebene erst am Ende. Finden Sie neue Ideen, neue Sichtweisen? Sieht manches gar nach Quellen aus, die nicht Sie selbst sind?

Präkognition

Schon Telepathie und Hellsehen fordern Schuwis Weltbild heraus, doch noch mehr sträubt er sich, wenn es um Präkognition oder gar Telekinese geht. Die Beweislage ist zwar dünner, aber auch für diese Phänomene gibt es vertrauenswürdige Berichte und sorgfältig durchgeführte Studien.[133]

133 Dean Radin, „Predicting the Unpredictable: 75 Years of Experimental Evidence", in: *AIP Conference Proceedings*, 1408, 2011.

Schuwi argumentiert oft pauschal dagegen, Präkognition sei unmöglich, weil man sich ja in Kenntnis der Vorhersage anders verhalten könnte, so dass sie daraufhin nicht mehr stimme. Dass dieses Argument nicht greift, sieht man schon an Vorhersagen für das Wetter, für Abflugzeiten oder das Fernsehprogramm. Oder es wird einer erfolgreichen Präkognitionsstudie[134] entgegengehalten, es könne Präkognition schon deshalb nicht geben, weil sonst längst alle Casinos pleite wären.[135] Wer sagt denn, Menschen mit seherischen Fähigkeiten hätten nichts Besseres zu tun, als im Roulette zu gewinnen? Genausowenig ist die Existenz schlechter Fernsehsender ein Beweis, dass es auf der Erde kein intelligentes Leben gibt.

Es ist schon komisch: Wenn Eso sagt, die Zukunft lässt sich in der Gegenwart vorausahnen, dann widerspricht Schuwi heftig, obwohl ja gerade sein eigenes Weltbild besagt, die Welt sei durch die physikalischen Gesetze wie ein Uhrwerk vorherbestimmt und ein freier, die Gegenwart beeinflussender Wille nur Illusion.

Als menschliche Fähigkeit wird Präkognition auch kaum in erster Linie beim Erraten von Roulette-Zufallszahlen zu beobachten sein, sondern im Zusammenhang mit persönlichen Beziehungen, Emotionen und wichtigen Lebenserfahrungen. Vorhersehungen betreffen typischerweise eine *wahrscheinliche* Zukunft und ermöglichen gezieltes Handeln, um etwa ein Unglück noch abzuwenden. Wenn ich (ganz ohne hellsichtige Fähigkeiten) zu einem faulen Studenten sage: „Wenn Sie so weitermachen, werden Sie die Klausur nicht bestehen“, dann ist das eine wahrscheinliche, aber veränderbare Zukunft. Manchmal kann die Reaktion auf ungünstige Vorhersagen aber auch gerade dazu führen, dass sie letztlich doch eintreffen: Ödipus' Vatermord und Inzest mit der Mutter wurden erst möglich, weil er in Folge des düsteren Orakelspruchs seine Heimat verließ.

Ich ohne Körper

Da Schuwi alle Phänomene an Materie bindet und keinen besseren Platz gefunden hat, ist für ihn das Gehirn der Sitz des Bewusstseins, des Denkens, des Verstandes, der Seele. Fällt das Hirn aus, bleibt nichts davon übrig. Die Materie ist Ursache von Leben und Bewusstsein.

---

134 Daryl J. Bem, „Feeling the Future: Experimental Evidence for Anomalous Retroactive Influences on Cognition and Affect“, in: *Journal of Personality and Social Psychology*, 100(3), 2011.

135 Eric-Jan Wagenmakers, Ruud Wetzels, Denny Borsboom, Han L. J. van der Maas, „Why Psychologists Must Change the Way They Analyze Their Data: The Case of Psi: Comment on Bem“, in: *Journal of Personality and Social Psychology*, 100(3), 2011.

Eso sieht es umgekehrt. Leben und Bewusstsein sind tiefer liegende Ursachen, welche die Materie beeinflussen, und das Bewusstsein kann sich auch von der Materie lösen. Ein Argument wurde schon im vorigen Kapitel erwähnt: Ein Leben lang, von den ersten Kindheitserinnerungen bis zum Greisenalter, hat das bewusste Ich eine weitgehende Kontinuität. Die Materie des menschlichen Körpers wird hingegen immer wieder durch Wachstum und Stoffwechsel ausgetauscht. Wenn das Bewusstsein den ständigen materiellen Wandel während des Lebens übersteht, könnte es vielleicht auch mit den körperlichen Veränderungen des Todes klarkommen und auf irgendeine Weise weiter existieren.

Nahtoderfahrungen

Es gibt bemerkenswerte Berichte von Erfahrungen, die Menschen in Todesnähe, häufig bei Unfällen oder Operationen, gemacht haben. Während sich der Körper dem schulmedizinischen Tod näherte, war das Bewusstsein überaus wach und erlebte beispielsweise die Geschehnisse im Operationssaal von einer Perspektive außerhalb des Körpers. Solche Beobachtungen sprechen deutlich gegen die Annahme, das Bewusstsein sei nur Effekt eines funktionierenden Gehirns. Vielmehr scheint unter bestimmten Bedingungen eine eigenständige Existenz möglich. Der Chirurg Pim van Lommel hat aus seiner medizinischen Arbeit unzählige Fälle zusammengetragen und das Phänomen wissenschaftlich untersucht.[136] Bei einem besonders beeindruckenden, gut dokumentierten Fall wurde während einer Operation das Gehirn einer Patientin weitestgehend stillgelegt. Es war gekühlt, ohne Blutversorgung und elektrische Aktivität, und dennoch war das Bewusstsein so wach, dass die Patientin Details genau aus dem Zeitraum der Operation berichten konnte.[137]

Da sich an den vielen, sorgfältig untersuchten Fällen kaum etwas kritisieren lässt, bringt Schuwi seinen sonderbaren Umkehrschluss: Nahtoderfahrungen seien unmöglich, deshalb handele es sich bei allen Berichten darüber um Zufall, Lüge oder etwas anderes stimme nicht. Seine Angst, Menschen könnten eine Seele haben, ist wohl mindestens so groß wie Esos Angst, dass sie keine haben könnten. Immerhin fordert er für Nahtoderfahrungen keine placebokontrollierten Laborexperimente mit Freiwilligen. Aber auf unfreiwillige Weise sind durchaus neue Erkenntnisse möglich. Ein wirksamer Weg, damit

---

136 Pim van Lommel, *Endloses Bewusstsein: Neue medizinische Fakten zur Nahtoderfahrung*, 2009.

137 Michael B. Sabom, „Commentary on 'Does Paranormal Perception Occur in NDEs? '", in: *Journal of Near-Death Studies*, 25(4), 2007. (Die Patientin heißt Pam Reynolds.)

ein skeptischer Neurologe seine Meinung ändert, ist eine eigene Nahtoderfahrung.[138]

Geburt und Vor-Leben

Auch in der anderen zeitlichen Richtung des Lebens lassen sich Zeichen für die materielle Unabhängigkeit des Bewusstseins finden. Für Schuwi beginnen bewusste Erinnerungen ungefähr im dritten Lebensjahr; wer behaupte, sich an frühere Ereignisse im Leben zu erinnern, täusche sich oder habe etwas von den Eltern aufgeschnappt und sich als vermeintliche Erinnerung angeeignet. Doch zumindest das Unbewusste scheint weit mehr zu wissen. So reagierten Babies auf besondere Weise auf Musikstücke, die ihnen vor der Geburt im Mutterleib vorgespielt wurden.[139] Offensichtlich wird im Babyalter und sogar zuvor mehr gespeichert, als Schuwi bislang angenommen hat.

Schon lange vor derartigen Studien hat Stanislav Grof in seiner psychiatrischen Forschung mit veränderten Bewusstseinszuständen gezeigt, dass Erlebnisse um die Geburt herum (perinatal) und vor der Geburt (pränatal) erinnert und bewusst gemacht werden können. Er unterscheidet vier verschiedene Phasen des Geburtsprozesses, die das spätere Leben stark prägen, aber durch entsprechende Therapie bewusst gemacht und aufgelöst werden können.[140]

Wenn es vorgeburtliche Erinnerungen gibt, wie weit reichen sie zurück? Eso ist überzeugt: bis in frühere Leben. Dass es in zahlreichen religiösen und esoterischen Traditionen die Vorstellung der Wiedergeburt in einem anderen Körper gibt, ist kein Zufall, sondern spiegelt ein Wissen wider, das bei uns nur irgendwann verlorengegangen ist. Immerhin gibt es auch hierzu bemerkenswerte Berichte, nach denen sich vor allem Kinder an frühere Leben erinnern konnten und sogar genaue, überprüfbare Angaben zu ihrem Tod machten.[141]

Wer solche Fälle erklären möchte, kommt kaum darum herum, dass zumindest ein Teil des Bewusstseins den Tod überlebt und die Erinnerung weiterträgt (oder dass irgendeine telepathische Übermittlung erfolgt). Anscheinend können sogar einzelne Organe bei einer Transplantation Informationen des Organspenders, wie etwa Vorlieben und Neigungen, übertragen.[142] Vielleicht wollen viele Mediziner das gar nicht so genau wissen, denn das würde neue,

---

138 Eben Alexander, *Proof of Heaven: A Neurosurgeon's Journey into the Afterlife*, 2012.

139 Studien von Alexandra Lamont (2001), Carolyn Granier-Deferre (2011).

140 Stanislav Grof, *Topographie des Unbewussten*, 2007.

141 Jim Tucker, *Life Before Life: A Scientific Investigation of Children's Memories of Previous Lives*, 2005.

142 Paul Pearsall, Gary Schwartz, Linda Russek, „Changes in Heart Transplant Recipients That Parallel the Personalities of Their Donors“, in: *Journal of Near-Death Studies*, 20(3), 2002.

gravierende Fragen zur Organtransplantation stellen, an denen der Medizinbetrieb, aber auch die Patienten, die auf Spenderorgane warten, nicht unbedingt Interesse haben.

Anregung

Möchten Sie etwas über Ihre früheren Leben erfahren? Auch das lässt sich ausprobieren. In einer „Rückführung" können Sie in einem tiefenentspannten Zustand einen Blick weit zurück werfen. Es soll Fälle geben, in denen die so gewonnenen Informationen überprüfbar waren. Ich empfehle aber, die Einblicke vor allem symbolisch zu verstehen und zu schauen, welche nützlichen Anregungen sie für das derzeitige Leben geben können.

Außerkörperliche Erfahrungen

Um mit dem Bewusstsein den Körper zu verlassen, muss man nicht unbedingt auf den Tod warten. Für Eso ist jeder Traum die Chance zu einer außerkörperlichen Erfahrung. Der Körper liegt gelähmt im Bett, während im Klartraum das Bewusstsein irgendwo Einradfahren trainiert. Auch bei den *Astralreisen*, die mit Klarträumen verwandt zu sein scheinen, löst sich das Bewusstsein vom Körper und unternimmt Ausflüge in andere Welten.

Bevor Schuwi sagt, das sei alles Unfug, möge er es selbst einmal ausprobieren. Es gibt Übungen, die reproduzierbare Erfahrungen ermöglichen.[143] Da es sich für viele Menschen so anfühlt, als sei das Bewusstsein außerhalb des Körpers, halte ich es für sinnvoll, das auch so zu benennen, zumindest solange es kein objektives Messverfahren für den Aufenthaltsort von Bewusstsein(en) gibt.

Wissenschaftler, die wohl die mühsame Selbsterfahrung scheuten, haben versucht, außerkörperliche Erfahrungen technisch zu simulieren. Mit Hilfe einer Kamera wurde ein Proband von hinten aufgenommen und ihm sein eigenes Bild über eine Videobrille eingespielt. Da sich das irgendwie außerkörperlich anfühlte, folgerte man, tatsächlich eine außerkörperliche Erfahrung erzeugt zu haben.[144] Die Medien verkündeten, das Entstehen dieses Phänomens sei nun verstanden. Erfahrene Astralreisende wurden für die Studie nicht befragt. Das ist etwa so, als hätte man mit Sangria-Eimern, Heizstrahlern und einem Ballermann-Video Mallorca-Reisen simuliert und dann behauptet, die Insel

---

143 Z.B. Robert Bruce, *Astral Dynamics, The Complete Book of Out-Of-Body Experiences*, 2009.

144 Henrik Ehrsson, „The Experimental Induction of Out-of-Body Experiences", in: *Science*, 24, August 2007.

vollständig verstanden zu haben. Jemanden, der wirklich dort war, fragt man dann gar nicht mehr.

Bewusstsein und Zeit

Die Zeit nach dem Leben nennen wir Tod, wie nennen wir die Zeit *vor* dem Leben? Waren wir zwei Jahre vor unserer Geburt auch „tot"? Bei dem Tod eines Menschen denken wir an sein Leben, kaum aber an seine Geburt. Dabei ist diese doch gerade das Gegenstück, wenn es um das Betreten und Verlassen der Welt geht. Wie schmerzlich wohl die Zeit des Noch-nicht-geboren-Seins war?

Die Verbindung von Raum und Zeit zur Raumzeit bietet eine weitere Perspektive. In den allermeisten Bereichen von Raum und Zeit existieren wir nicht. Im Jahr 2180 gibt es uns nicht, aber uns gibt es auch nicht auf dem Mars und an den meisten Orten der Erde. Warum macht uns unsere zeitliche Begrenztheit Sorgen, unsere räumliche aber nicht? Womöglich hat es mit der unterschiedlichen Kontrolle über diese Dimensionen zu tun. Wir können uns im Raum bewegen, die Zeit scheint aber eine Einbahnstraße zu sein.

Wenn sich das Bewusstsein vom materiellen Körper lösen kann, wäre es aber denkbar, dass es sich nicht nur durch den Raum, sondern auch durch die Zeit bewegen kann. Wohl jeder weiß, wie unterschiedlich und flexibel sich die Zeit mitunter anfühlt. Mal steht sie still, mal rast sie, mal sind wir gedanklich in der Zukunft, mal in der Vergangenheit. Die Vorstellung, das Bewusstsein könne sich durch die Zeit bewegen, ist also mindestens auf symbolischer Ebene sinnvoll. Vielleicht kann es dort aber tatsächlich an Informationen gelangen, im Sinne von Präkognition und Hellsichtigkeit, oder gar Dinge beeinflussen? Nicht einmal die Annahme, man könne genaue Zeitpunkte angeben, wann das Bewusstsein jeweils in die Realität eingreift, ist gesichert. Letztlich wirkt sich bewusstes Handeln immer auch über einen *Zeitraum* in die Zukunft hinein aus.

Vielleicht ist es aber auch zwingend notwendig, dass sich das Bewusstsein tatsächlich durch die Zeit bewegt, weil die Zeit gar nicht von sich aus verstreicht. Einsteins Raumzeit ist eine statische Angelegenheit, zu den drei Raumdimensionen kommt einfach eine Zeitdimension hinzu. Da Raum nicht verstreicht, gibt es keinen Grund, dass Zeit verstreicht. Die Welt bewegt sich nicht permanent in Richtung der x-Achse, warum sollte sie das mit der t-Achse machen? In der Physik gibt es viele Gleichungen, die von der Zeit t abhängen, nirgends wird aber gesagt, dass es eine Gegenwart gibt und der Zeitzähler t gleichmäßig tickt.

Das Vergehen der Zeit ist kein physikalisches Phänomen, sondern ein Bewusstseinsphänomen. Wenn das Bewusstsein das Fortschreiten der Zeit erschafft, könnte ein verändertes Bewusstsein auch in der Lage sein, sich anders durch die Zeit zu bewegen.

Bewusstsein und Materie

Gibt es Telekinese? Kann das Bewusstsein über eine Entfernung hinweg Materie beeinflussen und Dinge bewegen? Selbstverständlich! Falls ich Sie mit der Anregung vor einigen Seiten zum Lächeln bringen konnte, dann hat mein Bewusstsein über räumliche und zeitliche Distanz hinweg Ihre Mundwinkel bewegt.

Zugegeben, es gibt einen Unterschied zur Telekinese, denn die Zwischenschritte der Übertragung sind bekannt. Meine Absichten sind als Buchtext zu Ihnen gelangt, und beim Lesen haben Sie Ihre Muskeln in Gang gesetzt. Doch auch hier gibt es unbeantwortete Fragen: Wie konnte mein Bewusstsein meine Finger zum Tippen des Textes veranlassen? Wie konnte Ihr Bewusstsein Ihre Gesichtsmuskulatur anregen? Solange das Körper-Geist-Problem nicht gelöst, und nicht einmal sicher ist, wo und wie sich das Bewusstsein im Raum aufhält, lässt sich auch nicht das „Ding-Geist-Problem" der Telekinese pauschal ausschließen. Im Gegenteil, auch hier gibt es erfolgreiche, sorgfältig durchgeführte Studien, zum Beispiel bei der geistigen Beeinflussung von quantenphysikalischen Zufallsgeneratoren.[145]

Der Sinn des Lebens

Bewusstsein ermöglicht es, sich als handelndes Subjekt zu erkennen. Von dort ist es nicht weit zu der Frage nach der Bedeutung des eigenen Daseins. Es ist eine zutiefst menschliche Eigenschaft, nach dem Sinn zu fragen, und es scheint kaum plausibel, dass dieses Fragen einen biologischen Nutzen und Überlebensvorteil im Sinne der Evolution brächte. Im Gegenteil, es soll Philosophen geben, die vor lauter Sinnfragen die Nahrungsaufnahme vergessen.

Viele Disziplinen arbeiten sich an der Frage nach dem Lebenssinn ab: Naturwissenschaften, Psychologie, Philosophie, Religion, Kunst und Literatur. Besonders bekannt, dank ihre prägnanten Kürze, ist die Antwort aus „Per Anhalter durch die Galaxis" auf die Frage nach „dem Leben, dem Universum und dem ganzen Rest":[146]

42

---

145 Holger Bosch, Fiona Steinkamp, Emil Boller, „Examining Psychokinesis: The Interaction of Human Intention With Random Number Generators — A Meta-Analysis", in: *Psychological Bulletin*, 132(4), 2006.

146 Douglas Adams, *Per Anhalter durch die Galaxis*, 1981.

Schuwi mag solche Antworten, knapp, kompakt, einfach. Doch es zeigt auch, schon das richtige Fragen ist schwierig, und man sollte die Antworten an ihrem Wert für den Menschen messen. Vielleicht finden wir nützlichere Ansätze?

Biologie

Da die Biologie die Lehre vom Leben ist, liefert sie für Schuwi auch einen Lebenssinn: Selbsterhaltung und Arterhaltung. Wir essen, damit der Körper noch lange funktioniert, und wir haben Sex, damit es auch in Zukunft Menschen gibt. Die Prioritäten können unterschiedlich aussehen. Manche Spinnenmännchen lassen sich nach dem Sex auffressen. So wichtig ist Menschenmännern die Arterhaltung nicht. Zwar gibt es Eltern, die für ihre Kinder das eigene Leben geben würden, aber direkt nach dem Sex wäre solche Opferbereitschaft für viele zu voreilig. Die enge Kopplung von Sex und Arterhaltung gibt es, wenn überhaupt, wohl nur im Tierreich und in der katholischen Kirche.

Arterhaltung ist ein schlechter Lebenssinn. Wenn das Menschenleben allein dazu dienen soll, weitere Menschenleben zu produzieren, wird die Sinnfrage nur in die Zukunft verschoben. Irgendwann sollte etwas entstehen, das aus sich heraus sinnvoll ist. Daran mögen sich Eltern erinnern, die den einzigen Lebenssinn in ihren Kindern sehen. Statt den Nachkommen die Bürde mitzugeben, sinnstiftend für ihre Erzeuger zu sein, wäre es doch besser, jeder würde auch seinen eigenen Lebenssinn finden.

Psychologie

Vielleicht kann die Psychologie weiterhelfen. Bevor es um die großen Sinnfragen geht, haben Menschen zunächst einmal Grundbedürfnisse, die über Essen und Sex hinausgehen. Der Psychologe Klaus Grawe nennt die Bedürfnisse nach Bindung (also engen Kontakten zu anderen Menschen), Orientierung und Kontrolle, Selbstwerterhöhung und Selbstwertschutz, Lustgewinn und Unlustvermeidung.

Wenn Menschen Luxusuhren tragen, wollen sie nicht unbedingt attraktivere Sexualpartner anlocken. Manche versuchen so, ihr Selbstwertgefühl zu steigern oder ihre Zugehörigkeit zu einer Gruppe von Menschen (Vermögenden, Uhrenliebhabern oder Angebern?) zu signalisieren; manchen macht es einfach Freude, auch wenn niemand dabei zuschaut. Wer glaubt, die Erfüllung der menschlichen Bedürfnisse und der Sinnsuche bestehe im Lustgewinn, der wird sein Leben entsprechend gestalten. Das als Spaßgesellschaft pauschal zu verurteilen, greift aber zu kurz. Immerhin ist es für manche Menschen auch ein Lustgewinn, anderen Menschen zu helfen oder sich für Umwelt und Natur einzusetzen. Auch der pure, sinnliche Genuss kann sein Gutes haben, wenn man versteht, dass er am besten nicht mit Konsumgütern, sondern im Erleben des Natürlichen gelingt.

Das eigene Verständnis vom Lebenssinn kann auch zur selbsterfüllenden Prophezeiung werden. Wo das Leben ohne Sinn erscheint, sind Selbsttötungsabsichten nicht fern, auch wenn sie sich „nur“ als selbstzerstörerische Lebensweise, Antriebslosigkeit oder Sucht zeigen. Ein solches Leben wird tatsächlich leer und sinnlos.

Wer hingegen sogar in Schicksalsschlägen Sinn sucht, wird dem Leben viel Positives abgewinnen können, Kraft und Impulse bekommen. Wenn die Hypothesen vom sinnvollen und sinnlosen Leben gleichermaßen unbeweisbar sind, bleibt es eine Frage der eigenen Vorstellung, wie viel Sinn das Leben hat. Ist es da nicht sinnlos, Lebenssinn zu leugnen? Ist es nicht sinnvoller, Lebenssinn zu erschaffen, indem man das Leben aktiv gestaltet und mit Bedeutung füllt?

Selbstverwirklichung

Eine weitere Perspektive liefern die Lebensmerkmale Wachstum und Entwicklung, vor allem im Hinblick auf das menschliche Bewusstsein. Wo beim Kleinkind noch Egoismus herrscht, da entwickeln sich später Einfühlungsvermögen und Mitgefühl gegenüber anderen Menschen, bis hin zur Fähigkeit zu einer Liebe, die selbstlos und unabhängig von Eigeninteressen ist.

Diese Entwicklung ist kein Selbstläufer, und so bleiben Menschen zum Beispiel durch Traumatisierungen in frühen Entwicklungsphasen stecken. Manche Erwachsene leben noch im „Alles muss sich um mich drehen“-Muster des Dreijährigen und können nicht begreifen, dass menschliches Miteinander mehr ist als das Aushandeln egoistischer Interessen. Hier kommt das Ego ins Spiel, jener Teil in uns, der oft Angst hat, zu kurz zu kommen, der bei guter Gesundheit aber auch zu echter Gemeinschaft fähig sein kann. Wenn es gut läuft, haben sich Menschen bis zum Erwachsenenalter zu eigenständigen, bewussten Wesen entwickelt, die gut für sich sorgen können, aber auch zu Mitgefühl und Verantwortung in der Lage sind.

Doch hier muss die Entwicklung keineswegs enden. Psychologen und Bewusstseinsforscher haben höhere Stufen identifiziert, in die sich der Mensch hinein entwickeln kann. Je nach Autor und genauer Ausprägung werden sie beispielsweise als post-konventionell, autonom oder ego-transzendent bezeichnet.[147] Hier verinnerlicht der Mensch immer mehr, Teil eines großen Ganzen

147 Hier gibt es viele Arbeiten im Umfeld von Ken Wilbers Integraler Theorie, z.B.: Susanne Cook-Greuter, „Mature Ego Development: A Gateway To Ego Transcendence? “ in: *Journal of Adult Development*, 7(4), 2000.

zu sein. Dabei geht es nicht um äußere moralische Zwänge, sondern um ein tieferes inneres Wissen darüber, was gut ist.

Diese Stufen unterscheiden sich deutlich vom konventionellen Menschenbild, wie es die Gesellschaft und die Religionen propagieren. Der rationale Mensch verhält sich „gut", weil es eine sinnvolle Grundlage für ein funktionierendes Miteinander ist oder es sonst Ärger gibt. Der religiöse Mensch verhält sich „gut", weil es eine von Gott auferlegte Pflicht ist oder weil er gutes Karma für spätere Leben schaffen möchte. Der post-konventionelle Mensch braucht solche äußeren Gründe nicht. Er fühlt sich als Teil der Welt. Das eigene Wohl und das Wohl der Welt sind untrennbar verbunden.

Erwachen und Erleuchtung

Am Ende der Leiter steht wohl das, was in der Spiritualität als Erleuchtung bezeichnet wird. Ein entsprechend entwickelter Mensch handelt nicht aufgrund von Ängsten, Zwängen oder Erwartungen anderer. Er spürt schlichtweg eine tiefe innere Verbindung mit der Welt, mit dem Leben, mit Gott. Er weiß, was er zu sagen und zu tun hat, auch wenn er dafür von noch nicht so weit entwickelten Zeitgenossen ans Kreuz genagelt wird. Menschen auf niedrigeren Bewusstseinsstufen können solche Beweggründe selten nachvollziehen. Der überzeugte Egoist glaubt, die anderen seien ebenso Egoisten, andere menschliche Motive hält er oft für vorgetäuscht.

Persönlichkeitsentwicklung und Verwirklichung des bestmöglichen Selbst, der lange Weg in Richtung Erleuchtung, sind wesentlicher Teil von Esos Lebenssinn. Nur die wenigsten haben ein Erleuchtungserlebnis oder eine mystische Erfahrung, die eine plötzliche, nachhaltige Wandlung bewirkt, sei es wie bei Prinz Siddhartha (alias Buddha) beim Sitzen unter seinem Baum oder wie heute bei manchen Menschen etwa durch eine Nahtoderfahrung. Aber zu „erwachen" und sich auf den Weg zu machen, ist auch schon ein großer Schritt.

Doch es gibt Sackgassen und Stolpersteine. Wer sich für sehr weit und reif hält, ist vielleicht einfach nur blind für die eigenen Schwächen. Wo der Materialist nach Reichtum strebt, da will der ambitionierte Eso der beste Meditierer, erfolgreichste Heiler oder spirituellste Weltretter sein. Plötzlich ist da wieder das Ego und all das kindliche Wollen, nur dass es nicht mehr um Geld geht, sondern um gutes Karma oder geistige Energien. Die Auseinandersetzung mit den eigenen dunklen Seiten wird so wieder vermieden. John Welwood nennt das sehr treffend die „spirituelle Umgehungsstrecke".[148]

148 Engl.: „spiritual bypassing". John Welwood, *Toward a Psychology of Awakening: Buddhism, Psychotherapy, and the Path of Personal and Spiritual Transformation*, 2002.

Andrew Cohen betont in seiner „Being and Becoming"-Lehre, wie sehr es auf beides ankommt, sowohl auf das reine, meditative Sein, als auch auf das aktive Handeln in der Welt.[149] Eso, der stolz die Welt retten will, indem er zu Hause auf dem Meditationskissen sitzt, hat genauso Schlagseite wie Schuwi, der zur Weltrettung allein materiellen Wohlstand für alle fordert. Beide übersehen: Es geht darum, Geist und Materie gut zusammenzubringen und unsere Wirklichkeit sinnvoll weiterzuentwickeln.

Wie weit ein Mensch auf seinem Entwicklungsweg gegangen ist, dafür scheint es auch äußere Kennzeichen zu geben: Weitgehende Abwesenheit von negativen Gefühlen wie Angst, Ärger, Wut, Unruhe und Stress; andererseits Gelassenheit, Toleranz, Mitgefühl und Urvertrauen; mit sich im Reinen sein und auch die anderen annehmen, wie sie sind; und bei alledem nicht in Passivität und Gleichgültigkeit verfallen, sondern aktiv die Welt gestalten. Solche Menschen lieben sich und die Welt. Wie wäre es mit diesem Lebenssinn: In Liebe sein und handeln!

Anregung

Was halten Sie von einer Entwicklung zum allverbundenen, autonomen, egotranszendierenden Menschen? Fühlen Sie sich erwacht und auf dem Weg, streben Sie gar nach Erleuchtung? Wie liebevoll sind Sie zu sich, zu anderen und zur Welt? Haben Sie ein Gefühl dafür, wie weit die Menschen in Ihrer Umgebung auf diesem Weg sind? Spüren Sie eine Verbindung mit allen Wesen der Welt?

---

149 Andrew Cohen, *Evolutionary Enlightenment: A New Path to Spiritual Awakening*, 2011.

10

VEREINIGTE LEBEWESEN DER ERDE

Pflanzen, Tiere und Menschen teilen gemeinsame Lebensräume. Wenn Schuwi solches Miteinander untersucht, sieht er vor allem die Einzelteile. So wie er den Menschen in seine Bausteine zerlegt, ist für ihn die Menschheit eine Ansammlung von sieben Milliarden Individuen, deren Wechselspiel aus Eigeninteressen das Verhalten des Gesamtsystems ergibt. Das kann komplex und neuartig aussehen, lässt sich aber doch auf die Regeln der Individuen zurückführen.

Manche sagen außerdem, wenn jedes Individuum seine eigenen, egoistischen Interessen (innerhalb eines gesetzlichen Rahmens) verfolge, ergebe sich ein gesundes, effektives Gesamtsystem. Das ist das Prinzip der Marktwirtschaft, die unsere Erde in vielerlei Hinsicht dominiert. Man stelle sich dieses Konzept für die Zellen des menschlichen Körpers vor: Wenn jede Zelle macht, was sie will, wird sich im Wechselspiel ein gesunder Körper entwickeln? Wohl kaum. Schon wenige Zellen, die nur auf eigenes, unkontrolliertes Wachstum aus sind und nicht rechtzeitig eingedämmt werden, können den Menschen an Krebs sterben lassen. Ebenso sind globale Egoismus-Geschwüre, vor allem in Form mächtiger Konzerne, eine Bedrohung für den Wirt, die Erde, mit der Gemeinschaft allen Lebens.

Lebensgemeinschaft

Die westliche Welt ist stark geprägt vom Individualismus – und da ist der Egoismus nicht fern. Aus der Sicht, dass jeder Mensch seines Glückes Schmied ist, wird dann eine vermeintliche Pflicht, für das eigene Wohlergehen zu kämpfen, notfalls in einem globalen Jeder-gegen-jeden, bei dem die Stärksten gewinnen. Manche Politiker und Wirtschaftsbosse sprechen dabei von „Freiheit" und preisen sie manchmal gar als natürliches Prinzip, das sich schon in der Evolution bewährt habe.

Dabei wollen auch diejenigen, die wie Löwen auf Beutezug gehen, keineswegs auf gewisse menschliche Errungenschaften verzichten. Eine Kultur des Miteinanders halten sie vielleicht für überflüssig, aber andere Dinge, die es ebensowenig im Tierreich gibt, sind ihnen wichtig: Mein Auto, mein Haus, meine Jacht hieß es schon in der Sparkassenwerbung. Die Dinge, die sie in großer Menge besitzen oder konsumieren möchten, haben sie meist nicht selbst gejagt oder erarbeitet, sondern das musste eine große Zahl schlechter gestellter Menschen für sie erledigen. Wenn Investmentbanker als Heuschreckenschwärme bezeichnet werden, könnten sie sich über das falsche Kompliment freuen, denn Heuschrecken fressen nur so lange, bis der eigene Bauch voll ist. Die Gier mancher Menschen übersteigt bei weitem das, was sie jemals selbst nutzen können. Bei Geld gibt es kein natürliches Sättigungsgefühl.

Vormacht der Starken und Unterdrückung Schwächerer ist eine schlechte Grundlage für eine globale Gemeinschaft. Dazu muss man nur auf die Schwächsten unserer Gesellschaft schauen. Auch der größte Gegner von staatlichen Sozialleistungen oder von Entwicklungshilfe wird wohl nicht einem Baby zurufen, „Schrei nicht, nimm dein Leben selbst in die Hand!" Das versteht jeder. Warum ist es dann für manche so schwer zu verstehen, dass auch andere Menschen aus vielfältigen Gründen mitunter nicht genügend für sich sorgen können und es richtig ist, ihnen zu helfen?

Wenn viele Menschen glauben, es sei normal, dass jeder immer für sich allein sorgen müsse, dann wird das zur selbsterfüllenden Prophezeiung – es geht aber auch umgekehrt.

Egoismus ist unnatürlich

Manche Menschen behaupten, Egoismus sei etwas Naturgegebenes und daher gut und richtig. Abgesehen davon, dass es vielen von ihnen sonst eher egal ist, was die Natur will, ist die Argumentation falsch. Lebewesen benötigen einen ureigenen Lebenswillen und Durchsetzungskraft. Die individuelle Selbstbestimmung des Menschen ist ein wichtiger Entwicklungsschritt, aber dabei darf nicht vergessen werden: Keine Pflanze, kein Tier, kein Mensch auf der Erde kann alleine, ohne die Hilfe anderer, überleben.

Im Körper hat jede Zelle ihre Aufgabe, die dem großen Ganzen dient. In ihrer Verschiedenheit bringen sie alle ihre jeweiligen Stärken ein und kooperieren. Egoisten-Zellen, die nur kommandieren, Aufgaben verteilen und sich eigene Vorteile sichern, braucht niemand. Betrachtet man die Menschen und ihr Zusammenwirken in der Gesellschaft, sieht es weniger gesund aus. Zu viele streben nach Macht, Einfluss und eigenem Wohlergehen, ohne Rücksicht oder Verständnis dafür, was ihre wahre, nützliche Rolle für die Gemeinschaft sein könnte. Wenn sogar einfache Körperzellen ein organisches, für alle förderliches Miteinander hinbekommen, müssten es Menschen doch auch schaffen!

Mehr als die Summe der Teile

Gesellschaften sind weit mehr als eine lose Ansammlung von Individuen. Deshalb gibt es die Wissenschaft des menschlichen Miteinanders, die Soziologie, die sich auch nicht einfach aus dem Verhalten einzelner Menschen, aus der Psychologie, ableiten lässt. Es geht um Emergenz: Um das Zusammenwirken von Lebewesen zu begreifen, muss man sich bewusst sein, dass wir sie in ihrer Gesamtheit wie ein neues, völlig anderes Wesen handeln können.

Das kann dramatische Züge annehmen. In der Vergangenheit hat Deutschland gezeigt, wie ein Volk normaler Bürger zu Angriffskrieg und millionenfachem Mord fähig war. Die Schuld alleine der politischen Führung zu geben, ist ebenso unsinnig, wie zu glauben, unsere heutigen Politiker trügen die alleinige Verantwortung für Umweltschutz und eine nachhaltige, soziale Politik. Nur wenn ein wesentlicher Teil der Bevölkerung bewusst, aufmerksam und aktiv ist, werden entsprechende wünschenswerte Entwicklungen möglich.

Ich, Du, Wir

Das Entwickeln des Ichs ist ein wichtiger Schritt der Menschwerdung. Das einzelne Bewusstsein erkennt sich als getrennt von den anderen. Das schafft fast jeder. Schwieriger ist der nächste Schritt der Integration, sich als Individuum wahrzunehmen und gleichzeitig als Teil einer Gemeinschaft, eines organischen Wir (Abb. 10.1).

Das Ich-Zeitalter

Die Kategorien Materie, Wechselwirkung und Information zeigen sich auch in den Möglichkeiten, wie der Mensch seine Individualität lebt. Viele sehen nur die Materie, wollen Besitz und Statussymbole sammeln. Die Wirtschaft lebt zu einem wesentlichen Teil von einem übertriebenen, durch materiellen Konsum ausgedrückten Individualismus. Vom morgendlichen Kaffeekochen bis zum Fernsehabend stehen unzählige Produkte zur Auswahl, die dank wechselnder Moden, technischen Fortschritts oder künstlicher Verkürzung der Lebensdauer (geplante Obsoleszenz) immer häufiger ersetzt werden müssen. Wo es früher das graue Einheitsmodell der Deutschen Post gab, da wechseln heute viele Menschen ihr mobiles Telefon wie die Hemden. Sogar beim Kauf eines Kinderwagens, so erzählte mir ein junger Vater überrascht, wies die Verkäuferin ausdrücklich darauf hin, welche Modelle gerade in Mode seien.

Ironischerweise gipfelt der Wunsch, sich durch Materie auszudrücken, letztlich wieder in Konformität. Wer sich voller Stolz und Selbstbewusstsein in

Abbildung 10.1: Mensch und Menschheit

seiner Materieauswahl zeigen will und es sich leisten kann, fährt wahrscheinlich eine große, farblose Geländelimousine und hat das neueste iPhone. Sehr originell?!

Individualismus ist nichts Schlechtes, wenn er sich auf der richtigen Ebene ausdrückt. In der Physik sind Wechselwirkungen und Information letztlich wichtiger als die Materie. So sollte es auch beim Menschen sein. Sind die materiellen Grundbedürfnisse erfüllt, so sind Taten und Handlungen wichtiger als Besitz, und diese wiederum sollten sich auf Ideen, Kreativität und Wissen gründen. Gepriesen sei ein Individualismus, bei dem sich die Menschen nicht durch ihr Telefon profilieren, sondern dadurch, was sie hineinsprechen: Bescheidenheit bei dem Gerät; Fülle, Vielfalt, Emotionen und menschliche Nähe im Gespräch.

Du bist wie ich

Es ist ein wichtiger Entwicklungsschritt des Kleinkindes, wenn es begreift, es ist nicht alleine auf der Welt, sondern es gibt andere Menschen, die ähnlich sind, aber vom ihm getrennt. Ist das verstanden, wird es nicht mehr versuchen, sich die eigenen Augen zuzuhalten, um von anderen nicht gesehen zu werden.

Mit ungefähr dem vierten Lebensjahr ist im Kind das entwickelt, was die Psychologen *Theory of Mind* nennen. Es versteht, dass andere Menschen ein eigenes Bewusstsein haben, mit eigenen Vorstellungen und Wahrnehmungen.

Letztlich bleibt es aber eine Theorie, denn ob ein Mensch ein gut getarnter Zombie ist oder ein bewusstes Mitgeschöpf mit eigenem Innenleben, lässt sich von außen nicht beweisen. Allerdings funktioniert die Theorie ausgesprochen gut, um mit anderen Menschen umzugehen und deren Verhalten zu verstehen. Besonders wertvoll wird sie durch Empathie. Die Fähigkeit, sich in andere einzufühlen, beginnt sich noch früher zu entwickeln. Doch das Lernen von immer mehr Achtsamkeit, Menschenkenntnis und Mitgefühl kann ein Leben lang gehen.

Die Gehirnforscher haben *Spiegelneuronen* entdeckt: Wenn ein Mensch einen anderen beobachtet, werden bei dem passiven Beobachter im Gehirn gleiche Bereiche aktiviert wie bei dem aktiv Handelnden. Das ist interessant, sollte aber nicht überraschen, wenn man sich daran erinnert, dass „Spiegellippen" und „Spiegelhände" schon lange bekannt sind: Lächelt ein Mensch, ist es wahrscheinlich, dass der andere auch lächelt. Hebt ein Mensch die Hand zum Gruß, wird der andere den Gruß erwidern. Menschen, die in Kontakt miteinander sind, schwingen sich im Denken und Handeln aufeinander ein.

Wenn die Gehirnforscher hier Neues zu Tage fördern wollen, könnten sie doch einmal versuchen, das *Contact High* zu erklären. Wie kommt es, dass ein Mensch nach dem Konsum bewusstseinsverändernder Substanzen auf andere Menschen eine solche Ausstrahlung haben kann, dass sie selbst in einen entsprechenden High-Zustand versetzt werden?[150] Oder noch einfacher: Durch welche „Viren" erfolgt die Ansteckung mit guter Laune?

Dass der andere ähnlich ist wie man selbst, Gefühle hat, sich freuen oder leiden kann, ist die Grundlage von Moral und sozialem Verhalten. Doch Einfühlungsvermögen muss nicht automatisch Mitgefühl bedeuten. Manchmal wird es auch zur Manipulation verwendet. Psychopathen ist es egal, wie es dem Mitmenschen geht. Ihre kühle Berechnung macht sie zu besonders wirksamen Lügnern und Betrügern.

Ein anderer Ansatz ist es, soziale Interaktionen als „Spiele" zu betrachten, die nach gewissen Regeln ablaufen und in denen es Gewinner und Verlierer gibt. Für solche Spieltheorien interessieren sich die Wirtschaftswissenschaften so sehr, dass es dafür 2012 den Nobelpreis gab (für Lloyd Shapley und Alvin Roth). Dabei geht es nicht um moralische Überlegungen, sondern darum, wann es wo etwas zu gewinnen gibt. Das hat sogar die Alltagssprache geprägt. Win-Win-Situationen sind da natürlich schön, aber für die Wirtschaft ist Win-Lose mindestens genauso gut, solange man selbst zu den Gewinnern

150 Gary Fisher, „Counter-Transference Issues in Psychedelic Psychotherapy", in: *MAPS Bulletin*, 10(2), 2000.

zählt. Damit wären wir wieder bei Psychopathen und Menschen mit antisozialen Persönlichkeitszügen: Manche von ihnen landen im Gefängnis, andere in Chefetagen von Unternehmen.[151]

Du und Ich sind Wir

Den anderen als „Du" ernst zu nehmen, ist die Basis, damit sich ein Wir entwickeln kann. Gleichzeitig ist das Wir immer auch eine Rückkehr. Denn das Ich, das Individuum, war nicht schon immer da, sondern ist Ergebnis des Lebens und einer langen Reihe von Ahnen. Man denke an die Eltern, Großeltern und an die sich mit jeder Generation verdoppelnde Zahl weiterer Eltern, die alle erforderlich waren, damit das Ich entstehen konnte.

Selbstbewusstsein ist wichtig. Die natürliche Steigerung davon ist aber nicht „noch mehr Selbstbewusstsein" oder gar Egoismus. Wer das Selbst größer und bewusster machen möchte, sollte nicht sein Ego aufblasen, sondern die Vorstellung ausdehnen, was zu ihm dazugehört. Ein großes Selbstbewusstsein kann dann bedeuten, sich mit der Welt als eins zu erleben.

Das eigene Ich als Teil eines gemeinsamen Wir zu verstehen, ist ein großer Schritt für das Bewusstsein. Wo bei dem getrennten Du noch Spieltheorien und moralische Regeln das Miteinander prägen, entsteht hier eine neue Qualität. Wenn ich dann den anderen gut behandele, liegt das weder am persönlichen Interesse noch am Mitgefühl mit ihm, sondern daran, dass er ein Teil vom eigenen größeren Ich ist. Das ist ein Grundgedanke in der Spiritualität und im Buddhismus.

Abbildung 10.2 soll diesen Gedanken anhand von Pilzen verdeutlichen. An der Oberfläche sieht es so aus, als wüchsen dort getrennte Individuen, die sich gegenseitig Platz wegnehmen und um Nährstoffe konkurrieren. Doch in Wirklichkeit sind es nur die Fruchtkörper, die aus dem eigentlichen langlebigen Pilz, dem Myzel in der Erde, heraus entstehen. Vielleicht hängen auch wir Menschen an einem gemeinsamen Menschheitsmyzel, wenn man unter die Oberfläche schaut?

Oft hört man davon, dass Altruismus wünschenswert sei und man uneigennützig für andere sorgen solle. Doch letztlich greift auch dieses Denken zu kurz, denn der Weg zum Wir ist nicht Altruismus. Altruismus und Egoismus sind zwar Gegensätze, betonen aber gleichermaßen die Trennung zwischen den Menschen. Altruismus stärkt nicht das Wir-Gefühl, sondern bedeutet, ich tue etwas für dich. Besser ist: Ich tue etwas für uns, wir sind Teil eines Gan-

151 Paul Babiak, Craig S. Neumann, Robert D. Hare, „Corporate psychopathy: Talking the walk", in: *Behavioral Sciences and the Law*, 28, 2010.

Abbildung 10.2: Wenn zwei Pilze sich streiten, wundert sich das Myzel

zen. Vielleicht gibt es ja irgendwann einen „Nobismus“[152], ein Verhalten, das sich aus dem Wir-Gefühl heraus begründet. Dann ist auch die Liebe nicht mehr weit.

Liebe

Liebe ist wohl die größte Kraft, die unsere Menschenwelt prägt. Wo sie fehlt, geht vieles schief. Wo sie reichlich vorhanden ist, kann vieles auch unter widrigen Umständen gelingen. Liebe ist gewissermaßen eine Anziehungskraft des Bewusstseins. Seit Jahrhunderten beschäftigt sich Schuwi mit Erdanziehung und bestimmt die Gravitationskonstante immer genauer. Doch weiß er nur wenig über die menschliche Anziehungskraft. Es gibt biologische Erklärungen zur Zeugung und Aufzucht von Nachkommen. Es gibt Untersuchungen zu Hormonen und Vorgängen im Gehirn. Doch wollte man Liebe anhand von Vorgängen des Körpers beschreiben, könnte man auch sagen: Liebe ist, wenn der eine Partner regelmäßig auf der Haut des anderen mit geringem Anpressdruck entlangfährt. Wir nennen es Streicheln und wissen, das ist nicht die Ursache der Liebe, sondern ein Symptom.

152 Lat. nobis = (für) uns. Lateinexperten mögen mir nachsehen (oder Bescheid sagen), falls es eine angemessenere Wortschöpfung gäbe.

Sex oder Romantik?

Forschung soll uns handlungsfähig machen. Von Schuwi erfahren wir wenig darüber, was Liebe bedeutet, wie sie funktioniert und wie wir sie als Menschen gestalten können. Für ihn ist sie vor allem ein Hilfsmittel, um Sex und Fortpflanzung zu ermöglichen und sicherzustellen, dass der Nachwuchs lang genug von den Eltern beschützt aufgezogen wird. Da gibt es keinen grundsätzlichen Unterschied zwischen Tieren und Menschen, nur dass bei letzteren das Erwachsenwerden langsamer erfolgt, familiäre Beziehungen daher wichtiger und länger andauernd sind.

Es gibt jedoch viele Beobachtungen, die dadurch nicht erklärt werden: Warum lieben Eltern und Kinder einander immer noch, wenn die Kinder längst auf eigenen Beinen stehen? Warum gibt es Männer, die Männer lieben, und Frauen, die Frauen lieben? Warum gibt es absichtslose Liebe? Ist eine Liebe zu Kunst, Musik oder Kultur auch Liebe? Stimmt es, dass es (erleuchtete?) Menschen gibt, die alle Menschen gleichermaßen lieben? Warum lieben manche Männer ihr Auto mehr als ihre Frau, obwohl Sex mit Autos wenig Aussicht auf gesündere Nachkommen verspricht?

Ein anderes, allgegenwärtiges Bild der Liebe vermitteln uns Kino, Fernsehen, Musik und Literatur. Hier dominiert die Vorstellung von großen Gefühlen und Romantik, die ein Leben lang halten, wenn man nur den richtigen Partner findet. Auch das ist ein extremes Zerrbild, das für den Alltag wenig hilfreich ist – oder sogar ausgesprochen schädlich, wenn wir es Romeo und Julia gleichtun wollten.

Viele Filme gaukeln vor, die romantische Liebe sei das Ziel einer Paarbeziehung. In Wirklichkeit ist sie bestenfalls der Anfang. Wer Liebe besser verstehen möchte, sollte Schuwi und Fernseher den Rücken kehren und sich einem guten Ratgeberbuch widmen oder mit Psychologen und Paar-Therapeuten sprechen. Hier, gewissermaßen in der angewandten Liebesforschung, findet sich viel Erfahrung, wie Liebe in Wirklichkeit funktioniert, und es gibt konkrete Tipps für die eigenen Experimente.[153]

Liebe ist das größere Prinzip

Aber auch Grundlagenforschung ist nötig. Was ist der Sinn der Liebe? Wie und woraus lässt sich Liebe erzeugen? Worin unterscheiden sich Liebe geben und Liebe empfangen? Wie hängen Selbstliebe und Liebe zu anderen zusam-

153 Z.B. Hans Jellouschek, *Liebe auf Dauer. Die Kunst, ein Paar zu bleiben*, 2004.

men? Warum ist es oft so schwierig, den richtigen Partner zu finden? Wie lässt sich Liebesmangel in Fülle wandeln? Wie gestaltet Liebe die Welt?

Diese Fragen können große Bedeutung für unser Leben und Verhalten haben. Kinoromantik und Arterhaltung helfen hier nicht weiter. Die Liebe dient nicht dem Sex, sondern sie selbst ist das größere, wichtigere Prinzip. Ich möchte einige Liebes-Hypothesen vorschlagen:

- So wie die Schwerkraft dafür sorgt, dass sich die Dinge zur Erde bewegen, so sorgt die Anziehungskraft der Liebe dafür, dass sich Menschen aufeinander zu bewegen.
- Liebe ist ein direkter Weg, Akzeptanz, Wertschätzung und Hingabe zu lernen. Sie ist nicht an Bedingungen geknüpft, sie nimmt das Geliebte an, wie es ist, in aller Unvollkommenheit. Wer verliebt ist, findet seinen Partner perfekt, wird auch in dessen Ecken und Kanten Gutes oder sogar besonders Liebenswertes entdecken. Wo Verhandeln, Abwägen und Beurteilen anfangen, da endet die Liebe. Deshalb ist es für Menschen oft einfacher, Gegenstände zu lieben als Mitmenschen. Die Wohnzimmereinrichtung ist genau so, wie sie bestellt wurde, das stellt minimale Anforderungen an die Liebesfähigkeit, im Gegensatz zu dem Menschen, der dort mit auf dem Sofa sitzt.
- Sex und Romantik sind nicht das Ziel der Liebe, sondern der Anfang. Körperliche Anziehung und Hormonausschüttungen sind eine sehr direkte Kraft, die den Menschen auf materieller Ebene geradezu zwingt, die Liebe zu entdecken. Lässt diese Kraft nach, ist die Liebe nicht zu Ende, sondern kann sich zu einer größeren geistigen Wirkung weiterentwickeln.
- Liebe ist die beste Grundlage für gute Beziehungen. Die Partnerschaft ist ein guter Einstieg und ein großes Lernfeld. Vollendete Liebe bedeutet, den Partner, die Familie, alle Menschen, die Natur, die Welt zu lieben. Das heißt auch, die Schattenseiten wie Schwere, Zähigkeit und Leid anzunehmen. Dann kann man sich und seinen Teil der Welt in liebevoller Beziehung weiterentwickeln.

Im Gegensatz zu biologischen Sichtweisen erklären solche Annahmen die große Vielfalt der Liebe jenseits von Sex und Fortpflanzung. Vielleicht wählen wir unsere Partner ja doch nicht danach aus, dass wir innerhalb kürzester Zeit möglichst viele gesunde Babys produzieren, sondern dass wir gemeinsam die Liebe als wichtigste menschliche Fähigkeit erlernen.

Anregung

Was halten Sie von diesen Vorstellungen? Decken sie sich mit Beobachtungen aus Ihren eigenen Lebens- und Liebesexperimenten? Geben sie Anregungen, Ihr eigenes Verhalten liebevoller zu gestalten? Helfen sie eventuell mehr als Erklärungen zu aktivierten Hirnregionen und Hormonausschüttungen?

Fülle statt Mangel

So wie viele Menschen glauben, es sei zu wenig Geld da, so glauben auch viele, es gebe zu wenig Liebe. Das kann eine selbsterfüllende Prophezeiung werden, ein Mechanismus wie an der Börse. Wenn alle glauben, die Kurse fallen, dann verkaufen sie ihre Aktien: Mit dem Ergebnis, dass die Kurse fallen.

Eifersucht ist so ein Spekulieren mit fallenden Kursen. Die Liebe des Partners scheint zu wenig, als dass er auch anderen davon geben dürfte, und man hält damit auch die eigene Liebe klein. Auch Film und Fernsehen stellen die Liebe als Mangelware dar. Nicht, weil dort zu wenig Liebespaare gezeigt werden, sondern weil es derartige Happy-End-Beziehungen im wirklichen Leben kaum gibt. Im Leben hört die Arbeit nicht nach neunzig Filmminuten mit Werben und Kämpfen auf, und so könnte mancher glauben, er habe etwas falsch gemacht oder nur noch nicht den richtigen Partner gefunden.

Sogar in der Religion mit Gottes allumfassender Liebe gibt es absurdes Mangeldenken, wie etwa beim katholischen Zölibat: Ein Priester, der Gott vollkommen liebt, soll nicht mehr genügend Liebe für einen Partner haben; wer einen Partner liebt, hat nicht genügend Liebe für Gott. Welche Eifersucht! Wer von Herzen liebt, kann nicht nur seinen Partner, sondern zugleich die ganze Welt umarmen. Bislang hat niemand einen „Liebeserhaltungssatz" nachgewiesen, demzufolge neue Liebe an anderer Stelle Mangel bewirken müsste. Eher das Gegenteil scheint der Fall. Liebevolle Menschen lassen überall Liebe wachsen. Die Liebe zum Partner, zur Familie, zur Welt können einander hochschaukeln.

Es ist auch unwahrscheinlich, dass die Liebe eines Menschen präzise dosiert ist für genau einen lebenslangen Partner. Doch wenn Menschen durch wechselnde Partner oder Fremdbeziehungen neue Liebe suchen, liegt es oft auch daran, dass ihre Liebe nicht einmal für eine echte Beziehung zu einem Menschen reicht. Das führt zu noch mehr Mangel bei allen Beteiligten. Die Chance, neue Beziehungsqualitäten in einer längeren Partnerschaft zu schaffen, wird vertan.

Das Modell langfristiger stabiler Partnerschaften scheint keineswegs veraltet, wenn man sie als permanentes Liebes-Training begreift. Viele gute Bücher und Ratgeber können dabei helfen, Liebe zu intensivieren, anstatt mit immer neuen Partnern bei Null zu beginnen und kaum über die ersten Schritte hinauszukommen.[154]

Es gibt aber auch mutige Forscher, die mit anderen Ansätzen experimentieren. Es geht (wieder einmal) nicht um Schuwi-Forschung, sondern um Menschen, die in Form der *Polyamorie* Beziehungen leben. Sie versuchen, Liebe, einschließlich von Zärtlichkeit und Sex, zu mehreren Menschen achtsam, ehrlich und für alle tragfähig unter einen Hut zu bekommen. Es gibt auch ganze „Forschungsgemeinschaften“, wie etwa das ZEGG.[155] Hier geht es nicht um wahllosen oder gar rücksichtslosen Sex, sondern um das Entwickeln einer liebevollen, offenen Gemeinschaft. So schwierig das in unserer Welt und angesichts gewohnter Beziehungsmuster sein mag, ich meine, es verdient Respekt, dass sich Menschen an solche Versuche heranwagen.

Liebe lernen

Als Jesus sagte, liebe deinen Nächsten wie dich selbst, dachte er wohl nicht daran, wie schlecht es um die Selbstliebe vieler Menschen bestellt ist. Man muss sich nur anschauen, was sich viele in ihrem eigenen Leben antun. Wer sich selbst liebt, wird doch nicht große Teile seiner Zeit vor dem Fernseher, im Alkoholrausch oder als Arbeitssüchtiger verbringen?!

Selbstliebe ist nicht das gleiche wie Egoismus, eher das Gegenteil. Der Egoist bekommt nie genug. Der Mensch mit Selbstliebe ist sich immer genug. Das ist die beste Basis für Liebe zu anderen Menschen, wie es ein Buchtitel wunderbar sagt: „Liebe dich selbst und es ist egal, wen du heiratest“.[156]

Die Vorstellung von Liebe ist geprägt davon, wie man als Kind Liebe durch die Eltern erfahren hat. Dieses Liebe-Lernen wird dadurch erschwert, dass Eltern ihre Kinder nicht nur lieben, sondern auch erziehen. Verbote und ein klares Nein können Ausdruck von Liebe sein, das ist als Kind manchmal schwer zu verstehen. Dahingehend ist es in der Partnerschaft einfacher. Hier gibt es gemeinsames Lernen, aber wenn der eine meint, den anderen erziehen zu müssen, ist die Beziehung schnell am Ende.

Lernen und das Einlassen auf andere Menschen ist mühselig. Wir können

---

154 Z.B.: John Welwood, *Vollkommene Liebe: und wie sie vielleicht sogar in einer Beziehung gefunden werden kann*, 2007.

155 Zentrum für experimentelle Gesellschaftsgestaltung, www.zegg.de.

156 Eva-Maria Zurhorst, 2004.

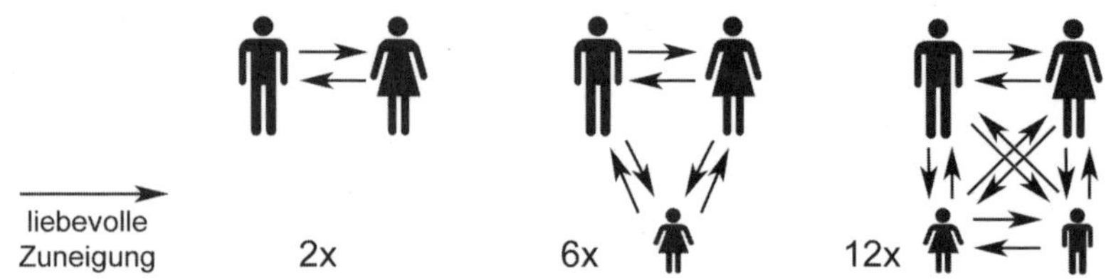

Abbildung 10.3: Familie und kombinatorischer Liebeszuwachs

froh sein, dass der körperliche Wunsch nach Sex, Zärtlichkeit und Schmetterlingen im Bauch uns immer wieder dazu antreibt. Doch Sex und Verliebtheit sind nur der Anlasser, der Beziehungsmotor ist die Liebe. Manche Menschen wollen die ganze Zeit mit laufendem Anlasser herumfahren und wundern sich, dass es kaum voran geht und die Batterie irgendwann leer ist.

Die Liebe zwischen Mann und Frau versinnbildlicht auch die große Herausforderung, das Fremde, das Andere kennenzulernen und anzunehmen. Ohne Sex und Liebe hätten bestimmt die Frauen die Männer oder die Männer die Frauen längst ausgerottet. Aber auch gleichgeschlechtliche Liebe kann als alternativer Weg der Paarliebe eine wichtige Bedeutung haben und die Menschengemeinschaft an die große Vielfalt der Liebe erinnern. Vielleicht hat Gott die Homosexualität erschaffen, um uns unmissverständlich zu zeigen: Liebe ist weit mehr als ein Fortpflanzungsauftrag. Da könnte die Religion einiges durcheinander gebracht haben.

Wenn aus Liebesbeziehungen Kinder entstehen, geht es um mehr als um Nachwuchs für die jeweilige Religionsgemeinschaft oder um Arterhaltung. Im Gegensatz zum Tierreich bleibt die Eltern-Kind-Beziehung bestehen, auch wenn die Kinder aus dem Haus sind. Dass Kinder gewissermaßen die Altersvorsorge der Eltern sind, ist in vielen Gesellschaften bewährt und sinnvoll. Biologisch näherliegend wäre es aber, wenn Eltern nach ihren Aufzuchtaufgaben einfach nicht mehr so lange lebten, anstatt die Nachkommen mit ihrer Pflege zu belasten.

Auch hier bietet ein erweitertes Liebesverständnis bessere Perspektiven. Wenn die Partnerschaft der Ort ist, um Liebe zu erlernen, dann ist Familie der Weg, sie auszudehnen und zu vervielfachen. Wenn ein Paar ein Kind bekommt, können aus zwei gerichteten Liebesbeziehungen sechs werden (Abb. 10.3). Fünfzig Prozent mehr Menschen, dreifache Liebe, bei so einem Wirkungsgrad sollte man manche familiäre Mühe gerne in Kauf nehmen!

Mehr Liebe

Liebe ist gut für uns selbst, für unsere Beziehungen, für die Menschheit und für den Umgang mit allen Mitlebewesen auf der Erde. Statt nach Wirtschaftswachstum zu gieren, wäre es doch sinnvoller, Liebeswachstum zu wünschen und zu fördern. Das ist ohne Umweltschäden möglich, und man muss nicht anderen etwas wegnehmen, um selbst mehr zu erlangen – im Gegenteil. Wenn der Wert eines Menschenlebens nicht im erwirtschafteten Eigentum besteht, sondern darin, wie viel Liebe gegeben und empfangen wurde, dann sollte sich diese Vorstellung doch auch auf gesellschaftlicher Ebene widerspiegeln.

Liebe mit ihrem bedingungslosen Annehmen ist eine wichtige Grundlage für unser Leben und Handeln. Lieblose Menschen beklagen sich oft über die Fehler der anderen und das Leid der Welt, aber da sie sich davon distanzieren, bleiben sie untätig. Liebevolle Menschen akzeptieren ihre eigene Unvollkommenheit und die Unvollkommenheit der Welt, spüren die Verbindung und werden aktiv. Man hört oft, Menschen sollten Verantwortung übernehmen. Wäre die Liebe nicht eine weit bessere Triebkraft? Wer seine Kinder liebt, wird die eigene Verantwortung kaum vergessen. Auch für unsere Beziehung zur Erde wäre es wohl besser, wenn wir nicht über Verantwortung diskutierten, sondern sie einfach von Herzen liebten. Grund genug haben wir: Wir können nicht ohne sie leben. Liebe gibt mehr Freude und Kraft als Verantwortung, sie ist nachhaltiger und hilft, bei Entscheidungen das Wesentliche zu sehen.

All und Zeit umfassende Liebe

Eine große Aufgabe des Menschseins ist es offensichtlich, möglichst gute Liebesbeziehungen zu erfahren und zu gestalten, von der Partnerschaft, über menschliches Miteinander bis hin zur Liebe zu Natur und Kultur (Abb. 10.4). Vielleicht bedeutet Erleuchtung, die Welt und alle ihre Teile bedingungslos zu lieben.

Die dargestellte Liebeslandkarte beinhaltet auch Vergangenheit und Zukunft. Es ist schon nicht einfach, sich selbst zu lieben und die eigenen Schwächen anzunehmen. Doch wer liebt sich gar, wie er früher einmal war? Kennen Sie viele Menschen, die gerne das alte Foto auf ihrem Führerschein zeigen? „Jugendsünden" und frühere Schritte der eigenen Entwicklung zu lieben, kann eine besondere Herausforderung sein, die Selbstliebe zu vergrößen: Liebe nicht nur dich, wie du bist, sondern auch, wie du warst und zu deinem heutigen Selbst geworden bist!

Liebe bedeutet Versöhnung mit der Vergangenheit, und Liebe sieht die Zu-

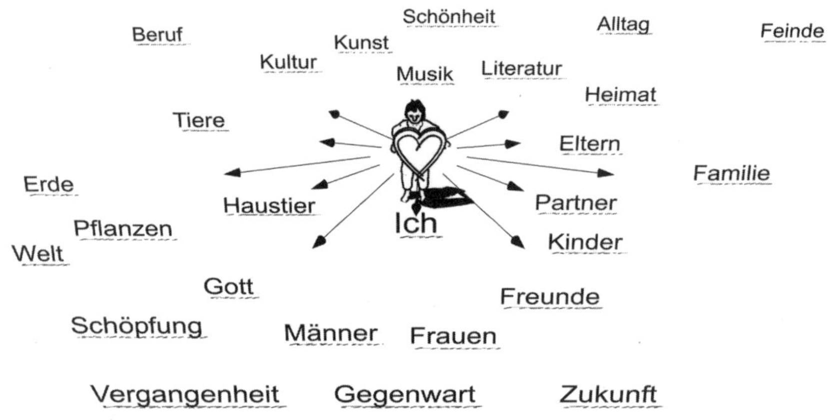

Abbildung 10.4: Landkarte der Liebe

kunft mit Hoffnung, nicht mit Angst. Vielleicht lässt sich sogar die Zeit als solche lieben. Sie macht uns das Leben oft so schwer. Wir müssen warten, uns ist langweilig, wir sind im Stress, wir haben nicht genug Zeit, wir werden älter, der Zahn der Zeit nagt an uns. Wir ärgern uns, in anderen Zeiten war alles besser, oder hoffen auf eine bessere Zukunft, so dass für die Gegenwart nur das Schlechteste übrig bleibt.

Doch so ist sie nun einmal, und dafür könnten wir die Zeit auch lieben. Sie präsentiert uns immer nur eine Sache gleichzeitig, reiht die Gegenwartsmomente schön übersichtlich nacheinander auf, um uns nicht zu überfordern. Welche Dummheit, wenn Menschen sinnlos versuchen, mit Multitasking dieses Geschenk auszuschlagen! Die Zeit lehrt uns, dass gut Ding Weile haben will, mal liebevoll, mal mit einem neckischen Zunge-Herausstrecken gegenüber forschen Projektmanagern und Flughafenbaumeistern. Liebe heißt: Warten können und wissen, dass alles seine richtige Zeit hat.

Abbildung 7.6 veranschaulichte Raum und Zeit als allumfassende Raumzeitkugel. Sie, im Hier und Jetzt, sind irgendwo ein Punkt darin. Stellen Sie sich vor, von dort dehnen Sie Ihre Liebe aus, von sich selbst zu anderen Menschen, durch das Weltall und durch alle Zeit.[157]

157 Im Tibetischen Buddhismus gibt es Meditationen, bei denen man sein Mitgefühl schrittweise über alle Wesen der Welt ausdehnt.

Anregung
Wie weit reicht Ihre Liebe? Wie intensiv sind bei Ihnen die in Abbildung 10.4 gezeigten Liebesbeziehungen? Welche möchten Sie ausbauen, welche neu kennenlernen?

Geheime Bünde

Die beste Grundlage für ein gutes, liebevolles Miteinander ist das gemeinsame Wir-Gefühl. Diese direkte Verbindung zwischen uns Menschen, aber auch zwischen Mensch und Natur ist weitgehend vergessen worden, seitdem Schuwi die Welt in Atome und Gesellschaften in egoistische Individuen zerteilt hat und auch Mensch und Natur sorgfältig trennt. Je mehr wir ihm glauben, desto eher werden die Menschheit und die Erde als lebendige Organismen tatsächlich auseinanderfallen.

In der Psychologie hat sich Ende der 1960er Jahre die Strömung der *Transpersonalen Psychologie* entwickelt, nach der das menschliche Bewusstsein Erfahrungen machen kann, die weit über das hinausgehen, was sich durch persönliche Erlebnisse oder Erinnerungen erklären ließe. Oft spielen hier besondere Bewusstseinszustände eine Rolle, um die Grenzen der eigenen Person durchlässiger zu machen. Es gibt aber auch einfache, für jeden Interessierten zugängliche Techniken mit beeindruckenden Wirkungen.

Systemische Aufstellungen

Bei einer *systemischen Aufstellung* oder auch *Familienaufstellung* lassen sich transpersonale Phänomene unmittelbar erleben. Die Teilnehmer benötigen keinerlei Vorerfahrung und kennen sich in der Regel nicht. Die einzige Bewusstseinstechnik ist eine gewisse Konzentration, um sich innerlich leer zu machen und persönliche Gedanken zeitweise zurückzustellen.

Der Prozess wird von einem entsprechend ausgebildeten Therapeuten moderiert, der zunächst kurz mit demjenigen spricht, der sein Anliegen durch die Aufstellung bearbeiten möchte. Was ist das Ziel? Was sollte hinterher besser oder klarer sein? Welche Personen spielen eine Rolle? Je nach Thema können das Familienangehörige, Freunde oder auch der Chef und Kollegen sein. Oft werden nur Eckdaten wie Name, Alter und Beziehung zum Aufsteller geklärt. Anschließend wählt der Aufsteller aus den anderen Teilnehmern intuitiv und spontan Stellvertreter für die Personen seines Systems (einschließlich seiner selbst) und platziert sie im Raum, so wie es sich stimmig anfühlt (Abb. 10.5).

Abbildung 10.5: Aufstellung als transpersonale Antenne

Im Rahmen des therapeutischen Prozesses werden die Stellvertreter nach ihren Gefühlen befragt, die Situation untersucht und durch Änderung von Positionen und mit bewusst ausgesprochenen Sätzen bearbeitet. Im Leben des Aufstellers können sich in der Folge nachhaltige positive Veränderungen ergeben.

Im Rahmen dieses Prozesses zeigen sich oft überraschende Wirkungen. Die Stellvertreter schildern in ihren Positionen Gefühle und Eingebungen, die präzise zu den tatsächlichen, nicht anwesenden Personen passen, obwohl dazu zuvor nichts gesagt wurde. Auf bisher unverstandene Weise gelangen Informationen aus dem untersuchten System in den Seminarraum allein dadurch, dass Menschen gleichsam zu einer passenden „Antenne“ aufgestellt werden. Auch die dort vorgenommenen Veränderungen scheinen nach draußen zurückzustrahlen, so dass sich etwa die tatsächlichen Personen im Umfeld des Aufstellers anschließend anders verhalten.

Aufstellungstherapeuten sprechen vom „wissenden Feld“, verstehen aber auch nicht, was dort letztlich geschieht. Schuwi-Erklärungen durch Zufall oder versteckte, non-verbale Botschaften des Aufstellers können die Effekte jedenfalls bei weitem nicht erklären. Wer es nicht glaubt, möge es ausprobieren.[158]

Schamanismus

Systemische Aufstellungen sind ein nur wenige Jahrzehnte alter Ansatz, um mit erstaunlich unspektakulären Techniken verborgene Verbindungen der Menschen anzuzapfen. Auf der anderen Seite gibt es seit Menschengeden-

158 Gute Seminare mit erfahrenen Therapeuten gibt es z.B. beim Wieslocher Institut für systemische Lösungen (WISL).

ken Schamaninnen und Schamanen. Als ausgebildete Experten erlangen sie mit Hilfe von heiligen Pflanzen, Ritualen und außergewöhnlichen Bewusstseinszuständen Zugang zu Welten jenseits der Alltagsrealität und unterstützen die geistige und körperliche Heilung der Menschen.

Die Religion mit ihrem Anspruch, als Haupteigentümer die geistige Welt zu verwalten und zu kontrollieren, sah solche erfahrungsbasierten Techniken und das alte Wissen als Bedrohung und bekämpfte sie nicht zuletzt durch Inquisition und Hexenverbrennung nachhaltig. Auch heute noch wird alles, was nach Magie und Zauberei aussieht, von der Kirche verurteilt, nicht einmal die Harry-Potter-Romane kommen ungeschoren davon.

Bei Eso ist Schamanismus dafür umso beliebter, und mancher bezeichnet sich selbst als modernen Schamanen. Ein schönes Beispiel, dass auch moderne Wissenschaft und Schamanismus einander in Achtung begegnen können, ist der Besuch des Chemikers und LSD-Entdeckers Albert Hofmann bei einer mexikanischen Schamanin, die ihn in ein Zauberpilz-Ritual einweihte und zugleich bestätigte, dass der von ihm isolierte Pilzwirkstoff Psilocybin gleichermaßen funktionierte, um die Geister anzurufen.[159]

Leben, Gaia, Gott

Für Schamanen und Mystiker ist Allverbundenheit eine Selbstverständlichkeit. Der Mensch ist Teil des Lebens, in dem von der kleinsten Zelle bis zu ganzen Populationen immer auch eine Art von Bewusstsein sitzt. Letztlich mündet dieses Denken in einer Vorstellung, die die Erde mitsamt allen Lebens wiederum als Lebewesen betrachtet und ihr den Namen der Urmutter der griechischen Mythologie gibt: Gaia.[160]

Tatsächlich erfüllt „Mutter Erde“ viele Kriterien eines Lebewesens. Sie hat sich seit ihrer Geburt als heißer Materieklumpen in viereinhalb Milliarden Lebensjahren ordentlich entwickelt, sie ernährt sich von Sonnenlicht und gibt Wärme ins All ab, und sie zeigt ausgeprägte Fähigkeit zur Selbstorganisation, von ausgleichenden Winden in der Atmosphäre bis hin zu den Strukturen, die ihre Pflanzen, Tiere und Menschen auf der Oberfläche erschaffen. Mit der Fortpflanzung hapert es noch, aber vielleicht fehlt nur der richtige Partner. Ob die Erde ein Bewusstsein hat, wird sich von den Menschen, als kleiner Teil von ihr, schwer beantworten lassen. Körperzellen haben auch keine Ahnung, was der Mensch als Ganzes bewusst erlebt. Hoffen wir, die Erde hat nicht allzu viel

159 L. Werthmüller, D. Hagenbach, *Albert Hofmann und sein LSD.*

160 Diese Namensgebung geht zurück auf James Lovelock: *Gaia – a new look at life on Earth*, 1979.

Bewusstsein, sonst könnte sie auf die Idee kommen, eine Kur zu machen, um sich vom Menschenbefall zu erholen.

Immerhin scheint es möglich, auch mit nicht-menschlichem Bewusstsein in Kontakt zu kommen. Stanislav Grof berichtet über Erfahrungen, in denen er mit seinem Bewusstsein in andere Lebewesen schlüpfte, beispielsweise als Wal den Geschmack von Plankton wahrnahm.[161] Was auch immer bei solchen Erfahrungen genau geschieht, sie können überraschende Einsichten und neues Verständnis liefern. Dabei stehen sie in der Tradition der Schamanen, die auch auf vielfältige Weise mit den Pflanzen, der Natur oder der Erde sprechen und Dinge erfahren, die für die Menschen hilfreich und bedeutungsvoll sind.

Von der von Bewusstsein durchwirkten Erde oder gar dem „bewussten Universum“ ist es nur noch ein Schritt zu der Vorstellung, dass dieses große, bewusste All Gott höchstpersönlich ist. Im *Pantheismus* ist Gott eins mit dem Universum, steckt also auch ein bisschen in jedem von uns. Für Eso ist das allemal überzeugender als ein alter Mann mit Bart, der seinem selbstgebastelten Kosmos zuschaut. Mancher verzichtet dann gleich auf den Begriff „Gott“ und sagt, die Summe allen Lebens und Bewusstseins sei anbetungswürdig genug.

Tiefe Ökologie

Wer die Erde liebt, redet oft von Umweltschutz. Dieser Begriff hat ein paar Probleme, sagt er doch, Tiere und Pflanzen müssten von uns (oder: vor uns) Menschen geschützt werden. Auf der einen Seite steht der Mensch, auf der anderen die Natur. Egoisten machen da natürlich nicht mit. Wer schon für andere Menschen nichts tut, wird erst recht nicht zugunsten irgendwelcher Dinge der Natur sein Verhalten ändern. Doch auch wohlmeinende, engagierte Umweltschützer tappen in eine falsche Überheblichkeit: Wir, die Menschen, wollen die arme, schwache Umwelt schützen. Genauso könnten Flöhe sagen: „Wir müssen unseren Hund schützen.“

Wer braucht hier wen, und wer ist der Starke? Der Mensch steht nicht über der Erde, sondern auf ihr. Die Umwelt schützt *uns*. Die Atmosphäre filtert kosmische Strahlen und reguliert das Klima, sie überlebt es auch, wenn sie zwanzig Grad wärmer wäre. Wir nicht. Wir sollten uns klar werden, dass letztlich nicht die Atmosphäre, sondern wir Menschen bedroht sind. Vielleicht lässt sich mancher Egoist überzeugen, wenn er hört, es geht nicht um Umweltschutz, sondern um Selbstschutz. Umweltschutz ist eine Lebensversicherung, die zwar

161 Stanislav Grof, *Impossible – Wenn Unglaubliches passiert: Das Abenteuer außergewöhnlicher Bewusstseinserfahrungen*, 2008.

nicht im Todesfall zahlt, aber dafür hilft, ihn abzuwenden. Damit sollten sich doch zahlungskräftige Investoren gewinnen lassen?

Die Vorstellung der Allverbundenheit kann noch weitere Impulse geben. Wir können die Erde lieben und gut behandeln, weil sie für uns sorgt, wir können sie aber vielleicht noch stärker lieben, wenn wir uns bewusst machen, ein Teil von ihr zu sein. Schuwi hat sogar eine Wissenschaft, die die Verbundenheit, das Zusammenleben von Lebewesen miteinander und mit ihrer Umwelt untersucht – die Ökologie. Wer eine ökologische Lebensweise anstrebt, ist also nicht ein vernarrter Weltverbesserer, sondern jemand, der im Einklang mit dem wissenschaftlichen Verständnis der belebten Welt handelt.

Die *Tiefenökologie* geht noch weiter. Der Begriff wurde 1973 von Arne Naess geprägt und geht mit dem Verständnis einher, dass die Umwelt nicht Mittel oder Instrument des Menschen ist, sondern einen eigenen Wert besitzt.[162] Die Systemtheoretikerin und Buddhistin Joanna Macy hat diese Gedanken der Tiefenökologie weiterentwickelt und betont dabei die spirituelle Komponente unserer Allverbundenheit mit der Erde.[163]

Gemeinschaft und Gesellschaft

Die Erde ist eine große Wohngemeinschaft, nur mit dem Nachteil, dass man nicht ausziehen kann, wenn es mit den Mitbewohnern Ärger gibt. Es wäre also vernünftig, dass alle ordentlich aufräumen, putzen und den Müll rausbringen. Leider läuft es anders: Die starken Mitbewohner schieben ihren Müll einfach in die Zimmer, in denen die schwachen Mitbewohner ohnehin unter miesen Bedingungen hausen. Sie langen kräftig in den Kühlschrank der irdischen Ressourcen. Für die eigene Party wird das Bier schon reichen, mögen sich die anderen um den Nachschub kümmern. Was morgen ist, merkt man mit Rausch und Kater nicht mehr.

WG-Erfahrene wissen, bereits das Zusammenleben in einer kleinen, freiwilligen Gemeinschaft ist nicht einfach. Wie schwierig wird es da erst, mit vielen Millionen Menschen in einer Nation zusammenzuleben; Menschen, die wir nicht kennen, die anders denken als wir, andere Vorstellungen haben, wie es in der WG aussehen soll. Auf globaler Ebene kommen dann noch Mitbewohner hinzu mit großen Unterschieden in Kultur, Idealen, verfügbaren Ressourcen und Machtverhältnissen. Und nicht zuletzt sollten wir uns auch an die nichtmenschlichen Mitbewohner erinnern, die Tiere und Pflanzen.

162 Engl.: *Deep Ecology*. Arne Naess, *The Shallow and the Deep. Long-Range Ecology Movements: A Summary* 1973.

163 Joanna Macy, *Geliebte Erde, gereiftes Selbst – Mut zu Wandel und Erneuerung*, 2009.

Es nützt nichts, diese Zusammenhänge zu leugnen und „gegen die Globalisierung" zu sein. Was in der Quantenphysik das Prinzip der Nicht-Lokalität ist, ist auf gesellschaftlicher Ebene die Globalisierung. Es gibt keine isolierten Wirkungen, alles hängt zusammen. Gegen die Globalisierung zu sein, ist so sinnlos, wie gegen physikalische Wechselwirkungen zu sein. Es geht darum, globale Zusammenhänge zu verstehen und Wirkungen zu gestalten.

Ein großes Problem dabei ist, dass wir zwar in einer Erde-WG wohnen, die Entscheidungen aber meist in einzelnen Zimmern, auf nationaler Ebene, getroffen werden. Ein Erde-Gemeinschaftsgefühl haben die allerwenigsten Menschen. Wo soll es herkommen, wenn selbst die einzelnen Nationen weit davon entfernt sind, Gemeinschaften zu sein.

Gemeinschaft: Echt oder schlecht?

Eine echte Gemeinschaft ist etwas anderes als eine Gruppe von Egoisten, die ihre Interessen aushandeln. Die Familie ist ein Beispiel für recht gut funktionierende Gemeinschaften. Jeder bringt sich ein, wie er kann, bekommt, was er braucht, und Schwache werden geschützt und gefördert. Die Basis dafür ist nicht egoistischer Beitragsausgleich, sondern Liebe, das Gefühl der Zusammengehörigkeit und damit auch Bereitschaft zu eigenen Zugeständnissen. Es gibt Menschen, die sich mit einem ähnlichen Verständnis auch in größeren Lebensgemeinschaften oder Ökodörfern mit hundert oder mehr Angehörigen zusammenfinden. Vielleicht können solche Prinzipien des menschlichen Miteinanders ja sogar (zumindest teilweise) für noch größere Maßstäbe bis hin zur Erdengemeinschaft wirken?

Eine wesentliche Voraussetzung hierfür scheint die persönliche Reife der Menschen in der Gemeinschaft zu sein. Auf Ebene der Gesellschaft, der Nationen und der Erde sind wir hinsichtlich der Fähigkeit zur Gemeinschaft wohl eher Kleinkinder als reife Erwachsene. Im Sinne von Scott Pecks Gemeinschaftsbildung befinden wir uns bestenfalls in der ersten Phase, der *Pseudogemeinschaft*. Hier gehen die Mitglieder höflich miteinander um, halten sich zurück, geben sich zivilisiert, aber verheimlichen ihre Wünsche, Ängste und Absichten.[164] Das sieht von außen halbwegs gut aus, ist aber letztlich nicht tragfähig. Unter Druck oder im Schutz der Anonymität verschwindet der schöne Schein, und man folgt aggressiv den Eigeninteressen.

Gesundes Miteinander lebt von Offenheit, von gegenseitiger Wahrnehmung. Steuerhinterziehung ist so beliebt, weil man beim Diebstahl an der Gemein-

164 Vgl. Peck, *Gemeinschaftsbildung*.

schaft nicht gesehen wird. Manchmal reicht es schon, dass sich Menschen in Autos verstecken können, um ungehemmt ihre Aggressionen, etwa auf der Autobahn, zu zeigen. In Fußgängerzonen genügt ein Blickkontakt, um sich zu erinnern, dass der andere ein Mitmensch ist.

Die heutigen demokratischen Staaten scheinen immerhin die bisher beste Form nationalen Miteinanders zu sein. Verbrechen sind die Ausnahme, die meisten Menschen halten sich halbwegs an die Regeln der Gemeinschaft und benehmen sich. Aber letztlich ist ihnen die Gemeinschaft nicht viel wert. In Deutschland wartet man zwar pflichtbewusst an roten Fußgängerampeln, wenn weit und breit kein Auto kommt, aber in der Einkommensteuererklärung werden fiktive Werbungskosten angegeben, um möglichst wenig zur Gemeinschaft beizutragen. Zur Gewissensberuhigung redet man sich vielleicht noch ein, der Staat sei etwas Schlechtes oder ein von den Menschen im Land irgendwie abgetrenntes Gebilde.

Viele Menschen, einschließlich unserer gewählten Vertreter, halten solches von der Gemeinschaft losgelöstes, also asoziales Verhalten für normal. Warum wird über Sportler, die durch Wohnsitzwechsel ihren Steuerbeitrag verweigern, berichtet, als gehörten sie zur Gemeinschaft? Gesellschaft und Politik haben noch nicht begriffen, was gemeinschaftliches Denken bedeutet. Wie soll da die Europäische Union eine Gemeinschaft sein, wenn es nicht einmal die einzelnen Staaten hinbekommen?

Wir-Gefühl

Das Gefühl für die Gemeinschaft, das Wir-Gefühl, kann große Energie freisetzen. Wenn alle an einem Strang ziehen und jeder bereit ist, eigene Interessen ein Stück weit zurückzustellen, weil ihm am Gelingen des Ganzen liegt, dann lässt sich Erstaunliches erreichen. Viele scheinen eine tiefe Sehnsucht nach einem solchen Wir-Gefühl zu haben und sind durchaus bereit, sich einzubringen und beizutragen. Das zeigt sich in Vereinen, ehrenamtlichen Mitarbeitern oder kirchlichen Gemeinden. Es zeigt sich aber auch darin, dass sich Menschen künstlichen Gemeinschaften ohne wirkliche innere Werte anschließen. Wo ist etwa die sinngebende Substanz, wenn Fans ihr Leben einem Bundesligaverein widmen, bei dem Spieler und Trainer nach Belieben wechseln und die anderen Vereine das identische Ziel, die Meisterschaft, verfolgen?

Da Menschen Sehnsucht nach Wir-Gefühl haben und sich damit Massen in Bewegung setzen lassen, versuchen auch Politiker und Machthaber, diese Energien anzuzapfen. So sprechen sie gerne von „gemeinsamen Anstrengungen“. Da das echte Zusammenwachsen einer Gemeinschaft ein mühseliger, schwieriger Prozess ist, wird jedoch gerne ein einfacher, bewährter Trick verwendet, um Wir-Gefühl zu erzeugen: Statt inneren Zusammenhalt zu pflegen, wird ein äußeres Feindbild oder eine Bedrohung heraufbeschworen.[165] Es ist das Prinzip aller Nationalisten und Populisten. Wozu es führen kann, hat Nazideutschland in Extremform gezeigt.

Aber auch heute wird dieses Werkzeug eingesetzt, wenngleich in subtilerer Form und mit weniger drastischen Auswirkungen. Doch von Feinden und Bedrohungen bekommen wir ständig zu hören: Islamisten, Terroristen, Einwanderer, der Verfall des Euros, der Zusammenbruch „systemrelevanter" Banken, die asiatische Konkurrenz für die Wirtschaft, drohender Verlust von Arbeitsplätzen, Deutschland muss am Hindukusch verteidigt werden – solche Bedrohungen sollen erklären, warum wir uns einer vermeintlich größeren Sache unterordnen und Entscheidungen akzeptieren sollen, die wir im Grunde unseres Herzens nicht verstehen.

Mehr oder weniger Staat?

Die wahre Bedrohung für eine Gesellschaft kommt nicht von außen, sondern von innen. Wenn die Kluft zwischen Arm und Reich immer größer wird, Reiche und Mächtige ungehemmten Egoismus leben und der Zusammenhalt verlorengeht, werden auch äußere Drohszenarien auf Dauer nicht helfen. Niemand wird einsehen, warum er zu einer innerlich abgestorbenen Gemeinschaft etwas beitragen soll.

Hier entsteht auch die Diskussion, ob wir „mehr Staat" oder „weniger Staat" benötigen. Diese Frage ist schon deshalb unglücklich, weil, wie so oft, Quantität und nicht Qualität betrachtet wird. Wer aus heutigen Problemen von Staat und Gesellschaft den Schluss zieht, wir bedürfen mehr Freiheit und weniger Staat, verweigert sich den eigentlichen Aufgaben. Wenn eine Partnerschaft nicht gut läuft, ist „weniger Partnerschaft", also Trennung, für viele eine bequeme Lösung, aber die Vorzüge einer gelingenden Partnerschaft werden sie so nie kennenlernen. Wenn Wirtschaftsbosse rufen, der Staat solle sich zurückziehen und ihnen Freiheit lassen, sie aber zugleich nicht verzichten wollen auf das schützende Rechtssystem, Infrastruktur, Förderungen, Vergünstigungen und Rettungspakete, dann ist das so, als wollten sie von der Gesellschaft nur den Sex, nicht aber die verbindliche Partnerschaft.

Es geht nicht um mehr oder weniger Staat, sondern um besseren. Die Demokratie ist wohl die beste bekannte Methode, um für Millionen Individuen den

---

165 Vgl. Peck: *Gemeinschaftsbildung.*

Rahmen für gemeinschaftliches Miteinander zu schaffen. Dass es schwer ist und nicht optimal funktioniert, sollte uns nicht wundern, wenn wir Menschen schon in einfacheren Zusammenhängen scheitern. Doch auch diese große Beziehungsarbeit dürfen und sollten wir liebevoll annehmen.

Anregung

Wie beurteilen Sie Ihre Beziehung zu den Menschen im eigenen Land und weltweit? Wie erleben Sie verschiedene Gemeinschaften, die Familie, den Freundeskreis, das berufliche Umfeld, den Staat? Was wünschen Sie sich von Politikern, Organisationen, Medien und Mächtigen, um das Entstehen echter Gemeinschaft zu fördern? Was können Sie selbst beitragen?

Lebendige Menschheit

Eine gesunde Gemeinschaft hat genügend innere Kraft, um der Außenwelt freundlich und offen zu begegnen und andere zu integrieren. Hätten die Menschen weniger Angst, zu kurz zu kommen, und erinnerten sie sich häufiger, Teil der Erde-WG zu sein, dann würden sie vielleicht eher ihren Beitrag zum gesamten Gelingen leisten.

Wenn wir die Menschheit als ein Lebewesen betrachteten, wie gesund wäre sie wohl im Augenblick? An vielen Stellen wuchern Geschwüre auf Kosten des gesamten Organismus. Manche Körperteile scheinen halbwegs gesund, doch was nützt das, wenn andere wie gelähmt sind und sich ihre Krankheiten nicht eindämmen lassen. Lokaler Mangel und fehlgeleitete Wut können sich nicht nur als Terrorismus überall auf der Welt zeigen.

Wie lässt sich das heilen? Eso, sonst Freund schonender Naturheilverfahren, fordert oft harte Maßnahmen: Weg mit Kapitalismus und ungezügelter Marktwirtschaft, alles rausschneiden und dann sozusagen Chemotherapie. Doch das ist wieder ein Denken in Feindbildern statt in Integration.

Um die Menschheit gesünder und lebendiger zu machen, scheinen mir schonendere Verfahren erfolgversprechender. Sie müssen flächendeckend, gleichsam auf Zellebene, bei den einzelnen Menschen ansetzen. Ein gesunder Organismus hat ein gutes Immunsystem, das kranke Zellen unschädlich macht. In unserer Gesellschaft ist das nicht Politik oder Polizei, sondern jeder einzelne Mensch, der idealerweise ein bewusster, interessierter, aktiver Teil des Ganzen ist. Hier kommt wieder die Bildung ins Spiel und damit letztlich auch das Weltbild, welches in Schulen und Medien vermittelt wird. Wenn wir Schuwi glauben, wir seien egoistische, Geld sammelnde Menschenatome, werden wir

Abbildung 10.6: Wie groß ist das Wir-Gefühl?

uns anders verhalten, als wenn wir uns in Esos Sinn verstehen als gesunde Zellen eines großen Menschheits- oder Gaia-Organismus.

Anregung

Wie beurteilen Sie das Immunsystem unserer Gesellschaft? Wo sollte es aktiver sein? Gibt es allergische Überreaktionen? Welche Krankheiten sind gefährlich für unseren Organismus, was hingegen können wir gut aushalten (z.B. kranke Zellen in Wirtschaft und Politik, Korruption und Egoismus, Wirtschaftsflüchtlinge, Sozialhilfeempfänger)? Sind gierige Manager und unglaubwürdige Politiker Ursache einer Erkrankung oder nur Symptom?

Scott Peck hat in zahlreichen Seminaren gezeigt, wie Menschen innerhalb weniger Tage Gemeinschaft erlernen können, mit konkretem Bezug zum harten Alltag, wie etwa bei einem erfolgreichen Treffen zwischen Gewerkschaftern und Arbeitgebern.[166]

Es geht darum, unser Wir-Gefühl auszudehnen. Manche Menschen sagen „wir" und meinen nur sich selbst. Könige haben das so gemacht. Andere sagen „wir" und meinen die Menschheit (Abb. 10.6). Hier spiegelt sich die jeweilige persönliche Entwicklung wider. Manche stecken im Kleinkind-Denken fest, bei dem es nichts jenseits des eigenen Ichs gibt. Die meisten lernen, mit Familie oder Freunden ein echtes Wir zu erleben. Doch dann wird es dünn. Auch die Ausrichtung auf den eigenen Stamm oder das Volk reicht nicht. Das Ziel muss die Verbundenheit mit allen Menschen sein, mit der belebten Erde.[167]Die

166 Vgl. Peck: *Gemeinschaftsbildung.*

167 Ken Wilber unterscheidet in seinem Modell der Persönlichkeitsentwicklung die Stufen *egozentrisch*, *ethnozentrisch*, *weltzentrisch* und *kosmozentrisch.*

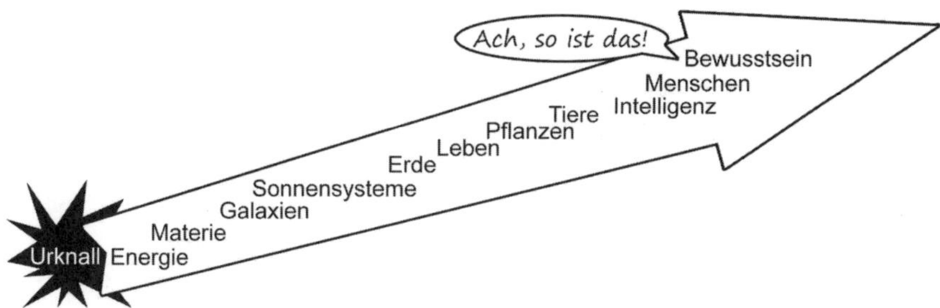

Abbildung 10.7: Die kosmische Entwicklung erkennt sich

Gesellschaft wird sich als Ganzes nur so gut entwickeln, wie die Mehrheit der Menschen ihre persönlichen Entwicklungsschritte meistert.

Die Welt will Entwicklung

Entwicklung erfolgt auf vielen Ebenen des Lebens. Der Weg vom Einzeller zum Menschen bedeutete, dass sich Zellen zusammengetan haben, aber auch, dass sich die Zellen selbst spezialisiert und weiterentwickelt haben. Und nicht nur das Miteinander von Zellen entwickelt sich weiter, sondern auch das Miteinander von Lebewesen.

Man kann den Zusammenhang noch größer sehen und von einer Entwicklung der Erde oder gar des Kosmos sprechen (Abb. 10.7). Bevor die biologische Evolution beginnen konnte, leistete das Universum einige Vorarbeit. Aus dem Chaos der Urknallexplosion formte sich Materie zu Galaxien und Sternen, die von Planeten umrundet werden. In unserem Sonnensystem waren die Bedingungen geeignet, dass die Evolution ihren großen Coup landete und auf der Erde Leben entstand.

Seitdem scheint alles immer schneller zu gehen. Eine vergleichsweise neue Erfindung sind leistungsfähige Gehirne und Intelligenz. Dann kam das Bewusstsein ins Spiel. Menschen können sich Gedanken über sich selbst und die Welt machen. Verschiedene Autoren haben darauf hingewiesen, dass damit die Entwicklung in eine neue Phase tritt: Durch den bewussten Menschen hat der Kosmos erstmals die Chance, sich selbst zu erkennen.

Bewusstsein und freier Wille sind ein hervorragendes Werkzeug, um in der Welt zu wirken. Die Menschen gestalten Veränderung und Entwicklung in einem atemberaubenden Tempo, wie es eine wie auch immer geartete genetische Evolution kaum schaffen könnte. Man muss sich nur anschauen, wie der

Mensch die Erdoberfläche in großem Stil und nicht immer vorteilhaft verwandelt hat. Die Evolution hat gewissermaßen den Staffelstab in die Hände des intelligenten Menschen gegeben. Das ist eigentlich eine geniale Idee, wenn der Mensch so handelte, dass es einer günstigen Entwicklung der Welt diente. Leider ist aber in vielen Bereichen das Gegenteil der Fall. Vielleicht fragt sich die Evolution längst, ob es nicht etwas voreilig war, ein so intelligentes, mächtiges Wesen zu erschaffen, ohne es mit genügend Liebe gegenüber der Mitwelt auszustatten.

Was sich entwickeln sollte

Menschen haben einen unbändigen Drang nach Entwicklung. Es muss immer weiter, ständig vorwärts gehen. Das ist prinzipiell nichts Schlimmes, das haben wir mit dem Universum und dem Leben gemeinsam, und vielleicht will es auch Gott so. Doch wo sind Wachstum und Entwicklung nützlich und gesund? Wenn wir die Erde oder die Summe alles Lebendigen fragen könnten, was würden sie sich wünschen?

Zwar haben die Menschen als neueste Errungenschaft der Evolution Bewusstsein erlangt, aber die wenigsten sind bisher auf die Idee gekommen, dass es genau hier auch weitergehen sollte. Stattdessen wollen sie Entwicklung, wo sich die Evolution schon seit Jahrmilliarden nicht mehr aufhält: Auf materieller Ebene. Für Gesellschaft und Politik soll es bei Wachstum und Entwicklung vor allem um die Wirtschaft gehen, also letztlich um die immer schnellere Umwandlung von Bodenschätzen in Müllrodukte. Man muss sich nur erinnern, dass das auf einer materiell begrenzten Erde nicht von Dauer sein kann, und so fordern immer mehr Menschen ein Ende der Wachstumssucht, fordern „DeGrowth". Allerdings engt auch diese Haltung den Blick ein, da sie weiterhin Wachstum mit Wirtschaftswachstum gleichsetzt.

Der Philosoph Jan Sleutels spricht in ähnlichem Zusammenhang von *Flintstone Fallacy*, einem Trugschluss, der sich in der Zeichentrickserie der Familie Feuerstein widerspiegelt: Die Menschen, ihr Denken und ihr Bewusstsein bleiben gleich, nur die Technologie entwickelt sich weiter. Doch wir heutigen Menschen sind im Vergleich zur Steinzeit nicht nur technisch weiter, sondern auch viel bewusster, was uns und unsere Rolle auf dem Planeten angeht. Es geht eben nicht nur darum, einfach immer bessere Fahrzeuge und Rechenmaschinen zu bauen.

Wachstum und Entwicklung sind gut und im Sinne der Natur, wenn sie dort anknüpfen, wohin die Evolution uns geführt hat. Auf der Ebene des Bewusstseins und des Geistigen gibt es – im Gegensatz zu den begrenzten materiellen Ressourcen unseres Planeten, noch riesiges Potenzial. Mehr Bewusstsein, mehr Wissen, mehr Verwirklichung brauchen keinen Raubbau an der Natur und können der Menschheit und der Erde nachhaltig nützen. Die Stiftung Bewusstseinswissenschaften sagt: „Unsere grundlegende Überzeugung besteht darin, dass der entscheidende Schritt in der Evolution der Menschheit gegenwärtig die Entwicklung des menschlichen Bewusstseins ist.“[168]

Wie viel tun Gesellschaft und Staat für materielle Entwicklung und wie viel tun sie für Bewusstseinsentwicklung? Hier besteht ein krasses Missverhältnis: Die Wirtschaft steht im Mittelpunkt, sogar das Bildungssystem wird zu ihrem Dienstleister, und für Kultur und Geist bleibt kaum etwas übrig.

Die Krone der Schöpfung

Der Mensch bezeichnet sich gerne als Krone der Schöpfung. Im Vergleich zu anderen Lebewesen ist diese Rolle unstrittig. Auch wenn er mitunter Unfug macht oder gar böse ist, ist das nur eine Bestätigung. Die Fähigkeit, bewusst zwischen gut und schlecht zu unterscheiden, ist ein Alleinstellungsmerkmal des Menschen.

Doch wir sind noch lange nicht am Ziel. Vom Verhaltensforscher Konrad Lorenz gibt es den schönen Satz: „Der Übergang vom Affen zum Menschen sind wir.“ Damit wir im besten Sinne Menschen werden, gilt es, uns auf persönlicher und auf gemeinschaftlicher Ebene weiterzuentwickeln. Gerade letzteres wird im allgegenwärtigen Individualismus gerne vergessen. Wenn es eine Krone der Schöpfung gibt, dann ist das nicht der einzelne Mensch, sondern die Menschheit in gesunder Gemeinschaft mit Natur und Erde. Was sich heute zeigt, ist eher im negativ-ironischen Sinn „die Krönung“.

Alles wird besser

Auf der Erde läuft einiges schief. Vor allem Eso hört man klagen, so schlimm wie heute sei es noch nie gewesen. Dann scheint die Lösung klar: Zurück in die Vergangenheit. Da während der jahrtausendelangen Vorherrschaft der Männer die meisten Probleme entstanden sind, müssen nur die Frauen an die Macht, das Matriarchat rettet die Welt. Vielleicht sollen auch Naturvölker als Vorbild dienen, oder Eso ruft „zurück zur Natur“, wie schon die Romantiker an der Wende zum 19. Jahrhundert schwärmten. Dahinter steckt oft die verklärte Vorstellung, dass die „bösen“ Menschen sich an der „guten“ Natur, an Tieren und Pflanzen, ein Beispiel nehmen sollen. Doch das stellt die Evolution auf den Kopf.

---

168 www.bewusstseinswissenschaften.de, Zugriff am 15.4.2013.

Wir Menschen haben uns in vielerlei Hinsicht sehr weit entwickelt. Wir haben Kultur, Kunst, Technik und Moral; und wir haben leider auch Probleme, mit denen sich Tiere nicht herumplagen müssen. Für Erwachsene, die sich an die Einfachheit und Sorglosigkeit der Kindheit erinnern, ist es keine Lösung, wieder am Daumen zu nuckeln. Ebensowenig sollte sich die Menschheit nach ihrer scheinbar unbeschwerten, gedankenlosen Kindheit zurücksehnen.

Gute alte Zeiten? Gute neue Zeiten?

Wir brauchen Weiterentwicklung, nicht Rückentwicklung. Wir haben bereits viel erreicht. Bei welchem kriegerischen Konflikt wurde ein Viertel der Menschheit ausgelöscht? Als in der biblischen Geschichte Kain seinen Bruder Abel erschlug! Da es die beiden einzigen Kinder von Adam und Eva waren, reduzierte sich die Weltbevölkerung von vier auf drei Menschen. Auch wenn man nicht die Bibel, sondern Geschichtsbücher als Ausgangspunkt nimmt, ist vieles besser geworden. Wo sich früher Stämme die Köpfe einschlugen, herrschen heute zivilisiertere Methoden vor. Europa hat viele Probleme, aber wenige Kriege. Sich über den Euro zu streiten, ist etwas anderes, als Bomben zu werfen. Auch mit dem einzelnen Menschen wird anders umgegangen. Früher war Todesstrafe eine Selbstverständlichkeit, heute ist es für die meisten Staaten eine unzivilisierte Barbarei.

Es gibt immer mehr Demokratien. Sie funktionieren zwar nicht perfekt, haben aber mittlerweile, im Gegensatz zu ihren Erfindern im alten Griechenland, verstanden, dass die Stimme aller Menschen zählt, unabhängig von Geschlecht und Rasse. Ob auch Sklaven wählen dürfen, müssen wir uns nicht einmal mehr fragen, da Sklaverei weltweit verboten ist (wenngleich sie noch nicht ausgerottet ist, wenn man an Frauenhandel oder an manche sklavenähnliche Behandlung von Fabrikarbeitern in Fernost denkt).

Das Ganze funktioniert sogar, obwohl es mit mittlerweile sieben Milliarden Menschen immer enger auf dem Planeten wird.[169] Es ginge uns und der Erde wohl kaum besser, wenn die sieben Milliarden Menschen nur über Wissen, Bewusstsein und Technik eines vergangenen Jahrtausends verfügten. Schon bei deutlich kleineren Bevölkerungszahlen hatte etwa im Mittelmeerraum die ungehemmte Abholzung von Wäldern für den Schiffbau und als Brennstoff drastische Auswirkungen. Wäre die Erde wie vor zehntausend Jahren nur mit einigen Millionen Menschen bevölkert, könnten wir es uns mit unseren heutigen Errungenschaften wahrscheinlich ziemlich gemütlich machen.

---

169 In meinem Kurzfilm „Eng“ geht es um solche Enge und Weite und das Verhalten der Menschen: www.esoschuwi.de/links

Weltuntergang ist keine Lösung

Bewusstsein und Werte der Menschen entwickeln sich weiter. Zwar gibt es welche, die hinterherhinken, und andere, die ihrer Zeit voraus sind, und manchmal stolpert auch die ganze Welt in Kriege hinein, aber im Schnitt geht es vorwärts. Unser Problem ist nicht, dass wir uns nicht weiterentwickeln, sondern dass wir uns langsamer entwickeln, als es angesichts der Umstände notwendig wäre.

Wenn es Eso wieder einmal zu langsam voran geht, versucht er, einen kleinen oder großen Weltuntergang herbeizureden. Wenn „das System" erst einmal zusammengebrochen sei, könne sich das „neue Bewusstsein" durchsetzen, oder so ähnlich. Genauso soll es Menschen geben, die ihren Fernseher bei einer Bildstörung frustriert und wütend aus dem Fenster geworfen haben. Es ist unwahrscheinlich, dass er danach besser funktionierte.

Entwicklung bedeutet nicht Zusammenbruch, sondern kranke, nicht funktionierende Teile zu ersetzen und zu verbessern. Das geht einher mit Schmerzen, Mühen und Arbeit, um den richtigen Umgang mit den jeweiligen Umständen zu erlernen, Förderliches und Schädigendes zu trennen und Zustände auszuhalten, die schlecht sind oder die *noch* nicht gut sind. Für die Erde und die Menschheit sollte diese Mühe nicht zu viel sein.

Der Sinn des Lebens

Die Fragen nach dem Lebenssinn des einzelnen Menschen wurde im vorigen Kapitel angesprochen. Wie steht es um den Sinn des Lebens in seiner Gesamtheit? Erfüllen die belebte Erde oder das Universum einen Sinn?

Für Schuwi ist das Universum vielleicht nur ein Zufall. Es hätte auch anders kommen können, aber dann gäbe es nun einmal keine Menschen, die so blöde Fragen stellten. Manchmal klingt das ein bisschen wie vorauseilender Gehorsam infolge zu strenger Erziehung: Das Leben ist harte Arbeit, man muss die Dinge nüchtern sehen, Liebe dient nur der Fortpflanzung, einen freien Willen haben wir nicht, und die Welt ist sinnlos.

Sinn lässt sich nicht wissenschaftlich beweisen, denn dafür bedarf es eines übergeordneten, sinnstiftenden Bezugssystems. Eso und die Religion haben das, Schuwi nicht. Allerdings lässt sich auch nicht beweisen, dass das Universum sinnlos wäre. Sinn vorauszusetzen, hat einen großen Vorteil: Er inspiriert unser Denken und Handeln. Wenn die Welt sinnlos ist, wäre auch die Wissenschaft als Teil der Welt sinnlos. Wäre Schuwi konsequent, ginge er in Rente. Wo Sinnlosigkeit herrscht, sind Passivität und Depression nicht fern.

Das Universum ist aber alles andere als passiv. Die Entwicklungen seit dem Urknall sind beeindruckend und gehen in eine klare Richtung. Komplexität und Ausdifferenzierung nahmen zu, es entstanden Leben und Bewusstsein. So lässt sich vielleicht auch ohne Gott oder höhere Glaubenssysteme schließen, dass es im Sinne des Universums wäre, den bisherigen Weg weiterzugehen. Das Bewusstsein (sei es auf der Erde oder auch irgendwo anders) stellte erstmals die Frage nach dem Sinn – und erschuf damit Sinn! Wenn wir nach etwas suchen, ist es mindestens schon im Geist vorhanden. Vielleicht besteht die Aufgabe des Universums darin, immer mehr Sinn entstehen zu lassen, so wie unser eigenes Leben gerade dadurch sinnvoll wird, dass wir ihm Sinn verleihen und es immer reichhaltiger und wertvoller gestalten.

11

WAS INTEGRIERT, DAS WÄCHST

Erlebt ein Mensch etwas, das ihn aus der Bahn wirft, oder erfährt er gar ein psychisches Trauma, so besteht eine typische Bewältigungsstrategie darin, das Erlebte zu verdrängen und von sich abzuspalten. Das kann so weit gehen, dass die Erinnerungen an die Ereignisse dem Bewusstsein nicht mehr zugänglich sind. Doch damit ist das Problem keineswegs gelöst. Oft wirken die unterdrückten Anteile im Verborgenen weiter. Wer seine Angst und Verletzlichkeit nicht wahrhaben will, wird vielleicht äußerlich eiskalt, unbeweglich oder aggressiv. Oder er meidet alle Situationen, in denen er mit dem alten Schrecken konfrontiert werden könnte.

Wer Höhenangst hat, kann Berge und Aussichtstürme meiden; er kann aber auch versuchen, sich behutsam in solchen Situationen die Angst anzuschauen und zu überwinden. Ein Weg der Heilung besteht darin, Verdrängtes wahrzunehmen, anzunehmen und letztlich zu integrieren. In systemischen Aufstellungen wird mitunter sichtbar, wie dies sogar über den einzelnen Menschen hinausreichen kann. Frühzeitig Verstorbene oder aus der Familie ausgeschlossene Personen können über Generationen Einfluss haben. Das System in seiner Vollständigkeit anzuerkennen und alle Teile einzubeziehen, kann spürbare Veränderungen in Gang setzen.

Auch Schuwi und Eso unterdrücken Anteile, die zu einem vollständigen, gesunden Verständnis von Mensch und Welt dazugehören. Schuwi will nichts von einer geistigen Welt jenseits der Materie wissen. Eso will die materielle Welt mit ihren konkreten, mühsamen Anforderungen zu bloßer Illusion degradieren, die sich weg-wünschen oder weg-transzendieren lässt. Beides wird dem menschlichen Dasein nicht gerecht und schränkt den Handlungsspielraum ein.

Die unterdrückten Anteile

In der Menschheitsgeschichte waren das Geistige und Wirkungen jenseits der sichtbaren materiellen Welt immer von großer Bedeutung. Schon die ersten Höhlenmalereien könnten Ausdruck einer Beschwörung höherer Kräfte gewesen sein. Naturverbundene Völker haben seit ewigen Zeiten ihre Schamaninnen und Schamanen, Medizinmänner und Medizinfrauen, als Experten für den Kontakt zur Natur und zum Übernatürlichen. In der sogenannten Achsenzeit, im ersten vorchristlichen Jahrtausend, entstanden weltweit große Wissens- und Glaubenssysteme, die Erklärungen anboten zur Welt, zur Natur, zum Menschen und zum Jenseits. Im weiteren Verlauf entstanden die großen Weltreligionen und entwickelten sich zu machtvollen Institutionen, die ihre jeweiligen Weltmodelle formten und verwalteten, und die vorgaben, wie sich der Mensch zu verhalten habe.

Der Erfolg der Wissenschaft, die materielle Welt immer besser zu erklären, verursachte eine Verschiebung und letztlich Trennung. Die Religion konzentrierte sich auf Geist und Jenseits und auf den Erhalt ihrer gesellschaftlichen Macht. Seit der Aufklärung schien ihre Legitimierung für Machtansprüche immer weiter zu schwinden. Die Staaten strebten nach Säkularisierung, dem Lossagen von Religion und Kirche. Wissenschaft will keine „Gottesstaaten".

Traumatherapie

Jahrtausendelang haben die Priester gesagt, was die Forscher zu tun haben und welche Ergebnisse erwartet werden. Weil es die Religion wollte, blieb die Erde Mitte der Welt, obwohl immer mehr Beobachtungen und Messungen dagegen sprachen. Kein Wunder, wenn das die Wissenschaft traumatisierte, und dass sie sich, als sie endlich die Freiheit erlangte, nicht nur von der Religion, sondern von allem Geistigen trennte. Manch gedemütigter Ehepartner will nach der Scheidung auch am besten gar nichts mehr mit dem anderen Geschlecht zu tun haben. Doch das ist kein gesundes, reifes Verhalten.

Schuwi glaubt, er hätte sich seit langem von Gott, Geist, Spiritualität und Sinn losgesagt. Doch wäre er unabhängig, müsste er sich nicht über Eso aufregen oder mit Skeptiker-Organisationen jedes geistige Phänomen in Frage stellen. Oft sind wir auf die Menschen am wütendsten, die uns an eigene wunde Punkte erinnern. Widerstand und Ablehnung ist eine starke Abhängigkeit. Schuwi hat das Geistige nicht hinter sich gelassen, sondern nur ausgegrenzt und unterdrückt. Deshalb ärgert es ihn, wenn er damit konfrontiert wird. So engt er seine Bewegungsfreiheit unnötig ein und verbietet sich Forschung oder eigene, subjektive Erfahrungen, die in solche Gefilde führen könnten.

Eso begeht ähnliche Fehler. Einer Wissenschaft, die das Geistige ausgrenzt, traut er nicht und verabschiedet sich auch gleich von ihren Qualitäten, bewährten Methoden und ihrem gut gesicherten Wissen. So kann er ungestört seine Luftschlösser bauen und in Scheinwelten leben. Statt die materielle Welt zu gestalten, wird sie verleugnet. Vielleicht wird dann für die Erlösung aller Menschen aus der „irdischen Illusion" meditiert oder auf den nächsten Weltuntergang oder „Bewusstseinssprung" gewartet. Meditation und Beten können sehr wertvoll sein, aber sie ersetzen nicht das Handeln, welches wohl noch immer die beste Möglichkeit ist, unsere materielle Welt zu verändern.

Kooperationsfähigkeit statt Wettbewerbsfähigkeit

In vielerlei Zusammenhängen wird heute gepredigt, man müsse die eigene Wettbewerbsfähigkeit verbessern. Das ist ein großes Missverständnis. Wir müssen unsere *Kooperationsfähigkeit* verbessern. Wettbewerb ist nichts anderes als ein Kampf mit weniger offensichtlichen Waffen. Er kann auch töten, etwa wenn Medikamente wegen Patentkosten in armen Ländern unerschwinglich sind oder Grundnahrungsmittel nicht für jeden zu vernünftigen Preisen verfügbar sind. Je mehr die Menschen allerorts Wettbewerb vermuten, desto zahlreicher werden die Verlierer sein.

Statt die andere Seite als Gegner zu sehen, sollten Schuwi und Eso an ihrer Beziehungsfähigkeit arbeiten. Seite an Seite könnten sie einander wunderbar ergänzen und miteinander lernen. Das ist die große Ironie des Lebens: Wir verurteilen und bekämpfen das Fremde, weil es uns Angst macht. Dabei brauchen wir es doch gerade als Spiegel, um uns selbst zu erkennen und weiterzuentwickeln.

Wenn Menschen einander im Alltag begegnen, teilen sie meist nur ihre Gemeinsamkeiten. Eine große Schnittmenge führt vielleicht zur Freundschaft, eine kleine zu Distanz oder Ablehnung. Echter Austausch bedeutet aber, dem anderen gerade das zu zeigen, was er selbst nicht kennt. Betrachtet man von dem, was beide einbringen, nicht nur die Schnittmenge, sondern die Vereinigungsmenge, so kann auch ein größeres Stück der Welt erlebt werden (Abb 11.1).

Blick auf den Menschen

Oft sieht sich Eso in einem Kampf gegen „böse" Konzerne, Banken, Regierungen oder das „herrschende System". Dabei vergisst er, dass solche Organisationen und Strukturen nur abstrakte Einheiten sind, ohne Gefühle, Gewissen

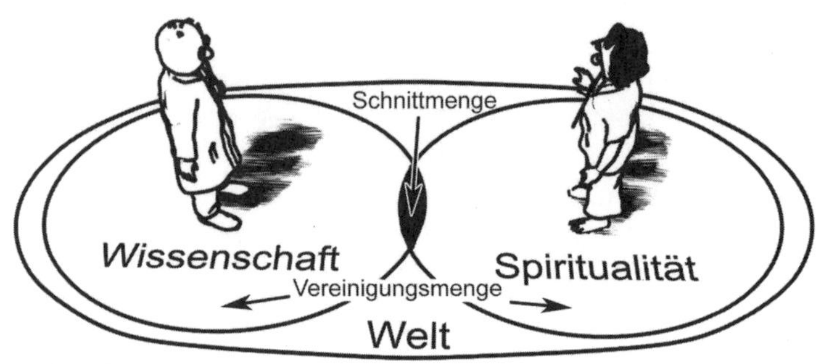

Abbildung 11.1: Von der Schnitt- zur Vereinigungsmenge

oder das Risiko, im Gefängnis zu landen. Sie zu verurteilen, ist genauso sinnlos, wie auf der anderen Seite „notleidende Banken" retten zu wollen.

Oft spiegelt die Sprache wider, wie sehr die Gesellschaft aus dem Blick verloren hat, worum es eigentlich geht: Allein das Lebendige, also Natur, Tier und Mensch, verdienen Schutz, Fürsorge oder notfalls Rettung. Institutionen und Dinge haben dem Leben zu dienen. Wer Finanzsysteme stabilisieren oder Wirtschaftszweige retten will, muss zuvor überprüfen, ob diese Strukturen den Menschen und dem Leben mehr nützen, als sie ihnen abverlangen.

Wer Unternehmen und Organisationen kritisiert, zielt genauso daneben. Unternehmen tragen so wenig Verantwortung wie Autos und Häuser. Es sind Dinge, in denen Menschen handeln und sich oft auch verstecken. Für Firmenchefs ist es bequem, wenn nur ihr Unternehmen kritisiert wird, nicht aber sie als Person. Ist man so erst einmal im Abstrakten, lässt sich leicht sagen, das Unternehmen müsse so handeln und auf den Markt oder die Konkurrenz reagieren. Von Dingen sollte man keine Menschlichkeit erwarten.

Da ist das Alternativlosigkeit-Gerede nicht fern. Wenn Menschen in Führungspositionen von Alternativlosigkeit sprechen, sind sie eine Fehlbesetzung für den Job. Management bedeutet ja gerade, Handlungsoptionen zu haben, bewusst zu entscheiden und zu gestalten – und zwar nicht im Sinne der Organisation, sondern im Sinne der Menschen, denen die Organisation dienen soll. Eine vernünftige Priorisierung würde berücksichtigen, wie sehr sich die Menschen mit ihrer Zeit und Aktivität in die Organisation einbringen. Bei einem Wirtschaftsunternehmen wären das wohl an erster Stelle die Mitarbeiter, dann kämen Kunden und Geschäftspartner und schließlich der Staat und damit das

Volk. Das Engagement von Aktienbesitzern für „ihr" Unternehmen ist hingegen in der Regel vernachlässigbar.

Nicht irgendein System oder eine Organisation muss sich ändern, sondern die Menschen. Bei jedem Einzelnen liegt Verantwortung. Nicht nur Politiker und Manager, auch Wissenschaftler sind in Schlüsselpositionen. Sie gestalten das Weltbild, auf dessen Basis Gesellschaft und Politik Entscheidungen treffen. Hier hat vor allem der Glauben, das materialistische Weltbild sei „alternativlos", fatale Auswirkungen.

Böse oder dumm?

Wer das Böse bekämpfen will, läuft Gefahr, sich in seinem Verhalten bald nicht mehr vom Gegner zu unterscheiden. Eine große Erblast vieler Religionen ist es, die Welt in Gut und Böse einteilen zu wollen. Auch heute, da viele Menschen mit Religion längst nichts mehr am Hut haben, stecken sie in Kategorien von Gut und Böse fest. Dabei gibt es weder in Schuwis noch in Esos Weltbild dafür irgendeine Grundlage. Die Psychologie hat ein umfassendes Verständnis vom menschlichen Verhalten und seinen Ursachen. Da gibt es Angst, Traumata, Unsicherheit, Narzissmus oder fehlende Empathie, um gesellschaftlich unerwünschtes Verhalten zu erklären. Von Gut und Böse ist nicht die Rede.

Die Vorstellung, Menschen seien böse, schränkt die Handlungsmöglichkeiten stark ein. Der Böse wird eingesperrt oder bekämpft, da muss man nicht viel überlegen. Früher galt das für Feinde und Andersgläubige, heute gibt es vielfältige Gegner wie Terroristen, rechte und linke Extremisten, Nationalisten, Kommunisten, Kapitalisten, Lobbyisten, aber auch abstrakte Gegner wie Krankheiten, Drogen oder Armut. Kampfparolen klingen kernig, richten aber die Energie auf ein Dagegen aus, statt zu schauen, wo und wie eine Lösung alle Seiten zusammenführen kann. Gewalt führt nicht zu nachhaltigem Frieden, daran kann uns der Nahost-Konflikt immer wieder erinnern. Die Hypothese, es gäbe böse Menschen, führt zu Kampf und weiteren Bosheiten. Sie ist unbrauchbar, um in der Welt Positives in Gang zu setzen.

Eine andere Erklärung lautet, der Mensch sei nicht böse, aber mitunter ausgesprochen dumm. Wenn Politiker reden, scheint fast immer schon festzustehen, dass der politische Gegner keine Ahnung hat, wie man es richtig macht. Er ist nicht böse, aber dumm oder verblendet. Dass das auch für die Menschen gelten müsste, die ihn gewählt haben, sagt man mit Rücksicht auf die nächste Wahl lieber nicht. Wer den Gegner als dumm statt als böse bezeichnet, wird ihn zwar nicht mehr mit Gewalt bekämpfen, kommt aber auch nicht auf die Idee, ihn für die Entwicklung einer guten gemeinsamen Lösung einzubeziehen. Manches Problem würde dadurch auch verharmlost: Verbrecher oder korrupte Politiker und Manager können durchaus sehr intelligent sein.

Entwicklungspotenzial

Solange unerwünschtes Verhalten durch Dummheit oder Bosheit erklärt wird, bleiben wenige Gestaltungsmöglichkeiten für Veränderungen. Doch es gibt zum Glück hilfreichere Vorstellungen.

Es gibt Menschen, die alles für sich haben wollen, ständig im Mittelpunkt stehen wollen, nie genug bekommen und keinerlei Mitgefühl für die Interessen und Bedürfnisse anderer haben. Trotzdem nennen wir sie weder böse noch dumm, sondern im Gegenteil: Wir lieben sie. Es geht um Babys.

Das Verhalten eines Menschen ist durch seine persönliche Entwicklung geprägt. Wenn Menschen hinter dem zurückbleiben, was wir von reifen Mitgliedern der Gesellschaft erwarten, fehlen ihnen vielleicht gewisse Entwicklungsschritte oder sie sind durch schwerwiegende Erlebnisse auf eingeschränkteres Verhalten zurückgeworfen worden. Wer ständig ruft: „Ich will das haben, das ist meins, ich will noch mehr, schaut, wie toll ich bin“, der steckt womöglich noch (oder wieder) im Kleinkindalter. Über das Kind lächeln wir milde wissend. Vielleicht können wir uns auch manchen gierigen Machtmenschen als Dreijährigen vorstellen und Mitgefühl entwickeln und dann alles dafür tun, dass solche Menschen ihre Lektionen nachholen, um ein reifer Erwachsener zu werden, bevor sie an den Hebeln unserer Gesellschaft sitzen.

Anregung

Schauen Sie sich einmal Wichtigtuer und Egomanen aus dem Fernsehen oder privaten Umfeld an: In welches Entwicklungsalter würden Sie sie einstufen? Egozentrisches Kleinkind? Rational-berechnend, die Eltern umgarnender Grundschüler? Pubertierender, im Chaos zwischen Gefühl und Verstand? Oder doch reifer Erwachsener? Können Sie manche Menschen besser annehmen, indem Sie sich vorstellen, sie wären nur unreif, nicht aber böse oder dumm?

Materie, Wirkung, Geist

Wenn heute auf der Erde etwas bewirkt werden soll, ist meist im gleichen Atemzug von Geld die Rede. Politiker, Unternehmen, Medien, aber auch viele Menschen scheinen ständig mit Geldfragen beschäftigt zu sein. Hinter dem Geld steht letztlich Materie, in Form von Besitz, Gütern, Rohstoffen bis hin zu den Goldreserven.

Die Physik ist längst überzeugt, dass Materie keineswegs das Wichtigste ist, sondern eher ein Symptom tiefer liegender Ursachen, bei denen es um Felder, Wechselwirkungen und Informationen geht. Vielleicht könnte ein Besinnen auf das naturwissenschaftliche Weltbild die Gesellschaft daran erinnern, worauf es wirklich ankommt?

Keine Informationsgesellschaft

In was für einer Gesellschaft leben wir? Die historische Entwicklung von der Agrar- über die Industrie- zur Dienstleistungsgesellschaft definierte sich noch klar über den Stellenwert der jeweiligen Wirtschaftssektoren. Heute ist viel von der Informationsgesellschaft oder Wissensgesellschaft zu hören. Die zunehmende Bedeutung von Information und das Internet als Allzweckwerkzeug bedeuten nicht nur neue Wirtschaftsbereiche, sondern sie durchziehen die gesamte Gesellschaft. Haben wir also die Entwicklungsschritte von der Materie (Ackerbau und Industrie) über die Wirkung (Dienstleistung) zur Information geschafft? Sind wir damit vielleicht sogar dem Geist ein Stück näher gekommen?

Meiner Meinung nach haben wir noch nicht einmal begriffen, was eine Informationsgesellschaft sein könnte. Wir leben unverändert in einer *Materiegesellschaft*. Zwar schieben wir keine Goldmünzen mehr als Zahlungsmittel herum, aber auch wenn virtuelles Geld elektronisch um den Globus saust, steht dahinter der Wunsch nach Besitz, Land, Rohstoffen, Fabriken, nach dem Greifbaren, nach der Materie. Autos und Häuser sind vielen Menschen wichtiger als das Tun und Dienst-leisten (Wirkung) oder Bewusstsein und Wissen (Information).

Geld ist ein flexibler, universeller Platzhalter für Materie. Was mit Materie nicht funktioniert, ist daher auch für Geld bei hohen Strafen verboten: Kopieren und Vervielfältigen. Das darf nur der Staat, und auch er weiß, es ist schlecht, denn Inflation entwertet das Geld. Auf der anderen Seite erlaubt es das internationale Finanzsystem, gewaltige Mengen von Besitz gleichsam per Mausklick beliebig zu verschieben. Das ist eine heikle Mischung, die nicht nur dem Finanzamt Sorgen bereitet.

Geld = Materie?

Es scheint, dass die Fixierung auf Geld und Materielles in vielerlei Hinsicht unsere Entwicklung als Menschheit blockiert. Sie kommt vor allem den Menschen zugute, die auf das Haben-wollen ausgerichtet sind, also gleichsam den Bewusstseins-Kleinkindern.

Um das Geld als vermeintliche Ursache zu bekämpfen, fordern manche Vordenker eine Rückkehr zu verstärktem Tauschhandel oder versuchen, den Geldfluss und das Geldsammeln zu zähmen. So findet die Einführung von *Regiogeld* als lokale Tauschwährung zwischen Menschen und ortsansässigen Unternehmen zunehmend Aufmerksamkeit. Doch ist das wirklich die Lösung? Im Prinzip ist Geld eine großartige Erfindung. Als universeller Platzhalter hilft es den Menschen, weit über wechselseitiges Tauschen hinaus in Beziehung zu treten, zu geben und zu nehmen.

Vielleicht liegt das Problem woanders. Geld steht ursprünglich und bis heute vor allem für Dinge, die in Besitz von jemandem sind, die begrenzt sind oder gar absichtlich verknappt werden. Zwar erhält man auch Geld für geleistete Arbeit, für das eigene Wirken. Aber abwarten (und dann reich erben) kann ungleich mehr bringen. Wer Immobilien oder Firmenanteile besitzt, kann in völliger Untätigkeit zuschauen, wie sich Geld von alleine vermehrt. Der Begriff Humankapital zeigt, wie der arbeitende Mensch neben Maschinen, Gebäuden und Lagerbeständen gleichsam in den Besitz eingereiht wird. Manches Unternehmen nutzt die damit einhergehende Verfügungsgewalt buchstäblich und rücksichtslos gegenüber den eigenen Mitarbeitern.

Information mit Bleigewichten

Wie sehr in den Kategorien von Materie und Besitz gedacht wird, zeigt sich gerade im Umgang mit dem Nicht-Materiellen. Information und Wissen sind ein bisschen wie Licht: Es dringt in jede Ecke, wird reflektiert, lässt sich kaum aufhalten. Selbst bei bewölktem Himmel reichen ein paar Fenster, und in der Wohnung ist jeder Winkel hell. Wo das Internet unzensiert ist, fließt Information in ähnlicher Weise. Sie verteilt sich mühelos, wird reflektiert, oft auch gefiltert und getönt, aber letztlich ist sie nicht zu bremsen. Wenn die Wirtschaft hingegen Wissen als wichtigstes Kapital lobt, pocht sie auf ihre Verfügungsgewalt und will es wie Materie dingfest machen. Was für ein Missverständnis! Gold und teure Gegenstände kann man für Jahrzehnte in einen Tresor einschließen, derart eingesperrtes Wissen wäre rasch wertlos.

Wenn vor allem junge Menschen im Internet ungehemmt und mitunter gegen geltendes Recht Musik, Videos, Fotos und andere Daten einander zugänglich machen und kopieren, folgen sie in gewisser Hinsicht dem natürlichen Wesen der Information. Man könnte sich darüber freuen, dass sie weniger an Besitz haften. Wo früher mit der mühsam erworbenen Schallplattensammlung geprahlt wurde, da sind heute große MP3-Datei-Sammlungen allgegenwärtig. Wer Musik über Online-Streaming-Dienste hört, verzichtet sogar ganz darauf, die Musik zu besitzen. Das kann eine Chance sein, sich mehr auf den Inhalt zu konzentrieren, wenn man begreift, dass zur Wiedergabe ein beliebiger MP3-Player ausreicht und es keineswegs das neueste Gerät vom Lieblingshersteller sein muss.

Doch anstatt sich zu freuen über diese Fülle und Freiheit der Information, die es weder bei Materie noch bei Energie gibt, wird alles getan, um ihr schwere Gewichte anzuhängen. Man möchte so weitermachen, wie man es von Dingen und Besitz kennt, mit teils sonderbaren Ergebnissen: Kopierschutz, der meist ohnehin nur die legalen Nutzer einschränkt; ein Urheberrecht, bei dem das geistige Eigentum weit über das Leben des Urhebers hinaus besessen und vererbt werden kann[170] und nicht einmal „Happy Birthday“ kostenlos gesungen werden darf; pauschale Abgaben auf Kopierer, DVD-Brenner und andere Geräte, die eventuell zur Informationsvervielfältigung genutzt werden könnten; Gema-Gebühren, wenn Menschen gemeinsam Musik hören; aberwitzige Patente auf rechteckige Geräte mit runden Ecken und horizontale Fingerbewegungen zur Steuerung; das frühzeitige Löschen von mit Rundfunkgebühren finanzierten Fernsehsendungen aus Internet-Archiven; und die Reaktion auf im Internet veröffentlichte US-Kriegsverbrechen. Nicht die Täter werden bestraft, sondern WikiLeaks und der Soldat (Bradley Manning), der den „Geheimnisverrat“ begangen hat.

Das Internet als freie, globale Maschine zur Verteilung von Information ist ein zentraler Kampfplatz. Die eine Seite verlangt immer neue Mechanismen, um den Informationsfluss zu überwachen und zu zensieren – bei totalitären Staaten willkürlich, bei Demokratien zur Verbrechensbekämpfung und aufgrund teils kommerzieller Interessen wie bei Urheberrechtsverletzungen. Die andere Seite weiß, dass Information ohnehin durch engste Ritzen dringt und Schutzwälle zuallererst die legalen Nutzer einschränken. Unverschlüsselte E-Mails flächendeckend nach dem Stichwort „Bombe“ zu durchsuchen, wird uns wohl kaum vor Terrorismus schützen.

Auch der Blick in die Kunst offenbart Materie-Denken. Eigentlich sollten Theater, Literatur, Musik, Malerei oder Bildhauerei den Menschen ähnlich viel wert sein. Doch wofür interessieren sich die Haben-wollen-Materialisten? Für Kunst, die sich sammeln und in den heimischen Tresor einschließen lässt. Gemälde – natürlich nur das Original – werden zu Millionenbeträgen versteigert. Manche „Kunstliebhaber“ scheinen den Wert von Kunst nur daran zu messen, welchen Verkaufspreis sie auf Auktionen erzielt.

---

170 Geltungsdauer in Deutschland: 70 Jahre

Anregung

Wenn für viele Menschen nur knappe, besitzbare Materie von Wert ist, wäre das ein „Geschäftsmodell" für Religion und Spiritualität? Die Bibel gäbe es nur als teure, limitierte Sonderauflage, kopieren verboten, über den Inhalt zu sprechen wäre Geheimnisverrat, der laut Nutzungsbedingungen streng verboten ist. Jedes Jahr gäbe es Updates mit neuem Einband und minimalen Veränderungen. Vielleicht würde Apple dann den Katholizismus kaufen, der könnte ins eigene Profil passen: Das Predigen göttlicher Produkte, prunkvolle Repräsentation, ein verehrter Religionsgründer, strenge Nutzungsrituale, eingeschworene Jünger, die keine Relativierungen dulden und Andersgläubige bemitleiden oder verachten.

Wirkung und Information sind wertvoller als Materie

In der Physik können Quanten dank ihrer räumlich ausgedehnten Wahrscheinlichkeitsfunktionen durch Wände tunneln. Irgendwie scheint das auch für Wissen und Information zu gelten. Statt sie immer wieder mühsam einzumauern, wäre es besser, ihr wahres Wesen wertzuschätzen. Das erfordert allerdings großes Umdenken.

Wenn sich Journalisten, Künstler, Musiker oder Autoren um angemessene Honorierung ihrer Arbeit sorgen, ist das Kernproblem nicht etwa, dass ihre Produkte zu einfach verfügbar oder kopierbar sind. Es besteht vielmehr darin, dass sie grundsätzlich etwas Nicht-Besitzbares produzieren und in einer materialistischen Welt das entsprechende Wirken und Tun nicht angemessen wertgeschätzt wird.

Anstatt rückwärtsgewandt geistige Produkte per Kopierschutz an Materie zu kleben, erscheint der Schritt nach vorne sinnvoller: Die Menschen sollten erkennen, dass Wirkung und Wissen wertvoller sind als Besitz. Wer gute journalistische Arbeit leistet, sollte bezahlt werden, egal ob die Informationen auf Zeitungspapier, im Fernsehen oder im Internet verbreitet werden. Gleiches gilt für Musiker, Schauspieler, Schriftsteller und andere Kulturschaffende. Auch Pharma-Unternehmen, die aufwändig forschen, um gute Medikamente herzustellen, sollen ihr Geld bekommen, allerdings ohne dass Menschen in armen Ländern auf das Medikament verzichten müssen, weil es zu teuer ist und Nachahmerprodukte aufgrund von Patenten verboten sind. Nicht der Besitz, sondern das Wirken sollte entlohnt werden!

Das ist alles eine wirklichkeitsferne Utopie? Nicht ganz! In einem lange etablierten Bereich ist die ungehinderte Verbreitung von Informationen ausdrücklich erwünscht. Man muss dort auch nicht für häppchenweisen Zugang bezahlen und Kopierverbote und Nutzungsbedingungen akzeptieren. Obendrein werden die Menschen, welche die Informationen ungehemmt kopieren, aufbereiten und – vor allem wieder an junge Menschen – verteilen, für ihre Arbeit vom Staat bezahlt. Das Bildungssystem ist eine bewährte, für die Gesellschaft überaus wichtige Errungenschaft.

Ein guter Lehrer zeichnet sich nicht dadurch aus, dass er kleine Informationspakete zu Maximalpreisen versteigert, sondern dass er es den Menschen möglichst einfach macht, in großem Umfang Informationen, Wissen und Fähigkeiten zu erlangen. Wohl kaum jemand wollte ein Bildungssystem, bei dem Schüler für die Deutschstunde zehn Euro zahlen müssen und zahlungsunwilligen Mitschülern keine Mitschrift geben dürfen. Bei kommerziellen Kulturproduzenten wie Plattenfirmen ist genau das das Geschäftsmodell. Dabei liegen Bildung und Kultur gar nicht so weit auseinander, und die Gesellschaft sollte ein Interesse haben, dass beides in großer Fülle verfügbar ist.

Doch die Entwicklung geht in die andere Richtung. Nicht die Kultur wird zunehmend als Gemeingut gefördert, sondern die Bildung immer mehr als Privatangelegenheit abgetan. Die Idee von Studiengebühren als Bildungs-Flatrate sind ein Anfang, das Bezahlen einzelner Vorlesungen und Kopierverbote wären ein logischer nächster Schritt für „noch mehr Wettbewerb“. Die Behauptung, Studiengebühren sicherten eine hohe Bildungsqualität, heißt letztlich nur, der Staat solle sich aus der erforderlichen Finanzierung zurückziehen. Genauso könnte man fordern, „für die hohe Qualität notwendige“ Grundschulgebühren einzuführen, weil der Staat keine Lehrer mehr bezahlen soll.

Bildung und Kultur sind Alleinstellungsmerkmale des Menschen, Ausdruck seiner Entwicklung und seines Bewusstseins. Sie sind ungleich wertvoller als alles, was wir je an Besitz und Materie zusammentragen können. Große Häuser werden auch von Termiten gebaut, und die Wirtschaftsleistung von Bienen oder Ameisen ist gewiss auch beachtlich. Aber Tiere komponieren keine Sinfonien und schreiben keine Gedichte. Warum ist uns Menschen und der Gesellschaft der Geist oft so wenig wert, wenn es ums Geld geht?

Privatisierung des Nicht-Besitzbaren

Ein anderer Auswuchs des Besitzdenkens ist der Verkauf von Gemeingut. Es begann mit Stückchen von der Erdoberfläche. Als die Menschen sesshaft wurden, war es wichtig, eine Zeit lang über ein Stück Land zu verfügen, um so nicht nur zu säen, sondern auch zu ernten. Doch dass man dort als dauerhafter Eigentümer anstellt, was man möchte, oder gar jahrtausendelang gefährlichen Müll vergräbt, ist ein Gedanke, über den nicht nur Naturvölker den Kopf schütteln. Heute ist fast alles in Besitz genommen: Das Meer, einschließlich der dortigen Lebewesen, Bodenschätze tief unter der Erdoberfläche, der Luftraum, und auch die Polargebiete sind nicht mehr sicher. Wann wird wohl der Mond an reiche Investoren verkauft? Immerhin haben die USA rechtzeitig Fähnchen aufgestellt.

Ist alles Unbewegliche zugeteilt, geht es weiter. Der Grundstoff des Lebens, der durch Quellen, Gewässer und die Atmosphäre in einem Kreislauf der Natur kontinuierlich verfügbar ist, wird sorgfältig paketiert in Form von Wasserrechten verkauft. Warum nicht auch Sauerstoffrechte verkaufen? Bei solchen Privatisierungen steckt das Problem schon in der Frage, ob überhaupt dem jeweiligen Staat die Ressourcen gehören, nur weil sie innerhalb seiner Landesgrenzen zugreifbar sind.

Sogar das elektromagnetische Spektrum lässt sich zu Geld machen. Die Versteigerung der Mobilfunklizenzen hat Milliarden eingebracht. Was es für Mensch und Natur bedeutet, dass dort reichlich elektromagnetische Energie hineingepumpt wird, ist noch nicht endgültig verstanden. Doch nachdem der Verkauf im Gigahertz-Bereich so ein Erfolg war, könnte man noch andere Frequenzen privatisieren. Der Bereich von 300 bis 800 Terahertz böte sich an. Die auf hohe Einnahmen stolzen Politiker merken gewiss erst hinterher, wenn die Unternehmen für Sonnenschein immer höhere Gebühren fordern und bei Zahlungsverzug auch mal den Himmel verdunkeln, dass das der Bereich des sichtbaren Lichtes ist.

Wohlstand: Geist und Wirkung statt Besitz

Was den Menschen wertvoll ist, spiegelt sich im Geldfluss wider. Zu viel geht es dabei um Materie und Besitz, zu wenig um Wirkungen und Handeln oder um Information und Geist. Dabei geben Physik, das Leben und die kosmische Entwicklung eine Richtung vor. Materie ist in physikalischer Hinsicht nur ein Nebenschauplatz, interessanter sind die Wechselwirkungen. Auch für das Leben ist materielle Größe kein Erfolgsmerkmal. Nicht die Dinosaurier, sondern geistreiche, bewusst handelnde Menschen sind das neueste kosmische Entwicklungsergebnis.

Statt Besitz und Dinge anzuhäufen, wäre es für Menschen angemessener, Geist und Bewusstsein einzusetzen und füreinander und die Gemeinschaft etwas zu bewirken. Geld könnte dann in erster Linie als Platzhalter und Tauschmittel für Wirkungen genutzt werden. Allerdings wird sich der Wirkungsgrad einzelner Menschen, die kompetent und motiviert ihrer Arbeit nachgehen, wohl niemals um den Faktor Hundert oder mehr unterscheiden, wie es heutige Gehälter von Top-Managern im Vergleich zu denen gewöhnlicher Angestellter suggerieren.

Die Wertschätzung von Geist und Wirkung könnte auch dem Begriff Wohlstand seine wahre Bedeutung zurückgeben. Es geht nicht um Besitz, sondern darum, durch bewusstes Wirken das eigene Leben sinnvoll zu gestalten, im Austausch mit den Mitmenschen und der Umwelt zu sein und Geist und Gefühle gut zu nähren. Güte ist wichtiger als Güter.

Anregung

Wie beurteilen Sie im obigen Sinne Ihren persönlichen Wohlstand, den Wohlstand in Ihrem Umfeld, Ihrem Land, der Welt? Wie sehr haben Politik, Gesellschaft, Medien diesen Wohlstand im Blick? Wie trägt die Forschung zu Wohlstand bei? Wer oder was erschafft aus Ihrer Sicht den größten Wohlstand?

Wissenschaft heilen

Wenn Wirtschaft, Gesellschaft und Wissenschaft die Welt betrachten, übersehen sie oft die Bedeutung von Geist und Bewusstsein. Ihre Wahrnehmungsstörung heißt Materialismus, und leider wird sie von den Betroffenen selbst kaum erkannt. Man sorgt sich über die vielen Probleme auf der Erde, will aber nichts von den Zusammenhängen mit dem eigenen Verhalten wissen, fast so wie manche psychisch kranke Menschen glauben, sie seien völlig in Ordnung und nur der Rest der Welt bereite ihnen große Probleme. Wer die Welt nur grau sehen kann, hält Menschen, die mehr schöne Farben fordern, für Spinner.[171]

Das Materialismus-Dreieck von Seite 62 braucht Veränderungen. Von der Wirtschaft ist nicht mit Impulsen zu rechnen. Aber jeder einzelne Mensch und die Gesellschaft können ihre Wertvorstellungen weiterentwickeln, und auch die Wissenschaft sollte ihr Weltbild erweitern (Abb. 11.2).

Retter oder Zerstörer

Spätestens seit der Atombombe ist klar, Wissenschaft ist nicht nur gut für die Menschheit, sondern kann auch große Gefahren heraufbeschwören. Genau genommen ist es nicht die Wissenschaft selbst, sondern es sind die Techniken, die durch sie möglich werden. Dass sich Atomkerne spalten und verschmelzen

171 Mein Kurzfilm „Dyschromopie“ erläutert, weniger ernst gemeint, eine ähnliche Wahrnehmungsstörung: www.esoschuwi.de/links

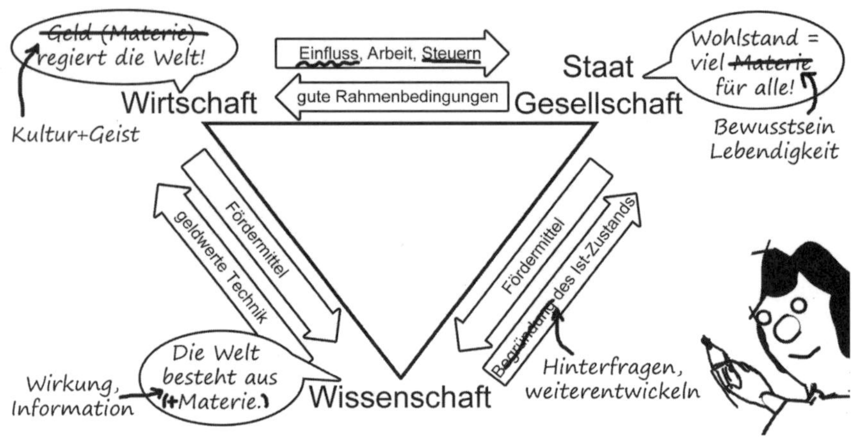

Abbildung 11.2: Impulse für Entwicklung

lassen, ist ein wertvoller Fortschritt für das menschliche Weltverständnis, ihn zum Bomben bauen zu verwenden, ein großer Rückschritt menschlichen Handelns. Gleichermaßen sollten heute nicht alle Erkenntnisse der Genforschung als Gentechnik angewendet werden. Es geht nicht darum, Forschung zu verbieten. Nichts spricht gegen das Beobachten, Untersuchen und Entwickeln von Theorien. Aber Experimente und verwendete Techniken sind daraufhin zu überprüfen, ob sie dem Menschen und dem Leben wirklich dienlich sind. Genau das versucht die Technikfolgenabschätzung, und sie ringt damit, dass unerwünschte Folgen oft so lange abgestritten werden, bis die Schäden und Opfer unübersehbar sind, also wenn die Technik längst im Alltag der Menschen angekommen ist, zum Beispiel als Asbest, Contergan oder Feinstaub. Nicht immer ist Learning by Doing eine gute Methode.

Menschen sind bekanntermaßen schlecht darin, Risiken objektiv abzuwägen. Wer denkt schon daran, dass der gefährlichste Teil einer Flugreise der Weg zum Flughafen ist. Auch die Politik bringt gerne Prioritäten durcheinander. Da diskutiert man über Helmpflicht für Radfahrer oder erlässt Rauchmelder-Verordnungen, während sorglos gentechnisch veränderte Lebewesen in die freie Natur entlassen werden und jahrzehntelang radioaktiver Müll produziert wird, von dem keiner weiß, wo er anschließend hin soll. Ist die Menschheit durch Radfahrer-Kopfverletzungen und Wohnungsbrände so ernsthaft gefährdet, dass die anderen Risiken länger liegen bleiben können?

Jeder Manager lernt, erst müssen die großen Probleme angegangen werden, dann die kleinen. Politiker haben oft einen anderen Ansatz: Die großen Probleme können sie sowieso nicht lösen, also zeigen sie bei den kleinen äußerste Entschlossenheit.

Die Art des Risiko- und Sicherheitsbewusstseins ist oft auch ein Gradmesser für Egoismus. Ein sicheres Auto ist für viele Menschen ein großes Auto mit vielen Airbags. Um Autos nicht nur für die Insassen, sondern für alle sicherer zu machen, müssten sie hingegen möglichst wenige Schadstoffe ausstoßen und vielleicht auch auf sinnvolle Höchstgeschwindigkeiten gedrosselt werden. Wenn sich in den USA Waffenbesitzer massiv gegen jegliche Einschränkungen wehren, denken auch sie nur an ihre eigene (vermeintliche) Sicherheit und ignorieren die unzähligen Menschen, die jährlich durch Waffen getötet werden. Wenn Länder aufrüsten, dient das – wenn überhaupt – der eigenen Sicherheit. Weltweite Sicherheit ist nur durch Abrüstung zu erreichen.

Die Wissenschaft trägt einen Teil der Verantwortung, die Welt sicherer, aber vor allem lebenswerter zu machen. Wer bei potenziell gefährlicher Technik zur Vorsicht mahnt, muss keineswegs wissenschaftsfeindlich sein, nicht einmal technikfeindlich, sondern ist vielleicht einfach nur *lebensfreundlich.* Es wird viel darüber geredet, was gut für die Entwicklung der Technik ist, und viel zu wenig darüber, was gut für die Entwicklung des Menschen und des Lebens ist. Dabei sollte das doch gerade das Kerngeschäft der Wissenschaft sein.

Geistreiche Wissenschaften

Es gibt Wissenschaften, die wesentlich für das Verständnis der Welt sind, ohne unerwünschte Technikfolgen zu riskieren: Geisteswissenschaften, Sozialwissenschaften, Psychologie und auch manche Eso-Forschung leisten wichtige Beiträge zur gesellschaftlichen und menschlichen Entwicklung, ganz ohne gefährliche materielle Nebenwirkungen. Wo die Naturwissenschaften ermöglichen, Atombomben zu bauen, da können die Geisteswissenschaften verhindern helfen, dass sie eingesetzt werden.

Ich bin überzeugt, nicht Technik wird die Erde retten, sondern eine Weiterentwicklung des menschlichen Bewusstseins. Dass die Menschheit insgesamt friedlicher geworden ist, liegt vermutlich vor allem am reiferen menschlichen Miteinander und nicht an besserer Technik. Drohnen und andere ferngesteuerte Kriegstechnik scheinen die Hemmschwelle zum Töten eher noch herabzusetzen. Vielleicht wäre es besser, wenn weiterhin nur Schwerter und Keulen zur Verfügung stünden? Dabei soll auf der anderen Seite natürlich nicht auf jene menschenfreundliche Technik verzichtet werden, die beispielsweise im

Bereich Gesundheit und Ernährung einen großen Segen für die Weltbevölkerung darstellt.

Es ist oft zu hören, Kinder sollten mehr für Technik und Naturwissenschaften begeistert werden. Ist das wirklich ein wichtiges Ziel für die Gesellschaft oder ruft hier nur die Wirtschaft am lautesten, weil sie bestimmte Arbeitskräfte benötigt? Ein größeres Interesse für die Wissenschaft ist gewiss wichtig, aber es sollte alle ihre Aspekte betreffen. Heute kommt da wohl vor allem das Geistige zu kurz.

Vielleicht kann das Interesse an der Wissenschaft gerade dann wachsen, wenn deutlich wird, dass sie nicht nur der Verbesserung technischer Produkte dient, sondern Wesentliches und Wichtiges zu unserer Welt und Gesellschaft beitragen kann. Wenn die Wissenschaft sich der geistigen Welt öffnet, wenn Schuwi und Eso miteinander ins Gespräch kommen, dann kann sie sich weiterentwickeln. Der Psychologe und Wissenschaftsforscher Harald Walach fordert gar einen Durchbruch vergleichbar dem Zeitalter der Aufklärung, allerdings gehe es diesmal darum, der Spiritualität ihren verdienten Platz zu verschaffen.[172]

Wahrheit, Nutzen, Sinn, Schönheit

Wie lässt sich beurteilen, ob sich die Wissenschaft in eine gute Richtung entwickelt? Sie daran messen zu wollen, wie nah sie einer vermeintlich absoluten Wahrheit kommt, ist in den meisten Disziplinen eine Illusion. Statt sich auf Wahrheitssuche zu versteifen, gilt es, Nutzen und Sinn im Blick zu behalten. Das klingt vielleicht ein bisschen nach Utilitarismus, der philosophischen Haltung, Handlungsentscheidungen nach ihrer Nützlichkeit zu treffen. Doch die Frage nach dem Nutzen verdient besondere Aufmerksamkeit.

Wer nur den eigenen Nutzen betrachtet, handelt nicht utilitarisch, sondern egoistisch. Auch ein Nutzen für Staat, Gesellschaft oder Volkswirtschaft, wie er oft Grundlage politischer Entscheidungen ist, greift zu kurz. Es geht um das Wohl *aller*, der Menschen, des Lebens und der Erde. Welche Forschung, welche Erkenntnisse, welches Wissen können helfen, unsere Rolle als Mitgestalter wirkungsvoll und zielgerichtet wahrzunehmen? Diese Frage erscheint mir weit wichtiger, als Forschung vor allem nach finanziellen Renditen zu beurteilen.

Es gibt vielleicht noch ein weiteres hilfreiches Merkmal: Schönheit. Für Eso ist sie eine Verbindung zum Göttlichen, ein Glanz der Wahrheit und sinnliches Erleben zugleich. Wer keinen Sinn für Schönheit hat, übersieht einen

172 Harald Walach, *Spiritualität: Warum wir die Aufklärung weiterführen müssen*, 2011.

Abbildung 11.3: Ein schönes Weltbild?

wichtigen Teil der Welt. In der Kunst liegen Schönheit und Wahrheit oft dicht beieinander, und gute Kunst kann Wesentliches über die Welt in unmittelbarer, anrührender Weise aufzeigen, wie es einem auf Nüchternheit bedachten Schuwi kaum möglich ist.

Schönheit erfordert aber auch Komplexität und Tiefe. Fehlt es daran, bleibt womöglich nur Kitsch, also übertriebene Vereinfachung, Rückgriff auf Stereotypen und Ausblenden aller Widersprüche und Brüche der Wirklichkeit. Auch Schuwi und Eso produzieren viel Kitsch, machen es sich zu einfach und begnügen sich mit pauschalen Standarderklärungen. Auf Esoterik-Messen ist schon der buchstäbliche Kitsch unübersehbar, und manche Eso-Vorstellung ist ähnlich kitschig-naiv. Schuwi-Kitsch tarnt sich, indem er betont nüchtern und unsentimental daherkommt. Doch letztlich steckt auch hinter manchen seiner Vorstellungen eine ähnliche Naivität. Er blendet alles aus, was er nicht erklären kann, und verbannt den Geist gnadenlos aus seinem Materie-Weltbild, fast so wie in einem Kitschroman kein Alltagsproblem die simple Romantik der Liebenden stören darf.

Schönheit verlangt den Blick für das Ganze. Sie lässt sich bei einem Gemälde nicht berechnen, indem die Schönheit aller Farbtupfer addiert wird. Auch das wissenschaftliche Weltbild ist als Ganzes zu betrachten. Es reicht nicht, wenn Schuwis Theorien viele Aspekte der Welt wunderschön erklären, aber anderes dafür als nicht existent schwärzen müssen (Abb. 11.3).

Liebe als wissenschaftliche Methode

Schuwi und Eso lieben die Welt und ihre Erforschung. Doch sie lieben sie oft so, wie viele Menschen ihren Partner lieben: Sie haben eine Idealvorstellung und versuchen, ihn in diese Form zu pressen. Gemeinsamkeiten werden wertgeschätzt, aber was nicht ins Bild passt, wird verdrängt oder kritisiert. Schuwi und Eso sehen meist nur einen Teil von dem, wie die Welt wirklich ist. Doch wahre Liebe schneidet nicht Teile aus dem Gegenüber aus, sondern nimmt es ganz an, strebt nach Vereinigung. Das bedeutet, das Andersartige, Schwierige, Befremdliche wahrzunehmen, wie es ist, statt es vorschnell abzulehnen. Eine liebevolle Haltung vergrößert auch den Handlungsspielraum. Statt zu kämpfen, folgt man dem natürlichen Fluss und schaut, was sich aus dem Vorhandenen entwickeln kann.

Eine solche Liebe ist nicht nur Chance für bessere Beziehungen zwischen Menschen, sondern auch für eine bessere Beziehung zur Welt. Sie ist eine ideale Grundlage für wissenschaftliches Arbeiten, für die Begegnung des Forschers mit seinem Forschungsgebiet:

- Er nähert sich der Welt interessiert, unvoreingenommen, achtsam und wertschätzt jede Beobachtung.
- Er vermeidet vorschnelles Schließen oder Einsortieren in feste Kategorien. Was nicht ins Konzept passt, wird nicht ignoriert oder bekämpft, sondern erhält besondere Aufmerksamkeit.
- Er behält das Ganze im Blick, anstatt nur zu analysieren und die Einzelteile zu bewerten.
- Er schätzt seine subjektive Wahrnehmung, Gefühle und Intuition als ein Weg zur Erkenntnis, anstatt sie vergeblich unterdrücken zu wollen.
- Er wird nicht eifersüchtig, wenn auch andere sein Themengebiet begehren und es mit ganz anderen Vorgehensweisen erobern wollen.
- Er weiß, für all das braucht er ein großes Herz und Mut. Doch er vertraut darauf, dass die Liebe ihn immer wieder neu zu seinem Forschungsgebiet führt und reich belohnt, ihn tiefer verstehen und wirkungsvoller handeln lässt.

Anregung

Gefällt Ihnen diese Liebes- und Aufgabenbeschreibung? Möchten Sie mitmachen? Man muss nicht Wissenschaftler sein, jeder Mensch kann dem Leben und der Welt als liebevoll Forschender begegnen.

Mitwirken macht lebendig

Die Wissenschaft spielt eine wichtige Rolle für die Entwicklung der Menschheit, doch noch viel wichtiger sind die Menschen selbst. Wenn genügend Menschen ihren Wunsch nach Fortschritt und Veränderung vereinen, dann sind große Revolutionen möglich, ganz im Gegenteil zum Streben von Politik und Wirtschaft, die selten an tiefgehendem Wandel interessiert sind, da sie mit dem Ist-Zustand und ihrer Machtposition meist recht zufrieden sind.

In welche Richtung sich die Welt entwickeln soll, hängt stark davon ab, wie wir sie gegenwärtig verstehen und einschätzen. Die Fragen nach dem Weltbild sollten wir weder Schuwi noch Eso allein überlassen. Wir alle haben einen großartigen Zugang zur Wirklichkeit: Unsere Wahrnehmung, unser Gefühl und unser Denken. Wenn wir etwa Liebe und freien Willen als wichtige Aspekte des Menschen erleben, sollten wir sie uns nicht von Gehirnforschern als Illusionen ausreden lassen.

Je mehr Menschen sich mit diesen Fragen beschäftigen und je mehr sie sich dabei miteinander vernetzen, umso besser. Es geht darum, unsere Vorstellungen und unser Bewusstsein zu erweitern, denn sie sind Voraussetzung für erfolgreiches Handeln. Ihre Weiterentwicklung schafft neuen Raum, die Welt sinnvoll und zum Wohle aller zu gestalten.

Anregung

Betrachten Sie noch einmal das Bild der Länder von Schuwi, Eso und der Religion auf Seite 16. Hat sich Ihre Vorstellung von den verschiedenen Regionen verändert? Manche Menschen markieren mit Stecknadeln auf Weltkarten, wo sie schon einmal waren. Wo möchten Sie noch hin? Wie wäre es mit einer gemeinsamen Reise mit Schuwi und Eso?

Prognosen helfen nicht

Es ist viel davon zu hören, dass Erde, Atmosphäre, Pflanzen- und Tierarten in soundso viel Jahren auf diese oder jene Weise kaputtgehen. Man fordert Nachhaltigkeit und Gegenmaßnahmen, doch gehandelt wird selten. Das sollte nicht überraschen. Wenn es schon schwierig ist, Menschen für das Wohl ihrer Mitmenschen zu interessieren, warum sollten sie sich dann gar um Lebewesen sorgen, die irgendwann in der Zukunft, vielleicht auf fernen Kontinenten, geboren werden? Warum sollte es Energiekonzerne stören, dass Atommüll in Jahrtausenden noch strahlt, wenn in Quartalszahlen gedacht wird? Wie sollen Politiker, deren Zukunft nur bis zur nächsten Wahl reicht, Entscheidungen über sichere Endlager treffen? Plötzlich sind alle ganz nah an Eckhart Tolles Lehre: Nur das Jetzt interessiert.

Das zukünftige Leben so zu lieben, dass wir es in heutige Entscheidungen angemessen einbeziehen, ist für die Menschheit wohl kaum zu schaffen. Kein Wunder, wo die Menschen schon an wesentlich kleineren Liebesaufgaben im Alltag scheitern. Da überrascht es nicht, wenn die Warnungen der Umweltschützer ignoriert werden und Weltklima-Konferenzen nur heiße Luft produzieren – von der die Atmosphäre ja anscheinend eh schon zu viel hat.

Düstere Zukunftsszenarien erscheinen wenig hilfreich, um Handeln zu bewirken. Vielleicht brauchen wir sie auch gar nicht, wenn wir es schaffen, die Gegenwart und die heutige Welt lieben zu lernen. Man kann gegen Überfischung sein, damit auch die Enkel noch Alaska-Seelachs essen können. Doch wenn wir uns einfach heute über jede Tier- und Pflanzenart als Teil der Vielfalt des Lebens wirklich freuen, werden wir ihr ganz selbstverständlich den erforderlichen Raum und Schutz zugestehen. Man kann gegen Kernkraftwerke sein, weil man nicht möchte, dass der Müll über Jahrtausende Ärger bereitet. Doch eigentlich muss man nur verstehen, dass die Produktion dauerhaft lebenszerstörender Stoffe nicht mit vorübergehend (die Folgekosten sind ja nicht enthalten) niedrigeren Strompreisen zu rechtfertigen ist.

Vielleicht können das Leben und die Evolution Anregungen geben. Statt den Lebensraum zu plündern, müssen gesunde dynamische Gleichgewichte angestrebt werden. Langfristig kann man nicht mehr entnehmen als hereinkommt. Das gilt für Staatshaushalte, Energienutzung und Bodenschätze. Deshalb ist Recycling so wichtig. Entwicklungen sollen dem Leben dienen. Wie hat sich der aufrechte Gang entwickelt: Wurde eine düstere Zukunft angedroht, wenn alle weiter auf vier Beinen herumlaufen? Oder zeigten sich Möglichkeiten, die von einigen mutig ausprobiert wurden und die sich bewährten? Auch die heute notwendigen Entwicklungen werden wohl nicht von Propheten, sondern von Protagonisten, also von „Erst-Handelnden“, in Gang gesetzt werden.

Teilnehmen statt beobachten

Nicht nur Erkältungen können ansteckend sein, sondern auch Gefühle, Denkmuster und Verhaltensweisen. Wie schön wäre eine „Epidemie“ von menschlichem Zusammenhalt und begeistertem Handeln!

Die vielleicht zahlreichsten Erreger wirken heute in Form der Medien, vor allem Fernsehen und Internet, auf die Menschen ein. Sie sind hochgradig ansteckend und können schnell und breit wirken. Allerdings sind sie vor allem Überträger von Ärger und Angst. Nachrichten, Talkshows, Magazine bringen vieles, über das man sich aufregen oder sorgen kann. Wie aus schlechtem Gewissen schieben manche Sender vor der Wettervorhersage daher noch schnell irgendeine „lustige" Geschichte ein, am besten über herumtollende Eisbärbabys.

Als Anstifter zum Handeln scheint Fernsehen denkbar ungeeignet. Auch das lebendigste TV-Tierbaby wird kaum einen Zuschauer dazu veranlassen, den Fernseher auszuschalten und selbst mit ähnlicher Freude die Welt spielerisch zu erforschen. Auch der reichliche Konsum von Sportsendungen macht nicht fitter, sondern eher dicker. Sogar die seltenen Berichte über inspirierende, vorbildlich handelnde Menschen werden vielen Zuschauern wenig mehr als einen anerkennenden Kommentar entlocken, bevor sie träge weiterzappen.

Vor dem Fernseher lebt es sich nur auf Sparflamme, es ist eine einsame Einbahnstraße, ohne Austausch und Beziehung. Freude, Aktivität, Gemeinschaft und Leben hängen eng zusammen, und das Fernsehen kann wenig dazu beitragen. Wenn es doch einmal gelingt, dann vor allem, wenn mehrere Menschen gemeinsam eine Sendung schauen. Doch auch dann kommt die Freude nicht aus dem Gerät, sondern vom Miteinander und Teilen. Warum also nicht gleich gemeinsam aktiv werden?

In den Sozialwissenschaften gibt es das Prinzip des *Teilnehmenden Beobachters*. Wer nur zuschaut, wird nicht wirklich verstehen. Objektive, isolierte Beobachtung, wie sie von Schuwi immer wieder angepriesen und gefordert wird, ist oft gar nicht möglich, sobald der Mensch ins Spiel kommt. Nicht einmal Fahrradfahren kann man verstehen, ohne selbst einmal auf dem Sattel gesessen zu haben.

Leider machen uns viele technische und gesellschaftliche Entwicklungen immer mehr von Teilnehmern zu Beobachtern. Früher war man im Sportverein, heute gibt es die Sportschau. Computerspiele mit ihren simulierten Welten verschlingen Zeit, die zum Erleben der Wirklichkeit fehlt. Freundschaften werden über soziale Netzwerke im Internet auf Kurztexte und Fotos mit viel Selbstdarstellung reduziert. Als Politik-Beobachter berichten uns die Journalisten detailliert, was Politiker sagen (seltener, was sie tun). Wo aber lässt sich unmittelbar erleben, wie schwierig es ist, mit anderen Menschen um gemeinsame tragfähige Lösungen zu ringen und diese umzusetzen? Vielleicht würden Menschen mit solchen Erfahrungen die Leistungen und Eignung von Politikern anders beurteilen; vielleicht würden weniger Redner und Taktierer gewählt, dafür aber mehr Denker, Vermittler, Entscheider, Erschaffer und Umsetzer.

Schöpferkraft

Der Mensch hat – sei es von Gott, dem Universum oder der Evolution – einen Wesenszug geerbt, auf den er wahrlich stolz sein kann: Er ist in der Lage, Neues zu erschaffen. Er besitzt Schöpferkraft. Sie ist nicht nur Fähigkeit, sondern auch Verpflichtung zum Handeln.

Doch wie oft entwickeln Politiker wirklich neue Ideen? Wie oft findet der Mensch in seinem Alltag neue Wege, um sein Leben stimmiger zu gestalten? Wissenschaftler haben das Erschaffen von neuen Erkenntnissen immerhin zu ihrem Beruf gemacht, doch auch dort kommt meist nur etwas bessere Technik heraus. Das Kreative, Schöpferische als gleichsam göttliche Kraft des Menschen bleibt viel zu oft ungenutzt. Heute prahlen Unternehmen, wenn sie ein geringfügig modifiziertes Telefon herausbringen. Dafür stehen Konsumenten Schlange und schwärmen von kreativen Lösungen. Doch die Bedeutung von technischen Schöpfungen währt meist nur wenige Lebensjahre. Auch die kreativste Designlösung für Grammophontrichter ist uns heute herzlich egal. Gleiches wird vielleicht demnächst für Mobiltelefone gelten.

Auf der anderen Seite beeindrucken und berühren uns menschliche Schöpfungen, die Jahrhunderte oder sogar Jahrtausende alt sind: Musik, Literatur, Malerei und andere Künste können daran erinnern, dass sich die wirklich wichtigen Werke nicht durch materielle, sondern durch geistige Qualitäten auszeichnen. Warum bekommen sie so wenig Aufmerksamkeit in der Gesellschaft? Kulturförderung wird überall gekürzt, während milliardenschwere Unternehmen Vergünstigungen bekommen, um mit teils fragwürdigen Produkten noch mehr Gewinn zu erwirtschaften.

Wünschen, Handeln, Verbinden

Mancher Eso ist stolz darauf, dass er täglich eine Stunde für das Wohl der Welt meditiert, bei Unglücken für die Opfer betet und allen Lebewesen nur das Beste wünscht. Das ist gewiss ein guter Anfang, denn die innere Haltung und Sicht auf die Welt kann einiges bewirken. Doch wer die materielle Welt nachhaltig gestalten möchte, kommt auch um das Handeln nicht herum.

Für Schuwi ist das Handeln eine selbstverständliche Notwendigkeit. Es nimmt bei ihm mitunter so viel Raum ein, dass er vergisst, gelegentlich innezuhalten und zu überlegen, was für eine Welt er sich eigentlich wünscht. Zielstrebigkeit ist gut. Doch wenn Eso nur zielt und Schuwi nur strebt, wenn Schuwi handelt ohne zu wünschen und Eso wünscht ohne zu handeln, dann bleiben beide hinter ihren Möglichkeiten zurück.

Gute Ideen zu entwickeln und in gute Taten umzusetzen, das geht am wirkungsvollsten in Verbindung mit anderen Menschen. Man muss nicht Politiker oder Manager sein, um die Welt mitzugestalten. Gerade das Internet ist heute ein großartiges demokratisches Werkzeug zur Vernetzung, wenn es nicht im luftleeren, virtuellen Raum, sondern in direktem Bezug zur Wirklichkeit verwendet wird. Soziale Netzwerke im Web sind nützlich, wenn sie nicht Ersatz für persönliche Kontakte sind, sondern Unterstützung.

Es gibt viele Beispiele für das, was Menschen gemeinsam erreichen können. Wikipedia sammelt und ordnet durch unzählige engagierte Freiwillige das Wissen der Welt.[173] Beim *Crowd-Funding* finanzieren Menschen gemeinsam Projekte, an deren Ergebnissen sie interessiert sind, wie etwa bei Musik- oder Filmproduktionen. Als Gegenpol zum Kaufen und Besitzen entwickelt sich mit Hilfe Internet-gestützter Vermittlung die *Sharing Economy*, also Wirtschaftsprozesse, in denen Menschen Dinge untereinander tauschen und verleihen. Online-Petitionen und Netzwerke wie Avaaz oder Campact informieren und mobilisieren Hunderttausende von Menschen, um wichtige politische Entscheidungen zu beeinflussen. All dies geschieht unabhängig von großen Unternehmen, Organisationen oder Parteien, allein durch die Kraft vieler aktiver Menschen.

Brücken bauen

Sich mit Menschen zu verbinden, heißt aber auch, mit denen in Kontakt zu kommen, die anderer Meinung sind. Gerade der Austausch zwischen Schuwi und Eso, zwischen Menschen mit materialistischem und spirituellem Weltbild scheint besonders schwierig und wichtig zugleich. Hier besteht die erste große Hürde schon darin, wertschätzend, unvoreingenommen und offen miteinander zu reden.

Wohl jeder Mensch hat sich irgendwann mit Fragen nach dem Sinn des eigenen Lebens und den Entwicklungen auf der Erde beschäftigt. Doch außerhalb von Religion, Spiritualität oder Psychotherapie sprechen nur wenige darüber. Es ist völlig normal, in der Mittagspause mit den Kollegen über Fussball-Ergebnisse, Benzinpreise oder Fernsehsendungen zu diskutieren. Die Frage jedoch, inwieweit diese Themen für das individuelle Glück oder die Entwicklung der Menschheit wichtig sind, löst eher verstörtes Schweigen aus. Mit materiellen Dingen bis hin zu den besten Steuertricks wird freimütig geprahlt, doch persönliche, geistige Fragen sind vielen Menschen peinlich. Liegt es da-

173 Wobei man sich bewusst sein sollte, dass es ein konservatives Weltbild widerspiegelt, da neue Sichtweisen durch den demokratischen Prozess meist herausgefiltert werden.

ran, dass sie in diesem Bereich so wenig vorzuweisen haben? Sollte es nicht umgekehrt sein?

Anregung

Sprechen Sie gelegentlich mit der Familie, Freunden, Bekannten oder Kollegen über deren Vorstellungen zur Welt, zum Leben und zum Geist? Fällt Ihnen das leicht? Wenn ein solches Gespräch gelingt, hat es sich gelohnt? Wird Ihnen manchmal auch der eigene Standpunkt klarer?

Ich habe mir ein wenig angewöhnt, im Gespräch mit anderen Menschen auf Anknüpfungspunkte für tiefer gehende, spirituelle Themen zu achten. Das können Gefühlsäußerungen sein oder auch Bemerkungen wie „was für ein komischer Zufall", denn Begründungen mit Zufall oder Sinn sind oft ein Hinweis auf das Weltbild. Auch in kleineren Gruppen, etwa im Freundeskreis, lassen sich solche Gespräche gezielt anregen. Der Bekanntenkreis meiner Frau und mir kennt es schon, wenn an einem gemütlichen Abend eine Schachtel mit Fragekärtchen auf dem Tisch erscheint, die jeder reihum beantworten möge.[174] Anfängliche Skepsis und Widerstand sind meist nach der ersten Runde verschwunden, und irgendwann wundern sich alle, dass es schon zwei Uhr nachts ist.

Auch mit hartnäckigen Schuwis und Materialisten lassen sich gute Gespräche führen. Als Menschen mit Gefühlen, Wünschen und Bewusstsein haben wir immer Anknüpfungspunkte – eine gewisse Offenheit vorausgesetzt. Austausch wird manchmal gerade dann interessant, wenn beide Seiten Unterschiedliches im Angebot haben. Doch hier gibt es auch die Herausforderung, auf pauschale Totschlagargumente angemessen zu reagieren. Wer über eine geistige Welt und Esos Vorstellungen redet, macht sich in unserer Gesellschaft bekanntlich verdächtig. Schnell kommen Sätze der Art: „Dass du so abergläubisch bist…, aber es weiß doch jeder…, die Wissenschaft hat doch längst bewiesen…" Oft ist es nicht einfach, spontan passende Antworten zu geben, die nicht auf Widerstand oder Gegenangriff hinauslaufen, sondern zu einem echten Gespräch herausfordern.

Ich habe begonnen, solche Gesprächssituationen zu sammeln, nicht zuletzt, um mir meiner eigenen Meinung und möglicher Argumente klarer zu werden. Vielleicht haben Sie auch schon solche Sätze gehört?

---

174 Peter Michel, Annette Wagner, *Spirituelle Tisch-Gespräche: Gespräche und Meinungen. Themen, die bewegen. 106 Karten für inspirierende Stunden*, 2007. Gertrud Hirschi, *Table Talk: 111 verblüffende Fragen für Gespräche mit Herz und Verstand*, 2008.

Es ist doch längst bewiesen, dass Telepathie, Reinkarnation oder ein Leben nach dem Tod wissenschaftlich undenkbar sind. Geistheilung ist auch nur ein Placebo-Effekt. Wenn es Telepathie doch gäbe, würde das ja die ganze Physik in Frage stellen. Das ist doch alles Wunschdenken. Was zählt, sind objektive Fakten, was nicht messbar ist, ist nicht existent. Ich brauche diesen spirituellen Überbau nicht für mein Leben. Ich blicke dem Tod und der Sinnlosigkeit des Lebens mutig ins Auge…

An vielen Stellen dieses Buches findet sich Material für passende Entgegnungen. Um Wiederholungen und zusätzliche Buchdicke zu vermeiden, möchte ich sie hier nicht weiter ausarbeiten. Stattdessen pflege ich eine längere Liste mit Aussagen, Argumenten und Hintergründen auf der Web-Seite www.esoschuwi.de, über die Sie mit den Ideen dieses Buches und mit mir in Kontakt bleiben können. Vielleicht ist die Liste für Sie nützlich, und wir können sie gemeinsam weiterentwickeln. Über Rückmeldungen und Anregungen von Ihnen freue ich mich.

Was integriert, das wächst

Wenn Teile, die im Konflikt zu stehen scheinen, zusammengefügt werden, kann Neues und Großes entstehen. Das wird zwar meist zu neuen Herausforderungen führen, ist aber ein wichtiger Entwicklungsschritt, der jede Mühe verdient.

Schon auf atomarer Ebene ist beachtliche Energie erforderlich, um Protonen zusammenzubringen. Doch solche Kernfusionen waren und sind ein unverzichtbarer Schritt der kosmischen Evolution. Sie erzeugen gewaltige Energie, die als Sonnenlicht unsere Lebensgrundlage ist, und sie produzieren die Vielfalt von Elementen des chemischen Periodensystems. Auch die Annäherung und der Zusammenschluss von Menschen kann viel Energie freisetzen und Neues erschaffen. Mann und Frau gemeinsam zeugen Leben, das neu und anders ist als der Durchschnitt oder die Summe der Einzelbeiträge. Wenn sich Völker zusammenschließen, entstehen, trotz aller Schwierigkeiten, Erfolgsmodelle wie die Vereinigten Staaten von Amerika, die Europäische Union und die Vereinten Nationen.

Auch in der Wissenschaft sind große Integrationsaufgaben zu leisten. So versucht sich die Physik intensiv an der Zusammenführung aller Wechselwirkungen, einschließlich der Schwerkraft, in eine einheitliche Theorie. Eine noch größere und letztlich wichtigere Herausforderung scheint mir aber, die geistige Welt in die Wissenschaft zurückzuholen, Eso und Schuwi gemeinsam forschen zu lassen. Vielleicht sollten wir die Kernfusion weiter der Sonne überlassen und uns als Menschen, als fleischgewordenes Bewusstsein, vor allem der Fusion von Geist und Materie widmen.

Gemeinsam, mitfühlend, mithandelnd

Wenn Menschen miteinander streiten, wenn Völker Kriege führen, scheint es oft vordergründig um Besitz, Land oder die Vorherrschaft über Ressourcen zu gehen. Doch bei genauem Hinschauen steckt dahinter vor allem die Andersartigkeit des Gegners. In einer Familie können das Essen und der Platz noch so knapp sein und doch bekommt jeder seinen fairen Anteil. Wenn Menschen jedoch ein anderes Aussehen, anderen Glauben, andere Sprache oder andere Vorstellungen der Welt haben, oder wenn einfach aus Unwissenheit und Fremdheit eine solche Andersartigkeit unterstellt wird, so sieht man sie als Konkurrenten und ist nicht mehr bereit zu teilen oder gemeinsame Sache zu machen.

Wer einen fremden Menschen kennenlernt und feststellt, dass man Interessen, Einstellungen und Ansichten teilt, findet ihn plötzlich sympathisch und wird hilfsbereit. Gemeinschaftsgefühl kann eine große heilende Wirkung entfalten. Wir brauchen uns nur zu erinnern, dass letztlich alle Menschen viele gemeinsame Interessen teilen: Wir möchten ein gutes Leben und eine gute Welt. Das ist schon eine Menge, wird aber durch Nebensächlichkeiten des Alltags verdrängt. Da reichen schon ins Grundstück ragende Zweige des Baums vom Nachbarn, um zu vergessen, dass auch dort ein Mensch wohnt, der fast genauso ist wie man selbst.

Religion und Spiritualität kennen viele Übungen, um Verbindung und Gemeinschaftsgefühl zu stärken. Das können gemeinsame Gebete sein, Rituale, Segnungen, Gesang oder buddhistische Mitgefühls-Meditationen. Mir persönlich hilft auch das Bild, dass wir Menschen alle mit Mut und Engagement diese Reise auf der Erde angetreten haben, wir also schon Vorschusslorbeeren verdienen, das Abenteuer Leben überhaupt riskiert zu haben. Dass da auch einiges schiefgehen kann und schwierig ist, ist doch verständlich. Vielleicht lässt es sich so besser aushalten, wenn es scheint, manche Menschen hätten ihre innere Anbindung und das Ziel verloren, wenn aus wahrem Sinn Wahnsinn wird, wenn im Menschheits-Team die Mitspieler aufeinander losgehen. Auch sie haben es immerhin versucht, sie verdienen Mitgefühl, sie sind nicht böse, sondern verwirrt. Sie sollten nicht bekämpft, sondern behandelt werden.

Vielen Menschen ist Mitleid eine wichtige Tugend. Im Buddhismus wendet sich der Blick vom Schmerz zum Mitgefühl, einer neutralen Wahrnehmung mit offenem Herzen; doch für die kraftvollsten Formen des Miteinanders müssen vielleicht erst noch Worte gefunden werden. Was halten Sie von Mit-Freude, Mit-Kraft, Mit-Mut, um das menschliche Zusammenwirken zu inspirieren?

Ganz und heil

Menschen streben nach Gesundheit, Ganzheit, Heilung und vielleicht sogar noch ein bisschen Heiligkeit. Im Englischen hört man schon am Klang die Verwandtschaft der Wörter *health, wholeness, healing, holiness*, und der Anlaut mit H erinnert an einen tiefen Atemzug oder einen erleichterten Seufzer.

Die Vorstellungen, was einen Menschen ganz und gesund macht, sind jedoch verschieden. Manche glauben, ihnen fehle etwas, weil sie nicht „ganz" viel Geld haben. Mit mehr Geld und Besitz, so hoffen sie, ginge es ihnen besser, wären sie ganz und heil. Das gilt keineswegs nur für jene, die ernsthaft um ihre Existenz bangen müssen, sondern auch für Millionäre, die neidisch auf andere mit noch mehr Geld schauen. Das ist ein Irrweg. Über immer mehr Geld und Besitz Ganzheit erreichen zu wollen, ist so sinnlos, wie die größte ganze Zahl besitzen zu wollen. Es ist nicht möglich – und es macht nicht glücklich.

Als Gegenpol zum materialistischen Immer-Mehr fordern manche Religionen und spirituelle Disziplinen ein Immer-Weniger als Weg zum Heil. Der Mensch als gieriger Sünder soll von allem lassen, Anhaftung überwinden oder gar in strenger Askese und Selbstgeißelung den Weg zu Gott finden. Ist der Mensch, das Ego, das Selbst vollständig aufgelöst, könnte man in das Ganze, in Gott, eingehen. In gewisser Weise setzen auch Menschen, die sich das Leben nehmen, auf diesen Weg: In verzweifelter Flucht vor ihrem Schmerz in der Welt sehen sie nur noch die Selbstauslöschung als Chance zur Heilung.

Die Fülle und Schönheit der materiellen Welt legt aber doch nahe, dass völliger Verzicht und Entsagung nicht dem entspricht, worum es bei unserem irdischen Leben geht. Buddha erkannte das und nahm nach Tagen der Meditation unter seinem Bodhi-Baum eine Speisespende an. Asketische Mönche verhöhnten ihn dafür, doch er erhob sich, kehrte in die Welt zurück und prägte sie mit seinem Vorbild bis heute.

Ganzheit und Heilung hat nichts mit Größe zu tun. Die natürlichen Zahlen 1, 2, 3 usw. sind allesamt ganz. Es wäre eine ziemlich dumme Idee, wollte die 7 größer als die 12 sein und die 25 sich in Askese zur 0 auflösen. Die Zahlen sind vollkommen, weil jede ihren ureigenen Platz einnimmt. Auch für Menschen ist das ein guter Weg zur Heilung.

Abbildung 11.4: Krankes Yang will Heilung

Integrität

Zu sagen, ein Mensch sei *integer* oder zeige *Integrität*, ist ein schönes Lob. Die lateinische *integritas* vereint Bedeutungen wie Unversehrtheit, Gesundheit, Reinheit und Redlichkeit. Wer integer ist, ist heil und ganz, nicht weil er als Egoist alles an sich reißt, sondern weil er als gesunder Teil dem Ganzen dient und sich als mit dem Ganzen vereint erlebt. Integrität ist Heil-Sein durch Teilhabe.

Mehr Integrität könnte viele Probleme lindern. In Wirtschaft, Politik und Gesellschaft dominiert der Glaube, man müsse möglichst viel für sich und die Seinen einheimsen. Man will reicher werden, indem man anderen etwas wegnimmt. Man versucht, die eigene Macht auszubauen und andere zu maßregeln, um auf keinen Fall zu kurz zu kommen. Man will die Welt vereinnahmen, um selbst groß zu werden, und zerstört dabei mehr, als man erschafft (Abb. 11.4).

Auch Schuwi und Eso zeigen solche Krankheitssymptome. Schuwi versucht, Esos geistige Welt wegzudiskutieren oder als Nebeneffekte seiner Materie zu vereinnahmen. Dabei könnte er auch seine Methoden gemeinsam mit Eso nutzen, um geistige Phänomene wissenschaftlich zu erforschen und besser zu verstehen. Eso möchte von Schuwis konkreter, materieller Wirklichkeit nichts wissen und deklariert sie um zur Illusion ohne Bedeutung. Dabei wabert der menschliche Geist ja keineswegs im Himmel zwischen Engeln umher, sondern sitzt fest in der Materie, auf der Erde. Wenn Eso das akzeptiert, wird er mehr bewirken können.

Es hilft nicht, den Raum und die Zuständigkeiten anderer für sich zu beanspruchen und nach immer mehr zu verlangen. Integrität bedeutet, den eigenen Wirkungsbereich verantwortungsvoll, zum Wohl aller, auszufüllen und gleichzeitig die Wichtigkeit der Arbeit der anderen anzuerkennen. Dann kann das große Ganze gelingen.

Ökumenische Feier

Die evangelische und katholische Kirche bemühen sich seit langem, ein wenig aufeinander zuzugehen und wenigstens gelegentlich gemeinsame, ökumenische Gottesdienste zu feiern. Es ist schon erstaunlich, wie sogar bei den vielen Gemeinsamkeiten der christlichen Glaubensrichtungen Begegnung und Zusammenarbeit so schwer erscheinen. Oft ist da eine Sorge, die eigene Identität könnte verlorengehen oder Anschauungen und Gebräuche würden verwässert.

Die Befürchtung, die Begegnung mit dem Anderen schade der eigenen Identität, ist aber auch ein Zeichen, dass man sich und seinen Werten nicht viel zutraut. Wer seine Stärken kennt, der freut sich über neue Begegnungen, der weiß, Kontrast hilft, Unterschiede, Hilfreiches und Ballast deutlicher zu erkennen, und er scheut sich nicht, Anregungen und Besseres vom Anderen anzunehmen.

Wie wäre es mit einer Ökumene im ganz großen Stil? Sie soll nicht nur christliche Glaubenswelten zusammenführen, sondern alle Gläubigen. Das sind nicht nur die Religionen. Da gibt es Menschen, die an die Macht des Geldes und an die Wirtschaft als Heilsbringer glauben; es gibt Menschen, die nur an sich glauben; es gibt Menschen, die an den baldigen Weltuntergang glauben; und es gibt Schuwi und Eso mit ihrem Glauben an Wissenschaft und Spiritualität.

In einer großen Ökumene könnten wir alle einander begegnen, voneinander lernen und Weltdienst leisten. Und wir könnten, trotz aller Schwierigkeiten und Probleme, auch gemeinsam feiern: Dass wir Mensch sind, die Menschen wunderbar unterschiedlich sind und wir trotz allem gemeinsam Teil der einen Welt sind, die irgendwie so zu gestalten ist, dass sie schön und wohnlich wird. Wir alle gehören zur *Oikumene* – das ist das griechische Wort, von dem die Ökumene abstammt, und es bezeichnet die *gesamte bewohnte Welt.*

Anregung

Können Sie sich vorstellen, mitzufeiern in so einem ökumenischen Weltdienst, gemeinsam Lieder zu singen von den Mühen des Menschseins, aber auch von Freude, Glück und sinnlichem Erleben? Wäre es nicht gut, uns gegenseitig zu erinnern: Wir alle, ob wir es wollen oder nicht, ziehen an einem Strang, und es lohnt sich deshalb, uns auf eine gute, gemeinsame Richtung einzuschwingen. Wir *sind der Geist in der Materie!*

Abbildung 11.5: Liebevolle Feier des Weltdienstes

INDEX

Q

R

S

Hans-Peter Dürr
Geist, Kosmos und Physik
Gedanken über die Einheit des Lebens

Kaum ein anderer lebender Naturwissenschaftler besitzt die Fähigkeit, mit solcher Geistesklarheit die tiefsten Einsichten von moderner Quantenphysik mit dem uralten spirituellen Menschheitswissen zu verknüpfen wie – Hans-Peter Dürr!

Es gelingt Dürr scheinbar mühelos, eine Synthese zwischen den meditativen Einsichten der Weisen des Ostens und den aktuellen Erkenntnissen der modernen Naturwissenschaften herzustellen. Dabei verliert er sich niemals in langatmigen akademischen Erläuterungen, sondern hat stets den Menschen und die gesellschaftliche Wirklichkeit des 21. Jahrhunderts im Blick. Ein Brückenschlag zwischen zwei Welten, der vielleicht niemals notwendiger war als zurzeit.

ISBN: 978-3-86191-003-9, 96 Seiten, Paperback

Hans-Peter Dürr
Es gibt keine Materie!

Erstmals widmet sich der große Physiker im Dialog einem Vergleich seiner Erkenntnisse mit den Einsichten der mystischen Traditionen in den großen Weltreligionen. Dabei zeigen sich unglaublich verblüffende Parallelen zwischen christlich-jüdischen oder hinduistisch-buddhistischen Einsichten und den neuesten Erkenntnissen der modernen Quantenphysik.

Aufgrund seiner zahlreichen Gespräche und Begegnungen mit Vertretern der mystischen Traditionen in Ost und West ist Hans-Peter Dürr wie kaum ein zweiter Naturwissenschaftler dazu berufen, Grenzen zu überschreiten und scheinbar Unvereinbares zu verbinden.

Die Grenzen des Denkens verlaufen an der Oberfl äche - in der Tiefe ist ALLES LEBEN EINS.

ISBN: 978-3-86191-028-2, 104 Seiten, Paperback